自首认定与裁量规范适用指引

ZISHOU RENDING YU CAILIANG GUIFAN SHIYONG ZHIYIN

蓝向东　主　编
辛尚民　王海虹　执行主编

法律出版社 LAW PRESS · CHINA
北京

图书在版编目(CIP)数据

自首认定与裁量规范适用指引 / 蓝向东主编 ; 辛尚民, 王海虹执行主编. -- 北京 : 法律出版社, 2022
(北京市第三中级人民法院审判指引丛书)
ISBN 978-7-5197-6678-8

Ⅰ. ①自… Ⅱ. ①蓝… ②辛… ③王… Ⅲ. ①自首-研究 Ⅳ. ①D914.1

中国版本图书馆CIP数据核字(2022)第065568号

自首认定与裁量规范适用指引
ZISHOU RENDING YU CAILIANG
GUIFAN SHIYONG ZHIYIN

蓝向东 主 编
辛尚民
王海虹 执行主编

策划编辑 张 珺
责任编辑 张 珺
装帧设计 汪奇峰

出版发行 法律出版社
编辑统筹 法商出版分社
责任校对 杨锦华
责任印制 胡晓雅
经　　销 新华书店

开本 710毫米×1000毫米 1/16
印张 23.5　**字数** 397千
版本 2022年11月第1版
印次 2022年11月第1次印刷
印刷 三河市龙大印装有限公司

地址:北京市丰台区莲花池西里7号(100073)
网址:www.lawpress.com.cn
投稿邮箱:info@lawpress.com.cn
举报盗版邮箱:jbwq@lawpress.com.cn

销售电话:010-83938349
客服电话:010-83938350
咨询电话:010-63939796

书号:ISBN 978-7-5197-6678-8
定价:95.00元

凡购买本社图书,如有印装错误,我社负责退换。电话:010-83938349

本书编写委员会

主　　编　蓝向东

执行主编　辛尚民　王海虹

编委会主任　余　净

编委会委员　栾广萍　张元元　孙淼淼　夏苗苗　黄　斌

编写人员　(以姓氏拼音为序)

程　序　池天慧　董肖肖　段惠云　段　伟
范爱礼　方　玉　顾珊珊　黄　斌　江鸣鹤
蒋传超　李　冕　李　淼　李彦佳　李　烨
李永京　刘　泽　栾广萍　麻学军　马新健
毛乃赜　裴冀鹏　任莉华　宋文欣　宋叶娉婷
孙淼淼　孙　蓉　汤笑然　童思琪　王海广
王海虹　王文涛　王　奕　武春利　夏苗苗
杨隽男　杨立军　于慧雯　于晓航　余　净
袁　冰　张瑞晨　张元元　张　媛

准确理解、正确适用自首制度

——向读者作的说明

应该说，刑事自首制度是我国刑事司法制度中比较成熟和完善的法律制度。我国《刑法》关于自首的规定清晰明了，理论界也形成了高度共识，最高人民法院也制定了不少关于自首制度的司法解释和司法文件。但鲜活的司法实践中，个案情况千差万别，面对形态各异的自首现象产生的法律问题不断挑战司法从业者对自首制度的理解与判断。

北京市第三中级人民法院管辖北京市东北部六个行政区域内发生的法律规定的案件，辖区内既有商业发达的首都商务中心区（CBD），又有首都城市副中心，还有首都临空空港区；既有繁华的国际都会区，又有僻静的远郊农业区和深山生态涵养区。本院刑事审判实践丰富、案例典型，更有不少具有重大社会影响的案件，这使我们对于实务问题的研究和处理一直走在前沿。

本院审理的商业中心连环撞人致多人死伤案、医院杀医案、某大学女研究生被杀案等广为社会关注的大要案中，涉及大量自首认定与法律适用的难题。我们通过不断加强对刑事司法精神和刑事政策的学习，深入研究了自首制度，并对各异的实践问题展开广泛讨论，追求对这一制度的正确认识与准确适用。

本书的核心内容是本院自2013年7月成立以来审结的适用自首制度案例集萃，呈现了一线刑事法官的裁判思路及其深层思考：在控辩双方的唇枪舌剑中裁判者应如何保持客观、冷静的态度，如何辨别纷繁复杂的证据迷雾，探寻行为人真实动机的路径,如何在刑罚的天平前左右权衡、弹斤估两,引领犯罪人向良善价值回归,以及“目光在事实与规范之间穿梭往返”时的那些驻足停留、迂思回虑。同时,我们还将这些典型案例进行了深度加工,并结合对最高人民法院和兄弟法院的裁判经验的学习体会,提炼了若干自首制度适用的裁判经验。

对于本书的编撰体例,我们试图努力做到完美的呈现,将个体化、多样化、复杂化的现实案例与总结提炼的较为原则的、相对抽象的认定经验相结合,做一本接地气的、原汁原味的自首制度参考书和工具书。我们对于本书的框架结构做了如下设计:

第一部分,适用自首制度实务案例。本着扎根审判实践,总结个案经验的理念,本书遴选了本院审结的百余则涉及自首制度的典型案例,并以关键词为索引,高度凝练裁判要点,全面展示自首情节认定中涉及的证据审查、法律适用、刑罚裁量等各方面的考量因素,努力探寻自首制度与审判实践的最佳契合点。

第二部分,自首情节认定及量刑的经验总结。裁判过程,既是一个深思熟虑的过程,也是一个学习借鉴的过程。我们在总结自身实践的基础上,通过归纳、整理近年来最高人民法院编辑的《刑事审判参考》《人民司法》等书刊中涉及的类似案例,从中总结出自首情节认定及量刑的98条核心要点及常用裁判规则,将法官们的办案心得和盘托出、完整呈现。

第三部分,自首制度相关法律、法规及规范性文件。该部分汇编了目前与自首制度密切相关的重要法律、法规、司法解释、指导意见、答复批复等司法文件,方便读者查阅。

鉴于自身视野局限,时间仓促,难免挂一漏万,我们唯愿将此书作为总结审判经验一次小小的尝试,敬请广大读者批评指正。

2022年9月

简　　目

目 录 Contents

第一部分 自首实务认定

第一章 自动投案的认定

关键词：投案意愿

关键词：投案时间

关键词：形迹可疑与一般排查

关键词：强制措施

关键词：电话传唤

关键词：现场待捕

第二章 如实供述的认定

关键词：如实供述的标准

关键词:翻供辩解

第三章 准自首的实务认定及适用

关键词:同种罪行

第四章 特殊犯罪形式中自首的认定及适用

关键词：职务犯罪

关键词：单位犯罪

关键词：共同犯罪

第五章 自首与刑罚裁量

关键词：从宽与否

第二部分 自首认定与量刑常用裁判经验

第三部分　相关法律、法规及规范性文件

第 一 部 分

自首实务认定

第一章　自动投案的认定

【关键词：投案意愿】

犯罪后报警准备投案但又继续实施犯罪行为以及企图自杀的，均不认定为自首

——王某伟故意杀人案[①]

裁判要旨

被告人实施犯罪后，电话报警准备投案自首，后发现实施的犯罪行为未得逞，又继续实施同一犯罪行为，后被公安机关抓获的，不应认定为自首。实施犯罪后，虽明知他人报警，但未在现场等候，且企图以自杀的方式逃避法律追究的，亦不应认定为自首。

案情简介

被告人王某伟因其前女友李某与宋某某（男，殁年 27 岁）同居心怀不满。2013 年 7 月 26 日 13 时许，王某伟在其租住地持刀威胁李某，用胶带将李某捆绑，并将李某反锁在屋内，后持刀去找在村口等候李某的宋某某。当王某伟见到宋某某后，刺扎宋某某胸腹部、颈部十余刀，将宋某某扎倒在地。王某伟在返回自己租住处途中，遇到已挣脱捆绑的李某，就借用李某的手机报警。后王某伟返回案发地点，见宋某某在案发地附近的菜摊前坐着，又持刀向宋某某的脖子等处刺扎数刀。此时，李某和其哥李某亮

① （2014）三中刑初字第 4 号刑事判决书。

到达现场,遂报警。民警赶到后,将跳入附近水塘欲自杀的王某伟抓获。经鉴定,宋某某符合被他人持锐器(单刃)刺击颈部、胸部及背部受伤,伤及左侧颈静脉、左侧肺脏及肝脏,致失血性休克死亡。

公诉机关的意见主要是:被告人王某伟无视国家法律,故意非法剥夺他人生命,致一人死亡,犯罪情节特别恶劣,后果特别严重,社会危害性极大,应当以故意杀人罪追究被告人王某伟的刑事责任。被告人王某伟能自动投案,有自首情节,提请法院依法判处。

辩护人的意见主要是:本案的成因有其特殊性,被害人在案件起因上有过错,但被告人有自首情节,且认罪、悔罪,应对被告人从轻或减轻处罚。

裁判结果

一审法院认为,被告人王某伟不能正确对待恋爱问题,迁怒于被害人宋某某,两次不计后果持尖刀扎刺被害人身体的要害部位,非法剥夺他人生命,致人死亡,其行为已构成故意杀人罪,犯罪手段凶残,犯罪性质恶劣,情节、后果特别严重,社会危害性极大,罪行极其严重,应依法惩处。王某伟虽能向公安机关报案,也能如实供述。但王某伟在报警后又一次持刀扎刺被害人,未能在实施第一次扎刺行为犯罪后主动终止其犯罪,其行为不符合自首的法律构成要件;王某伟第二次实施犯罪后,虽明知他人报警,但未在现场等候,却企图以自杀的方式逃避法律的追究,其行为亦不符合自首的法律构成要件。本案虽系恋爱纠纷引起,被告人能如实供述所犯罪行,认罪、悔罪,具有法定、酌定的从轻情节,但王某伟作案手段凶残,罪行极其严重,尚不足以对其所犯故意杀人罪从轻处罚。

一审法院根据王某伟犯罪的事实、犯罪的性质、情节和对社会的危害程度,认定被告人王某伟犯故意杀人罪,判处死刑,剥夺政治权利终身。

一审宣判后,被告人王某伟提出上诉。二审法院经审理裁定驳回上诉,维持原判,依法将王某伟的死刑判决报请最高人民法院核准。

最高人民法院依法裁定核准王某伟死刑。

裁判思路

被告人王某伟的行为能否构成自首,存在两种观点:第一种观点认为,被告人王某伟杀害宋某某的行为应构成自首。理由为王某伟在砍杀宋某某后电话报警称其杀人,并准备投案自首。第二次砍杀宋某某后虽然企图自杀,但最终接受警察劝说配合抓捕,到案后如实供述了杀害宋某某的行为,应构成自首。第二种观点认为,被告人王某伟的行为不构成自首。理由为王某伟在砍杀宋某某过程中自认为宋某某已经死亡,报警后准备投案过程中发现被害人未死亡,继而返回继续对被害人进行砍杀,且王某伟实施犯罪后企图自杀,不构成自首。

笔者同意第二种观点,理由如下:

1. 王某伟的行为不具备自动投案的时间条件

自首中的自动投案必须发生在犯罪之后,这是成立自首的时间条件。“犯罪之后”即指犯罪行为结束以后。一般来讲,犯罪行为结束后,被告人自动投案意味着行为人已被司法机关或其他组织控制,一般不再出现投案后继续犯罪的情形。但司法实践中可能存在较为复杂的情形,如被告人犯罪后向有关机关表达了投案意愿,但距被实际控制存在时间和空间的跨度。被告人在此期间继续实施犯罪行为的,如欲自首之罪与后罪属于同一罪行的不同阶段的,欲自首之罪并没有结束,其投案行为与意思表示仅仅是被告人对自己先前行为的一种事先通告。本案中,王某伟实施的犯罪行为可以分为两个阶段:第一个阶段是王某伟自认为犯罪目的得逞,电话报警说明自己实施了犯罪行为,准备去投案;第二个阶段为王某伟返回后见犯罪未得逞继续实施前一阶段未完成的犯罪。两阶段的犯罪行为均为故意杀人。综合整个作案过程,王某伟系在犯罪进行过程中电话报警,并非为“犯罪后”,而是在“犯罪中”,故而不符合自动投案的时间条件。

2. 王某伟的行为不具备自动投案的主动性和自愿性

自首认定的条件中,主动性和自愿性是自动投案的两个基本属性。被告人在案发后主动将自己的犯罪行为报告公安机关并不能构成自动投案,还要求被告人在犯罪后自愿将自己置于办案机关的合法控制之下,如实供述所犯罪行,此二条件缺一不可。本案中,虽然王某伟将宋某某砍杀倒地不动后主动电话报警,表面上看似乎是主动投案,但见犯罪未得逞后又持凶器对宋某某进行第二次加害,并离开犯罪现场。这说明其前期的电话报警行为,并非诚心悔罪接受司法机关的处理,作案完成后也未主动到公安机关投案,亦说明其主观上并没有投案自首的主动性和自愿性。

3. 王某伟的人身危险性并未因打电话报警而减轻

根据主客观相统一的刑事责任原则,被告人的主观恶性和人身危险性是对其进行刑罚裁量的重要依据,也是认定行为是否构成自首及自首是否给予从轻或减轻处罚的重要基础。自首的内核在于被告人的人身危险性和主观恶性的减轻。被告人自愿将自己置于司法机关的控制之下,表明其真心自愿认罪悔罪,人身危险性也相对减少。投案的动机虽然不能影响自首的成立,但是,投案出于悔过自新、慑于法律威严、走投无路等不同动机,也可以折射出被告人的人身危险性和改造的难易程度。因此,考虑被告人是否构成自首,也应结合被告人犯罪后报案或投案的时间、地点、方式,报案后是否对被害人继续实施加害、供述是否避重就轻,综合主客观因素进行全面考量。本案中,王某伟电话报警后,见犯罪行为未得逞又继续持凶器对被害人脖子刺扎数刀,可见,其对自身的犯罪行为并没有真正的悔罪表现,报警行为更类似于向司法机关宣告自己的犯罪成果,其自身的主观恶性和人身危险性亦未因报警而减轻。此种行为如认定为自首,与我国《刑法》设立自首制度的立法目的相悖。

4. 王某伟实施犯罪后明知他人报警,却企图自杀,不构成自首

成立自动投案要求被告人必须有将自己主动置于办案机关的合法控制之下的意愿,主动接受办案机关的审查和裁判。根据2010年最高人民法院发布的《关于处理自首和立功若干具体问题的意见》(以下简称《自首和立功意见》)第一条的规定,"明知他人报案而在现场等待,抓捕时无拒捕行为,供认犯罪事实的",应当视为自动投案。王某伟作案结束后,明知他人报警,却企图自杀的行为不构成自首。其原因有二:一是被告人企图自杀的行为,说明其不愿接受国家的审查和裁判,惧怕法律的惩罚;二是被告人虽然明知他人报警,但其企图自杀的行为不能视为"在现场等候",不符合"现场待捕型"自首的构成要件。

(撰稿人:黄 斌)

行为人作为投资人报案后未能如实供述犯罪事实的,不构成自首

——王某平集资诈骗、合同诈骗及刘某清非法吸收公众存款案①

裁判要旨

非法吸收公众存款案件中,行为人作为投资人向公安机关报案后,经公安机关侦查认定其为犯罪嫌疑人的,如其不具有主动将自己置于司法机关控制之下的意图、未

① (2017)京03刑初149号刑事判决书、(2018)京刑终148号刑事判决书。

如实供述其涉嫌犯罪事实的，不能认定为自首。

案情简介

2014 年 1 月，被告人王某平以其母亲张某的名义注册成立北京荣信投资管理有限公司（以下简称荣信公司）。2014 年 5 月至 2016 年 6 月，王某平作为荣信公司的实际控制人，明知荣信公司无实际经营项目和资金偿付能力，使用虚构的房产抵押债权及不具备担保资质的德盛昌投资担保有限公司（以下简称德盛昌公司）作虚假担保，以承诺高额返利、到期返本付息为诱饵，在北京市朝阳区等地与 16 名被害人签订《出借咨询与服务协议》，扣除案发前已返还本息，造成被害人实际损失共计 760 余万元。被告人刘某清明知王某平利用荣信公司从事非法集资活动，为获取个人提成，仍积极介绍史某、袁某、李某等 14 名投资人向荣信公司投资共计 780 余万元，造成经济损失 600 余万元。

2016 年 8 月 30 日，被告人王某平被公安机关抓获归案。2017 年 4 月 13 日，被告人刘某清经公安机关电话通知到案。

2015 年 9 月至 10 月，被告人王某平以合作经营荣信公司成立的"荣信稳赢一号"基金为名，与被害人宗某签订合作协议，约定宗某出资 400 万元并对基金拟投资的相关项目做技术把控。后王某平采取提供虚假银行资金托管证明的手段，谎称"荣信稳赢一号"基金募集的资金已到位，诱骗宗某依据协议支付投资款 200 万元。

裁判结果

一审法院认为，被告人王某平以非法占有为目的，使用诈骗方法非法集资，数额特别巨大，其行为已构成集资诈骗罪，依法应予惩处；其以非法占有为目的，在签订、履行合同过程中，骗取对方当事人钱款，数额特别巨大，其行为已构成合同诈骗罪，依法亦应予惩处，并与其所犯集资诈骗罪数罪并罚；被告人刘某清向社会公众吸收资金，扰乱金融秩序，数额巨大，其行为已构成非法吸收公众存款罪，依法应予惩处。刘某清虽系公安机关电话通知到案，但其不具有主动将自己置于司法机关控制之下的意图，且到案后未能如实供述全部犯罪事实，依法不成立自首。故判决：被告人王某平犯集资诈骗罪，判处有期徒刑 13 年，剥夺政治权利 3 年，并处罚金人民币 40 万元；犯合同诈骗罪，判处有期徒刑 11 年，剥夺政治权利 2 年，并处罚金人民币 11 万元；决定执行有期徒刑 16 年，剥夺政治权利 5 年，并处罚金人民币 51 万元。被告人刘某清犯非法吸收公众存款罪,判处有期徒刑4年,并处罚金人民币20万元;责令被告人王某平退赔各集资诈骗被害人的经济损失,被告人刘某清在其参与非法吸收公众存款罪范围内与被告人王某平承担连带退赔责任;责令被告人王某平退赔人民币200万元发还被害人宗某;在案扣押的房屋所有权证、房屋他项权证存档备查。

一审宣判后,被告人王某平、刘某清提出上诉。二审法院经审理依法裁定驳回上诉,维持原判。

裁判思路

在办理非法吸收公众存款案件中,存在行为人作为投资人报案,后经公安机关侦查,认定其参与非法吸收公众存款,属犯罪嫌疑人的情况,此时,其报案行为能否认定为自首(本案被告人刘某清即属于此种情形),存在一定争议。就本案而言,第一种观点认为,被告人刘某清先主动前往公安机关报案,后经公安机关电话通知到案,如实供述王某平通过荣信公司非法集资的事实,应认定为自首。第二种观点认为,被告人刘某清虽作为投资人主动向公安机关报案,但不具有将自己置于司法机关控制之下的投案意图,亦未能如实供述主要犯罪事实,不能成立自首。

笔者同意第二种观点。我们认为,此种情形下,认定行为人是否构成自首,应结合其报案意图、供述内容等具体分析其是否具备自动投案、如实供述犯罪事实的情节。

1. 投案自首的行为人应具有主动将自己置于司法机关控制之下的意图

我国《刑法》第六十七条第一款规定:"犯罪以后自动投案,如实供述自己的罪行的,是自首。"相对于被动到案,自首必须具有投案主动性、自愿性、彻底性,即主动将自己置于司法机关控制之下,自愿接受控制。判断有无投案意愿,应坚持主客观相一致的判断标准,结合其案发后的行为表现、到案经过、到案后是否如实供述等方面的事实、证据进行综合判断,不能仅凭行为人具有自行前往公安机关的客观行为便推定其有投案自首的意图。本案中,被告人刘某清无论是最初报案还是最终被电话通知到案,其目的和意图始终是陈述自己投资受骗的事实,其虽主动到公安机关,但并不具有将自己置于司法机关控制之下的意图,不具有投案的自愿性和彻底性。

但需要注意的是,此处的投案意图并不等同于投案的动机。无论是出于认罪悔罪、争取宽大处理,还是因为生活所迫、亲友劝说等动机,都不影响自动投案的成立。

2. 投案自首的行为人应如实供述主要犯罪事实

成立自首,不仅要求自动投案,还要求如实供述罪行。从自首制度的设立目的来看，之所以规定自首制度并将其规定为从轻、减轻处罚事由，一方面是考虑犯罪分子有改过自新的意愿，再犯罪可能性减少，另一方面在于犯罪分子的自首有助于案件的及时侦破与审判。如果被告人自动到案，但不能如实供述罪行，并不能够起到节约审判资源的作用，也不符合自首制度的本意。但此处只要求供述主要犯罪事实，不要求供述全部犯罪事实，行为人的合理辩解不影响如实供述的认定。

本案中，王某平于2016年7月失联，刘某清等投资人于同年7月19日到公安机关报案，民警于同年8月30日将王某平抓获。在对王某平进行讯问过程中，王某平提到刘某清称可以帮助其把业务做大，且刘某清通过介绍投资人获取高额提成。根据此线索，民警于2017年4月12日电话通知刘某清到派出所接受调查，刘某清于次日到所。到案后对其介绍投资人获得提成、虚假房产手续系王某平提供等事实予以供认，但否认其主动找到王某平并提出帮助王某平公司吸收投资人投资，以及主动向投资人宣传荣信公司理财产品吸引客户投资等事实。综合全案证据分析，刘某清虽系王某平以荣信公司名义实施集资诈骗活动的被害人，并遭受一定经济损失，但其明知荣信公司从事非法集资活动，为获取提成，在未核实王某平提供的抵押债权等相关材料真实性的情况下，向不特定多数人进行虚假宣传，致使投资人遭受损失，其行为符合非法吸收公众存款罪的构成要件，应依法追究其刑事责任。至于其是否为本案被害人，不影响对其非法吸收公众存款行为性质的认定。刘某清到案后侧重于陈述其作为投资人的投资事实，对其宣传理财产品吸引投资的关键事实未能如实供述，不符合自首的“如实供述”条件。

基于以上考虑，笔者认为被告人刘某清不能成立自首。

（撰稿人：刘　泽　孙淼淼）

报警后虽离开案发现场，但具有投案主动性的，应认定为自首

——王某故意杀人案①

裁判要旨

犯罪嫌疑人作案后主动用实名注册的手机号码报警，后因故离开案发现场，民警

① （2017）京03刑初130号刑事判决书。

在案发现场周边展开搜索后将其抓获，是否系“犯罪嫌疑人自动投案又逃跑”，关键在于把握离开案发现场有无躲避法律追究的意图。对于主观意图的判断，可以根据离开案发现场的目的、离开的距离、有无躲藏或抗拒抓捕的行为等方面因素综合考虑，对于并非为逃避法律追究的情况，可认定为自动投案。

案情简介

被告人王某因对其妻张某乙提出离婚产生不满，迁怒于妻弟被害人张某甲（男，殁年19岁），后于2017年3月13日，尾随张某甲来到北京市朝阳区黑庄户乡某洗浴桑拿房内。其间，王某持铁锤猛击张某甲头面部数下，致张某甲左颞部颅骨凹陷粉碎性骨折，蛛网膜下腔广泛出血，双侧额叶前部脑组织挫碎，左额、颞叶及脑组织底面脑挫伤，小脑扁桃体疝，后于当日经抢救无效死亡。经鉴定，被害人张某甲系被他人用锤类钝器打击头面部致颅脑损伤死亡。

被告人王某拨打报警电话后离开现场，后于当日下午被查获归案。

公诉机关的意见主要是：本案应当以故意杀人罪追究王某刑事责任；王某系案发后被动到案，到案后基本如实供述犯罪事实，具有坦白情节。

辩护人的意见主要是：本案系婚姻家庭矛盾引发，社会危害性较小，被告人王某系激情犯罪、临时起意；王某具有自首情节，到案后认罪悔罪，无前科劣迹。综上，希望法院对王某从轻处罚。

裁判结果

一审法院认为，被告人王某因不能正确处理家庭矛盾，迁怒于无辜人员，故意非法剥夺他人生命，其行为已构成故意杀人罪，作案手段残忍，犯罪性质恶劣，情节、后果严重，依法应予惩处。鉴于本案系婚姻家庭矛盾引发，被告人王某案发后主动报案，虽离开案发现场但主观目的并非逃避法律追究，到案后如实供述所犯罪行，构成自首，故对其判处死刑，可不立即执行。

一审法院根据王某犯罪的事实、犯罪的性质、情节及对社会的危害程度，认定被告人王某犯故意杀人罪，判处死刑，缓期2年执行，剥夺政治权利终身。

一审宣判后，被告人王某提出上诉。

二审法院经审理裁定，依法驳回上诉，维持原判，同时核准以故意杀人罪判处被告人王某死刑，缓期2年执行，剥夺政治权利终身。

裁判思路

本案控辩双方争议的焦点在于，公诉方认为被告人王某系被动到案，而辩护方认为王某系投案自首。公诉机关认为王某不构成自首的主要理由：自首中的自动投案为案发后在现场等待或明知他人报警仍在现场，要体现出自动投案的主动性和自愿性，案发后王某虽然承认离开现场但其在报警过程中没有明确自己的位置，民警到达后经核实身份后抓获王某，故不符合自动投案的主动性。案发为2017年3月13日14时，抓获被告人为14时30分，王某离案发现场500米远且被抓获的时候自己说是为了把孩子托付给他人，但王某把孩子托付给亲属后能否自动投案现在已无法证明，所以，在本案中，王某虽然是自己报警但是不能体现其主动向司法机关自动投案的意愿性，不应认定自首。

针对上述理由，合议庭在查清王某离开案发现场目的的基础上，综合评析判断，认为王某的行为符合“自动投案”的立法本意，加之到案后如实供述犯罪事实，可认定其具有自首情节，具体理由如下：

首先，“到案经过”虽证明王某系警方抓捕到案，但不能因此否定其到案的“主动性”。

经联系参与现场抓捕的民警核实，同时结合“110”接处警记录及电话录音证明，王某在案发后第一时间用自己已实名注册的手机号码拨打了报警电话，告知警方自己杀人了。警方未能与王某取得联系，是因除王某报警外，浴池的工作人员朱某亦随后报警，参与抓捕的民警接到的布警是朱某的报警，所以没有王某的联系方式，故无法给王某回拨电话确定其身份、位置等具体情况。警方到达案发现场后，得知嫌疑人抱着孩子已离开，随后开警车在案发地附近寻找抱孩子的可疑人员，抓获王某的地点距案发现场500米左右，民警开始见王某甲抱着孩子欲将王某甲控制时，王某在旁边主动称自己是犯罪嫌疑人，后在警车上对王某搜身时，确实见到了王某的手机等物品，但因该物品与案件无关，故已发还被告人亲属。上述情况亦有现场抓捕录像予以印证。由此可知，王某始终携带手机，警方可以通过拨打电话的方式与其联系，民警与王某的沟通渠道实际是畅通的，公安机关对王某的人身自由虽未实现物理控制但却足以通过技术手段对其行踪予以锁定，不能因警方未选择回拨号码的方式确定其位置就否认其投案的主动性。同时，在民警错误认定嫌疑人时王某亦第一时间主动承认自己的犯罪行为，并无抗拒抓捕、逃避责任的行为表现。

其次，抓获录像、证人证言等证据证明王某离开案发现场的目的系安置子女而非逃避法律追究，不能据此否认其将自身交付司法机关处置的“自愿性”。

证人王某甲称，案发当天王某给他打过两个电话，告知其自己可能杀人了，让其来王某的暂住地帮忙照顾孩子，其走到村口的时候碰见了王某，这一位置离王某暂住地很近，王某将孩子交给其，并说自己已经报警了，一会儿就会有警察来抓他。不久，警察就来了，看见其怀里抱着孩子，就要上前将其控制住，王某赶紧说，“是我，是我，那是我表弟”。王某甲的证言与王某的当庭供述及抓捕录像显示的情况是一致的，反映了三个方面的情况，可以体现其自首的自愿性：一是王某原本是让王某甲到案发地来接孩子的，但因紧张着急才抱着孩子离开案发现场；二是王某离开案发现场的目的是将孩子交给王某甲照顾，并告知王某甲自己已经报警，等待警察抓捕且王某将孩子交给王某甲后到警察到来前有一段时间间隔，具备逃跑的条件，但其选择等待警方到来的行为与公诉机关认为的“王某把孩子托付给亲属后能否自动投案现在已无法证明”相悖；三是在警方误以为抱着孩子的王某甲是作案人时，王某主动承认自己用锤子击打了被害人头部的作案事实。

可见，王某虽离开案发现场但系将孩子交给亲属帮忙抚养，其主观目的并非为逃避法律追究；客观上王某抱着两岁多的孩子步行在主要道路上，特征明显且行动缓慢（仅离开现场500米），其离开案发现场的行为并未给警方抓捕带来多大困难；将孩子交与王某甲后在原地等候而非逃跑，在民警误认为王某甲为作案人时亦第一时间承认所犯罪行，故综合其打完报警电话后的种种举动，其将自身置于司法机关控制下的主动性和自愿性明确。

本案中，王某离开案发现场的做法我们并不提倡，但考虑到为人父母的爱子之心，对其作出的人之常情的举动应该予以理解，对此类投案行为的变通认定亦能实现情理法的对接，避免司法适用中的机械化和僵硬化。

最后，认定自首后是否要对其予以量刑上的优惠，还应进一步考虑案发起因、侵害对象、作案手段、主观恶性、社会影响等多重因素。

自首制度的设计初衷，不乏司法经济性的考量，但其根源在于主客观相统一原则，作为我国刑法中重要的裁量制度，对被告人的量刑，最终还要落脚于其犯罪行为所体现出的主观恶性及客观危害性。自首行为虽能经由被告人的认罪悔罪态度显现其一定程度人身危险性的减少，但最终能否在量刑中予以从轻或减轻，仍要与前述犯罪行为进行权衡比对。2010年最高人民法院发布的《自首和立功意见》规定，对具有自首、立功情节的被告人是否从宽处罚、从宽处罚的幅度，应当考虑其犯罪事实、犯罪性质、犯罪情节、危害后果、社会影响、被告人的主观恶性和人身危险性等。自首的还应考虑投案的主动性、供述的及时性和稳定性等。虽然具有自首或者立功情节，但犯罪情节特别恶劣、犯罪后果特别严重、被告人主观恶性深、人身危险性大，或者在犯罪前即为规避法律、逃避处罚而准备自首、立功的，可以不从宽处罚。

本案中，从被告人王某的作案动机来看，“我当时非常生气，就想发泄我心里的怒火。我和张某乙谈话的时候，张某甲总是在屋里来回溜达，还说了两句话，我觉得他支持张某乙和我离婚，他在背后没起好作用，我对张某乙下不去手，所以怒火就转移到他身上了”，即因无法妥善处理家庭事务，基于自身假想无理由地迁怒于无辜被害人；从作案工具、作案时间、打击部位、打击力度来看，其持事先准备好的铁锤尾随被害人进入浴池，在无他人的桑拿房趁被害人毫无防备、无法呼救的情况下，径直持铁锤猛击被害人头部数下，致其因颅脑损伤当日经抢救无效死亡，综合上述具体情节，合议庭认为王某虽系自首，但其犯罪动机卑劣，手段残忍，性质恶劣，后果严重，人身危险性及社会危害性大，不足以依自首情节对其从轻处罚。

（撰稿人：栾广萍）

在公共场所作案后虽滞留现场但没有主动投案的，不宜认定为自首

——高某冬故意杀人案①

裁判要旨

被告人高某冬在公共场合作案后虽滞留在现场，但其没有主动投案的行为，亦没有证据能够证明其有投案的主观意愿，而自动投案的本质属性是投案的主动性和自愿性，主、客观综合考量其不具有自动投案的主动性和自愿性，不应认定为主动投案。

案情简介

被告人高某冬于2015年8月13日11时许，在北京市朝阳区工人体育场北路与三里屯路十字路口西北角处持单刃刀（全长101厘米）伺机实施杀人行为。因高某冬认为被害人顾某某（女，殁年28岁）蔑视自己，遂持该刀捅刺被害人顾某某腰背部一刀，

① （2017）京03刑初123号刑事判决书、（2018）京刑终29号刑事判决书。

捅刺被害人马里奥腹部两刀。顾某某经抢救无效于当日死亡。经鉴定,被害人顾某某符合被他人持单刃刺器刺击躯干部,造成肝脏、胰腺破裂,门静脉、腹腔干动脉及左肾动脉横断,致失血性休克死亡;被害人马里奥身体所受损伤构成重伤二级;被告人高某冬作案时的刑事责任能力评定为限定刑事责任能力。

案发后,高某冬被民警当场抓获。涉案单刃刀、手机等物证均已起获并随案移送。

裁判结果

一审法院认为,被告人高某冬无故持刀故意非法剥夺他人生命,致一人死亡、一人重伤,其行为已构成故意杀人罪,依法应予惩处。被告人高某冬为实施犯罪行为准备工具、搜索地点,在人流密集地公然实施杀人行为,后果严重,社会危害性大;鉴于其犯罪时系限定刑事责任能力,到案后如实供述主要犯罪事实等本案具体情节,对其判处死刑,可不立即执行。对于被告人高某冬的辩护人所提案发地系繁华地段,案发后数人围观,依常识势必有人报警,高某冬在此情形下没有离开现场,且在民警到达后表现配合,属主动归案,加之归案后如实交代犯罪行为,应当以自首论处的辩护意见,经查,在案公安机关提供的到案经过、证人韩某龙、张某鲁、郑某等证言、案发现场监控录像等证据证明,被告人高某冬持刀扎伤二被害人后,滞留在现场,其间有扔附近商店衣物、损坏模特的行为,直至民警将其抓获。其没有主动投案的行为,亦没有证据能够证明其有投案意愿,故辩护人的上述辩护意见无法律依据,法院不予采纳。根据被告人高某冬犯罪的事实、犯罪的性质、情节和对社会的危害程度,判决被告人高某冬犯故意杀人罪,判处死刑,缓期 2 年执行,剥夺政治权利终身。

一审法院宣判后,被告人高某冬提出上诉。

二审法院经审理裁定,依法驳回上诉,维持原判,同时核准以故意杀人罪判处被告人高某冬死刑,缓期 2 年执行,剥夺政治权利终身。

裁判思路

本案的焦点问题是,高某冬在公共场合作案后虽滞留在现场,但其没有主动投案的行为,亦没有证据能够证明其有投案意愿,是否构成自首?

本案中,高某冬作案后虽滞留在现场,其间有扔附近商店衣物、损坏模特的行为,直至民警将其抓获。高某冬的辩护人的相关辩护意见认为本案案发地系繁华地段,案发后数人围观,依常识势必有人报警,而高某冬在此情形下没有离开现场且在民警到达后表现配合,属于主动归案,加之归案后如实交代犯罪行为,应当以自首处。针对以上意见,结合本案案情,具体分析如下:

我国《刑法》第六十七条第一款规定:“犯罪以后自动投案,如实供述自己的罪行的,是自首。”自首是重要的量刑情节,准确理解和适用自首的规定对于贯彻刑法宽严相济刑事政策具有重要意义。一般自首成立的首要条件即要求犯罪嫌疑人犯罪以后自动投案。1998年最高人民法院发布的《关于处理自首和立功具体应用法律若干问题的解释》(以下简称《自首和立功解释》)中对一般自首中自动投案也作出了具体的解释,其中《自首和立功解释》第一条明确规定,自动投案是指犯罪事实或者犯罪嫌疑人未被司法机关发觉,或者虽被发觉,但犯罪嫌疑人尚未受到讯问、未被采取强制措施时,主动、直接向司法机关投案。2010年最高人民法院在《自首和立功意见》中也对可视为自动投案的情形进一步进行了细化,强调视为自动投案的情形应体现出犯罪嫌疑人投案的主动性和自愿性。如《自首和立功意见》中所增加的第二种情形,即“明知他人报案而在现场等待,抓捕时无拒捕行为,供认犯罪事实的”,此情形是指犯罪嫌疑人在作案后虽然没有亲自报警,但在明知他人报案的情况下有机会逃走而未逃走,留在现场等待抓捕,即“能逃而不逃”。这种情形体现了其主动、自愿将自己交付法律制裁的意图,对控制犯罪嫌疑人有一定意义,因为自动投案的本质属性是投案的主动性和自愿性,故应当认定为自动投案。换言之,对于自动投案的认定应当坚持主客观相统一的原则,从主、客观两方面进行全面考量。

综合本案在案证据,被告人高某冬的行为不构成自动投案,理由如下:

首先,就实质意义上而言,投案的主动性和自愿性表现为犯罪分子的归案是基于犯罪人意志自由的选择,主动把自己的人身交给司法机关追诉,也正是基于这种自动性,使被告人主动投案的行为与被群众扭送或者被公安机关抓获等被动归案的形式相区别开来。但是针对被告人的行为是否可以视为自动投案,不能脱离案件事实和证据,应当结合在案的证据全面客观地分析。本案中,被告人高某冬在公共场合持刀扎伤两名被害人后虽然滞留在现场,但其在现场并非等待抓捕而是实施挥刀以及损害物品等行为,给周围人群造成了极大的恐慌,直至被民警抓获。

其次,案发地处于繁华地段,存在被告人高某冬作案后由于群众围观等客观因素而导致无法逃跑的可能,并且本案没有证据证明其“能逃而不逃”。再者,被告人高某冬滞留现场期间并非等待抓捕而是继续实施扔商店衣物、损坏模特等破坏行为,直至民警将其抓获,亦没有证据证明其主观上有投案的意愿。

最后,高某冬经评定作案时为限制刑事责任能力,这对认定高某冬有无主动投案行为是否存在影响,应具体问题具体分析。高某冬的具体行为表现有:事先购买刀具伺机杀人;路遇素不相识的被害人并认为被害人蔑视自己,遂持刀捅刺二名被害人;民警到场后便扔下刀朝民警走去,到案后对自己的犯罪行为供认不讳。上述行为表现说明高某冬对自己的杀人行为有一定的认知,且有一定的控制能力,但实施犯罪行为时受精神疾病的影响,辨认能力和控制能力削弱,这之后,没有相关行为表现出其有主动投案的意愿,亦没有证据证明其明知他人报警而在现场待捕,故本案中高某冬的刑事责任能力对认定其不构成主动投案不产生影响。

综上,就本案具体情况而言,被告人高某冬主观上没有投案的意愿,客观上也没有投案的行为,高某冬滞留现场的行为不应视为自动投案,亦不构成自首。

(撰稿人:汤笑然)

非法集资案件中,随集资参与人报案但没有讲明自己是犯罪人,后被抓获到案的,不应认定为自首

——路某涛非法吸收公众存款案①

裁判要旨

非法集资案件中因无法返还集资参与人钱款,相关业务员跟随集资参与人共同前往公安机关报案、说明情况,但并未表明自己是犯罪嫌疑人,后被抓获到案的,因缺乏自动投案的主动性和自愿性,不构成自首。

案情简介

2013 年 7 月至 2016 年,路某涛伙同他人在北京市朝阳区等地,以华夏泉盛国际投资管理(北京)有限公司(以下简称华夏泉盛公司)名义,通过设立北京地和投资中心(有限合伙)、北京成地和投资管理中心(有限合伙)、北京金荣盛投资中心(有

① (2018)京 0105 刑初 2440 号刑事判决书、(2019)京 03 刑终 836 号刑事判决书。

限合伙)、北京泽普鑫源投资管理中心(有限合伙)、北京金鼎鸿投资中心(有限合伙)等有限合伙企业,以投资无锡天地人和机械设备制造有限公司(以下简称天地人和公司)、辽宁三色微谷科技有限公司(原名辽宁三色源生物工程有限公司,以下均简称三色微谷公司)、沧州恒毅房地产开发有限公司等项目,利用互联网站以及随机拨打电话、召开推荐会等方式向社会公开宣传销售“地和(成地和)基金”“金荣盛基金”“金鼎鸿基金”等理财产品,并承诺高额返利和返本付息,吸收集资参与人的资金。其中,路某涛作为销售团队的经理,其本人及所带团队共计吸收50余名报案集资参与人的资金共计人民币7400余万元,报案集资参与人获得相应返利共计人民币300余万元。

路某涛后于2018年3月2日被公安机关抓获。公安机关于2019年2月27日(轮候)查封叶某名下位于无锡市时代上城房产1套,同日还冻结天地人和公司、无锡地和投资发展有限公司、无锡市顺泊货物运输代理有限公司的全部股权,现均移送在案。另有华夏泉盛公司业务员于某于2018年4月24日向公安机关退缴违法所得60万元人民币,亦移送在案。

在本案审理过程中,路某涛的家属代为退缴人民币20万元在案。

公诉机关的意见主要是:路某涛非法吸收公众存款,扰乱金融秩序,且数额巨大,应当以非法吸收公众存款罪追究其刑事责任。

辩护人的辩护意见主要是:应剔除集资参与人杜某等人的部分金额,路某涛系从犯,且具有自首情节,积极退赔,有悔罪表现,主观恶性不深,建议法庭予以减轻处罚。

裁判结果

一审法院认为,路某涛伙同他人违反国家金融管理法律规定,借用华夏泉盛公司等企业名义,向社会公众公开宣传并承诺高额货币回报,非法吸收公众存款,数额巨大,路某涛的行为已构成非法吸收公众存款罪,依法应予惩处。在共同犯罪中,路某涛系起次要作用,到案后能如实供述主要犯罪事实,当庭自愿认罪,依法可以从轻处罚。路某涛积极退缴部分违法所得,可酌予从轻处罚。

关于辩护人就犯罪金额问题所提相关辩护意见,根据在案的集资参与人证言、报案材料、投资协议和付款凭证等证据材料,足以证实集资参与人报案的投资金额,并证实相应的销售人员系路某涛所带团队的成员,故该部分犯罪金额应予确认,对该辩护意见不予采纳。在共同犯罪中,路某涛系起次要作用,依法可以从轻处罚,辩护人所提相关从犯的辩护意见,酌予采纳。路某涛作为销售团队的负责人,带领销售团队具体从事非法募集资金活动,应对其本人及其所带销售团队吸收的全部金额承担责任。路某涛到案后能如实供述主要犯罪事实,当庭自愿认罪,依法可以从轻处罚。关于辩护人所提自首情节的意见,路某涛当庭的供述和公安机关出具的到案经过足以证实其并无主动投案的意愿,故该意见无事实和法律依据,不予采纳。路某涛积极退缴部分违法所得,可酌予从轻处罚,关于辩护人所提被告人路某涛积极退赔,有悔罪表现,主观恶性不深等意见,酌予采纳。

一审法院根据被告人犯罪的事实、犯罪的性质、情节以及对社会的危害程度,认定路某涛犯非法吸收公众存款罪,判处有期徒刑3年10个月,并处罚金人民币20万元。

一审宣判后,路某涛提出上诉,称其主动与投资人去公安机关报案,系自动投案,并如实供述所犯罪行,有自首情节,且系初犯、从犯,认罪态度良好,积极退赔,原判量刑过重。

二审法院经审理,依法裁定驳回上诉,维持原判。

裁判思路

我国《刑法》第六十七条第一款规定:“犯罪以后自动投案,如实供述自己的罪行的,是自首。”就一般自首而言,认定其成立的两个条件即为“自动投案”与“如实供述”。1998年《自首和立功解释》第一条第一项对何为“自动投案”进行了原则性规定,即“自动投案,是指犯罪事实或者犯罪嫌疑人未被司法机关发觉,或者虽被发觉,但犯罪嫌疑人尚未受到讯问、未被采取强制措施时,主动、直接向公安机关、人民检察院或者人民法院投案”。

我国《刑法》之所以将自首作为刑罚裁量时可以从轻、减轻或免除处罚的重要情节,其原因在于:一方面自首可以促使犯罪嫌疑人主动、及时归案,达到节约司法资源的效果;另一方面可以促使犯罪嫌疑人悔过自新,放弃继续作案,降低其人身危害性。所以,基于“节约司法资源”的目的,投案时间是构成“自动投案”的前提条件,法律将此规定为“犯罪事实或者犯罪嫌疑人未被司法机关发觉,或者虽被发觉,但犯罪嫌疑人尚未受到讯问、未被采取强制措施时”;基于“降低人身危害性”的目的,投案意志是构成“自动投案”的核心标准,法律将此规定为“主动投案”。同时,在典型的一般自首中,投案方式应为“直接投案”,投案对象则应为“公安机关、人民检察院或者人民法院”。

本案中，参与非法集资的销售经理路某涛在所在公司无法兑付、集资参与人围堵公司索要钱款的情况下，跟随集资参与人前往公安机关一同报案，但并未表明其自己为犯罪嫌疑人，后随着公安机关逐步掌握本案主要证据，将路某涛确认为犯罪嫌疑人并抓获到案，路某涛到案后如实供述了自己的罪行。路某涛虽然曾跟随集资参与人前往公安机关报案，但其目的并非投案，也并非主动地、自愿地将自己置于公安机关的管束、控制下，准备接受公安机关的处理，缺乏自动投案的主动性和自愿性，不构成自首。

（撰稿人：麻学军）

报案后离开案发现场并非逃跑的，应认定为自动投案

——崔某娇故意杀人案①

裁判要旨

案发后主动向公安机关报案，但在公安机关到达现场前离开案发现场一段距离的，在认定是否为自动投案时，应结合报案的背景、报案的内容、被查获时的地点、被告人行进路线以及离开案发现场的目的等因素综合判断是否成立自动投案。

案情简介

2015年8月25日22时许，被告人崔某娇在北京市密云县②密云镇某小区南侧阳光街南侧便道处，因故与被害人张某某（男，殁年21岁）发生口角，后崔某娇与张某某持刀互殴，任某某在旁劝阻。其间，崔某娇扎刺张某某的面部、右颈部、背部数刀，致其当场死亡；扎刺任某某头部、胸部、右腋部等处。崔某娇的头面部等处亦被张某某扎伤。经鉴定，被害人张某某系被他人用单刃锐器，刺扎背部，造成双肺破裂，致失血性休克死亡；任某某身体所受损伤程度属重伤二级；崔某娇身体所受损伤程度属轻伤一级。

裁判结果

一审法院认为，崔某娇的行为构成故意杀人罪，且致一人死亡、一人重伤，本案系

---

① （2016）京03刑初131号刑事判决书、（2017）京刑核54760802号刑事判决书。

② 2015年11月，经国务院批准，撤销密云县，设立密云区。

因琐事引发的犯罪案件,崔某娇与被害人素不相识,因一时气愤而激情犯罪,在扎刺张某某后,又持刀扎刺在旁劝阻且对其不再构成威胁的任某某,犯罪性质恶劣、情节后果严重、社会危害性大,但鉴于本案中被害人张某某存在过错,且崔某娇有自首情节等情况,故对被告人崔某娇判处死刑,缓期2年执行,剥夺政治权利终身。

公诉机关及辩护人均认为被告人崔某娇案发后自动投案,如实供述犯罪事实,成立自首;附带民事诉讼原告人及诉讼代理人认为被告人崔某娇报案后离开了案发现场,属于逃跑行为,不成立自动投案,不构成自首。

一审宣判后,被告人崔某娇未提出上诉。

北京市高级人民法院经复核,核准以故意杀人罪判处被告人崔某娇死刑,缓期2年执行,剥夺政治权利终身。

裁判思路

自首的本质是犯罪嫌疑人、被告人、正在服刑的罪犯出于本人的意志而将自己交付国家追诉,从而使犯罪案件得以及时侦破和起诉、审判,具有促使犯罪嫌疑人、被告人和正在服刑的罪犯主动接受法律制裁和节约司法资源的效果。

我国《刑法》第六十七条规定了一般自首和准自首。是否自动投案,是成立一般自首的必要条件。1998年《自首和立功解释》第一条第一项规定,"自动投案,是指犯罪事实或者犯罪嫌疑人未被司法机关发觉,或者虽被发觉,但犯罪嫌疑人尚未受到讯问、未被采取强制措施时,主动、直接向公安机关、人民检察院或者人民法院投案"。自动投案的本质属性在于投案的主动性和自愿性。在自动投案的相关要素中,投案时间是前提条件,投案意志居于核心地位,即强调投案的主动性和自愿性,必须是出于本人的真实意志,自愿将自己置于司法机关或有关组织的控制之下接受进一步的处理,对投案方式和投案对象不宜严格限定。因此,要判断行为人是否系自动投案,主要应从行为是否具备投案的主动性和自愿性来判断。

本案中,笔者认为,被告人崔某娇具有投案的主动性和自愿性,成立自动投案。

司法实践中,犯罪嫌疑人案发后通过拨打"110"电话等方式投案的案件日益增多。犯罪嫌疑人案发后给公安机关等单位打电话的,有的是明确表示自己实施了犯罪行为要投案,有的是自称自己受到了侵害要报案等。因此,对于被告人通过打电话方式投案的,对于被告人投案的主动性和自愿性,司法机关需要结合被告人案发后打电话的背景(如是否被他人控制)、打电话的内容(是否明确自己实施了犯罪行为)、打电话之后的客观行为(如是否继续实施犯罪行为)等方面综合考虑。

卷宗材料显示,被告人崔某娇在案发当日22时13分左右与被害人一方发生冲突且扎刺了两名被害人,案发后在不知道他人已经报警的情况下,崔某娇于22时18分自行拨打报警电话称在长城环岛农业税务局门口,打架时自己拿匕首把别人捅了,三人都受伤了。被告人崔某娇报警的内容清晰明确地表明了案发地点以及自己实施了犯罪行为,根据在案的证人证言以及被告人崔某娇自己的供述,崔某娇报警时未被在场群众或公安机关控制,完全具有离开现场的客观条件,崔某娇是在人身与意志都自由的情况下拨打电话投案,而且崔某娇拨打报警电话时距案发时间很近,体现了报案的坚决性。此时,崔某娇的投案行为具有主动性与自愿性。

崔某娇虽在通过拨打报警电话投案后产生了位移,离开了案发现场一段距离,但在22时30分崔某娇再次用自己的电话拨打了报警电话,称"在长城环岛往西聚鑫汽车城,我脖子、头被砍,对方是一男一女",此次拨打报警电话崔某娇仍明确告知公安机关自己的位置以及行进方向,虽然称自己的脖子、头被砍,没有提及自己实施犯罪行为,但此次报警与前次报警具有连续性、一贯性,是此前报案行为的补充和延续,此时,崔某娇仍然具有投案的主动性、自愿性。

在此次拨打报警电话后,崔某娇再次产生了位移,此后民警无法联系上崔某娇。根据《自首和立功解释》第一条第一项规定,"犯罪嫌疑人自动投案后又逃跑的,不能认定为自首",因此,本案中需要判断崔某娇离开现场是否属于"投案后又逃跑"的情形。

在案的证人证言、被告人供述以及伤情鉴定材料能够证实,此时的崔某娇身受刀伤,崔某娇在报警电话中也表明了受伤的情况以及自己头晕,因此没有应答民警的电话并不能就此认定崔某娇逃避侦查。崔某娇称自己离开现场去银行自动取款机取款治疗伤情,也与自动取款机现场勘查的情况及自身受伤的情况相吻合。案发当日22时40分许,民警在长城环岛附近扩大搜索范围巡逻至聚鑫汽车城附近时发现一男子形迹可疑且身上有血迹,遂上前询问,男子自称叫崔某娇,是其打电话报警称自己被人用刀扎伤。因崔某娇身上有伤,民警将其送往密云区医院进行救治。经查,崔某娇被抓获的地点为密云区聚鑫汽车城门前101国道南侧路边,该地点具体位置为由密云区长城环岛向东沿101国道直线行走200米距离处,其行进方向非系前往公安机关方向。从民警找到崔某娇的现场来看,崔某娇就在自己报警时所说的地址,且在民警到来后崔某娇没有逃避,而是主动承认了自己的身份以及自己是报警人的事实。

需要注意的是,民警找到崔某娇时,崔某娇坐在马路牙子上,身上都是血,是否属于因受伤原因不能逃脱?如果是因为受伤这样的客观原因不能逃脱,则不能认定具备投案的主动性。结合崔某娇受伤的情况、案发后行进的距离、民警到达现场时崔某娇的状态以及崔某娇实际的伤情可知,崔某娇虽然受伤但并未达到无法移动的程度,不属于因受伤无法离开现场的情况。

因此,综合考虑被告人崔某娇报警时人身和意志自由的情况、崔某娇两次报警均明确自己的位置、报警后离开现场的距离并不远及行进的方向与报案内容一致、离开现场的目的具有合理性以及民警找到崔某娇时其主动告知身份信息且没有抗拒抓捕等情况来看,崔某娇具有投案的主动性、自愿性,能够成立自动投案,加之崔某娇到案后如实供述主要犯罪事实,故法院认定崔某娇具有自首情节。

(撰稿人:李　冕)

犯罪嫌疑人作案后已被当场控制,不具有投案的主动性和自愿性,不能视为主动到案

——赵某故意杀人案①

裁判要旨

犯罪嫌疑人作案后虽未离开犯罪现场,但系被当场控制的情形下,不能认定为自动投案。

案情简介

被告人赵某因向王某讨要工资未果,蓄意报复,遂于2013年8月5日19时许,至北京市朝阳区工体北路一超市内,持事先准备的两把水果刀扎刺王某胸部、背部数刀,造成其心脏、左肺、肝脏破裂,致失血性休克死亡。

被告人赵某于案发后被公安机关当场抓获。

公诉机关的意见主要是:被告人赵某的行为属于故意杀人,应当以故意杀人罪追究其刑事责任。被告人赵某犯罪时未满18周岁,依法应从轻或减轻处罚。

---

① (2014)三中少刑初字第00750号刑事判决书。

被告人辩称自己是故意伤害，不是故意杀人，且自己的真实年龄与户籍不符，应是1997年农历二月十九(1997年3月27日)出生。

被害人父亲王某某表示，其和被害人母亲均不提起附带民事诉讼，不要求被告人进行赔偿，并向法院提交相关书面材料。

辩护人的辩护意见主要是：本案应认定为故意伤害罪。一是被告人赵某没有杀人动机，赵某的目的是讨要拖欠的工资；二是赵某起初只扎刺了王某一刀，在王某逃跑的过程中，赵某本能地想抓住王某，没意识到手里还拿着刀，造成了王某的死亡，符合故意伤害罪的犯罪特征。另建议，对赵某从轻、减轻处罚，主要理由：一是赵某犯罪时系未成年人，无前科劣迹；二是被害人拖欠嫌疑人工资，经多次讨要，甚至报警后依然不支付，态度恶劣，存在明显过错；三是赵某有自首情节。

裁判结果

在审理过程中，一审法院了解到，赵某文化程度较低，家庭监管不及时，本案之所以发生虽有客观原因，但是起决定性作用的是主观原因，赵某缺乏合理的维权手段，选择暴力的、伤害他人的方式维护自己的权益，对事态的发展、可能引发的后果等缺乏理性分析和预判，导致本案造成不可挽回的后果。控辩双方对被告人赵某的司法社会调查报告均无异议。

对于被告人赵某辩称其真实年龄与户籍不符，自报于1997年3月27日出生，以及其法定代理人、辩护人均认为赵某犯罪时系未成年人的辩解及辩护意见，经查，关于被告人赵某出生日期有赵某母亲朱某甲、外祖父朱某乙等人的证言、学籍证明、北京市公安司法鉴定中心出具的骨龄鉴定报告等证据在案，故认定被告人赵某犯罪时系未成年人。

对于辩护人所提被告人系自首的辩护意见，经查，被告人赵某于案发后已被当场控制，不具有投案的主动和自愿性，不能视为主动到案，故不认定赵某具有自首情节。

对于辩护人所提被害人具有一定过错的辩护意见，经查，证人杨某、朱某等人的证言及被告人的供述证明，被告人因保安公司拖欠工资一事与被害人产生矛盾，案发前被告人曾向被害人索要工资，但这并不是被告人实施故意杀人罪的理由，王某对本案的发生不构成刑法意义上的过错，故上述辩护意见无法律依据，不予采纳。

对于被告人及辩护人所提本案定性不是故意杀人罪，应为故意伤害罪的辩解和辩护意见，经查，在案证据能够证明赵某持两把水果刀扎刺被害人王某，其明知这一行为可以致人死亡，其追求被害人死亡的结果发生，客观上造成被害人王某死亡的后果，赵某的行为应构成故意杀人罪。

一审法院认为,被告人赵某因讨要工资未果,故意非法剥夺他人生命,致一人死亡,其行为已构成故意杀人罪,依法应予惩处。公诉机关指控被告人赵某犯故意杀人罪的事实清楚,证据确实、充分,指控罪名成立。鉴于被告人赵某犯罪时不满18周岁,如实供述主要犯罪事实,且案发后经他人劝说未离开现场等具体情节,依法对其予以从轻处罚。根据被告人赵某犯罪的事实、犯罪的性质、情节和对社会的危害程度,判决被告人赵某犯故意杀人罪,判处有期徒刑15年。

一审宣判后,被告人赵某没有提出上诉,公诉机关没有提出抗诉,一审判决遂发生法律效力。

裁判思路

本案的焦点问题之一,即是被告人赵某是否符合自动投案的条件从而构成自首。

本案中,赵某手持事先准备的两把水果刀,冲进超市保安宿舍,持刀扎刺王某,王某向店内跑,赵某在追逐王某的过程中被赶来的其他保安控制住,后被赶来的民警带回处理。赵某的辩解及其辩护人的相关辩护意见均认为赵某构成自首。对此,结合本案案情,具体分析如下:

自首是我国《刑法》中重要的刑罚裁量制度。我国《刑法》第六十七条第一款规定,"犯罪以后自动投案,如实供述自己的罪行的,是自首","被采取强制措施的犯罪嫌疑人、被告人和正在服刑的罪犯,如实供述司法机关还未掌握的本人其他罪行的,以自首论"。据此,自首可分为一般自首与准自首。

就一般自首而言,认定其成立的两个条件即为"自动投案"与"如实供述"。为了便于此两个条件的适用,1998年最高人民法院发布的《自首和立功解释》与2010年最高人民法院发布的《自首和立功意见》对"自动投案"与"如实供述"的认定条件进行了细化。其中《自首和立功解释》第一条第一项对何为"自动投案"进行了原则性规定,即"自动投案,是指犯罪事实或者犯罪嫌疑人未被司法机关发觉,或者虽被发觉,但犯罪嫌疑人尚未受到讯问、未被采取强制措施时,主动、直接向公安机关、人民检察院或者人民法院投案"。由此可知,认定"自动投案"需考虑四个要素:投案时间、投案意志、投案对象和投案方式。

如何适用上述四个要素,则需考虑自首制度的立法精神。我国《刑法》之所以将自首作为刑罚裁量时可以从轻、减轻或免除处罚的重要情节,其原因在于:一方面自首可以促使犯罪嫌疑人主动、及时归案,达到节约司法资源的效果;另一方面可以促使犯罪嫌疑人悔过自新,放弃继续作案,降低其人身危害性。因此,基于"节约司法资源"的目的,投案时间是构成"自动投案"的前提条件,法律将此规定为"犯罪事实或者犯罪嫌疑人未被司法机关发觉,或者虽被发觉,但犯罪嫌疑人尚未受到讯问、未被采取强制措施时";基于"降低人身危害性"的目的,投案意志是构成"自动投案"的核心标准,法律将此规定为"主动投案"。同时,在典型的一般自首中,投案方式应为"直接投案",投案对象则应为"公安机关、人民检察院或者人民法院"。虽《自首和立功解释》与《自首和立功意见》从鼓励自首与应对复杂司法实践出发,还规定了多种"应当视为自动投案"的情形,但此类情形均是对自动投案基本四要素灵活的变通与适度的放宽,且这种灵活性常体现在投案方式、投案对象此二要素上,而对投案时间(有效时间)与投案意志(主动自愿)的标准则一贯坚持。故而,认定犯罪嫌疑人是否成立"自动投案"也需始终结合自动投案的四要素来予以判断。

为进一步规范自首的认定标准,最高人民法院在《自首和立功解释》中规定了七种"应视为自动投案"的情形后,又在《自首和立功意见》中增加了四种,其中第二种情形规定为"明知他人报案而在现场等待,抓捕时无拒捕行为,供认犯罪事实"的也应当视为自动投案。此种情形的认定常在司法实践中产生争议,同时也是本案涉及的相关情形。

结合前文所述,投案意志即是构成"自动投案"的核心标准,则认定上述情形成立"自动投案"需重点把握的即是犯罪嫌疑人"明知他人报案而在现场等待"的主动性。这种主动性常体现为"能逃而不逃"。换言之,只有犯罪嫌疑人主动、自愿地将自己置于司法机关的控制之下,才可认定其具有投案的意志,从而进一步结合其他要素认定其成立自动投案。如果犯罪嫌疑人在明知他人报案后,是因为自杀、受伤、醉酒、群众包围或公安机关人员已经赶到等原因而未能离开现场,则这种"被动"的滞留在现场的行为不具备自动投案的意志,则不应认定为自动投案。而判断犯罪嫌疑人明知他人报案而滞留在现场是"主动"还是"被动",则需结合犯罪现场的情况、环境,犯罪嫌疑人的认知能力、身体情况、行为表现,犯罪嫌疑人的到案供述与辩解,现场证人、报案人、出警人员的证言,公安机关出具的到案经过等,以普通人的判断视角,结合日常生活经验来审慎判断。

就本案而言,在案证据能够证明被告人赵某系被当场抓获归案的,在场多名证人见证了被告人赵某杀人的过程,有证人一边扶他,一把就去拿他手中的刀,其先拿走了他右手的水果刀,然后继续劝说他,又把他左手拿的水果刀拿走了,把两把刀就给了旁边的工作人员,让她拿好。赵某在犯罪后经他人劝说留在现场,未继续扎刺被害人,没有拒捕。

可见,赵某在作案后已被工作人员包围并接受劝说,同时其系被公安民警当场抓获。综合考虑案发现场的情况,赵某系因为群众包围、公安机关人员已经赶到未能离开现场,其是“不能逃”,而非“不想逃”,故赵某不具备投案意志所要求的主动性,赵某虽如实供述,但不成立自首。

(撰稿人:李永京)

非基于犯罪嫌疑人的意思表示而由他人实施的投案行为,不应认定为自动投案

——白某贵故意杀人案①

裁判要旨

自动投案是一个主客观相统一的概念。犯罪嫌疑人或其亲属客观上具有投案行为,是否构成自动投案,关键在于该犯罪嫌疑人是否具有想要将自己置身于司法机关控制下的主观意愿,即是否具有自愿性。若犯罪嫌疑人因身体不便等客观原因无法亲自前往司法机关投案,而告知他人代其向司法机关投案,此时他人的代为投案行为是基于犯罪嫌疑人自动投案的主观意愿,应当认定为自动投案。若犯罪嫌疑人本人不具有自动投案的主观意愿,也不存在自动投案的意思表示,即使有亲属投案,也并非基于犯罪嫌疑人自动投案的主观意愿,因此不应认定为自动投案。

案情简介

2020年2月13日15时许,被告人白某贵在北京市怀柔区九渡河镇其住处内,因长期抚养照顾其残疾弟弟被害人白某甲(男,殁年68岁)心生厌烦,其自身又患多种疾病,遂产生与白某甲同归于尽的想法。白某贵遂持铁锤多次击打白某甲头面部致其当场死亡,经鉴定,白某甲符合被他人用钝器(铁锤类)多次打击头面部,导致重度颅脑损伤死亡。

被告人白某贵作案后又持铁锤击打自己头部、撞墙自杀未遂。2020年2月13日

① (2020)京03刑初140号刑事判决书。

20 时许,白某贵在其住处被公安机关抓获。作案工具铁锤等物证已被起获、扣押。

公诉机关的意见主要是:被告人白某贵故意非法剥夺他人生命,致一人死亡,其行为触犯了《刑法》第二百三十二条,应当以故意杀人罪追究其刑事责任。被告人白某贵在开庭前自愿签署认罪认罚具结书,可以从轻处罚,建议判处被告人白某贵有期徒刑10 年至 12 年。提请法院依法判处。

指定辩护人的辩护意见主要是:被告人白某贵认罪悔罪,系初犯,且为自首,请求法院对其从轻处罚。

裁判结果

一审法院认为,白某贵故意非法剥夺他人生命,致人死亡,其行为已构成故意杀人罪。鉴于被告人白某贵具有认罪认罚,归案后如实供述犯罪事实等从轻处罚情节,故依法对被告人白某贵从轻处罚。其指定辩护人的相关辩护意见,法院酌予采纳。据此,根据被告人白某贵犯罪的事实、犯罪的性质、情节和对社会的危害程度,对其判处有期徒刑 10 年,剥夺政治权利 2 年。

一审宣判后,被告人白某贵没有提出上诉,一审判决已发生法律效力。

裁判思路

本案的焦点问题是,被告人白某贵是否符合自动投案的条件从而构成自首。

关于自首,我国《刑法》第六十七条第一款明确规定:"犯罪以后自动投案,如实供述自己的罪行的,是自首。"由此可见,自首需要满足两个条件:如实供述和自动投案。

1. 关于如实供述

如实供述指的是犯罪嫌疑人应当如实交代自己的罪行和问题。值得注意的是,这里的问题应当指的是事实问题而非法律问题。事实问题主要是行为人如何实施的诸如杀人、盗窃、抢劫等行为;法律问题一般指的是行为人的主观心态和行为的状态,诸如是故意还是过失,是既遂还是未遂等问题。在如实供述的认定上,犯罪嫌疑人交代事实不需过于烦琐,只需交代自己什么时候在什么地点做了什么即可。

结合本案,被告人白某贵归案后如实交代了自己如何杀死被害人白某甲的犯罪事实,因此,白某贵符合如实供述的特征。

2. 关于自动投案

自动投案是指犯罪嫌疑人在其犯罪行为未被司法机关发觉,或虽被发觉但司法机关尚未对其传讯、采取强制措施之前，以及正被追捕、通缉期间，主动投案的行为。

自动投案从亲历性上讲有两种方式：(1)犯罪嫌疑人本人主动向司法机关投案；(2)因本人无法亲自投案，委托他人投案。同时，自动投案应当满足如下要求：犯罪嫌疑人尚未归案、投案行为是犯罪嫌疑人的真实意思表示。

1998年《自首和立功解释》第一条第一项规定了七种应当视为自动投案的情形，体现了犯罪嫌疑人投案的主动性和自愿性。根据该解释，《自首和立功意见》第一条规定，犯罪嫌疑人具有以下情形之一的，也应当视为自动投案：(1)犯罪后主动报案，虽未表明自己是作案人，但没有逃离现场，在司法机关询问时交代自己罪行的；(2)明知他人报案而在现场等待，抓捕时无拒捕行为，供认犯罪事实的；(3)在司法机关未确定犯罪嫌疑人，尚在一般性排查询问时主动交代自己罪行的；(4)因特定违法行为被采取劳动教养、行政拘留、司法拘留、强制隔离戒毒等行政、司法强制措施期间，主动向执行机关交代尚未被掌握的犯罪行为的；(5)其他符合立法本意，应当视为自动投案的情形。罪行未被有关部门、司法机关发觉，仅因形迹可疑被盘问、教育后，主动交代了犯罪事实的，应当视为自动投案，但有关部门、司法机关在其身上、随身携带的物品、驾乘的交通工具等处发现与犯罪有关的物品的，不能认定为自动投案。

在兼顾自动投案的主动性与自愿性的同时，需要理解自动投案是一个主客观相统一的概念。即使有时因特殊情况发生实际实施自动投案行为的主体与实施犯罪行为的主体相分离的情形，也不必然得出认定为自动投案或不认定为自动投案的结论，应结合案情进一步具体分析、判断。

具体到本案中，被告人白某贵未认定自首的原因为不符合自动投案的要求，具体而言是不符合自愿性的条件。根据证人白某乙的叙述，傍晚其给白某贵送饭时，白某贵告知其杀害了白某甲。后白某乙因害怕自己惹上事儿报警，警察来到住处后将白某贵抓获。根据白某贵的供述，其在杀害白某甲后又持铁锤击打自己头部、撞墙自杀未遂，便一直躺在自己的床上直到被抓获，其间自己没有投案行为，也没有告知儿子白某乙代其向司法机关投案。

根据前文的叙述，我们可以看到犯罪嫌疑人白某贵自始至终内心并没有投案的想法，其告知儿子白某乙杀人事实后也并未让其报警。换言之，白某贵本人并不存在想要将自己置身于司法机关控制下的意思表示。即使白某贵因自杀未遂出现行动不便的状况，难以前往司法机关投案，也应当告知儿子让其代为报案。但结果是，其并未告知其儿子代其向司法机关投案，且其儿子得知杀人事实后也并未第一时间报案，而是给白某甲办理丧葬手续(办手续时其说白某甲系得病死亡)。办完手续后，妻子告诉他应当报案否则会受到牵连，白某乙自己在一番思想斗争后，才选择报案。白某乙报案的动机是害怕受到牵连，并非基于犯罪嫌疑人白某贵自动投案的主观意愿的意思表示，因此，其行为实际上与白某贵毫无关系，故由于不满足自动投案的主观条件及对自愿性的要求，犯罪嫌疑人白某贵不成立自动投案，不应认定为自首。

我国《刑法》之所以规定，“对于自首的犯罪分子，可以从轻或者减轻处罚。其中，犯罪较轻的，可以免除处罚”，是因为自首可以节约国家的司法资源，使司法机关迅速抓获犯罪分子，掌握其犯罪事实，进而审结案件。而本案中，被告人白某贵杀人后，并未迅速投案，也未让其子代其投案。因此，在公安机关将白某贵抓获前的很大一段时间内，白某贵均有逃跑的风险，而一旦白某贵逃走，公安机关还需花费时间将其抓捕归案，也就浪费了司法资源。因此，对于本案的被告人白某贵，不应当认定其自首。

自首是对犯罪分子的一项特别的“优惠政策”，因此，在审判实务的认定中应当慎之又慎。但值得注意的是，《刑法》第六十七条第三款规定：“犯罪嫌疑人虽不具有前两款规定的自首情节，但是如实供述自己罪行的，可以从轻处罚；因其如实供述自己罪行，避免特别严重后果发生的，可以减轻处罚。”结合本案，白某贵在到案后认罪认罚，如实供述了自己的罪行，客观上为案件的侦破和审判起到了推动作用，一定程度上节约了国家的司法资源。因此，本案虽然不能认定白某贵构成自首，但依照《刑法》可以对其从轻处罚。

（撰稿人：任莉华）

虽主动前往公安机关但不具备接受审查和裁判的主观意愿的，不应认定为自动投案

——段某绑架、敲诈勒索案[①]

裁判要旨

在罪行被察觉之前，犯罪分子虽陪同被害人主动前往公安机关，但并不具备接受

① （2016）京 0105 刑初 1403 号刑事判决书、（2017）京 03 刑终 133 号刑事判决书。

审查和裁判的主观意愿，而是逼迫被害人隐瞒真相、欺骗公安机关以逃避法律制裁的，该行为不应认定为自动投案。

案情简介

被告人段某于2016年3月4日13时30分许，纠集张某龙（另案处理）等多人前往本市朝阳区建外某大厦某投资控股有限公司（以下简称某投资公司），张某龙等人在公司内对职员王某某实施殴打并将其强行带走。王某某被带上段某等人驾驶的车辆后被段某等人持刀和手铐实施控制。当日晚间至3月5日凌晨3时许，段某以王某某人身安全等相威胁，多次通过电话向某投资公司董事长钟某某（男，34岁）索要钱款人民币50万元，迫使钟某某通过银行转账方式先行交付人民币5000元，段某等人将其中的3000元据为己有。其间，王某某被殴打致左眼挫伤，左眉有长为1.7厘米创口，并致全身多处软组织擦伤、挫伤（经鉴定属轻微伤）。被告人段某于2016年3月5日16时许与王某某共同前往建外派出所，后于当日22时许被抓获。

另查明，被告人段某于2016年2月，在本市朝阳区建外某投资公司内，以帮助该公司员工张某萌索要投资款为名，并以知晓其具体家庭住址、将进行骚扰并威胁其家庭成员安全的方式，强行索要张某萌"讨债费"及"违约费"共计人民币2万元。

公诉机关的意见主要是：被告人段某以勒索财物为目的绑架他人，索取巨额钱款。同时，被告人以他人安全相威胁，勒索数额较大的钱款，犯罪事实清楚，证据确实充分，应当以绑架罪、敲诈勒索罪追究其刑事责任。

辩护人的辩护意见主要是：被告人段某有自首情节，希望能够从轻或减轻处罚。

裁判结果

一审法院认为，被告人段某无视国家法律，绑架王某某作为人质，并以此相要挟，向第三人勒索财物，其行为已构成绑架罪；其又以非法占有为目的，采用言语威胁手段，敲诈张某萌钱财，数额较大，已构成敲诈勒索罪，依法应予数罪并罚。公诉机关指控被告人段某犯绑架罪、敲诈勒索罪事实清楚，证据确实、充分，指控罪名成立。在绑架罪中，综合本案的绑架手段、绑架对象王某某与勒索钱款对象钟某某之间的关系、对被害人人身的控制程度和伤害后果，以及被告人实际取得财物的数量，认定本案被告人段某犯绑架罪，情节较轻。被告人段某当庭的辩解与查明的事实不符，本院不予认可。关于其辩护人所提本案不构成绑架罪而属于情节轻微的非法拘禁的辩护意见，本院认为,本案证据足以证明被告人段某等人与王某某和钟某某之间并无直接的债权债务关系,在此前提下,段某等人以暴力伤害、持械威胁等方式实际控制被害人王某某,并更换王某某手机号码、借用他人手机,以作为公司员工的王某某的人身安全为要挟多次打电话向第三人钟某某索要钱款,其行为符合绑架罪的犯罪构成,故该辩护意见,本院不予采纳。其辩护人另提出被告人段某有自首情节,经查,在案公安机关出具的到案经过、被害人王某某的陈述等证据证明,段某虽陪同王某某前往建外派出所,但其目的并非自动归案,在派出所期间段某也没有主动向公安机关交代其犯罪事实的行为,故其行为不构成自动投案;辩护人提出敲诈勒索罪的指控证据不足的辩护意见,本院不予采纳。被告人段某有前科劣迹,且在案发时有吸毒行为,在量刑时对其酌予从重处罚。段某在本案中的非法所得,依法责令其退赔。

一审法院根据段某犯罪的事实、性质、情节和对社会的危害程度,判决如下:被告人段某犯绑架罪,判处有期徒刑 7 年,剥夺政治权利 1 年,并处罚金人民币 14000 元;犯敲诈勒索罪,判处有期徒刑 10 个月,并处罚金人民币 1000 元;决定执行有期徒刑 7 年 6 个月,剥夺政治权利 1 年,并处罚金人民币 15000 元。责令被告人段某退赔人民币 3000 元,发还钟某某;责令被告人段某退赔人民币 20000 元,发还被害人张某萌。

一审宣判后,被告人段某提出上诉。二审法院经审理裁定驳回上诉,维持原判。

裁判思路

司法实践中,部分犯罪分子在实施完犯罪行为后、罪行被发觉前,会“主动”前往公安机关,但该行为是否系自首制度所要求的“自动投案”,则需要具体问题具体分析。

何为“自动投案”? 1998 年《自首和立功解释》对此作出了较为详细的规定。该解释第一条规定:“自动投案,是指犯罪事实或者犯罪嫌疑人未被司法机关发觉,或者虽被发觉,但犯罪嫌疑人尚未受到讯问、未被采取强制措施时,主动、直接向公安机关、人民检察院或者人民法院投案。”

上述规定强调了“自动投案”的投案时间和投案对象,并未明确要求投案时需要具备接受审查和裁判的主观意愿。因此,有观点认为,只要在未被发觉或未受到讯问、未被采取强制措施时出现在司法机关,即使存在投案时编造事实、欺骗司法机关以逃避刑罚等情况,也能满足自首制度所要求的“自动投案”。笔者认为,上述观点拘泥于字面意思,显然未深入理解自首制度的立法精神和立法渊源。一方面,从自首制度的立法精神来看,设立自首制度的目的在于通过充分发挥刑事政策的感召作用,鼓励犯罪分子悔过自新并积极接受教育改造，从而降低人身危险性，最大限度地瓦解犯罪分子；同时，也可以减少司法机关为侦破案件所需的大量时间、精力和物力，使司法机关能够尽快审查与裁判，提高刑事案件的办案效率，节约司法成本。另一方面，从自首制度的立法渊源来看，自首是1979年《刑法》确立的，但1979年《刑法》只规定了自首的处罚原则，未规定自首的成立条件，不便于实践操作，致使司法实务部门在处理具体案件时对自首的认定和处理上存在一些问题。为了正确理解和适用《刑法》相关规定，1984年最高人民法院、最高人民检察院、公安部发布了《关于当前处理自首和立功有关问题具体应用法律的解答》。该解答的第一条规定了成立自首的三个条件：一是自动投案；二是如实交代自己的罪行；三是接受审查和裁判。该条规定对司法机关准确认定和处理自首起到了积极的指导作用。之后，1997年《刑法》只保留了前两个条件，即"犯罪以后自动投案，如实供述自己的罪行的，是自首"，并未将"接受审查和裁判"作为自首的成立条件之一。但是，综合考量自首的立法精神和立法渊源，笔者认为，对自首的成立而言，不是不需要"接受审查和裁判"这一条件，而是该条件已成为自首成立的当然条件，是"自动投案"的应有之义，不必再重复规定。对自首的犯罪分子来说，如果其主观上拒不接受审查和裁判，那么，其主动出现在司法机关的行为势必就不是为了主动将自己置于司法机关的控制之下，同时，这也表明其没有认罪、悔罪的态度和诚意，并未主动降低自身的人身危险性，亦未节约司法机关进行侦破、审判等司法行为时所需的人力、物力、财力，不符合刑法设立自首制度的初衷。2010年《自首和立功意见》中关于"在犯罪前即为规避法律、逃避处罚而准备自首、立功的，可以不从宽处罚"的规定，亦表明了对欲逃避刑罚的犯罪分子的态度。

但是，需要注意的是，在审查判断犯罪分子投案时是否具备接受审查和裁判主观意愿时，要正确区分投案的主观意愿与投案的目的、动机之间的区别，二者存在本质的不同。任何投案都必然基于一定的原因，如出于真心悔悟、为了争取宽大处理、因为亲友劝说、由于潜逃后生活所迫等，都可能成为自动投案的动机和目的。自动投案不要求出于特定的动机与目的，即使犯罪分子是为了争取宽大处理或者生活所迫等，也不能否认其构成自动投案，因为其行为毕竟提高了案件的侦查和审判效率。

结合本案的具体情节，被告人段某在与被害人王某某共同前往派出所的当天上午，段某就曾做被害人的思想工作，教唆被害人在警察找到的时候应该怎么说。当天下午，段某一方让被害人主动给派出所打电话，并让被害人跟派出所说整个事情是一个误会。在派出所提出要找被害人了解一下昨天的情况之后，段某一方又威胁被害人，称知道被害人的身份证号和家庭住址，如果被害人把真相说出来，就会找被害人算账，经过一番威胁之后，段某才与被害人一起去了派出所。此外，段某还将取出的5000元给了被害人2000元，让被害人存到银行卡上，再次威胁被害人，要求被害人在面对他人询问时，要称跟他们是一伙的，他们是帮其要工资的。

由此可见，段某在陪同被害人王某某前往公安机关之前，就已经采取威胁、恐吓等手段，逼迫被害人答应编造虚假情况、欺骗司法机关。之后段某又陪被害人主动前往派出所，段某出现在公安机关的目的是威吓被害人，防止被害人说出事情真相，从而为自己开脱罪责、逃避惩罚，并非自愿将自己置于公安机关的控制之下。因此，段某主动前往派出所的行为不具备接受审查和裁判的主观意愿，该行为不应认定为自动投案。

（撰稿人：董肖肖）

基于错误认识到案的不能认定为自首
——刘某丰抢劫案①

裁判要旨

被告人经户籍地派出所民警以其他事由电话通知到案后虽如实供述主要犯罪事实，但因其并非主动投案，而是基于错误认识被动归案，不能反映其投案的主动性，故不能认定为自动投案从而构成自首。

案情简介

被告人刘某丰，曾因犯抢夺罪，于2012年10月10日被判处有期徒刑1年8个月，并处罚金人民币25000元，2014年2月17日刑满释放。

2010年9月20日16时许，被告人刘某丰携带水果刀行至北京市平谷区电视塔环岛北侧辅路处，趁被害人崔某某与张某某在中华牌轿车内谈业务之机，开门上车，采用持刀、语言威胁等手段挟持二被害人驾车行驶。后二被害人趁刘某丰不备跳车逃跑，被告人刘某丰驾驶该车逃跑，行驶至平谷区王辛庄镇东古村北侧250米处时撞向路边

① （2019）京0117刑初98号刑事判决书、（2019）京03刑终494号刑事裁定书。

的沟里后弃车。刘某丰将崔某某放在副驾驶的粉红色挎包内现金人民币约200元抢走。经认定，该中华牌轿车价值人民币35000元。

2019年1月15日，经刘某丰户籍地的民警电话联系其配合调查相关事情，刘某丰到约定地点后被公安机关抓获。案发后，公安机关依法扣押水果刀1把、铁丝1根。

裁判结果

一审法院认为，被告人刘某丰持刀抢劫他人财物，其行为已构成抢劫罪，应依法惩处，刘某丰系被抓获到案，不具有自首情节，故认定被告人刘某丰犯抢劫罪，判处有期徒刑6年，并处罚金人民币60000元。

被告人刘某丰以其构成自首为由提出上诉。

二审法院经审理认为，成立自首需要同时具备自动投案和如实供述自己的罪行两个要件。刘某丰抢劫二被害人后，其犯罪行为已被侦查机关发觉，2019年将其列为网上追逃人员后，刘某丰所在县公安局发现其藏匿在河北老家，已经掌握其犯罪行为，故协同其户籍地派出所民警电话联系刘某丰。刘某丰在未被采取强制措施之前，并不明知其犯罪行为是否被司法机关掌握，刘某丰也表示公安机关电话中并未提及其涉嫌抢劫一事，当公安机关以其他事由通知其到约定地点时被抓获，其到案行为与公安机关的电话内容有直接因果关系，并非自愿将本人置于司法机关控制之下，因此，不应认定刘某丰主观上具有自动投案的意思表示，即使其到案后如实供述犯罪事实，也不应认定为自首。故裁定驳回刘某丰的上诉，维持原判。

裁判思路

本案的焦点问题在于，被告人刘某丰经户籍地派出所民警以其他事由电话通知到案后如实供述主要犯罪事实，是否能够成立自首，对此有不同的意见。

第一种意见认为，被告人刘某丰接到户籍地派出所的电话通知到案后，如实供述，构成自首，应当适用最高人民法院发布的《自首和立功意见》中关于“自动投案”的具体认定的第五项，即“其他符合立法本意，应当视为自动投案的情形”，原公诉机关持该意见。

第二种意见认为，被告人刘某丰接到电话通知到案后虽然如实供述自己的罪行，但不能认定为自首。理由是：被告人刘某丰并非主动投案，而是基于错误认识被动归案，成立如实供述而非自首。在公安机关发现其重大嫌疑后经传唤到案，不能反映其投案的主动型，故不能认定为自首。

笔者同意第二种意见，具体分析如下：

在一般自首中，“自动投案”与“如实供述自己的罪行”两个要件之间存在连贯性特征，二者相辅相成，密不可分。如实供述是成立自首的必要条件，在实践中的认定争议不大，以下着重从自动投案的角度讨论犯罪嫌疑人、被告人经电话通知到案成立自首的条件。

犯罪嫌疑、被告人经电话通知到案的具体情形，司法实践中主要有：办案机关电话通知犯罪嫌疑人后，其主动到办案机关投案的；办案机关电话通知犯罪嫌疑人后责令其在某处等待而被抓获的；办案机关电话通知犯罪嫌疑人后，其另行约定时间、地点主动到案或者抓获等多种情形。对于上述情况能否认定为自动投案，各地认定不一，目前尚无明确规定。

具有代表性的规范性文件是2016年重庆市出台的地方性司法文件，其中规定，经办案机关电话通知到案认定为主动投案，需要符合以下三个条件：到案的主动性、归案的目的性、供述的主动性。① 根据该文件规定，犯罪嫌疑人虽然接到电话通知，其有选择去与不去的自由，其到办案机关投案应当是其主动选择的结果；投案的目的是交代自己的犯罪事实，接受办案机关乃至审判机关的处罚；必须主动供述自己涉嫌的犯罪事实，如果行为人到案后不是为了主动交代自己的犯罪问题，或者交代问题态度含糊、不主动，或是在出示证据等被迫才交代的，则不能认定为自首。

上述规定符合自首的立法本意，但对于如何判断犯罪嫌疑人到案的主动性仍不具有可操作性的标准。鉴于此，笔者认为，应当从办案机关电话通知的时间、内容、主体、对象等方面进行明确。

1. 电话通知的时间

根据1998年《自首和立功解释》的有关规定，自动投案的时间应当是犯罪嫌疑人受到讯问、被采取强制措施之前，具体包括犯罪后，犯罪事实未被发觉之前，或者犯罪事实被发觉但犯罪嫌疑人未被发觉，或者犯罪人已被发觉但未受到办案机关讯问、未被采取强制措施之前，以及犯罪嫌疑人被通缉、追捕被抓获之前。

自首作为犯罪嫌疑人的事后行为，之所以能够导致从轻、减轻处罚，其本质在于有利于犯罪事实的查明。因此，只有符合上述时间条件，犯罪嫌疑人、被告人经办案机关电话通知后直接到办案机关投案的，才可能认定为自动投案。

---

① 参见重庆市高级人民法院、重庆市检察院、重庆市公安局《2016刑事工作座谈会综述》。

2. 电话通知的内容

到案的主动性是基于犯罪嫌疑人的主观意识形态，这种对于犯罪嫌疑人主观意思的判断在实践中虽然存在一定的操作难度，但却可以从归案的目的性倒推，最直观的判断标准就是电话通知的内容与到案行为之间的因果关系。"投案的内含必然要求犯罪嫌疑人应当认罪或者至少应当承认自己的行为与犯罪案件存在关联或一定的责任。否则犯罪嫌疑人虽然自动来到司法机关，但不能认定为自动投案。"①

如果犯罪嫌疑人到案行为是基于办案机关电话通知内容中涉及办案机关已经掌握的犯罪事实，则其归案具有主动性。犯罪嫌疑人在未被采取强制措施之前，办案机关电话通知其因涉嫌被办案机关掌握的犯罪事实到案的，此时犯罪嫌疑人明知自己的犯罪行为已经被办案机关掌握，在可能面临刑事制裁的情况下，仍然有选择到案与否的行动自由，其选择主动到案如实供述自己的罪行的，归案具有主动性，应当成立自首。反之，如果犯罪嫌疑人不知道、不确定自己的犯罪事实是否被办案机关掌握，当公安机关以其他事由"诱骗"其投案的，犯罪嫌疑人基于错误的认识，心存侥幸，其到案行为则不具备主动性。

以本案为例，刘某丰所在户籍地的派出所民警电话中并未告知其涉嫌的抢劫罪，而是虚构了其他事由需要其配合调查。刘某丰在侦查、审判阶段多次表示，公安机关电话中并没有提及抢劫一事，其到案是陷于错误认识，自以为犯罪事实未被发觉、能够逃避刑事处罚，且在实施抢劫行为两年后再次实施抢夺行为，在后罪的侦查、公诉、审判阶段均未能主动供述已经实施的漏罪，其主观上显然没有自动投案的意思表示，不应当认定为自首。

3. 电话通知的主体、对象

发出电话通知的主体不限于《刑事诉讼法》规定有管辖权的办案机关，作为一种变通的办案手段，有管辖权的办案机关不便行使管辖权，或者根据案件的实际需要委托其他办案机关代为通知，但发出通知的主体只能是公安机关、人民检察院、人民法院等法定办案机关。

为鼓励犯罪嫌疑人、被告人主动投案，早日查清犯罪事实，根据上述解释的有关规定，犯罪嫌疑人向所在的单位、城乡基层组织或者其他有关负责人员投案的，应当视为自动投案。实践中，对于罪行较轻、社会危害性不大的刑事案件，侦查机关在确定行为人是犯罪嫌疑人的情况下，往往会以电话通知的方式，要求犯罪嫌疑人到案。为了避

① 上海市高级人民法院《关于刑法总则适用若干问题的解答》。

免打草惊蛇，侦查机关会发动犯罪嫌疑人的亲友、单位人员、所在村委会、居委会等与犯罪嫌疑人关系密切的人，电话引导、劝解嫌疑人主动投案，这既是一种侦查手段，也是规劝犯罪嫌疑人尽快归案查明犯罪事实的有效途径。因此，电话通知的对象除犯罪嫌疑人外，还应当包括其亲友、单位人员、所在基层组织等，犯罪嫌疑人亲友、单位人员等陪同被告人到案的，也应当认定为犯罪嫌疑人自动投案。

（撰稿人：段惠云）

行为人前期有信电投案行为，后期不排除在投案途中的，是否可以认定为“正在投案途中”

——卢某潘故意杀人案①

裁判要旨

行为人在案发后主动拨打电话报警，后逃跑，而后再次报警并准备去投案时在途中被民警抓获，属于“视为自动投案”中“正在投案途中”的情形。

案情简介

被告人卢某潘因婚姻感情问题与妻子张某（殁年23岁）产生矛盾。2014年5月3日7时许，卢某潘在北京市通州区某旅店南侧胡同内，与张某再次发生争执后，用事先准备的尖刀向张某颈部及左侧肩胛部猛刺数刀，伤及右侧颈总动脉及左肺，致张某失血性休克死亡。被告人卢某潘在拨打“110”电话报警后离开现场，同日再次拨打“110”电话报警，后在投案途中被查获归案。

另查明，因被告人卢某潘的犯罪行为，使附带民事诉讼原告人张某某、董某某遭受了一定的经济损失。被告人卢某潘的亲属已代其交纳赔偿款人民币60000元在案。

公诉机关的意见主要是：被告人卢某潘故意非法剥夺他人生命，致一人死亡，犯罪性质恶劣，情节、后果严重，社会危害性大，应当以故意杀人罪追究其刑事责任。

① （2014）三中刑初字第00885号刑事判决书、（2015）高刑终字第00361号刑事判决书。

辩护人的意见主要是：卢某潘与张某有感情矛盾，其没有杀人动机，无预谋杀人，故被告人卢某潘构成故意伤害罪。被告人卢某潘作案后给其亲属打电话说要去自首，第一次打“110”报警后因害怕及轻生的复杂心理离开现场，而在当天下午再次拨打“110”投案，到案后如实供述犯罪事实，系自首；被害人张某及其家庭存在过错；卢某潘属激情犯罪，主观恶性不深，人身危险性小；卢某潘系初犯、偶犯。综上，请求法院对被告人卢某潘从轻处罚。

裁判结果

一审法院认为，被告人卢某潘故意非法剥夺他人生命，致一人死亡，其行为已构成故意杀人罪，犯罪手段残忍，犯罪后果严重，依法应予惩处。鉴于被告人卢某潘案发后两次拨打电话报警，在投案途中被抓获，到案后能够如实供述主要犯罪事实，系自首，并赔偿附带民事诉讼原告人经济损失等具体情节，对被告人卢某潘判处死刑，可不立即执行。一审法院根据被告人卢某潘犯罪的事实、犯罪的性质、情节和对社会的危害程度，认定被告人卢某潘犯故意杀人罪，判处死刑，缓期 2 年执行，剥夺政治权利终身。

一审法院宣判后，被告人卢某潘提出上诉。二审法院经审理，裁定依法驳回上诉，维持原判，同时核准以故意杀人罪判处被告人卢某潘死刑，缓期 2 年执行，剥夺政治权利终身。

裁判思路

根据本案查明的事实，被告人卢某潘作案后自行拨打“110”报警电话主动投案，第一次打“110”报警后因害怕及轻生的复杂心理离开现场，而在当天下午再次拨打“110”投案称自己要去公安局自首，但未表明自己的身份、案件、位置等信息，报警后其在走出饭店时被前来抓捕的侦查人员抓获。本案的核心问题在于，被告人卢某潘自行报警后逃跑，再次报警并准备去投案时被民警捕获，是否符合自动投案的条件进而构成自首？

所谓“自动投案”，是指犯罪分子犯罪以后，犯罪事实未被司法机关发现以前；或者犯罪事实虽被发现，但不知何人所为；或者犯罪事实和犯罪分子均已被发现，但是尚未受到司法机关的传唤、讯问或者尚未采取强制措施之前，主动到司法机关或者所在单位、基层组织等投案，接受审查和追诉的。自动投案的实质是犯罪分子自愿把自己交给司法机关处理。根据 2010 年《自首和立功意见》的相关规定，有的犯罪嫌疑人在投案的途中被捕获,只要查证属实的,也属于投案。

换言之,即使行为人自动投案后逃跑,后又出于悔罪或者其他原因再次自动投案,并如实供述自己罪行的,也可以认定为自首。因为在一定程度上,行为人能够再次自动投案,体现了犯罪嫌疑人主动接受审查裁判的意愿,可以表明其主观恶性和人身危险性相对降低,也符合自首制度的设立宗旨和价值。具体而言,自首制度的设立宗旨主要体现在以下两个方面:一方面旨在鼓励犯罪人在实施犯罪行为后能够主动归案,以争取宽大处理;另一方面是尽可能降低司法资源的浪费,提高侦破效率。通常而言,这两个方面的价值在实质层面上是统一的,但有时难以两全其美,因而,自动投案的认定只要基本能达到这两方面价值的统一即可。同时,根据1998年《自首和立功解释》第一条规定的七种应当"视为自动投案"的情形,均体现了犯罪嫌疑人投案的主动性和自愿性。根据该解释的规定,除了主动、直接向司法机关投案外,犯罪嫌疑人具有"经查实确已准备去投案,或者正在投案途中,被公安机关捕获的"情形的,属于自动投案。该规定在一定程度上放宽了对于自首的认定条件,对于贯彻宽严相济的刑事政策具有重大意义。既如此,行为人自动投案后逃跑,然后基于各种原因再次自动投案的,也应视为自动投案。

所谓"自动",从字面意义上理解就是非外力驱使,靠内部力量运转。对于自首个体而言,就是由自己的意志支配自己的行为,而非出于外力的强行作用投案,强调的是个体的主观心理状态。在投案途中被抓获这一情形下,客观上,自动投案并未全部完成,而是停留在实施投案行为的层面,但是从主观方面来看,其主观上已经决定去投案,反映出投案的主观性,且采取了行动,哪怕是刚刚采取行动,如跨出家门口,其实已经完成了思想上的"自动"。司法解释将此种情形认定为自动投案,可见对"自动"的要求重点在主观,即主观上产生了投案意图并有一定行为即可认定为自动投案。同时,需要强调的是,关于"自动"的内容,应当解释为行为人自身的主观心理对自己所处境况的认知以及对自己行为后果的预测,如犯罪嫌疑人虽已在公安人员的包围之中但自己却浑然不知,主动联系公安机关自首,后出门奔向公安机关立即被抓,也已满足了"自动"要求,可认定为自首。

具体到本案的情形,被告人卢某潘作案后即用自己的手机拨打"110"报警,并讲明自己的姓名、行为、地点等关键信息;报警后还给家人打电话称要去自首;报警后思想发生动摇,扔掉旧手机卡买新卡、换下衣鞋(含带血裤子)、更换地点等;但当日下午,其用新手机卡再次拨打"110"报警,称自己要去公安局自首,显见,卢某潘有投案的主动意愿,虽其走出饭店即被侦查员抓获,但是不排除其是去投案的途中。

单独看卢某潘在第一次报警后逃跑的行为,不能证明其有投案的意愿和行为,但应结合两次报警的情况,从案发后到其到案的整体行为过程进行综合分析。情理上,案发后卢某潘的一系列行为是作案后的正常表现,可见其内心的纠结与挣扎;客观行为上,其再次报警,虽然没有表明身份以及说明曾报过警,但是其毕竟明确表示要自首,明确表达了自己投案的意思表示,有拨打“110”电话的客观行为,结合其供称此前让出租车司机将其拉至能洗澡的地方、在电话里想听听儿子的声音等细节,能够证实其走出酒店系在“投案途中”,可以认定其有真实的投案意愿。综合分析,卢某潘前期有信电投案行为,后期不排除在去投案的途中,可以认定自动投案,其到案后如实供述主要犯罪事实,故可认定卢某潘有自首情节。

(撰稿人:汤笑然)

知道侦查机关可能对其展开侦查,行为人仍滞留于可以明确查询到其藏匿地点等待的,不能认定为自动投案

——李某达故意杀人案①

裁判要旨

自动投案的认定应从立法本意出发解释为投案的“主动性”和“自愿性”。其中,投案的“主动性”从客观行为上反映出行为人主动将自身置于司法机关控制下,并正价值地节约了或非负价值地贬损了司法资源。投案的“自愿性”从主观心态上反映出行为人自愿将自己交付国家处置、接受法律制裁,因此反映出其人身危险性和主观恶性的降低。行为人在作案后逃离案发现场并藏匿,在知晓司法机关确定其所处地点后,才滞留原地等待抓捕的,因不具备投案的“主动性”,不能认定为自动投案。

案情简介

被告人李某达和被害人周某某(女,殁年22岁)是中国传媒大学的同级校友。为

① (2016)京03刑初132号刑事判决书。

寻求刺激并经预谋，李某达以拍摄微电影为名，于2015年8月9日14时许，将周某某诱骗至李某达位于北京市朝阳区某某家园的暂住地，持事先准备的水果刀切、划周某某的颈部，造成周某某颈部左侧颈内静脉破裂。在周某某拨打电话求救期间，李某达对施救人员谎报地址，致周某某失血性休克死亡。

被告人李某达作案后于2015年8月11日被公安机关查获归案。

公诉机关的意见主要是：被告人李某达故意非法剥夺他人生命，致人死亡，情节特别恶劣，后果特别严重，社会危害性极大，其行为应当以故意杀人罪追究其刑事责任。提请法院依法判处。

辩护人的辩护意见主要是：一是被告人李某达所犯罪行严重，虽不可原谅，但仍希望法庭对其从轻、减轻处罚；二是李某达作案时并不是完全刑事责任能力人；三是李某达具有自首情节；四是李某达认罪、悔罪，主观恶性和人身危险性不属于极其严重；五是李某达的近亲属愿代其向被害人家属道歉，并做出无条件补偿。辩护人申请对被告人李某达的刑事责任能力进行重新鉴定；申请法院依职权调取王某某的证言以及相关通话记录，以证明李某达属于“现场待捕”的自首。

裁判结果

一审法院认为，被告人李某达故意非法剥夺他人生命，致人死亡，其行为已构成故意杀人罪，依法应予惩处。李某达的故意杀人行为给被害人周某某的近亲属造成了难以弥补的巨大伤害，其犯罪动机极其卑劣，犯罪性质极其恶劣，情节、后果特别严重，社会危害性极大。李某达到案后虽能如实供述所犯罪行，当庭认罪、悔罪，但不足以对其从轻处罚。根据被告人李某达犯罪的事实、犯罪的性质、情节和对于社会的危害程度，认定被告人李某达犯故意杀人罪，判处死刑，剥夺政治权利终身。

一审宣判后，被告人李某达提出上诉。二审法院经审理裁定驳回上诉，维持原判，并依法将本案报请最高人民法院核准。最高人民法院依法裁定核准以故意杀人罪判处被告人李某达死刑。

裁判思路

本案中，被告人李某达于2015年8月9日作案后逃离案发现场，并于当晚19时许持本人身份证入住某某饭店。8月10日23时许，民警在接报周某某失踪后，通过调查锁定李某达有重大作案嫌疑，在赶赴李某达暂住地敲门未果后，经公安网查询确定李某达位于某某饭店。8 月 11 日 1 时许,民警在某某饭店客房内将李某达抓获。李某达当场供认将周某某杀害的事实。当日 3 时许,李某达带领民警前往其暂住地发现周某某的尸体。

李某达的辩护人辩称,根据被告人李某达的供述,李某达朋友王某某在李某达到案前一个小时,曾电话告知李某达警察在寻找其,李某达知道此情况后仍待在其实名登记入住的饭店中等待公安机关到来,成立"待捕型"自首。虽然在案证据无法证实李某达明确知道公安机关已对其展开侦查,但延伸可探讨的问题即行为人在逃离案发现场后,明知已针对其展开侦查活动,仍滞留于司法机关可以明确查询到的藏匿地点等待抓捕,能否认定为自动投案。

关于"自动投案",1998 年《自首和立功解释》将其典型情形规定为"犯罪事实或者犯罪嫌疑人未被司法机关发觉,或者虽被发觉,但犯罪嫌疑人尚未受到讯问、未被采取强制措施时,主动、直接向公安机关、人民检察院或者人民法院投案",同时衍生出七种"视为自动投案"的情形;2010 年《自首和立功意见》增加四种"视为自动投案"的情形,同时以"其他符合立法本意,应当视为自动投案的情形"作为兜底条款。

因此,自动投案的认定应从立法本意出发。自首的本质是犯罪嫌疑人(被告人或正在服刑的罪犯)出于本人的意志而将自己交付给国家追诉,使犯罪案件得以及时侦破和起诉、审判,具有促使犯罪嫌疑人主动接受法律制裁、节约司法资源的效果。国家对自首者从宽处罚,是对犯罪分子自首行为的一种"奖励"措施,体现了功利主义倾向。另外,自首也在一定程度上反映了犯罪分子有认罪、悔罪表现,说明其人身危险性有所降低,对其适用的刑罚量自然应做出调整。故在认定自首中,投案意志应居于核心地位,即强调投案的"主动性"和"自愿性"。

投案的"主动性"从客观行为上反映出行为人主动将自身置于司法机关控制下,并正价值地节约了或非负价值地贬损了司法资源。以"视为自动投案"中"主动性"最弱的"明知他人报案而在现场等待,抓捕时无拒捕行为,供认犯罪事实"的"现场待捕型"自动投案为例,行为人虽未报案,但明知他人报案,故此时已无重复报案之必要;行为人在作案后未离开案发现场,故未增加司法机关侦查压力;行为人在司法机关盘查时主动供认犯罪事实,亦以坦白方式最低程度上节约了司法资源。

但本文讨论的情形与"现场待捕型"自首不同。一方面,行为人虽明知司法机关已针对其开展侦查活动,但该侦查活动的开启与行为人无关,明确犯罪嫌疑人身份亦系司法机关通过消耗司法资源获取的有价值信息;另一方面,虽然行为人所处地点已经为司法机关明知,但是该地点的确定或是长期消耗司法资源构建出的便利体系,如根据公民身份信息确定的行为人居住或暂住地或入住的酒店、公寓，或是司法机关通过侦查工作确定的行为人所处地点，如经询问相关证人后确定的犯罪嫌疑人逃匿地点。从整体过程评价，行为人逃离现场的行为已负价值贬损了司法资源，且后续既非主动将自身置于司法机关控制下，亦未正价值节约司法资源，故不能认定该情形下行为人具有投案的“主动性”。

结合本案，根据破案报告及到案经过等证据材料，公安机关根据报警人所述周某某失踪情况，经询问周某某同学等调查取证方式，确定李某达有重大作案嫌疑，后经侦查得知李某达暂住地，在派人前往寻找未果后，再经公安网查询等方式，方得知李某达入住的饭店，后将其抓获于酒店客房内。上述过程既可见公安机关在查破案件及查获犯罪嫌疑人过程中所做的工作，亦可反映李某达从未主动将自身置于司法机关控制下，且因其逃匿行为造成了一系列司法资源的贬损，足以反映出其到案的非主动性。

投案的“自愿性”从主观心态上反映出行为人自愿将自己交付国家处置、接受法律制裁，因此反映出其人身危险性和主观恶性的降低。行为人内心意志的表现既可以是意愿，也可以是默认。仍以经《自首和立功意见》明确的与本情形最为接近的“现场待捕型”自动投案为例，行为人明知自己留在现场必然会遭致被抓获的后果，在能逃跑的情况下，仍然留在原地等候司法机关处理，且无拒捕行为，这实际上亦是以消极不作为的方式表明其出于本人真实意志，自愿将自己交付国家处置、接受法律制裁，也确实是在一定程度上降低了人身危险性和主观恶性。本案中，虽然行为人在作案后逃离案发现场的行为在一定程度上反映了其逃避侦查、抗拒抓捕的主观心态，但是，若行为人明知已针对其展开侦查工作，亦明知其所藏匿地点属于司法机关必然可查知之处，在可能逃跑的情况下，仍作出滞留原地等待抓捕的选择，确实可在一定程度上反映出其投案的“主动性”。

结合本案，虽然李某达的辩护人辩称李某达到案前一个小时已知晓公安机关对其展开侦查工作，仍然停留在以其真实姓名登记入住的饭店，可见其系主动投案，但辩护人的辩护意见仅有被告人供述证实，其未能提供相关人员证言，法庭经庭外核实后亦未能找到证明该项主张的证据。退言之，公安机关接到报案的具体时间为 2015 年 8 月 10 日 23 时 30 分许，而抓获李某达的时间为次日 0 时 40 分许，相隔时间仅 1 小时 10 分钟。公安机关侦查高效、时间紧凑且正值凌晨，故无法排除李某达被动滞留饭店的可能性。因此，本案证据无法反映李某达到案的自愿性。

综上，本案从证据与法律角度均无法认定被告人李某达系主动投案，生效裁判亦未认定其构成自首。对于行为人明知侦查机关已针对其展开侦查活动，仍滞留在司法机关可以明确查询到的藏匿地点等待抓捕的，因不符合投案的“主动性”，无法契合立法本意，所以不能认定为自动投案。

（撰稿人：李　烨）

电话投案后又被抓获到案的，可以认定为自首

——张某恺聚众斗殴案①

裁判要旨

犯罪嫌疑人实施犯罪行为后，打电话主动投案，公安机关暂未对其采取强制措施。犯罪嫌疑人之后未有逃避侦查的行为，公安机关后将犯罪嫌疑人抓获归案，且在被抓捕时无拒捕行为的，可以认定为自动投案。

案情简介

一审法院判决书认定：因尹某某（男，17岁，另案处理）加张某恺女友的微信并聊天，被告人张某恺与尹某某发生争执，二人通过微信相约打架。张某恺、尹某某分别纠集多人于2016年10月22日22时许，至本市朝阳区工体西路某酒吧后门外斗殴，张某恺持甩棍伙同他人对尹某某进行殴打，尹某某纠集一男子持砍刀将张某恺砍伤。双方斗殴期间，尹某某身上的枪状物1把（经鉴定，不能确定是否为枪支）掉出，被张某恺扔至一边。双方斗殴中，造成尹某某“头皮裂伤、头皮擦伤”，经鉴定为轻微伤；致张某恺“颈部开放性损伤，手部开放性损伤（右），指固有神经断裂（小指尺侧），指固有动脉断裂（小指尺侧），屈指肌腱断裂（小指），伸指肌腱部分断裂（食指）”，经鉴定为轻微伤。张某恺因伤就医，委托其女友报警，民警在现场将尹某某抓获，后于2016年11月9日在张某恺家中将其抓获，现扣押华为牌手机一部在案。张某恺被抓获后，向公安机关检举他人涉嫌犯罪的行为。案发后，张某恺之亲属与尹某某之法定代理人达成了和解

---

① （2017）京0105刑初499号刑事判决书、（2017）京03刑终617号刑事判决书。

协议，尹某某之法定代理人对张某恺表示谅解。

一审期间，被告人张某恺对公诉机关的指控没有异议，当庭表示认罪。其辩护人的辩护意见主要是：张某恺聚众斗殴的情节相对轻微，主观恶性不大，后果不严重；案发后，张某恺安排其女友及时报警，后一直配合警察积极处置，应当被认定为自首，依法应当从轻或者减轻处罚；双方已达成谅解；其所在学校出具证明，证明其在校表现良好，学校愿意对其进行监管；张某恺此次行为之前无前科劣迹。综上，建议对张某恺从轻、减轻、定罪免刑或者适用缓刑。

二审中，张某恺的上诉理由主要是：其具有自首情节，其协助抓捕尹某某，具有立功情节，原判对其量刑过重。其辩护人的辩护意见主要是：张某恺具有自首情节；当事人双方已经达成谅解；张某恺协助抓捕尹某某，具有立功情节；对于张某恺是否存在"持械"的情形，在现有证据存在瑕疵的情况下以"持械聚众斗殴"加重处罚，有失公正；一审法院未充分考虑张某恺是"在校学生"的重要量刑情节，张某恺犯罪情节较轻或者轻微，对张某恺可判处缓刑或者免予刑事处罚。

二审法院判决书认定：因尹某某（男，时年17岁，另案处理）加张某恺女友的微信并聊天，被告人张某恺与尹某某发生争执，二人通过微信相约打架。张某恺、尹某某分别纠集多人于2016年10月22日22时许，至北京市朝阳区工体西路某酒吧后门外斗殴，张某恺持甩棍伙同他人对尹某某进行殴打，尹某某纠集的一男子持砍刀将张某恺砍伤。双方斗殴期间，尹某某身上的枪状物一把（经鉴定，不能确定是否为枪支）掉出，被张某恺扔至一边。在双方斗殴中，尹某某身体所受损伤经鉴定符合轻微伤；张某恺身体所受损伤经鉴定构成轻微伤。案发后，张某恺委托其女友拨打"110"报警，民警在现场将尹某某抓获。张某恺因伤就医，民警赶赴医院，对张某恺进行询问，张某恺如实交代主要犯罪事实。因张某恺需住院治疗，公安机关未对其采取强制措施。张某恺经治疗后出院。2016年11月6日，民警与张某恺联系，张某恺表示配合工作。11月9日，在本案立案当天，民警将张某恺拘传至公安机关。案发后，张某恺亲属与尹某某之法定代理人达成了和解协议，尹某某法定代理人对张某恺表示谅解。在案扣押华为牌手机1部。

裁判结果

一审法院认为，被告人张某恺法治观念淡薄，遇事不能正确处理，纠集多人持械斗殴，其行为已构成聚众斗殴罪，依法应予惩处。鉴于被告人张某恺到案后能够如实供述所犯罪行，并取得被害人的谅解，对其所犯罪行予以从轻处罚。张某恺虽检举他人涉嫌犯罪的行为，但尚未查证如实，故不予认定立功。辩护人的相关辩护意见予以采纳，但关于张某恺系自首的意见，经查，案发后张某恺让其女友拨打“110”报警，其间，张某恺因为受伤到医院就医，后民警在其女友的配合下在医院找到张某恺，并对张某恺进行了询问，张某恺对于双方斗殴的事实予以供认，因张某恺需住院治疗，公安机关无法对其进行拘传，后民警多次电话通知张某恺到公安机关，张某恺一直没有主动到案。2016 年 11 月 9 日，民警在张某恺的家中将其抓获归案。张某恺在案发最初虽未逃避侦查，能够积极报案、如实供述，但其最终的归案缺乏主动性，系民警在多次电话通知未果的情况下将其抓获归案，故张某恺的行为不构成自首。但其在犯罪后积极报警并如实供述等情节，在量刑时可酌情考虑。关于对张某恺减轻处罚、定罪免刑或适用缓刑的意见，经查，被告人张某恺纠集多人持械聚众斗殴，不仅侵害他人人身权利，亦扰乱了社会公共秩序，不属于犯罪情节轻微，且张某恺不具备法定应当减轻处罚的情节，在本案发生后，张某恺又因殴打他人被行政处罚，尚不符合缓刑的适用条件，故上述意见不予采纳。在案手机系犯罪工具，依法应予以没收。据此判决：被告人张某恺犯聚众斗殴罪，判处有期徒刑 3 年；在案华为牌手机 1 部，予以没收。

一审宣判后，张某恺提出上诉。

二审法院经审理认为，上诉人张某恺纠集多人聚众斗殴，且在斗殴过程中持械，系首要分子，其行为已构成聚众斗殴罪，依法应予惩处。对于上诉人张某恺所提其具有自首情节、原判对其量刑过重的上诉理由及其辩护人所提张某恺具有自首情节的辩护意见，经查成立，对于上述上诉理由及辩护意见予以采纳。对于辩护人所提当事人双方已经达成谅解的辩护意见，经查属实，予以采纳。对于上诉人张某恺及其辩护人所提张某恺协助抓捕尹某某，具有立功情节的上诉理由及辩护意见，经查不能成立，故对于上述上诉理由及辩护意见，不予采纳。对于辩护人所提：对于张某恺是否存在“持械”的情形，在现有证据存在瑕疵的情况下以“持械聚众斗殴”加重处罚有失公正；一审法院未充分考虑张某恺是“在校学生”的重要量刑情节；张某恺犯罪情节较轻或者轻微，对张某恺可判处缓刑或者免予刑事处罚的辩护意见，经查无法律依据，不予采纳。

鉴于张某恺具有自首情节以及本案具体情况，对其依法予以减轻处罚。随案移送扣押的手机，依法予以处理。原审人民法院根据张某恺犯罪的事实、犯罪的性质、情节和对社会的危害程度所作的判决，定罪正确，审判程序合法，对随案移送扣押物品的处理适当，唯原判没有认定张某恺具有自首情节，对张某恺的量刑不当，依法予以改判。据此，根据上诉人张某恺犯罪的事实、犯罪的性质、情节和对社会的危害程度，判决如下:维持北京市朝阳区人民法院(2017)京0105刑初499号刑事判决主文第二项,即在案华为牌手机1部,予以没收;撤销北京市朝阳区人民法院(2017)京0105刑初499号刑事判决主文第一项,即被告人张某恺犯聚众斗殴罪,判处有期徒刑3年;上诉人(原审被告人)张某恺犯聚众斗殴罪,判处有期徒刑2年。

裁判思路

本案的焦点问题是,上诉人张某恺是否符合自动投案的条件从而构成自首。结合本案案情,具体分析如下:

所谓“自动投案”,一般是指犯罪嫌疑人在犯罪后、归案前,出于本人意志而向公安机关、人民检察院、人民法院及其他有关单位和人员承认自己实施了犯罪,并自愿置于上述单位和人员的控制之下,等待法律制裁的行为。

实践中,出于侦查工作或者调查取证的需要等原因,侦查机关前期未对犯罪嫌疑人采取强制措施,犯罪嫌疑人可能存在多次到案的情况。在上述情况下,首先要考查被告人首次到案时是否具有将自己置于公安机关的控制之下的主动性,是否具有明确的投案行为并将自己置于公安机关的控制之下,是否到案后如实供述犯罪事实;其次要考查被告人后续到案的具体情形,如公安机关是否明确通知被告人要求其到案、被告人是否脱离公安机关监管、后续到案过程中是否予以配合等,综合认定被告人能否成立自动投案。

一审法院认定张某恺不构成自首,主要认为张某恺最终的归案缺乏主动性,系民警在多次电话通知未果的情况下将其抓获归案。

而经二审审理查明,案发后张某恺因为受伤到医院就医,张某恺委托其女友拨打“110”报警,并告知民警其在医院救治。民警到达医院后,向张某恺询问时,张某恺即如实供述了主要犯罪事实。由于其需要住院治疗,公安机关未对其采取强制措施。张某恺经治疗出院后,民警于2016年11月6日与张某恺电话联系,但只是询问张某恺伤情,让张某恺进行伤检,没有规定具体时间,也没有要求其接受调查。因张某恺伤情一直不稳定,张某恺告诉民警等补齐病历材料且伤好了再去伤检,没有表示拒绝配合。民警杨某出庭证明了上述情况,并称其不掌握张某恺的电话,只给张某恺的女友打过一次电话,电话为张某恺本人接听,电话内容为通知张某恺到派出所进行伤情鉴定,在张某恺提出其伤未好,且缺少材料无法进行鉴定时,并没有和张某恺说过其涉嫌犯罪必须来公安机关配合刑事调查,未强制其到派出所配合工作,也未对张某恺到案时间进行限定。因此，张某恺当时只是客观陈述情况，并未明确表示不到案。

二审法院根据上述事实认为，本案中张某恺到案行为符合自动投案的立法本意，应当视为自动投案。

首先，张某恺已经在案发后第一时间完成了委托他人电话投案行为，并在医院接受民警询问时，如实供述了主要犯罪事实，但因为自身伤情的原因，其没有被羁押。

其次，张某恺未再次到案的行为系民警未及时通知其尽快到案。实践中，不是每一个案件的行为人均以羁押为必要，行为人有可能被采取非羁押措施，行为人的再次到案行为应以公安民警的指令为前提。

再次，张某恺如实向公安机关报告了自己的行踪，确保公安机关可以找到自己，并没有脱离公安机关的控制。

最后，现有证据不能证明案发后民警多次电话通知张某恺到公安机关，更不能证明张某恺有拒绝到案甚至逃跑的行为，不宜就此认定张某恺最终归案缺乏主动性。因其不是民警在多次电话通知未果的情况下将其抓获归案，应当认定张某恺系自动投案。到案后，张某恺一直对主要的犯罪事实如实供述，故应当认定其具备自首情节。

（撰稿人：段　伟）

作案后逃离现场，后拦截警车投案的，应视为自动投案

——姚某波故意伤害案[①]

裁判要旨

犯罪嫌疑人作案后逃离现场，后拦截警车投案，应视为自动投案。

案情简介

被告人姚某波与被害人刘某某（男，殁年32岁）素不相识。2020年6月7日0时许，被告人姚某波与被害人刘某某酒后在北京市通州区马驹桥镇杨秀店村某超市门前

① （2020）京03刑初143号刑事判决书、（2021）京刑终81号刑事判决书。

道路上发生口角，姚某波持刀扎刺被害人刘某某左胸部，后追赶其至北京市通州区马驹桥镇杨秀店村某烩面店门前，用脚踹倒刘某某，并用安全帽砸刘某某，致其当场死亡。经鉴定，刘某某符合被他人用锐器刺击左胸部，刺破心脏致急性失血性休克死亡。

被告人姚某波作案后逃离现场，后于2020年6月7日凌晨向民警主动投案。

公诉机关的意见主要是：被告人姚某波系完全刑事责任能力的成年人，具备伤害他人身体的主观故意，实施了伤害他人身体并造成一人死亡的犯罪行为，被害人死亡的结果与被告人暴力行为存在因果关系，其行为构成故意伤害罪。本案存在法定和酌定量刑情节：被告人构成自首，认罪认罚，本案系被告人饮酒后激情犯罪，被告人有犯罪前科，社会危害性大，被告人主观恶性较深。

被告人姚某波对起诉书指控的事实和罪名不持异议，当庭认罪认罚，对庭前自愿签署的《认罪认罚具结书》予以确认。

被告人姚某波的指定辩护人的主要辩护意见是：姚某波的行为属于醉酒后激情犯罪；被害人对本案的发生存在一定过错；姚某波系自首且系偶犯，行为主观恶性和社会危害性较小；姚某波签署认罪认罚具结书，有较好的认罪、悔罪态度。请求法院依法对姚某波从轻处罚。

裁判结果

一审法院认为，被告人姚某波故意伤害他人身体，致人死亡，其行为已经构成故意伤害罪，依法应予惩处。鉴于被告人姚某波主动投案，到案后如实供述主要犯罪事实，系自首，且自愿认罪认罚，依法对其从轻处罚。鉴于姚某波有犯罪前科，人身危险性较大，对其酌予从重处罚。对于指定辩护人所提姚某波系偶犯、主观恶性及社会危险性较小的辩护意见，经查，被告人姚某波随身携带刀具，在公共场所针对素不相识的被害人实施犯罪行为，给被害人家庭造成了严重的影响，亦给周围居民造成了恐慌，其主观恶性和社会危害性较大，影响恶劣，故对指定辩护人所提该项意见，不予采纳。针对指定辩护人所提被害人对本案的发生存在一定过错的意见，经查，在案监控录像、证人证言、被告人供述等能够证明姚某波与刘某某发生口角，但刘某某并没有主动攻击等行为，不足以引起、激发被告人姚某波持刀伤害被害人的犯罪行为，刘某某不存在刑法上的过错，故对于指定辩护人所提该项意见，不予采纳。综上，根据被告人姚某波犯罪的事实、犯罪的性质、情节以及对社会的危害程度，判决被告人姚某波犯故意伤害罪，判处无期徒刑，剥夺政治权利终身。

一审宣判后，被告人未提出上诉，公诉机关未提出抗诉。一审判决已发生法律效力。

裁判思路

自首是刑罚裁量的重要法定情节。我国《刑法》第六十七条第一款规定："犯罪以后自动投案，如实供述自己的罪行的，是自首。"自首的成立需要具备"自动投案"和"如实供述"两个条件。本案自首成立的关键在于对自动投案的认定。

自动投案，是指犯罪事实或者犯罪嫌疑人未被司法机关发觉，或者虽被发觉，但犯罪嫌疑人尚未受到讯问、未被采取强制措施时，主动、直接向公安机关、人民检察院或者人民法院投案。自动投案的认定通常通过两个方面进行审查，一是时间，二是方式和动机。自动投案的时间一般要求在犯罪事实或者犯罪嫌疑人未被司法机关发觉，或者虽被发觉，但犯罪嫌疑人尚未受到讯问、未被采取强制措施。自动投案的方式主要为主动到公安机关、人民检察院、人民法院投案，包括主动报警投案；自动投案的动机则要求犯罪嫌疑人出于真诚悔罪而主动将自己交由司法机关审查和处置。同时，最高人民法院对于一些可以"视为自动投案"的情形也作出了规定，比如，委托他人代为投案、明知他人报警而在现场等待等。

具体到本案中，被告人姚某波作案后逃离现场，其朋友在公安机关介入下要求其回案发现场，后姚某波拦截一辆警车，欲返回现场配合民警工作，该行为能否认定为自动投案？对此，可以参照《自首和立功解释》第一条的相关规定，即"自动投案，是指犯罪事实或者犯罪嫌疑人未被司法机关发觉，或者虽被发觉，但犯罪嫌疑人尚未受到讯问、未被采取强制措施时，主动、直接向公安机关、人民检察院或者人民法院投案。……经查实确已准备去投案，或者正在投案途中，被公安机关捕获的，应当视为自动投案"。从案件事实来看，被告人姚某波作案后逃离案发现场，虽然没有直接前往公安机关投案，但在接到朋友电话告知其民警要求其返回案发现场说明情况，其并未拒绝，亦没有继续逃跑，而是主动提出返回案发现场并就此拦截警车。民警在发现被告人拦截警车时并不清楚被告人的身份，亦非因发现其形迹可疑而进行盘查。在此情形下，被告人姚某波主动告知民警自己的身份及公安机关要求其返回案发现场的情况，虽然没有明确表示要自首，但已经有了投案的具体言行，具有投案的自愿性和主动性，应当视为自动投案。

同时，自首的认定还需被告人到案后如实供述自己的罪行。本案中，被告人姚某波到案后如实供述自己的行为致被害人死亡的基本过程，属于如实供述自己的罪行。其虽对起因及作案工具、作案时具体细节表述不清，但结合其作案时处于酒后状态，不应影响对其如实供述主要犯罪事实的认定。

综上，被告人姚某波作案后逃离现场，后主动拦截警车投案，到案后如实供述主要犯罪事实，应认定为自首。

（撰稿人：方　玉）

因为其他事由经公安机关通知到案的，不构成自动投案
——王某以危险方法危害公共安全案①

裁判要旨

犯罪嫌疑人作案后，公安机关已掌握犯罪嫌疑人犯罪线索或证据，以其他事由通知其到公安机关或指定地点，不应认定为自动投案。

案情简介

一审判决书认定：2019 年 4 月 9 日 7 时许，在北京市京承高速怀柔路段（密云开往朝阳方向），被告人王某乘坐的大型半挂货车与单某某所驾驶的大客车在行驶过程中发生纠纷。双方车辆在停车解决纠纷过程中，被告人王某持撬棍随单某某进入大客车内。后被告人王某在明知单某某驾驶车辆继续行驶的情况下，以拽方向盘、拧车钥匙的方式阻碍承载数十人的大客车正常行驶，随后被车内乘客制服。被告人王某在大客车到达经停站本市朝阳区望京西站时随其他乘客下车并逃跑。被告人王某于 2019 年 4 月 13 日被民警以处理其他事项为由电话约至公安机关。民警从大客车上起获的撬棍一根已移送在案。

一审期间，被告人王某在庭审中对公诉机关指控的罪名不持异议，称其只转动了大客车的车钥匙，没有抢夺方向盘。辩护人的辩护意见主要是：被告人王某是为了阻

① （2019）京 0105 刑初 1898 号刑事判决书、（2020）京 03 刑终 169 号刑事裁定书。

止发生严重危险才拧了大客车的车钥匙，其没有拔车钥匙，在案证人证言的真实性存疑；被告人有自首情节，建议对王某从轻判处。

二审期间，王某的上诉理由主要是：原判认定事实与实际情况严重不符，其具有自首情节，原判对其量刑过重，请求二审法院对其减轻处罚。辩护人的辩护意见主要是：王某犯罪情节轻微，没有造成严重后果；其具有自首情节；其系初犯、无前科，可以对王某再予从轻或减轻处罚。

二审法院经审理查明的事实与一审相同。

裁判结果

一审法院认为，被告人王某法治观念淡薄，以危险方法危害公共安全，尚未造成严重后果，其行为已构成以危险方法危害公共安全罪，应予惩处。

对被告人王某关于其没有拽方向盘的辩解及辩护人的相关辩护意见，综合回应如下：

首先，在案证据证明被告人王某实施了拽方向盘、拧车钥匙的行为。在案的证人单某某、薛某飞、郝某、魏某证言中均明确提到王某抢方向盘，能够互相印证。事发大客车是营利性质的通勤班车，乘客自行于网上购买车票，相互之间没有利害关系。本院对证人证言的真实性予以认可。

其次，被告人王某的行为不是为了阻止发生严重危险，而是以危险的方法危害了公共安全。在案证据显示，纠纷发生后被告人王某既不同意赔偿也不同意对方报警，其在发现大客车司机跟随其大货车后，为了迫使在高速上行驶的大客车停下从而逃避赔偿责任，罔顾车内数十名乘客安危和高速公路行驶秩序，实施了拽方向盘、拧车钥匙的过激行为，上述行为极有可能使大客车失去控制处于高度危险状态，其行为属于以危险方法危害公共安全。

最后，被告人王某不具有自首情节。在案证据证明，民警系以其妻子与他人发生争执，要其前往派出所解决问题为由将其约至派出所，被告人接到公安机关电话去派出所的目的并非针对其之前以危险方法危害公共安全的行为进行投案，其不具有自首情节。

综上，对被告人王某的辩解及辩护人的相关辩护意见，不予采纳。

鉴于被告人王某系初犯，对其酌予从轻处罚。在案之物品依法予以处理。据此判决：被告人王某犯以危险方法危害公共安全罪，判处有期徒刑 3 年；在案之撬棍 1 根，予以没收。

一审宣判后,王某提出上诉。

二审法院经审理认为,上诉人王某以妨害安全驾驶的危险方式危害公共安全,尚未造成严重后果,其行为已构成以危险方法危害公共安全罪,应依法惩处。在案物品依法处理。

对于上诉人王某所提原判认定事实与实际情况严重不符的上诉理由及其辩护人所提王某犯罪情节轻微、没有造成严重后果的辩护意见,经查,在案多名证人的证言相互印证,能够证明王某实施了拧车钥匙、拉拽方向盘的行为,足以认定本案的事实;王某的行为虽然尚未造成严重后果,但会致使车辆运行不稳定,进而引发车辆失控,极有可能造成严重后果,其犯罪行为并不属于情节轻微,故对王某所提上述上诉理由及其辩护人所提上述辩护意见,均不予采纳。

对于上诉人王某及其辩护人所提王某具有自首情节的上诉理由及辩护意见,经查,在案证据证明侦查人员已经掌握了王某犯罪的线索和证据,以其他事由通知王某到公安机关。王某前往公安机关不是为了让公安机关处理自己的罪行,没有将自己的罪行交付司法机关追诉的意愿,故其不具有自动投案的意愿,不能认定其自动投案,且王某到案后并未如实供述主要的犯罪事实,故对王某及其辩护人所提上述上诉理由及辩护意见,均不予采纳。

对于上诉人王某所提原判对其量刑过重、请求二审法院对其减轻处罚的上诉理由,以及其辩护人所提王某系初犯、无前科、可以对王某再予从轻或减轻处罚的辩护意见,经查,原判已充分考虑了王某所具有的量刑情节,对其量刑适当,故对王某所提上述上诉理由及其辩护人所提上述辩护意见,均不予采纳。

一审法院根据王某犯罪的事实、犯罪的性质、情节和对社会的危害程度所作出的判决,定罪及适用法律正确,量刑及对在案物品处理均适当,审判程序合法,应予维持。据此,裁定驳回上诉,维持原判。

裁判思路

本案的焦点问题是上诉人王某是否符合自动投案的条件从而构成自首。结合本案案情,具体分析如下:

我国《刑法》第六十七条第一款是关于一般自首的规定:“犯罪以后自动投案,如实供述自己的罪行的,是自首。”

从上述规定看，一般自首成立的必备条件之一是“自动投案”。根据《自首和立功解释》的相关规定，所谓“自动投案”，是指犯罪事实或者犯罪嫌疑人未被司法机关发觉，或者虽被发觉，但犯罪嫌疑人尚未受到讯问、未被采取强制措施时，主动、直接向公安机关、人民检察院或者人民法院投案。该条规定包含了对投案时间、投案对象、投案意愿、投案方式、投案行为的要求。

司法实践中，关于是否属于“自动投案”情况非常复杂，有各种特殊情况需要斟酌辨别。出于鼓励犯罪行为人尽可能自动投案、节约司法资源以及统一司法实践中对“自动投案”的认识，《自首和立功解释》和《自首和立功意见》对“自动投案”作了扩大解释，规定了“视为自动投案的”的十一种明确情形，最后还有一个兜底条款，即“其他符合立法本意，应当视为自动投案的情形”。从立法本意看，“自动投案”要求的主要是投案的自动性，也就是投案意愿的问题。具有自动投案的意愿才是成立自动投案必不可少的因素，才是对是否成立自动投案起着本质的决定性的影响，缺乏投案意愿是不能认定为自动投案的。投案意愿，是指犯罪分子投案必须出于主动、自愿，即犯罪分子出于自己的意志而向投案对象承认自己实施了犯罪，并自愿置于投案对象控制之下的行为。

“投案应当具有自动性，这里的自动性意味着投案是犯罪人基于自己的意志自由而选择的结果，正是这种自动性，使投案与其他被迫归案的形式区别开来。”[①]由此，投案意愿实际包含两方面的内容：一是将自己自愿置于司法机关控制之下的主动性，自愿接受其控制。二是因为自己的犯罪行为，将自己的人身置于司法机关控制之下，能够体现将自己交付司法机关进行追诉的意愿，否则不能构成自动投案。

对于可能认定系非典型的“视为自动投案”的情况下，在判断投案意愿的时候，犯罪行为人到公安机关后是否及时、主动、如实供述主要犯罪事实，也是判断行为人是否具备投案的主动性和自愿性需要考量的因素。行为人因为处理其他事项到达公安机关，不是为了处理自己的犯罪行为，也不是要“投案”，表明其到达公安机关并非具有投案意愿；到达公安机关后在公安机关对其进行询问或者讯问时，仍不如实供述主要犯罪事实的，更进一步表明行为人并不愿意将自己的罪行交予司法机关处理，不能认定为自动投案。

具体到本案，根据在案证据，经民警做工作，得知上诉人王某暂住地在天津市武清区。2019 年 4 月 12 日天津泉兴路派出所协助北京将台派出所民警前往该处查找，进

① 陈兴良：《刑法适用总论》（下卷），法律出版社 1999 年版，第 473 页。

入该房间内发现一女子，经询问得知是上诉人王某的妻子，经查找未发现王某，其妻子也自称不清楚王某去向。民警遂将王某妻子带至天津泉兴路派出所。在派出所，民警电话联系王某称其家中有事，叫其来派出所处理，2019 年 4 月 13 日 1 时 30 分许，王某前往泉兴路派出所大厅，后被民警抓获。在案证据证明，侦查人员已经掌握了王某犯罪的线索和证据，以其他事由通知王某到公安机关，王某前往公安机关不是为了让公安机关处理自己的罪行，没有将自己的罪行交付司法机关追诉的意愿，故其不具有自动投案的意愿，缺乏投案意愿的行为不能认定为自动投案。王某到案后亦未如实供述主要的犯罪事实，故综合判断不应当认定王某构成自首。

（撰稿人：段　伟）

【关键词：投案时间】

交通肇事逃逸的先行为不影响自动投案的认定

——曹某磊交通肇事案①

裁判要旨

交通肇事逃逸的先行为不影响自动投案、如实供述的后行为构成自首。行为人交通肇事后，为逃避法律追究而逃离事故现场的行为与之后自动投案、如实供述构成自首的行为应当分别予以评价，在量刑上可从严把握对交通肇事逃逸后自首的从宽幅度。

案情简介

2018 年 1 月 15 日 23 时 7 分许，被告人曹某磊驾驶别克牌小型轿车由西向东行驶至北京市朝阳区广渠路方家村路口时，违反交通信号并超速行驶，与多车发生交通事故，造成王某、何某思以及同车人员陈某国（未检出酒精）、马某甲（血液中酒精含量为

---

① （2018）京 0105 刑初 1104 号刑事判决书、（2018）京 03 刑终 854 号刑事判决书。

182.3mg/100ml)、马某乙(血液中酒精含量为30.4mg/100ml)、刘某丹(未检出酒精)多人受伤,经鉴定王某属重伤二级,陈某国、马某甲属轻伤一级,马某乙属轻伤二级,刘某丹、何某思属轻微伤,事故发生后被告人曹某磊弃车逃逸。当日23时9分许,被害人马某甲拨打"122"报警。案发后,经北京中正司法鉴定所DNA鉴定,提取自别克牌小型轿车内驾驶室位置方向盘气囊上附着的血痕为曹某磊所留。经公安交管部门认定,被告人曹某磊驾驶机动车违反交通信号通行,超过规定速度行驶且发生事故后弃车逃逸,曹某磊负事故全部责任。

2018年1月17日,曹某磊向朝阳交通支队劲松大队自动投案(当日离开);同年2月11日,朝阳交通支队将曹某磊传唤到案(当日结束传唤);同年3月3日,朝阳公安分局对曹某磊交通肇事案立案侦查;同年3月11日,侦查员电话通知曹某磊于次日10时到朝阳交通支队事故科接受处理,曹某磊于3月12日9时到达。案发后被告人曹某磊赔偿了王某部分经济损失,赔偿了其他人部分车辆损失。

裁判结果

一审法院认为,被告人曹某磊违反交通运输管理法规,驾驶车辆发生事故并造成一人重伤,多人受伤的后果,为逃避法律追究逃离事故现场,且负事故全部责任,其行为已构成交通肇事罪,依法应予惩处。被告人曹某磊虽有逃逸行为,但其后主动投案,如实供述所犯罪行,可认定为自首,当庭自愿认罪,赔偿部分受害人的部分损失,对其犯罪行为依法从轻处罚。故判决被告人曹某磊犯交通肇事罪,判处有期徒刑1年。

一审宣判后,原审被告人曹某磊以原判量刑过重为由提出上诉。

辩护人的辩护意见主要是:曹某磊系初犯、过失犯罪,社会危害性小,且有自首情节,亦有悔罪表现,原判对曹某磊量刑过重。

二审法院经审理认为,上诉人曹某磊违反交通运输管理法规,驾驶车辆发生事故并造成一人重伤,多人受伤的后果,为逃避法律追究逃离事故现场,且负事故全部责任,其行为已构成交通肇事罪,依法应予惩处。一审法院根据曹某磊犯罪的事实、犯罪的性质、情节和对社会的危害程度所作出的判决,事实清楚,证据确实、充分,定罪及适用法律正确,量刑适当,审判程序合法,应予维持。上诉人曹某磊及其辩护人所提原判量刑过重的相关上诉理由及辩护意见,缺乏事实和法律依据,本院均不予采纳。故裁定:驳回上诉,维持原判。

裁判思路

本案的焦点问题涉及交通肇事逃逸的先前行为与之后自动投案、如实供述行为构成自首的分别评价问题。根据《自首和立功意见》第一条的规定，“……交通肇事逃逸后自动投案，如实供述自己罪行的，应认定为自首”，根据这一规定，对于未履行《道路交通安全法》规定的保护现场、抢救伤者、向公安机关报告的义务的行为人，仍可能享有刑法上的自首从宽处罚的权利。笔者将对这一规定的合理性进行分析。

1. 投案的动机和目的不影响自首的认定

自首是我国《刑法》总则所规定的内容，应适用于《刑法》分则的所有罪名。因此，无论行为人交通肇事后是否存在为逃避法律追究逃离事故现场的行为，只要其之后的行为符合自动投案、如实供述的要件，依法均可构成自首。

刑法并不苛求犯罪分子出于真心悔罪、赔偿被害人损失、节约司法资源、提高司法效率等利他目的而投案，也允许为了争取宽大处理、走投无路等利己目的而投案的行为。无论犯罪分子投案的动机及目的为何，即使存在作案后逃逸的先前行为，也不影响对其后行为构成自动投案的认定。犯罪分子不能因交通肇事后逃逸即被判定失去自首的权利，也不能因其之后的自首行为而忽略其在先逃逸行为的负价值。在先的交通肇事后逃逸行为与之后的自首行为是两个独立的行为，需要分别予以评价。发生交通事故后，保护现场，抢救受伤人员并迅速报告执勤的交通警察或者公安机关交通管理部门是我国《道路交通安全法》规定的机动车驾驶人在发生交通事故后应尽的义务。但并非履行了上述义务即构成自首，需要后续如实供述所犯罪行，即二者并不完全等同，不存在重复评价的问题。如果行为人构成交通肇事罪，且在发生交通事故后逃逸，即未履行上述应尽义务，在《刑法》分则上评价为交通肇事罪的入罪情节或从重情节。如果行为人在逃逸后、被司法机关采取强制措施前主动投案，如实供述交通肇事的犯罪事实，无论其逃逸时、逃逸后的心态以及投案的真实目的、心路历程如何，均不影响其客观上构成自动投案，这亦是刑法上平等原则的必然要求及罪刑相适应原则的体现。

2. 自动投案(构成自首)应当在司法机关讯问或采取强制措施之前，且具有可逆性

对于司法机关已经掌握犯罪嫌疑人该罪行的情况下，构成自首应当在司法机关对其讯问或者采取强制措施之前自动投案，对该罪行的自首则不存在《刑法》第六十七条第二款“被采取强制措施的犯罪嫌疑人、被告人和正在服刑的罪犯，如实供述司法机关

还未掌握的本人其他罪行的,以自首论”的情况。强制措施,是指司法机关将犯罪嫌疑人作为嫌疑对象,对其人身实施的实际控制。我国《刑事诉讼法》规定的强制措施包括拘传、取保候审、监视居住和拘留、逮捕等。值得注意的是,自动投案中的强制措施与刑事诉讼法中规定的强制措施存在部分重合,但不完全一致。自动投案中的强制措施是针对人身自由的实质性管控,是事实上对人身自由的限制,不以《刑事诉讼法》中所规定的程序为必然要件。

本案中,在案鉴定意见显示,提取自别克牌小型轿车内驾驶室位置方向盘气囊上附着的血痕为曹某磊所留;结合在案的被害人陈述、证人证言及辨认笔录,即使曹某磊不自动投案,公安机关也能够依据上述证据锁定其为驾驶机动车发生交通事故后逃逸的司机。曹某磊于 2018 年 1 月 15 日案发后弃车逃逸,1 月 17 日自动投案,2 月 11 日被传唤到案,3 月 12 日接电话通知到案后被刑事拘留。根据《自首和立功解释》第一条规定,“犯罪后逃跑,在被通缉、追捕过程中,主动投案的”,应当视为自动投案。根据举重以明轻的原则,即犯罪后逃逸,在没有被司法机关通缉、追捕的情况下,当然能够成立自动投案。公安机关电话通知行为人到案的行为不具有强制性,在公安机关对其作实质人身自由限制之前,行为人接电话通知到案,属于自动投案。只要在最后一次到案之前未被采取强制措施,其主动到案的,均属自动投案;反之,前若干次为自动投案,最后一次为被抓获到案,则其之前的自动投案被可逆性覆盖,最终不能被认定为自动投案。

3. 交通肇事后逃逸又自动投案、如实供述构成自首的,应当从严掌握从宽处罚的标准

对逃逸的交通肇事者适用自首,有利于鼓励和引导犯罪分子自动投案、改过自新,亦有利于节约司法资源、提高司法效率,是我国惩办与宽大相结合刑事政策的具体体现。但对于逃逸的交通肇事者应当体现区别性,即交通肇事后的逃逸行为与之后的自首行为,在案件中应当分别评价。交通肇事后逃逸系交通肇事罪的从重处罚情节,自首系《刑法》总则所规定的可以从轻、减轻或者免除处罚的法定情节,故应当以交通肇事后逃逸的较重法定刑为基准,根据具体案情决定是否从宽处罚以及从宽处罚的幅度。

本案中,曹某磊交通肇事致一人重伤、多人受伤,为逃避法律追究逃离事故现场,且负事故全部责任,交通肇事后逃逸系其入罪情节,其行为构成交通肇事罪。因逃逸行为不

能重复予以评价,[①]即不能既作为入罪情节,又作为量刑情节考虑,故本案中,对曹某磊适用交通肇事罪的"三年以下有期徒刑或者拘役"的量刑档。一审法院考虑了曹某磊交通肇事后逃逸的从重处罚情节,以及自首、当庭自愿认罪、赔偿部分受害人的部分损失等从轻处罚情节,认为判处有期徒刑1年较为适当。

(撰稿人:袁　冰　江鸣鹤)

在被监察机关调查谈话后再经公诉机关电话通知到案的,不应认定为自动投案

——朱某、何某、赵某晖贪污案[②]

裁判要旨

犯罪嫌疑人在受到监察机关调查谈话后,未被采取强制措施。在审查起诉阶段,经公诉机关电话通知到案并被采取逮捕措施,此时犯罪嫌疑人是否还构成自动投案?是否构成自动投案的关键在于把握犯罪嫌疑人是否具备到案的主动性。如果犯罪嫌疑人已经受到了针对性的调查谈话,办案机关已经掌握了其犯罪事实,虽未被采取强制措施,但已经丧失了自动到案的机会,后经电话通知到案的,不应认定为自动投案。

案情简介

2016年至2017年10月,朱某利用担任北京市朝阳区社会保险基金管理中心支付科科员的职务便利,以非法占有为目的,伙同何某、赵某晖从他人处搜集产妇信息,采取虚构劳动关系、虚构流产事项、虚报缴费基数等方式,为韦某等125人在朱某实际控

---

① 根据最高人民法院《关于审理交通肇事刑事案件具体应用法律若干问题的解释》第二条第二款规定:"交通肇事致一人以上重伤、负事故全部或者主要责任,并具有下列情形之一的,以交通肇事罪定罪处罚:……(六)为逃避法律追究逃离事故现场的。"第三条规定:"'交通运输肇事后逃逸',是指行为人具有本解释第二条第一款规定和第二款第(一)至(五)项规定的情形之一,在发生交通事故后,为逃避法律追究而逃跑的行为。"

② (2019)京03刑初28号刑事判决书、(2020)京刑终87号刑事裁定书。

制的北京紫瑞龙熙企业管理有限公司、北京思瑞明文化传媒有限公司、北京蔻娜丝商贸有限公司、北京云端美业商务服务有限责任公司缴纳社会保险，以韦某等人名义申领北京市生育津贴、失业津贴共计924.201936万元，并为此缴纳社会保险共计243.426016万元。其中，朱某参与上述125人申领津贴的过程，涉及数额为680.775920万元；何某参与其中121人申领津贴的过程，涉及数额为670.715880万元；赵某晖参与其中46人申领津贴的过程，涉及数额为117.676294万元。

另，朱某、何某、赵某晖于2017年10月申领并将于11月发放的22人次、金额共计173.89万元生育津贴，在案发后因北京市朝阳区监察委员会的调查工作而没有完成，属于犯罪未遂。

被告人朱某、何某、赵某晖均于2017年10月31日被北京市朝阳区监察委员会查获归案。

公诉机关的意见主要是：被告人朱某身为国家工作人员，伙同何某、赵某晖，利用职务上的便利骗取公款。其中，朱某、何某骗取公款数额特别巨大，赵某晖骗取公款数额巨大，三被告人的行为应当以贪污罪追究刑事责任。

被告人赵某晖的辩解主要是：其系接到检察机关电话通知后到案，应认定其系自首。

赵某晖辩护人的辩护意见主要是：赵某晖系从犯，且认罪认罚，建议对赵某晖从轻处罚。

裁判结果

一审法院认为，被告人朱某身为国家工作人员，利用职务上的便利，伙同被告人何某、赵某晖骗取公款，其行为均已构成贪污罪，且朱某、何某贪污数额特别巨大，赵某晖贪污数额巨大，依法均应予惩处。被告人朱某利用职务便利，提起犯意，并操控整个犯罪过程，在共同犯罪中起主要作用，系主犯；被告人何某、赵某晖参与部分犯罪环节，在共同犯罪中起次要、辅助作用，系从犯；鉴于朱某、赵某晖能够如实供述犯罪事实，自愿认罪认罚，朱某、何某、赵某晖当庭认罪悔罪，同时考虑本案的损失挽回情况，依法对朱某予以从轻处罚，对何某、赵某晖区分不同情节，予以减轻处罚。

对于赵某晖所提其系自首的辩解，根据相关规定，犯罪事实或者犯罪分子未被办案机关掌握，或者虽被掌握，但犯罪分子尚未受到调查谈话、讯问，或者未被宣布采取调查措施或者强制措施时，向办案机关投案的，是自动投案。被告人赵某晖系被查获归案，在立案后依法被监察机关讯问，虽其辩解其接检察机关电话通知到案，但其系被移送审查起诉后被公诉机关采取了强制措施，并非在监察调查阶段自动投案，不应认定其系自首。

一审法院根据三被告人犯罪的事实、犯罪的性质、情节和对社会的危害程度，认定三被告人均构成贪污罪，其中，被告人赵某晖被判处有期徒刑 2 年，并处罚金人民币 10 万元。

一审宣判后，被告人何某提出上诉，二审期间其申请撤回上诉。

二审法院经审理裁定，准许上诉人何某撤回上诉。

裁判思路

对于赵某晖的辩解，主要涉及被告人赵某晖的行为是否符合自动投案的条件从而构成自首。

针对上述意见，结合本案案情，具体分析如下：

根据 2009 年最高人民法院、最高人民检察院《关于办理职务犯罪案件认定自首、立功等量刑情节若干问题的意见》（以下简称《职务犯罪自首、立功意见》）的相关规定，成立自首需同时具备自动投案和如实供述自己的罪行两个要件。犯罪事实或者犯罪分子未被办案机关掌握，或者虽被掌握，但犯罪分子尚未受到调查谈话、讯问，或者未被宣布采取调查措施或者强制措施时，向办案机关投案的，是自动投案。从立法目的来看，无论是自动投案还是如实供述，均关系到犯罪嫌疑人悔过自新、认罪悔罪态度的呈现，也关系到对有限的司法资源的节约使用，自首作为刑法上一项重要的刑罚裁量制度，也是基于上述因素。因此，在认定是否构成“自动投案”时，不能机械地以存在“电话通知到案”作为认定的依据，应综合整个到案过程，结合法律规定，予以认定。

本案中，监察机关根据掌握的犯罪线索，将赵某晖等人带至办案点，赵某晖已经受到调查谈话且办案机关已经掌握了相关犯罪事实，尽管当时没有对赵某晖采取羁押措施，但此时赵某晖已不具备“自动投案”的条件。在审查起诉阶段，赵某晖虽然接到公诉机关办案人员电话通知后到案，但因其已接受办案机关调查谈话，其犯罪事实已经被办案机关掌握，其后续到案欠缺主动性，也没有起到节约司法资源的效果。另外，电话通知的目的一般是核实案件情况，本案中，公诉机关电话通知赵某晖到案并采取逮捕措施系为保证诉讼活动正常进行。综上，赵某晖的行为不构成自动投案，故不符合构成自首的条件。

（撰稿人：蒋传超）

在被网上追逃过程中主动投案，到案后如实供述所犯罪行的，应当认定为自首

——路某杰故意伤害案[①]

裁判要旨

准确把握被告人“自动投案”要件的实质内涵和时间节点是认定被告人是否构成自首的重要条件。从法律条文的规定以及刑事诉讼中自首制度设立的精神来看，被告人在被网上追逃过程中，主动投案的，且到案后如实供述自己的罪行的，应当视为自首。

案情简介

2016 年 6 月 21 日 0 时许，在北京市通州区某 KTV 门口，被告人路某杰和李某某（另案处理）因行车问题与闫某某、李某等人发生言语纠纷，后双方互殴，其间被告人路某杰持木棍将闫某某打致左手第二掌骨骨折等；经鉴定，闫某某身体所受损伤为轻伤二级；2020 年 7 月 29 日，被告人路某杰自行到通州分局玉桥派出所接受调查。被告人路某杰在开庭审理过程中对公诉机关指控的犯罪事实无异议，自愿认罪认罚。

公诉机关的意见主要是：被告人路某杰的行为构成故意伤害罪。

辩护人的辩护意见主要是：被告人路某杰系初犯，具有自首情节，自愿认罪认罚，双方因停车发生纠纷在起因上均有过错，故请求法院对其从轻处罚。

裁判结果

一审法院认为，被告人路某杰故意伤害他人身体，致人轻伤二级，其行为已构成故意伤害罪，依法应予惩处。被告人路某杰自动投案，后如实供述所犯罪行，系自首，且当庭自愿认罪认罚，依法可以从轻处罚。一审法院根据被告人路某杰犯罪的事实、犯罪的性质、情节和对于社会的危害程度等，认定被告人路某杰犯故意伤害罪，判处有期

---

① （2021）京 03 刑终 71 号刑事判决书。

徒刑1年。

一审宣判后,被告人路某杰提出上诉。

二审法院鉴于路某杰在二审期间能积极赔偿被害人闫某某的经济损失,并已取得闫某某的谅解,故对原判量刑部分予以改判,认定上诉人路某杰犯故意伤害罪,判处有期徒刑8个月。

裁判思路

本案被告人路某杰在案发后被列为网上追逃人员,后路某杰听其老家的人说有警察找,怀疑是因为打人的事,就主动前往公安机关自首且到案后如实供述自己的罪行。一审法院认定其行为构成自首,依法可以从轻处罚。那么,被告人在被网上追逃过程中,主动投案的,且到案后如实供述自己罪行的,是否应当视为自首?答案是肯定的。

首先,应当对“网上追逃”进行正确理解。我国《刑事诉讼法》第一百五十五条规定:“应当逮捕的犯罪嫌疑人如果在逃,公安机关可以发布通缉令,采取有效措施,追捕归案。”网上追逃作为一种新型追逃手段,是伴随网络技术的发展而出现的依托计算机网络和信息数据库为基础的一种新型的、高效的侦查措施。可以认定,网上追逃本质上还是公安机关的侦查手段。其适用的对象包括应当逮捕的犯罪嫌疑人。同时,根据《公安机关办理刑事案件程序规定》第三百五十一条第一款的规定,“已被决定拘留、逮捕的犯罪嫌疑人在逃的,可以通过网上工作平台发布犯罪嫌疑人相关信息、拘留证或者逮捕证。各地公安机关发现网上逃犯的,应当立即组织抓捕。”由此可知,网上追逃的适用对象还包括已被决定拘留的犯罪嫌疑人和已被逮捕的犯罪嫌疑人。

本案的被告人路某杰在实施犯罪行为后,被公安机关列为网上追逃人员,说明公安机关认定其应当被逮捕。根据《自首和立功解释》第一条第一项的规定,“犯罪后逃跑,在被通缉、追捕过程中,主动投案的”,应当认定为自动投案。从投案时间来看,路某杰在知晓自己被列为网上在逃人员后,主动向公安机关投案,此时其正处于被通缉、追捕过程中,该投案情形符合《自首和立功解释》第一条第一项中规定的情形,因此,其行为构成自动投案。同时,从被告人投案时的心理出发,被网上追逃的犯罪嫌疑人如果能主动到案并如实供述其行为,可以认定其具有归案的主动性和自觉性。本案被告人路某杰在案发后,虽已被公安机关列为网上追逃人员,但实际上其人身并未完全处于公安机关的控制之下,特别是在其知晓自己已经是网上追逃人员后,其选择归案或者不归案的主动性依旧掌握在自己手里。在此情形下,其完全可以继续躲避公安机关的追捕。但本案中路某杰在知晓自己被列为网上追逃人员后,能够主动到案接受公安机关的询问并如实供述所犯罪行,说明其具有自首所需的自动性,可认定其符合自动投案。

其次,从自首制度设立的精神出发,此种情况认定自动投案有利于鼓励犯罪者重新向善。刑法的目的不仅在于打击犯罪行为,还在于惩戒犯罪心理,以此取得震慑犯罪分子的社会效果。而自首制度并非仅存在于现代社会,早在《尚书·康诰》中就有"既道极厥辜,时乃不可杀"的记载,意为犯罪者已经将犯罪事实全部交代,虽犯罪或大,亦可不杀。① 汉律中也有"先自告,除其罪"的规定,即自告者可减免其刑罚。虽然古时有关自首的规定与如今的自首制度并不完全相同,但可以从中窥见我国刑罚制度自古以来就有宽严相济的传统,对于主动交代犯罪事实的犯罪者,律法规定可以减免或者免除其刑罚,以此鼓励犯罪者悔过自新。现代自首制度沿袭了我国传统律法中宽严相济的精神,看重犯罪嫌疑人实施犯罪行为后的内心悔过程度,并根据其是否存在自首行为而决定是否给予相应的刑罚减免。犯罪后能够自动投案且如实供述其行为的犯罪嫌疑人,其内心应当认识到犯罪行为的不法性和社会危害性,而且其选择通过自首的方式来争取宽大处理,也说明了其内心的良善并没有完全泯灭,还存在一定的可改造性。我国的刑事司法政策不是完全冷漠的,而是震慑力和温情感并存的。法律对于这部分有自我反思和主动悔过意思的犯罪分子,也予以鼓励,依法宽大处理。本案被告人路某杰认识到其伤害行为的不法性,选择主动投案也说明其愿意接受法律的惩处并进行改造。对于这样的犯罪嫌疑人,法律应当给予其宽大处理,以鼓励犯罪者重新向善。

最后,自首制度设立的另一个目的在于通过犯罪分子的自首帮助司法机关更快地侦破并审理案件,从而节约司法资源、维护社会公序良俗。虽上网追逃作为一种抓捕手段获得了不错的实际效果,但不可否认,侦查人员在抓捕的过程中亦耗费了大量的人力、物力、财力,对被害人一方而言,即时的情感补偿往往无法实现。因此,网上追逃人员如能主动投案并如实供述其罪行,司法机关就能依据犯罪嫌疑人的供述快速查案,以减少司法资源的浪费,受损的社会关系亦能加速修复,此类自动投案,有其明确的经济价值和社会价值。

---

① 周世虹:《中国古代自首制度的缘起与发展》,载《安徽农业大学学报(社会科学版)》2008 年第 6 期。

综上,本案被告人路某杰的到案时间是在其人身受到公安机关强制控制之前,其投案具有自首所需的主动性;到案后对所犯罪行供认不讳,自愿认罪认罚,帮助司法机关快速破案结案,对此类情况通过认定自首加以鼓励和量刑优惠,达到了案件处理社会效果和法律效果的统一。

(撰稿人:宋叶娉婷)

【关键词:投案对象】

向被害人投案的行为不构成自首

——冯某诈骗案[1]

裁判要旨

被告人向被害人投案的行为不属于主动、直接向公安机关、人民检察院或人民法院投案,不属于自动投案,不能成立自首。

案情简介

被告人冯某于2019年3月至7月,在北京市朝阳区时间国际小区等地,以帮助办理日本、加拿大旅游签证业务需要收取归国保证金为由,骗取被害人姜某14万元,被害人彭某人民币8万元,被害人曲某15万元。被告人冯某于2019年3月至7月,在北京市朝阳区与被害人郭某签订代办日本签证协议,后以收取预付签证费为由,骗取被害人郭某人民币11.5万元。被告人冯某于2019年7月23日被抓获归案。

裁判结果

一审法院认为,被告人冯某无视国法,以非法占有为目的,虚构事实,骗取他

① (2020)京0105刑初946号刑事判决书、(2020)京03刑终611号刑事判决书。

人钱财,数额巨大,其行为侵犯了公民财产权,已构成诈骗罪,依法应予惩处。鉴于被告人冯某当庭承认公诉机关指控的部分事实,故对被告人冯某所犯诈骗罪酌予从轻处罚。给被害人造成的经济损失应责令被告人冯某退赔。故依法判决:被告人冯某犯诈骗罪,判处有期徒刑 8 年,剥夺政治权利 1 年,罚金人民币 8 万元。责令被告人冯某退赔犯罪所得人民币 48.5 万元,发还被害人(其中人民币 14 万元发还姜某,人民币 8 万元发还彭某,人民币 15 万元发还曲某,人民币 11.5 万元发还郭某)。

一审宣判后,原审被告人冯某提出上诉。其上诉理由是:没有诈骗曲某的主观故意,不应认定为诈骗;其被抓获时彭某的旅游签证正在办理中,彭某是因为联系不上其才报案,亦不应认定为诈骗;姜某和郭某均是其长期合作的客户,应当认定为经济纠纷。综上所述,其不构成诈骗罪,即使构成犯罪,应当认定为侵占罪,原判量刑过重。

辩护人的辩护意见主要是:姜某、彭某、郭某三起事实均属于民事纠纷,不构成诈骗罪,如果构成犯罪,应构成侵占罪。冯某对曲某案件具有自首情节,且冯某自愿认罪,系初犯,应当从轻或减轻处罚,原判量刑过重。

二审法院认为,上诉人冯某以非法占有为目的,采用虚构事实、隐瞒真相的方法,骗取他人财物,数额巨大,其行为已构成诈骗罪,应依法予以惩处。一审法院根据冯某犯罪的事实、犯罪的性质、情节及对于社会的危害程度作出的判决,事实清楚,证据确实、充分,定罪及适用法律正确,量刑适当,审判程序合法,应予维持。据此,依法裁定驳回冯某的上诉,维持原判。

裁判思路

经查,在案被害人陈述、证人证言及相关书证材料可以证实,上诉人冯某虚构为被害人曲某办理加拿大签证的事实,通过伪造文书、印章等手段,骗取被害人曲某保证金 15 万元;冯某以帮助姜某、彭某、郭某办理日本签证需要收取归国保证金、预收签证费为由,隐瞒其归还保证金的能力等事实,骗取上述三名被害人钱款共计 30 余万元。上述钱款转入冯某个人账户后均被其自行占有和处分,致使钱款不能归还。冯某的上述行为构成诈骗犯罪。另被害人郭某与上诉人冯某于 2019 年 3 月 22 日签订《代办日本签证协议》,双方长期合作顺利,郭某亦相信冯某有送签能力。其余三名被害人未与冯某签订书面合同,均系基于对冯某的送签能力及归还保证金能力的信任才交付的钱款,可见被害人陷入错误认识并非基于合同的签订、履行。故上诉人冯某的行为不宜认定为合同诈骗罪,定性为诈骗罪较为妥当。

根据《自首和立功解释》第一条的规定,自动投案,是指犯罪事实或者犯罪嫌疑人未被司法机关发觉,或者虽被发觉,但犯罪嫌疑人尚未受到讯问、未被采取强制措施时,主动、直接向公安机关、人民检察院或者人民法院投案。

犯罪嫌疑人向其所在单位、城乡基层组织或者其他有关负责人员投案的;犯罪嫌疑人因病、伤或者为了减轻犯罪后果,委托他人先代为投案,或者先以信电投案的;罪行尚未被司法机关发觉,仅因形迹可疑,被有关组织或者司法机关盘问、教育后,主动交代自己罪行的;犯罪后逃跑,在被通缉、追捕过程中主动投案的;经查实确已准备去投案,或者正在投案途中,被公安机关捕获的,应当视为自动投案。

本案中,公安机关出具的到案经过及证人马某、李某的证言证明,2019 年 7 月 23 日,被害人曲某报警后,公安机关将冯某抓获归案。从事实的具体经过来看,被害人曲某通过朋友介绍委托冯某帮其和爱人徐某办理加拿大旅游签证。2019 年 7 月 3 日,冯某电话告知曲某有加拿大签证官要回国,可以借机为其办理签证。7 月 4 日,曲某来北京与冯某见面,并参观了冯某的公司,冯某称出国要收取 15 万元保证金。当天晚上,冯某给曲某出具了一张担保金及签证收据、一张照会,落款均为天津某公司并盖有公章。曲某当晚给冯某转了 7000 元的签证费用。7 月 5 日,冯某与曲某一起到达加拿大签证中心,曲某通过朋友转给冯某 15 万元保证金。7 月 22 日,曲某因联系不到冯某,便自己到北京签证中心领取护照,发现被拒签了,此时冯某给其回电话,表示暂时没有偿还能力。曲某与天津某公司核实,该公司表示与冯某没有加拿大签证业务往来,公章是假的。7 月 23 日,曲某与冯某联系,二人在酒店见面,冯某承认公章是假的,但暂时没有偿还能力,后曲某报警,民警将冯某拘传至新源里派出所。被告人冯某虽然向被害人承认了自己的欺骗行为,但不属于向司法机关投案,不属于自动投案,依法不构成自首。原判依据冯某犯罪的事实及具有的量刑情节,在法定幅度内对其的量刑适当。

（撰稿人:于晓航）

【关键词：亲友送首】

亲友非出于投案目的带领侦查人员前来的，不能认定为自动投案

——张某抢劫案[①]

裁判要旨

亲友非出于投案目的带领侦查人员前来抓捕时，被告人无拒捕行为，并如实供认犯罪事实的，虽然不能认定为自动投案，但可以参照自首的有关规定酌情从轻处罚。

案情简介

2020年6月22日1时许，张某非法进入该村被害人孙某的出租房内，趁孙某熟睡时，窃取被害人放在地上充电的vivo牌手机一部（经鉴定，被盗的vivo牌手机价值人民币540元）。因不慎踢倒屋内饮料瓶，被害人惊醒起身追赶张某，张某为抗拒抓捕，在屋内用拳头击打被害人面部2下（经鉴定，被害人孙某的损伤程度属轻微伤）。因被害人继续阻拦，张某遂追打被害人，后被害人跑出出租房。张某见被害人跑远就没有继续追赶，后躲藏在该村休闲健康园内未回家。

当日1时40分，被害人孙某用朋友手机报警。朝阳区公安分局小武基派出所民警接到报警后到达现场，遇到正在寻找儿子的张某母亲魏某。当日5时许，民警与魏某在休闲健康园西北角长椅上抓获张某，并在其身上起获了被盗手机。现手机已发还被害人孙某。

2020年7月28日，北京市公安局监所管理总队司法鉴定中心出具精神病司法鉴定意见书，诊断张某为轻度精神发育迟滞，实施违法行为时无智能障碍导致的辨认和控制能力受损，评定为完全刑事责任能力。

一审期间，上诉人张某的家属退赔被害人孙某1.5万元，被害人出具了谅解书，请

---

① (2021)京03刑终114号刑事裁定书。

求司法机关对张某从轻判处。

裁判结果

一审法院认为,张某无视国法,以非法占有为目的,入室秘密窃取他人财物,在被发现后当场使用暴力抗拒抓捕,并造成他人轻微伤的危害后果,其行为触犯了刑法,已构成抢劫罪,且系入户抢劫,依法应予惩处。公诉机关指控被告人张某犯抢劫罪的事实清楚,证据确实、充分,指控的罪名成立。鉴于张某到案后能够如实供述主要犯罪事实,涉案赃物已起获并发还,已赔偿被害人经济损失并取得谅解,可依法对其予以从轻处罚。故依法判决张某犯抢劫罪,判处有期徒刑10年,剥夺政治权利2年,罚金人民币10万元。

一审宣判后,张某以一审判决量刑过重为由提出上诉。

辩护人的辩护意见主要是:一审判决认定张某入户抢劫没有事实及法律依据,且量刑过重。

二审法院认为,上诉人张某入户盗窃他人财物,为抗拒抓捕当场使用暴力,其行为已构成抢劫罪,且系入户抢劫,依法应予惩处。被害人孙某的陈述及上诉人张某在侦查阶段的供述等证据能够证实,张某入户窃取他人手机,被害人孙某发现后,张某为抗拒抓捕,在户内对孙某进行殴打并致孙某轻微伤,后逃离现场,张某的行为系入户抢劫。一审判决根据张某的犯罪情节及其具备的量刑情节,对其所处刑罚并无不当。上诉人张某的上诉理由及其辩护人的辩护意见,没有事实及法律依据,不能成立,均不予以采纳。一审法院根据上诉人张某犯罪的事实、犯罪的性质、情节和对于社会的危害程度所作出的判决,事实清楚,证据确实、充分,定罪和适用法律正确,量刑适当,审判程序合法,应予维持。故裁定驳回上诉,维持原判。

裁判思路

我国《刑法》中的自动投案对于投案目的有特定要求,即行为人必须明确其到司法机关的目的是投案,愿意接受司法机关的处理。

《自首和立功解释》第一条第一项规定了七种应当视为自动投案的情形,其中包括"送亲归案",即公安机关通知犯罪嫌疑人的亲友,或者亲友主动报案后,将犯罪嫌疑人送去投案的,也应视为自动投案。《自首和立功意见》第一条"关于'自动投案'的具体认定"第四款进一步规定:"犯罪嫌疑人被亲友采用捆绑等手段送到司法机关,或者在亲友带领侦查人员前来抓捕时无拒捕行为，并如实供认犯罪事实的，虽然不能认定为自动投案，但可以参照法律对自首的有关规定酌情从轻处罚。”

从上述司法解释（或司法解释性文件）中可以看出，“送亲归案”认定自动投案的必要前提条件是犯罪嫌疑人的亲友已知犯罪嫌疑人实施了一种或几种犯罪行为，即犯罪嫌疑人的亲友明知犯罪嫌疑人实施了犯罪行为，仍主动联系有关机关或人员，亲自“陪首”或“送首”，目的是将犯罪嫌疑人有效地置于司法机关的控制之下，使犯罪嫌疑人承担相应的法律后果。

本案中，根据张某的供述，其抢得手机后躲藏到该村附近的休闲健康园未回家。张某母亲魏某的证言结合公安机关出具的工作说明能够证实，2020 年 6 月 22 日 2 时许，朝阳区公安分局小武基派出所民警接到被害人孙某的报警后到案发现场进行勘察时遇到魏某，其向民警报案说自己的孩子找不到了，民警发现其描述的体貌特征与被害人报案提供的信息一致，遂将魏某带回派出所进行询问，并于当日 5 时与魏某继续到现场进行搜寻，最终在休闲健康园西北角长椅上抓获张某。

根据在案证据，首先，张某被抓捕时并不知晓被害人已经报案，其在公园内藏匿时被侦查人员抓获系被动到案，不属于明知他人报案而在现场等待的情形，不应认定主动投案。其次，魏某系因张某深夜未回家，找寻孩子期间碰到在现场勘查的民警，其当时并不明知张某实施了入户抢劫他人财物的犯罪行为，其主动联系民警的目的是让民警帮助其找到孩子，而不是将张某置于司法机关的控制之下。虽然魏某在被民警带回派出所接受询问后得知张某实施了犯罪行为，并陪同民警继续到现场搜寻，但对于能否将犯罪嫌疑人有效地置于司法机关的控制之下不确定。故魏某陪同司法机关抓获张某不能视为自动投案。

综上所述，张某在亲友带领侦查人员前来抓捕时无拒捕行为，到案后如实供认犯罪事实，虽然不能认定为自动投案，但可以参照上述意见中的有关规定酌情从轻处罚。

（撰稿人：马新健）

作案后逃离现场，亲属协助抓捕的，不能认定为自动投案

——史某华故意伤害案①

裁判要旨

犯罪嫌疑人在作案后逃离现场，后其亲属协助司法机关将其抓获归案，不能认定其本人构成自动投案。原因在于，在此种情况下，犯罪嫌疑人本人不愿将自身置身于司法机关的控制之下，最终的归案是因为司法机关的抓捕行为，犯罪嫌疑人不存在“能逃而不逃”的主观能动性。

案情简介

被告人史某华与被害人任某某（女，殁年47岁）因邻里关系不睦素有矛盾。2013年4月6日下午，史某华在北京市密云县巨各庄镇某村任某某家南侧街道上，因琐事与任某某发生口角致互殴。其间，史某华用镐头击打任某某头部，致其颅脑损伤死亡。

公诉机关的意见主要是：被告人史某华故意伤害他人身体健康，造成他人死亡，其行为触犯了《刑法》第二百三十四条第二款，已构成故意伤害罪，犯罪性质恶劣，情节、后果严重，社会危害性极大，应依法惩处。

辩护人的辩护意见主要是：本案起因是邻里矛盾，被害人有过错，被告人史某华的丈夫郑某某协助公安机关抓捕史某华，且被告人史某华积极赔偿了被害人家属部分经济损失，请求对其从轻处罚。

裁判结果

一审法院认为，被告人史某华因邻里关系不睦与被害人素有矛盾，案发当日又因琐事发生争执并互殴，其间，史某华持械将被害人打伤致死，其行为已构成故意伤害罪，依法应予以惩处。鉴于本案系因民间纠纷引起，史某华的家人协助公安机关抓捕被告人，可对史某华酌予从轻处罚。史某华称，不是故意将被害人打死，经查，在争执过程中史某华持镐头对被害人头部猛击，显系其有伤害他人的主观故意，故史某华的

① （2013）三中刑初字第00059号刑事判决书。

辩解法院不予采信。史某华的辩护人关于本案系因邻里矛盾引发，史某华的家人协助公安机关抓捕史某华，请求对史某华从轻处罚的意见成立，依法予以支持；关于被害人有过错的意见，没有事实依据，法院不予采纳。

被告人史某华的辩护人当庭提供并出示了北京市密云县民事判决书两份，以证明本案的起因，一审法院依法采纳。

一审法院根据被告人史某华犯罪的事实、犯罪的性质、情节和对于社会的危害程度，判决被告人史某华犯故意伤害罪，判处无期徒刑，剥夺政治权利终身。

一审宣判后，被告人史某华没有提出上诉，公诉机关没有提出抗诉，一审判决遂发生法律效力。

裁判思路

本案需关注的焦点之一是，对于史某华的丈夫郑某某协助公安机关抓捕史某华是否可以认定史某华构成自首。

我国《刑法》第六十七条第一款明确规定："犯罪以后自动投案，如实供述自己的罪行的，是自首。"可见，就自首而言，认定其成立的两个条件即为"自动投案"与"如实供述"。《自首和立功解释》与《自首和立功意见》对"自动投案"和"如实供述"的认定条件进行了细化。其中，《自首和立功解释》第一条第一项对何为"自动投案"进行了原则性规定，即"自动投案，是指犯罪事实或者犯罪嫌疑人未被司法机关发觉，或者虽被发觉，但犯罪嫌疑人尚未受到讯问、未被采取强制措施时，主动、直接向公安机关、人民检察院或者人民法院投案"。由此可知，认定"自动投案"需考虑四个要素：投案时间、投案意志、投案对象和投案方式。

如何适用上述四要素，则需考虑自首制度的立法精神。我国《刑法》之所以将自首作为刑罚裁量时可以从轻、减轻或免除处罚的重要情节，其原因在于，一方面，自首可以促使犯罪嫌疑人主动、及时归案，达到节约司法资源的效果；另一方面，犯罪嫌疑人自动投案后便不会继续作案，其人身危害性会大大地降低。故而，基于"节约司法资源"的目的，投案时间是构成"自动投案"的前提条件，法律将此规定为"犯罪事实或者犯罪嫌疑人未被司法机关发觉，或者虽被发觉，但犯罪嫌疑人尚未受到讯问、未被采取强制措施时"；基于"降低人身危害性"的目的，投案意志是构成"自动投案"的核心标准，法律将此规定为"主动"，即主动投案。同时，在典型的一般自首中，投案方式应为"直接"投案；投案对象则应为"公安机关、人民检察院或者人民法院"。虽《自首和立功解释》与《自首和立功意见》从鼓励自首与应对复杂司法实践出发，规定了多种“应当视为自动投案”的情形，但此类情形均是对自动投案基本四要素灵活的变通与适度的放宽，且这种灵活性主要体现在投案方式、投案对象此二要素上，而对投案时间（有效时间）与投案意志（主动自愿）的标准则一贯坚持。因此，认定犯罪嫌疑人是否成立“自动投案”也需始终结合自动投案的四要素来予以判断。

结合本案，被告人史某华在到案后如实供述了犯罪时间、地点、犯罪手段等情节，可以认定史某华符合如实供述的构成要件。

对于史某华是否符合自动投案的构成要件，笔者持否定态度。本案中，史某华因琐事与任某某发生口角致互殴，其间用镐头击打任某某头部，致任某某颅脑损伤死亡。史某华作案后逃离现场，其夫郑某某协助公安机关于当日将史某华抓获归案。由此看出，史某华的行为并不属于“并非出于犯罪嫌疑人主动，而是经亲友规劝、陪同投案的；公安机关通知犯罪嫌疑人的亲友，或者亲友主动报案后，将犯罪嫌疑人送去投案的”等情形。从基于节约司法资源的角度来看，史某华在作案后即逃走，到案过程也是其丈夫同公安机关一道将史某华抓捕归案，就史某华本人来说，其根本不想将自己置于司法机关的控制之下。

史某华的丈夫郑某某的证言可证明此节，郑某某称：2013 年 4 月 6 日 15 时左右，我接到我媳妇史某华的电话，她说她跟任某某因为垒菜园子的事打架了，说任某某跟她儿子一起将史某华打伤了。我就赶紧骑电动车往家走，半路上史某华给我打电话说自己在八家庄道边的一个小房子那，让我去找她。我找到她后，见她一只眼睛肿着，手上好像还有抓伤。我进村时看见任某某家院子南边水泥路上有一摊血，我就知道是史某华和任某某打架弄的，旁边还有警车和警察，警察问我和史某华的关系、史某华在何处，我带警察找到了史某华。

另根据破案报告、抓获经过也证明，史某华与任某某因自留地砌墙问题发生口角，史某华持镐头击打任某某头部。当日 16 时许，在史某华丈夫郑某某的指引下，派出所民警将史某华抓获。

综上可以看出，史某华丈夫郑某某在抓捕史某华的过程中仅仅起到了辅助作用，史某华无论从“节约司法资源”的角度还是“将自身置于司法机关”控制之下的角度来看均不符合自首要求，因此，不可认定史某华构成自首。

（撰稿人：李永京）

犯罪嫌疑人对犯罪主观心态的辩解不影响自首的成立

——田某然故意杀人案①

裁判要旨

犯罪嫌疑人经亲属规劝,在亲属陪同下到公安机关投案,可以视为自动投案;到案后如实供述自己致被害人死亡的罪行,属于如实供述,应认定为自首。被告人对主观心态的辩解属于对自己行为性质的辩解,不影响自首的成立。

案情简介

被告人田某然与被害人杨某某(女,殁年24岁)系恋人关系。2019年12月28日21时许,被告人田某然在北京市顺义区某公寓内,因感情问题与杨某某产生矛盾,后扼压杨某某颈部致其死亡。经鉴定,杨某某符合被他人扼压颈部致机械性窒息死亡。

2019年12月29日4时许,被告人田某然在其亲属的陪同下到北京市公安局顺义分局天竺派出所投案。

公诉机关的主要意见是:被告人田某然因生活琐事,不能正确处理自己的情绪,产生了杀死被害人的主观故意;客观上实施了用手扼住被害人颈部的犯罪行为,导致被害人机械性窒息死亡的犯罪后果,主客观相统一,符合故意杀人罪的构成要件,应当认定为故意杀人罪。田某然到案后虽然对自己的杀人动机存在辩解,但尚能如实交代自己的主要犯罪事实,可以认定为自首。

被告人田某然对犯罪事实不持异议,但对指控故意杀人罪名有异议,称其没有杀死被害人的想法。

被告人的辩护人对被告人田某然的犯罪事实及本案定性与罪名无异议,认为被告人田某然有自首情节,当庭认罪、悔罪,系偶犯、无犯罪前科,愿意积极赔偿被害人家属损失,被害人存在过错,建议在量刑时予以考虑。

裁判结果

一审法院认为,被告人田某然主观上具有杀人的直接故意。根据被告人田某然的供

① (2020)京03刑初87号刑事判决书。

述，其在扼压被害人颈部的过程中，看到被害人慢慢不再挣扎、脸色发紫、嘴里吐白沫，并没有停止加害行为，直至被害人嘴里吐血沫才松手，此时被害人已经没有鼻息。该细节描述证明被告人田某然对被害人死亡的结果是希望、积极追求的，具有杀死被害人的直接故意。被告人田某然成立自首。本案中，被告人田某然经亲属规劝，在亲属陪同下到公安机关投案，属于自动投案；到案后如实供述自己掐死被害人杨某某的罪行，属于如实供述，应认定为自首。被告人田某然提出其没有杀死被害人的想法，系对自己行为性质的辩解，不影响自首的成立。本案系因恋爱纠纷引发，但被害人杨某某不存在刑法上的过错。综上认为，被告人田某然不能正确处理情感问题，故意非法剥夺他人生命，致人死亡，其行为已经构成故意杀人罪，依法应予惩处。被告人田某然实施的犯罪性质恶劣，犯罪后果严重，但鉴于其有自首情节、认罪态度较好，且本案系因恋爱纠纷引发，故对被告人田某然判处死刑，可不予立即执行。根据被告人田某然犯罪的事实、犯罪的性质、情节和对于社会的危害程度，认定被告人田某然犯故意杀人罪，判处死刑，缓期 2 年执行，剥夺政治权利终身。北京市高级人民法院核准以故意杀人罪判处被告人田某然死刑，缓期 2 年执行，剥夺政治权利终身。

裁判思路

自首是法定量刑情节，对刑罚裁量具有重要作用。我国《刑法》第六十七条第一款规定："犯罪以后自动投案，如实供述自己的罪行的，是自首。对于自首的犯罪分子，可以从轻或者减轻处罚。"根据上述规定，自首认定的核心条件在于"自动投案"和"如实供述"的认定。典型的自动投案是犯罪嫌疑人自行前往公安机关投案，而对于犯罪嫌疑人经亲友规劝、陪同到案的能否认定为自动投案？根据《自首和立功解释》第一条第一项的规定，并非出于犯罪嫌疑人主动，而是经亲友规劝、陪同投案的，也应当视为自动投案。具体到本案中，被告人田某然作案后与亲属联系，经亲属规劝，并在其亲属陪同下前往公安机关投案，应视为自动投案。在此基础上，被告人田某然到案后是否如实供述及其辩解是否影响如实供述的认定成为本案认定自首与否的关键。

实践中，对于如实供述所犯罪行（主要犯罪事实）如何认定存在两种观点。一种观点认为，如实供述所犯罪行是指如实供述自己犯罪的客观行为，并不要求行为人对自己的主观心态，包括对自己行为的认识和看法进行如实供述，即允许行为人对自己行为的性质进行辩解。另一种观点认为，如实供述所犯罪行不仅包括如实供述客观行为，还应供述主观心态。对此，最高人民法院《关于被告人对行为性质的辩解是否影响自首成立问题的批复》明确："根据刑法第六十七条第一款和最高人民法院《关于处理自首和立功具体应用法律若干问题的解释》第一条的规定，犯罪以后自动投案，如实供述自己的罪行的，是自首。被告人对行为性质的辩解不影响自首的成立。"根据该批复的规定，犯罪嫌疑人只要根据客观事实供述所犯的所有罪行，就应当认定符合如实供述自己罪行的条件。基于犯罪嫌疑人的供述，司法机关可以据此确定被告人的犯罪性质和犯罪情节，其对行为性质的辩解并不影响司法机关的审查与认定。实践中，对行为性质的辩解通常是针对行为人主观心态展开的，其对主观心态的辩解实则是对罪名提出不同意见。况且，主观方面往往是借助客观事实认定的，即使行为人不如实交代主观心态，司法机关也可根据在案客观事实作出判断。再者，行为人对自己行为的辩解是其行使辩护权的一种体现，是被告人的诉讼权利，不应当对其正当行使的权利进行否定性评价，也不能因此否定其如实供述的成立。

因此，如实供述所犯罪行不应要求行为人如实供述主观心态。具体到本案中，如实供述的认定核心在于如何理解被告人不认可故意杀人罪名，提出没有杀死被害人的想法。控辩双方认为，田某然到案后虽然对自己的杀人动机存在辩解，但尚能如实交代自己的主要犯罪事实，可以认定为自首；而被害人方提出被告人田某然到案后并未如实供述杀人动机等关键事实，不属于自首。本案中，被告人到案后如实供述自己掐死被害人的整个过程和细节，即其行为致使被害人死亡的客观事实，属于如实供述自己的罪行。被告人提出其没有杀死被害人的想法，不构成故意杀人罪，仅系对其犯罪主观心态及罪名的辩解，司法机关根据被告人的供述结合在案证据已经能够准确作出对其行为性质及罪名的认定，故被告人对其主观方面的辩解可认定为对自己行为性质的辩解，不影响自首的成立。

综上所述，被告人田某然作案后经亲属规劝、陪同到案并如实供述自己的罪行，应认定为自首。根据最高人民法院《关于贯彻宽严相济刑事政策的若干意见》第十七条的规定："对于自首的被告人，除了罪行极其严重、主观恶性极深、人身危险性极大，或者恶意地利用自首规避法律制裁者以外，一般均应当依法从宽处罚。"在本案量刑时，一审法院也将自首情节作为一项重要因素予以考量，并综合全案情节，最终以故意杀人罪判处被告人田某然死刑，缓期 2 年执行，剥夺政治权利终身。

（撰稿人：方　玉）

作案后虽离开犯罪现场，但经亲属劝导投案又如实供述自己罪行的，可认定为自首

——赵某故意杀人案[①]

裁判要旨

被告人作案后已逃离案发现场，其在途中与女儿打电话沟通要求见面。被告人与女儿见面后将案情告诉女儿，其女规劝父亲不能逃跑，并主动给案发地公安机关打电话陈述案情、案发地点等，后按照公安机关要求陪同被告人到案发地公安机关投案。被告人到案后如实供述了其因故将被害人打死的主要犯罪事实，符合自首的认定标准。

案情简介

被告人赵某于2016年10月18日4时许，在某博物馆其居住的员工宿舍内，因故（卖淫嫖娼及商讨嫖资）与被害人王某某（女，殁年43岁）发生争执，后赵某持木棍、镐头等物多次打击王某某头面部、胸腹部等部位，致王某某死亡。经鉴定，王某某系被他人用钝器多次打击头面部、胸腹部致颅脑损伤合并创伤失血性休克死亡。

另查，被告人赵某作案后给女儿打电话并约在北京站见面。其在北京站见到女儿后将自己的作案过程告诉了女儿，其女儿听后对其进行了劝导安抚，并给案发地派出所打电话说明情况。之后，其跟随女儿到案发地派出所投案并如实供述了犯罪行为。

再查，在法院主持下，被害人王某某的近亲属与被告人赵某及其近亲属于庭前达成调解，被害人王某某的近亲属撤回对赵某的附带民事起诉，并对其表示谅解。

公诉机关的意见主要是：被告人赵某故意非法剥夺他人生命，致一人死亡，犯罪性质恶劣，情节、后果严重，社会危害性大，应当以故意杀人罪追究其刑事责任，提请法院依法判处。

被告人辩解意见主要是：其对公诉机关指控的事实没有异议，但认为其没有杀人的故意，不构成故意杀人罪。

辩护人的辩护意见主要是：被告人赵某不具有杀人的故意，属于故意伤害致人死

① （2017）京03刑初40号刑事判决书。

亡,应成立故意伤害罪。被告人赵某具有自首等法定及酌定减轻、从轻处罚情节。

裁判结果

一审法院认为,被告人赵某故意非法剥夺他人生命,致人死亡,其行为已构成故意杀人罪,犯罪情节恶劣,犯罪后果严重,社会危害性大,依法应予惩处。对于被告人及辩护人所提其没有杀人故意,其行为属于故意伤害致人死亡的辩护意见,经查,在案被告人赵某供述及其他证据可以证明,被告人赵某用木棍将被害人王某某打倒在地后,曾开灯看到被害人王某某已经失去反抗能力,在此情况下,被告人赵某仍继续持镐多次用力击打被害人王某某头面部、胸腹部等部位,致被害人王某某死亡。被告人赵某使用不同凶器连续击打被害人王某某要害部位,成立故意杀人罪的主观故意,据此,被告人赵某及其辩护人的辩解及辩护意见无事实和法律依据,不予采纳。鉴于被告人赵某犯罪以后在其近亲属陪同下投案,如实供述自己的罪行,系自首,结合其近亲属代其赔偿被害人近亲属经济损失并取得谅解、当庭认罪悔罪等具体情节,依法对其从轻处罚。据此判决被告人赵某犯故意杀人罪,判处有期徒刑15年,剥夺政治权利3年。

一审宣判后,被告人未提出上诉,检察机关亦未提起抗诉,一审判决已经发生法律效力。

裁判思路

根据我国《刑法》第六十七条的规定,自首由"主动投案"和"如实供述"两部分构成。关于自首的具体认定,《自首和立功解释》第一条规定:"……自动投案,是指犯罪事实或者犯罪嫌疑人未被司法机关发觉,或者虽被发觉,但犯罪嫌疑人尚未受到讯问、未被采取强制措施时,主动、直接向公安机关、人民检察院或者人民法院投案……并非出于犯罪嫌疑人主动,而是经亲友规劝、陪同投案的;公安机关通知犯罪嫌疑人的亲友,或者亲友主动报案后,将犯罪嫌疑人送去投案的,也应当视为自动投案。犯罪嫌疑人自动投案后又逃跑的,不能认定为自首。(二)如实供述自己的罪行,是指犯罪嫌疑人自动投案后,如实交代自己的主要犯罪事实……"

具体到本案被告人赵某到案过程、供述情况及当庭辩解,对其可否认定自首,应结合法律规定和司法解释作如下分析:

(一)关于被告人到案过程及所对应的法律规范与定性

由在案受案登记表、破案报告、到案经过、被告人供述及其手机通话记录,再及证人赵某梅(被告人女儿)、张某丰(案发博物馆馆长)、程某玲(案发博物馆经理)、张某芸(案发博物馆馆长妻子)等证言可知,被告人赵某作案后曾骑电动车到次渠农业银行取款机处取款,后其乘公交车来到北京站。其在前往北京站的路上打电话联系女儿赵某梅说自己出事了,并约女儿到北京站见面。赵某梅见到赵某后得知了案情,后赵某梅对赵某有过劝导,并报警称其父亲赵某将一女子打伤,警察在电话中让赵某梅拨打急救电话并要求陪同其父亲赵某到派出所说明情况。赵某梅告诉民警案发地点在某博物馆其父亲赵某的宿舍内,之后又联系相关人员及时引导急救人员进入案发地,并向"999"报急救及告知博物馆方面的情况和联系人。博物馆工作人员到了赵某的宿舍门口,发现门锁着,砸开锁查看后发现赵某床下有个死人,二人立即退出,再后民警就赶到了。当日15时,赵某梅带赵某到通州分局次渠派出所投案,后公安机关依法对赵某刑事传唤、立案侦查及对赵某采取刑事强制措施。

综上所述,应认为被告人赵某的到案过程属"经亲友规劝、陪同投案"类,符合《自首和立功解释》第一条规定的"主动投案"情形。

(二)被告人供述内容的审查及定性

本案中,被告人赵某到案后供述较为稳定,且与在案现场勘查笔录(照片、痕迹提取、平面图等)、被害人尸检报告、赵某的手机通话记录、证人证言能够吻合,可以认定被告人赵某与王某某因嫖资等问题发生口角、冲突,后被告人赵某用墩布及墩布把多次击打王某某头部,致其倒地。在赵某开灯发现王某某倒地并失去反抗能力的情况下,其又持镐多次击打王某某的头、胸等部位,足以证明赵某具有杀害被害人王某某的主观故意。在案证据可以排除其他合理怀疑。相关监控录像反映的被告人与被害人进入了案发区域及进入的时间,现场勘验笔录、物证照片证实了案发现场及被害人尸体的情况,上述情况与赵某到案后的供述内容一致。尸体检验鉴定书证实被害人王某某头面部创口边缘不整齐,创腔可见组织间桥,周围伴皮下出血,胸腹部可见大片状皮下出血,符合钝器打击所形成。颈部正中皮肤擦伤,扼颈可以形成。被害人王某某头皮下广泛出血及帽状腱膜下血肿,颅底多发骨折、多发蛛网膜下腔出血及脑挫伤,此为颅脑损伤征象。同时可见其多发肋骨骨折、肺破裂、肝脏破裂等创伤。其尸斑浅淡,心腔空虚,各脏器贫血貌,此为失血征象。结合现场情况,故其死因符合颅脑损伤合并创伤失血性休克。其颈部损伤轻微,未见内部窒息征象,故不构成其死因。可见,赵某所作的行为手段等有罪供述得到了鉴定意见等证据的印证,王某某的死亡结果与被告人赵某的侵害行为之间存在因果关系。综上所述,被告人赵某属于到案后如实供述。

（三）对被告人“不认罪”辩解内容的分析及定性

开庭审理时，被告人对公诉机关指控的事实没有异议，但认为自己没有杀人的故意，不构成故意杀人罪。对此，2004年最高人民法院《关于被告人对行为性质的辩解是否影响自首成立问题的批复》规定，根据《刑法》第六十七条第一款和《自首和立功解释》第一条的规定，犯罪以后自动投案，如实供述自己的罪行的，是自首。被告人对行为性质的辩解不影响自首的成立。

综上所述，被告人关于自己行为的性质虽有过否认性辩解，但并不影响对其自首的认定。

《刑法》设立自首情节及可能获得轻处的立法目的，显然是向犯罪嫌疑人及其他可能对嫌疑人主动归案、如实供述产生影响的人施以行为指引，以达到“停止继续犯罪”“主动归于司法机关管束”“节省刑事侦查资源”“期以获得有利判处方向或结果”“弥合社会矛盾及减轻人法对立程度”等目的。此立法指引所产生的效果和案例在司法实践中较为常见，但也会经常因犯罪嫌疑人到案情形的不同变化纷杂，而在当否认定其自首方面出现较多难点。这就需要依照法律规定，特别是要从立法精神、审判实践和司法判例等角度考虑，坚持“具体问题具体分析”，对被告人到案过程、目的及定性进行厘清，用我们的裁判文书及结果，督促潜于社会中的犯罪人等珍惜时机、尽早投案、减少罪责、争取从宽，尽可能地减少可能出现的犯罪行为，更好地实现自首这一法律规定的积极导向作用。

（撰稿人：范爱礼）

被害人及犯罪嫌疑人亲友共同将犯罪嫌疑人送至派出所的，不构成主动投案

——王某诈骗案①

裁判要旨

《自首和立功解释》提及，并非出于犯罪嫌疑人主动，而是经亲友规劝、陪同投案

① (2020)京03刑终248号刑事判决书、(2020)京0105刑初819号刑事判决书。

的；公安机关通知犯罪嫌疑人的亲友，或者亲友主动报案后，将犯罪嫌疑人送去投案的，也应当视为自动投案。但本案系被害人驾车将犯罪嫌疑人及其亲友送至派出所，虽有亲友陪同到案，但犯罪嫌疑人系在被害人的监督下，无法认定其具有主动投案的意志，无法体现其投案的主动性和自愿性，亦无法认定其成立自动投案。

案情简介

王某因急需用钱，虚构租车需求，与被害人石某（女，31岁，山东省人）约定日租车费人民币1500元租车。后于2019年8月在本市朝阳区石佛营某酒店门口，将石某享有使用权的保时捷汽车骗走。后王某让他人冒充车主将该车以签订买卖合同的形式抵押给刘某，并从刘某处获得约定借款。王某累计向石某支付租车费用人民币16.95万元。2020年12月初，石某发现车辆被王某抵押给刘某，车辆被刘某占有无法返还。被害人石某报警。民警于2020年1月8日从河北省将涉案车辆起获并发还给被害人。2020年1月14日，王某在被害人陪同下到公安机关投案。

公诉机关的意见主要是：王某的行为构成诈骗罪。

辩护人的辩护意见主要是：王某没有诈骗石某车辆，主观上也没有非法占有的目的，其行为不构成诈骗罪；王某无前科劣迹，其行为没有造成损失。

裁判结果

一审法院认为，王某以非法占有为目的，虚构租车需求骗取他人车辆，并将车辆抵押造成车辆无法返还，数额特别巨大，其行为已构成诈骗罪，依法应予惩处。鉴于被骗车辆已起获并发还被害人，故依法对王某所犯罪行予以从轻处罚。综上所述，根据被告人王某犯罪的事实、犯罪的性质、情节以及对于社会的危害程度，判处王某犯诈骗罪，判处有期徒刑10年，剥夺政治权利1年，罚金人民币10万元。

一审宣判后，被告人王某提出上诉。

上诉人王某的上诉理由主要是：其获得抵押款项为28万多元并非车辆全部价值，一审未认定其有自首情节。

辩护人的辩护意见主要是：王某与石某为合伙关系，车辆被扣押系刘某违约行为所致,一审认定诈骗数额有误,王某系主动到案。

二审法院认为,上诉人王某以非法占有为目的,虚构事实、隐瞒真相,骗取他人钱款,数额特别巨大,其行为已构成诈骗罪,依法应予惩处。一审法院根据王某犯罪的事实、犯罪的性质、情节及对于社会的危害程度所作出的判决,事实清楚,证据确实、充分,定罪及适用法律正确,量刑适当,审判程序合法,应予维持。故依法裁定驳回上诉,维持原判。

裁判思路

本案关于自首问题的认定焦点是亲友陪同到案情形中如何认定自动投案。

“送亲投案”并非只要亲友陪同到案就符合自动投案的要件,首先,亲友应对犯罪嫌疑人构成犯罪明知,有将犯罪嫌疑人置于司法机关控制之下的目的;其次,亲友将犯罪嫌疑人送交司法机关需要使犯罪嫌疑人有接受法律制裁的意愿;同时,还必须体现出犯罪嫌疑人的主动性和自愿性。

结合本案来看,到案经过、被害人石某陈述显示,王某系由石某驾车并在王某家属霍某甲、霍某乙陪同下带至派出所。本案中,王某并非经亲友规劝、陪同投案的情形,而是实际上由被害人石某扭送至派出所,故不属于自动投案。另王某第四次供述及一审当庭供述与事实矛盾,同样不构成如实供述,故而本案被告人王某并不构成自首。

本案中,实际上只有亲友陪同到案的外观,犯罪嫌疑人之所以到派出所投案是因为被害人的坚持,从被害人驾驶交通工具将王某及其亲友送至派出所就可看出,王某亲友并无将其置于司法机关控制之下并接受法律制裁的目的和意愿,王某本人到案的主动性和自愿性更无从体现。

(撰稿人:王海广　童思琪)

【关键词：委托投案】

作案后委托他人报警后自杀，到案后如实供述主要犯罪事实的，应当认定为自首
——吴某故意伤害案①

裁判要旨

行为人作案后通过短信方式委托他人报警，后在案发现场自杀，到案后供述主要犯罪事实的，应当认定为自首。

案情简介

被告人吴某于2018年12月15日11时许，在北京市朝阳区某地21号楼某室，因债务问题与被害人白某（男，32岁）发生纠纷，后持刀划伤白某面部、颈部及右手，造成白某“多处皮肤创口，下颌后静脉部分断裂，拇收肌部分断裂，神经挫伤，面部创口单条长7.2厘米，颈前创口单条长12.6厘米”。经人体损伤程度鉴定，被害人白某的损伤程度符合轻伤一级。被告人吴某于案发当日委托其妻王某报警，后吴某因割腕自杀被送至医院治疗。民警经向吴某了解情况，其供述了持刀伤害白某的情况，民警于2018年12月17日将吴某从医院带至公安机关。从案发现场起获的水果刀1把扣押在案。

公诉机关的意见主要是：被告人吴某已构成故意伤害罪，提请法院依法判处。

辩护人的意见主要是：被告人吴某有自首情节，自愿认罪，被害人存在一定过错，建议对被告人吴某从轻处罚。

裁判结果

一审法院认为，被告人吴某持刀故意伤害他人身体，造成他人轻伤一级的后果，其行为已构成故意伤害罪，应予惩处。

---

① （2019）京0105刑初1500号刑事判决书、（2019）京03刑终963号刑事判决书。

对被害人白某及其诉讼代理人所提被告人吴某的行为构成故意杀人罪的意见，经查，在案证据仅能够证实被告人吴某在与白某存在债务纠纷的前提下，持刀将白某扎伤致白某轻伤一级的事实。虽然被告人吴某曾做出其持刀伤害白某后追出屋门想把白某拽回家里，想让白某死在家里的供述，但上述供述仅能证实吴某在白某受伤后未积极施救的事实，不能据此推定吴某在持刀伤害白某时主观上具有杀死白某的故意，故根据现有证据不能认定被告人吴某的行为构成故意杀人罪，对被害人及其诉讼代理人所提上述意见，不予采纳。

鉴于被告人吴某有自动投案情节，到案后能够如实供述其持刀伤害被害人的基本事实，属有自首情节，对其依法予以从轻处罚。对辩护人所提被害人存在一定过错的辩护意见，经查，被告人吴某系自愿与白某签订的相关合同且在对合同内容明确知悉的情况下进行借款，二人之间存在的债务纠纷不能成为被告人吴某持刀故意伤害被害人白某的理由，故对上述意见不予采纳；对其他相关辩护意见，酌予采纳。

一审法院根据吴某犯罪的事实、犯罪的性质、情节和对于社会的危害程度，认定被告人吴某犯故意伤害罪，判处有期徒刑 2 年。

一审宣判后，在法定期限内，被告人吴某提出上诉。

二审法院经审理，依法裁定驳回吴某上诉，维持原判。

裁判思路

根据我国《刑法》第六十七条第一款的规定，“犯罪以后自动投案，如实供述自己的罪行的，是自首”，即成立自首必须同时满足自动投案与如实供述这两个基本要件。《自首和立功解释》及《自首和立功意见》对自首中的“自动投案”与“如实供述”的认定条件进行了细化。其中，《自首和立功解释》第一条规定：“自动投案，是指犯罪事实或者犯罪嫌疑人未被司法机关发觉，或者虽被发觉，但犯罪嫌疑人尚未受到讯问、未被采取强制措施时，主动、直接向公安机关、人民检察院或者人民法院投案。”可见，自动投案基本可以分为以下三种形式：(1)直接向有关部门投案；(2)有投案意愿，但由于特殊原因不能亲自投案而委托他人报案或以信电投案；(3)在特殊情况下，向负有侦查、检察或审判职责的人员或本单位负责人、保卫人员交代罪行，也可以认定为自动投案，但明知上述人员不会告发者除外。

投案行为是由行为人自由意志所决定的，这是自动投案是否成立的关键。本案被告人在犯罪行为结束后以短信方式委托其妻子报警后在犯罪现场自杀，结合自首制度的立法本意，以下从自由性、主动性、自愿性三个方面予以论证该行为能否认定为自动投案：

第一，投案的自由性，即行为人投案应是在其自由意志支配下的结果，不存在其意志被他人支配或压制的情形。同时，投案的自由性也反映出行为人人身危险性的降低。本案中，被告人作案后基于个人独立意志所为发送短信委托妻子报警的行为，未受到其他人的支配或压制，该行为的实施是独立自由的，具有投案的自由性。

第二，投案的主动性，即行为人投案是在其自身意志支配下的主动行为，是行为人内心悔罪的外在表现。实践中，对投案的主动性的认定需视具体情况而定，比如，最初并非出于行为人主动，但经过亲友规劝、陪同投案的，也可认定为自动投案。本案中，被告人系主动委托妻子报警，虽未直接向公安机关投案，但已表现出其投案意愿，基于有利于被告人的原则，应当视其具有投案的主动性。

第三，投案的自愿性，即行为人投案系自愿将自身置于司法机关控制之下，这不仅是悔罪的应有表现，更是积极配合司法机关侦破案件的必然要求。但若行为人在投案过程中介入自杀行为，能否认定其具有投案自愿性，对此存有分歧意见。有观点认为，应当将投案过程中的自杀行为根据行为性质的不同区分为两种形式，一是自杀后报警，二是报警后自杀。若系自杀行为开始后报警，表明行为人仍具有接受刑事处罚的意愿，可以认定为自动投案；若系报警后自杀，则意味着该行为人主观上有拒绝接受刑事处罚的意思表示，以选择自杀的方式逃避法律的制裁，故而不能认定为自动投案。笔者认为，行为人的自杀时间节点在一定程度上可以反映出行为人的主观心态，但不可一概而论，应当根据具体案情具体把握，其中的关键之处在于行为人到案后是否能够如实供述主要犯罪事实。本案中，被告人吴某委托妻子报警后在犯罪现场自杀，可能含有不愿或害怕受到司法机关处罚的意思表示，但其被施救后能够接受司法人员对其采取必要的强制措施并主动配合案件的调查，如实供述主要犯罪事实，情绪状态正常且再无自杀行为，对于侦查机关、公诉机关的有罪指控能够冷静面对，足以证明其并未抗拒刑事处罚。其虽系自杀后报警，但结合其到案后的表现，基于有利于被告人的原则，应当认定其具有投案的自愿性。反之，若本案被告人被施救后拒绝配合公安司法机关的工作，并继续进行自杀、自虐等行为以逃避刑事处罚，则难以认定其系自动投案。

综上，本案被告人吴某主观上具有投案的自由性、主动性和自愿性，客观上有过发短信让妻子报警的行为，应当视为自动投案。其作案后委托他人报警，虽有在现场自杀的行为,但其到案后能够如实供述主要犯罪事实,积极主动配合司法机关查处案件,符合自首制度的立法本意,可以认定其构成自首。

(撰稿人:程　序)

委托他人报警后离开现场不应认定为自动投案,首堂不供、一审庭审时翻供的,不能认定为如实供述

——王某故意杀人案①

裁判要旨

自首需要满足两个条件,自动投案和如实供述,二者缺一不可。犯罪嫌疑人虽委托他人报警,但在警察赶到时离开现场,缺乏投案的主动性,不应认定为自动投案;投案后犯罪嫌疑人不据实交代自己的罪行,不属于如实供述,不能认定为自首。

案情简介

2017年3月11日凌晨,被告人王某在北京市朝阳区豆各庄乡某公司宿舍外,酒后因琐事与被害人班某某(男,殁年45岁)发生争执,被告人王某持菜刀连续砍击班某某的颈部、头部,班某某于当日被发现死亡。经鉴定,班某某符合被锐器砍击颈部、钝性外力作用于腹部造成左侧颈总动脉破裂、大网膜及肠系膜破裂出血,致失血性休克死亡。

被告人王某于同日被公安机关查获归案。

公诉机关的意见主要是:被告人王某故意非法剥夺他人生命,致人死亡,其行为触犯了《刑法》第二百三十二条的规定,犯罪事实清楚,证据确实、充分,应当以故意杀人罪追究其刑事责任,提请法院依法判处。

被告人王某辩称:案发当日其与班某某饮酒,后二人各自睡觉,其醒来后在宿舍门外发现班某某死亡,其因醉酒,对事发经过没有记忆。其在公安机关有关持菜刀砍击

① (2017)京03刑初111号刑事判决书。

班某某致死的供述系其想象和推理出来的。

辩护人的辩护意见主要是：王某案发后委托他人报警，在返回现场途中被民警控制，到案后如实供述犯罪事实，系自首；王某在过度饮酒意识模糊的状态下激情杀人，到案后认罪悔罪。据此请求对王某从轻或减轻处罚。

裁判结果

一审法院认为，对于被告人王某所提，其因醉酒对事发过程无记忆，其在公安机关有关持刀杀害班某某的供述是根据想象作出，其没有杀人故意的辩解，经查，王某酒后持菜刀连续砍击被害人班某某致死的事实，有物证凶器菜刀、证人孙某峰等人的证言、尸体检验鉴定意见、法医物证鉴定书等证据证明，王某在公安机关亦曾供认，足以认定，王某的上述辩解无事实依据。

对于被告人王某的辩护人所提，王某系自首的辩护意见，经查，被告人王某虽在案发后委托他人报警，但在民警赶到现场后并未如实供述犯罪事实，反而逃离现场。被带回现场后，民警在其身上发现血迹，其在犯罪嫌疑进一步上升的情况下，仍拒不供述犯罪事实，其行为不属于自动投案，且其当庭推翻有罪供述，故王某的辩护人所提王某系自首的辩护意见无事实及法律依据。

对于王某的辩护人所提，王某在过度饮酒意识模糊的状态下激情杀人，到案后认罪悔罪，据此请求对王某从轻处罚的辩护意见，经查，王某虽系在醉酒状态下杀人，但其犯罪性质恶劣，手段残忍，后果严重，且当庭以醉酒后丧失记忆为由否认持刀杀害班某某的犯罪事实，辩护人的上述辩护意见无法律依据。

一审法院根据本案的具体情节，判决被告人王某犯故意杀人罪，判处死刑，缓期2年执行，剥夺政治权利终身；被告人王某赔偿附带民事诉讼原告人各项经济损失共计人民币68239元。

一审宣判后，被告人王某没有提出上诉，本案遂移送北京市高级人民法院复核。北京市高级人民法院经审理，核准一审法院以故意杀人罪判处被告人王某死刑，缓期2年执行，剥夺政治权利终身的刑事判决。

裁判思路

本案中，被告人王某酒后因琐事与被害人班某某发生争执，被告人王某持菜刀连续砍击班某某的颈部、头部，班某某于当日被发现死亡。行凶后王某顺手把刀扔在现场，去找工友张某某,委托张某某报警。后王某离开现场,又在返回现场途中被民警控制。辩护人据此认为,王某案发后委托他人报警,在返回现场途中被民警控制,未逃离反抗,到案后如实供述犯罪事实,系自首。

针对本案案情,笔者认为,王某的行为不构成自首,具体分析如下:

1. 王某行为不构成自动投案

我国《刑法》对"一般自首"的规定为:"犯罪以后自动投案,如实供述自己的罪行的,是自首。"就一般自首而言,认定其成立的两个条件即为"自动投案"与"如实供述"。其中"自动投案",是指犯罪事实或者犯罪嫌疑人未被司法机关发觉,或者虽被发觉,但犯罪嫌疑人尚未受到讯问、未被采取强制措施时,主动、直接向公安机关、人民检察院或者人民法院投案。

为了便于实践中的操作,《自首和立功解释》与《自首和立功意见》对"自动投案"与"如实供述"的认定条件均进行了细化。其中就"自动投案"而言,《自首和立功解释》规定了 7 种"应视为自动投案"的情形后,又在《自首和立功意见》中增加了 5 种情形。本案中,王某虽委托他人报警,据警方工作记录证明,在民警到达现场后王某随即离开现场,王某也供述其委托张某某报警后,曾离开现场去何家坟村街里喝酒,现场民警布控后,技术队民警在赶往现场途中距现场 1 公里外的何家坟路边发现王某浑身酒气,形迹可疑,遂将其带往现场,结合王某逃离现场的行为,其应该不属于自动投案。

2. 王某的行为不构成如实供述

《自首和立功解释》规定,"如实供述自己的罪行,是指犯罪嫌疑人自动投案后,如实交代自己的主要犯罪事实""犯罪嫌疑人自动投案并如实供述自己的罪行后又翻供的,不能认定为自首,但在一审判决前又能如实供述的,应当认定为自首"。

具体到本案而言,民警出警录像显示,被告人王某对到场民警称班某某死亡与自己无关。民警根据事前对周边人员的访问及王某离开现场的行为,以及在其衣服上发现血迹等情况,认定王某有重大嫌疑。王某此时仍拒不承认杀害班某某的事实,到案后第一堂讯问不供认,当天晚上第二堂讯问才供认杀人。一审开庭时其当庭又推翻原供,称案发当日其与班某某饮酒,后二人各自睡觉,其醒来后在宿舍门外发现班某某死亡,其因醉酒,对事发经过没有记忆,不承认对班某某的杀害行为。综上,王某不构成"如实供述",亦不构成自首。

(撰稿人:李　淼)

【关键词：形迹可疑与一般排查】

因其他事由被采取强制措施后如实供述公安机关已掌握罪行的，不构成自首

——董某抢劫案①

裁判要旨

犯罪嫌疑人作案后潜逃，案发地与抓获地侦查机关掌握案件信息的程度及时间点存在差异时，应具体分析罪行尚未被司法机关发觉的主体、区分“形迹可疑”“违法犯罪嫌疑”、司法机关还未掌握的本人其他罪行、同案犯供述先后等问题，判断犯罪嫌疑人因其他事由被采取强制措施后如实供述的是否构成“视为自动投案”，从而判断是否构成自首。

案情简介

2016年12月25日下午，被告人董某与陈某某（男，另案处理）在租乘被害人王某某（男，殁年60岁）驾驶的红色吉利牌自由舰轿车期间，经合谋，意图以暴力手段劫取王某某财物。当日21时许，当王某某按照董某、陈某某的要求驾驶车辆行驶至北京市密云水库管理处九松山管理站门口对面路边时，董某伙同陈某某对王某某实施了扼压颈部等行为，致其死亡，并劫得王某某所驾驶的红色吉利牌自由舰轿车1辆、永科牌JX8166型手机1部、Sunup牌老年手机1部、Mini牌老年手机1部、行车记录仪1台、现金人民币300余元等财物。作案后，董某、陈某某驾驶劫取的轿车逃离现场，并将王某某尸体转移、抛弃至河北省承德市平泉县②平泉镇G101国道距北京294公里西南侧50米处公路北侧下方的涵洞口处。

2016年12月27日6时许，被告人董某、陈某某驾车逃至哈同高速哈尔滨至佳木斯方向的得莫利服务区附近时被巡逻民警抓获。后从红色吉利牌自由舰轿车中起获了被劫取的手机、行车记录仪等财物，并从后备厢中起获黑色钱包一个，内有现金人民

① （2017）京03刑初100号刑事判决书。

② 2017年4月，经国务院批准，撤销平泉镇，设立县级平泉市。

币400元。经鉴定，被害人王某某符合被他人扼压颈部，致机械性窒息死亡。经北京市密云区价格认定中心认定，吉利牌自由舰轿车价值人民币9500元、永科牌JX8166型手机价值人民币160元、Sunup牌老年手机价值人民币30元、Mini牌老年手机价值人民币30元、行车记录仪价值人民币160元。

另查明，被告人董某的犯罪行为给附带民事诉讼原告人郭某珍、郭某华、王某造成一定的经济损失。

公诉机关的意见主要是：被告人董某伙同他人，以非法占有为目的，采取暴力手段劫取他人财物，致一人死亡，犯罪性质恶劣，情节、后果严重，社会危害性大，应当以抢劫罪追究其刑事责任，提请法院依法判处。

指定辩护人的辩护意见主要是：董某系从犯，犯罪时未成年，具有自首情节，建议对董某从轻或减轻处罚。

裁判结果

一审法院认为，被告人董某伙同他人，以非法占有为目的，采取暴力手段劫取他人财物，致一人死亡，其行为已构成抢劫罪，依法应予惩处。鉴于被告人董某犯罪时系未成年人且到案后如实供述主要犯罪事实，对其依法予以从轻处罚。被告人董某的犯罪行为给附带民事诉讼原告人郭某珍、郭某华、王某造成的经济损失应予以赔偿，但过高部分及缺乏事实及法律依据的部分不予支持。

对于董某指定辩护人关于董某具有自首情节的辩护意见，经查，董某是在公安机关已经掌握了其罪行证据之后才如实供述主要犯罪事实的，其不符合自首成立的条件，故指定辩护人的该项辩护意见不予采纳。对于董某指定辩护人所提董某系从犯的辩护意见，经查，在案证据能够证实董某与其同案犯陈某某共同谋划、实施了抢劫并杀人的行为，二人应对抢劫并致被害人死亡的后果共同承担刑事责任，董某在共同犯罪中不属于起次要、辅助作用，故指定辩护人的该项辩护意见不予采纳。辩护人关于被告人董某犯罪时未成年，请求从轻处罚的辩护意见成立，予以采纳。

一审法院根据被告人董某犯罪的事实、犯罪的性质、情节和对于社会的危害程度，以及犯罪行为给附带民事诉讼原告人造成的经济损失等情况，认定被告人董某犯抢劫罪，判处有期徒刑14年，并处罚金人民币5万元；被告人董某及附带民事诉讼被告人田伟杰共同赔偿附带民事诉讼原告人郭某珍、郭某华、王某丧葬费等经济损失共计人民币51239元；驳回附带民事诉讼原告人郭某珍、郭某华、王某的其他诉讼请求；继续追缴被告人董某的违法所得人民币300元发还被害人王某某近亲属。

一审宣判后,在法定期间内,公诉机关未提出抗诉,被告人董某未提出上诉,本案已发生法律效力。

裁判思路

本案的焦点问题是被告人董某是否成立自首,而董某如实供述基本犯罪事实时,其罪行是否已经为司法机关所掌握,是确定本案是否存在自首的关键。

根据被告人供述、到案经过、工作说明等证据证明,董某伙同陈某某共同抢劫、杀害被害人后,由陈某某驾驶被害人的红色吉利汽车,二人逃亡途中将车违法停靠在高速路应急车道,被黑龙江省方正县公安局交通管理大队民警巡逻发现。民警询问时,陈某某自称姓赵,并出示了被害人王某某的驾驶证,称该车为其父亲赵某某所有,民警发现与驾驶证信息不一致,且副驾驶男子(董某)右手背有两道伤痕,以及车牌两侧有故意弯折、污损情况。民警怀疑该赵姓男子无证驾驶,车辆也应进一步核实,故将两名男子控制,口头传唤至哈尔滨市方正县交通管理大队办案中心。方正县公安人员联系车主家属得知车主不知所踪、家属已经报案,随后方正县公安人员联系密云区公安机关核实此报案情况,掌握了该车被抢、司机可能被害的情况。公安机关在掌握上述情况之后加大讯问力度,后董某等人供述所犯罪行。根据上述情况,对被告人董某是否成立自首分析如下:

(一)"罪行尚未被司法机关发觉"的主体是案发地司法机关还是犯罪嫌疑人抓获地司法机关,应当区分认定

《自首和立功解释》第一条规定,"罪行未被司法机关发觉,仅因形迹可疑被有关组织或者司法机关盘问、教育后,主动交代自己的罪行的",应当视为自动投案,本案涉及的司法机关有北京市密云区公安机关和黑龙江省方正县公安机关。对"罪行尚未被发觉"的理解,是否要求所有司法机关皆未发觉呢?笔者认为,《刑法》规定自首的法律意义是为了鼓励犯罪分子实施犯罪后投案自首、悔过自新、节约司法成本、提高司法效率,故不应苛求犯罪分子的罪行不被所有司法机关发觉。由于犯罪分子潜逃外地,抓获地公安机关与案发地公安机关对案件信息的掌握程度必然存在差异,且在掌握案情的时间上亦存在不同。抓获地公安机关在不掌握犯罪分子罪行的情况下,犯罪分子主动供述所犯罪行的行为应当得到正面评价,这对节约司法成本、提高司法效率能起到积极的作用。

根据《自首和立功意见》第三条的规定："如果该罪行已被通缉，一般应以该司法机关是否在通缉令发布范围内作出判断，不在通缉令发布范围内的，应认定为还未掌握，在通缉令发布范围内的，应视为已掌握；如果该罪行已录入全国公安信息网络在逃人员信息数据库，应视为已掌握。如果该罪行未被通缉、也未录入全国公安信息网络在逃人员信息数据库，应以该司法机关是否已实际掌握该罪行为标准。"密云区公安机关虽于2016年12月26日就被害人车辆及被害人的信息发布了全国协查通报，但该协查通报内容并未指向本案被告人董某等人，且协查通报的发布、接收范围有限。根据在案证据显示，方正县公安机关传唤董某等人在先，联系车主家属并与密云区公安机关核实后发现犯罪嫌疑在后，不应视为方正县公安已掌握了罪行。

(二)司法机关自行发觉的内容应当区分是"形迹可疑"还是"违法犯罪嫌疑"

根据《自首和立功意见》第一条的规定："罪行未被有关部门、司法机关发觉，仅因形迹可疑被盘问、教育后，主动交代了犯罪事实的，应当视为自动投案，但有关部门、司法机关在其身上、随身携带的物品、驾乘的交通工具等处发现与犯罪有关的物品的，不能认定为自动投案。""形迹可疑"是司法机关工作人员个人基于办案经验、常识、常情、常理的初步判断分析而产生的没有具体指向性的初步怀疑，处在尚未掌握具体证据和线索的阶段，是尚未达到将行为人与具体罪行进行实质性关联的一种初步怀疑。而"违法犯罪嫌疑"是司法机关工作人员在掌握了一定事实、证据或者线索的情况下，对某一明确对象产生相对具体、且具有指向性的怀疑，是一种具体的、有根据性的怀疑和判断。

本案中，公安交警由于涉案二人驾驶的车辆号牌卷曲、行驶证信息不一致，认为该车辆来源不明，且副驾驶人员手上存在伤情，已经超出了形迹可疑的范畴，从而判断该二人存在违法犯罪嫌疑，故将其二人进行口头传唤，进一步调查。对于董某等人驾驶的车辆是否能够认定为《自首和立功意见》中所述"与犯罪有关的物品"，存在两种意见：一种意见认为，在交警口头传唤董某等人时，无相关证据认为该二人必定涉嫌犯罪，不宜将《自首和立功意见》的规定扩大理解为可能与违法犯罪有关的物品。因为车辆不同于毒品、枪支等违禁品，需要进行进一步调查甄别，否则会不当限缩对"自动投案"的适用。另一种意见认为，由于行为人所驾驶车辆号牌卷曲、行驶证信息不一致，以及副驾驶人员手背受伤导致交警对其车辆来源不明产生高度合理怀疑，不应当将其限缩解释为必须具有明确犯罪指向性，指向某一种具体、特定犯罪，否则会不当扩大对"自动投案"的适用。笔者同意第二种意见，根据在案证据，交警对董某等人的怀疑是对二人所驾驶车辆来源产生有合理根据的违法犯罪嫌疑的判断，即将该二人与具体违法犯罪事实产生实质上的关联，应当认为司法机关已经掌握了足以合理怀疑该人犯有某种罪行的证据，即使董某等人不如实供述，公安机关仍可据此车辆掌握犯罪证据，此种情况下的如实供述对确定犯罪嫌疑人不具有实质意义，因此，不能认定董某等人构成自动投案。

（三）供述超出涉车犯罪嫌疑的罪行不宜认定为被采取强制措施的犯罪嫌疑人如实供述"司法机关还未掌握的本人其他罪行"

《刑法》第六十七条第二款规定："被采取强制措施的犯罪嫌疑人、被告人和正在服刑的罪犯，如实供述司法机关还未掌握的本人其他罪行的，以自首论。"我国《刑事诉讼法》规定的强制措施包括拘留、逮捕、拘传、取保候审和监视居住。根据《刑事诉讼法》第一百一十九条的规定，"对在现场发现的犯罪嫌疑人，经出示工作证件，可以口头传唤，但应当在讯问笔录中注明"。另根据《自首和立功解释》第一条的规定，"自动投案，是指犯罪事实或者犯罪嫌疑人未被司法机关发觉，或者虽被发觉，但犯罪嫌疑人尚未受到讯问、未被采取强制措施时，主动、直接向公安机关、人民检察院或者人民法院投案"，值得注意的是，自动投案中的"强制措施"与《刑事诉讼法》中规定的强制措施存在部分重合，但并不完全一致。自动投案中的"强制措施"是针对人身自由的实质性管控，是事实上对人身自由的限制，不以《刑事诉讼法》中所规定的程序为必然要件。因此，本案中方正县交通警察以口头传唤等方式将董某等人传唤至司法机关进行实际控制，虽然不是刑事诉讼法意义上的拘传，但不应受限于交通警察的身份，亦不应受限于《刑事诉讼法》规定的强制措施，应当理解为董某等人已被采取强制措施。

方正县公安人员口头传唤董某等人违法犯罪嫌疑的认定是有限的，即围绕在案车辆的相关犯罪（如抢劫、盗窃车辆）展开，实际并不掌握该二人实际所犯抢劫、杀人的完整罪行，但针对车辆的犯罪行为与针对车主的杀人行为存在事实上的密切关联，属于实质的一罪。方正县公安机关联系车主家属得知车主不知所踪、家属已经报案，随后方正县公安机关联系密云区公安机关核实此报案情况，掌握了该车被抢、司机可能被害的情况。公安机关在掌握上述情况之后加大讯问力度，后董某等人供述所犯罪行。故董某等人主动如实供述包括抢劫、杀人在内的犯罪事实，不能认定"如实供述司法机关还未掌握的本人其他罪行的"而构成自首。

（四）同案犯在先供述未必影响在后供述人构成自首

本案中，如果方正县公安人员在高速公路上对董某等人进行询问时，即司法机关尚未对车辆来源等情况产生违法犯罪嫌疑认定时，董某等人如实供述所犯罪行，则可能成立自首。本案中，董某与陈某某在公安机关分开讯问的情况下，如实供述的先后不一定影响自首的成立。在一个以上犯罪嫌疑人的情况下，公安机关未必同时对犯罪嫌疑人进行讯问，则必然存在讯问时间先后有别的情况。不能因为公安机关的讯问次序安排，而剥夺了在后被讯问犯罪嫌疑人构成自首的权利。各犯罪嫌疑人在公安机关分开讯问的情况下，如首次被讯问时经过公安人员的法制教育即如实供述罪行，并非迫于另一犯罪嫌疑人供述后的压力才作出的，也并非公安人员利用前一犯罪嫌疑人供述的犯罪线索政策攻心后才被迫交代，此时二犯罪嫌疑人的认罪态度和悔罪表现基本相当，后供述的犯罪嫌疑人的供述也具有主动性，也可以认定为自首。本案中，董某先于陈某某供述主要犯罪事实，陈某某是否构成自首不受董某供述在先的影响。二人如分别独立供述犯罪事实，则不受时间先后顺序的限制，均可能构成如实供述。

（撰稿人：江鸣鹤）

在公安机关未锁定犯罪嫌疑人时，其主动交代自己犯罪过程的，应视为主动投案

——刘某、陈某、李某某宣扬恐怖主义、极端主义案①

裁判要旨

公安机关未明确锁定犯罪嫌疑人，仅是根据掌握的相关线索开展侦查工作，尚在一般性排查询问时，在场的被告人主动向公安机关交代自己犯罪过程的，可认定为主动投案。

案情简介

2018年5月24日17时许，被告人刘某通过微信将一段暴恐视频转发至微信群“一闪一闪亮晶晶”（群成员11人）；当日18时许，被告人陈某从该微信群获取该视频，

① (2018)京03刑初132号刑事判决书。

并转发给被告人李某某；同年5月25日23时许，被告人李某某通过微信将该视频转发至微信群“launchpad交流群”（群成员391人）。经查，该视频内容涉及宣扬恐怖主义和极端主义，含有以极度血腥残忍手段危害他人生命的内容。2018年6月3日，被告人李某某向民警自动投案；被告人陈某被抓获到案；经电话传唤，被告人刘某自动投案。

公诉机关的意见主要是：被告人刘某、陈某、李某某在手机微信内通过发布恐怖视频的方式宣扬恐怖主义、极端主义，其行为应当以宣扬恐怖主义、极端主义罪追究其刑事责任，提请法院依法判处。

被告人刘某、陈某、李某某对公诉机关指控其犯宣扬恐怖主义、极端主义罪的罪名和事实均不持异议。

被告人刘某辩护人的辩护意见主要是：刘某经电话传唤到案，积极坦白，认罪态度好，有悔罪表现。刘某行为的社会危害性和主观恶性较小，且系初犯、偶犯。刘某本身无宗教信仰，缺乏法律知识，刘某有两个孩子需要养育，请法庭充分考虑其家庭情况。

被告人陈某辩护人的辩护意见主要是：陈某出于新奇和恶作剧的心态，将相关暴恐视频传给李某某，主观恶性不大。陈某传播的对象仅一人，社会危害性较小。陈某到案后如实供述其所犯罪行，配合司法机关工作，认罪态度较好，且系初犯、偶犯，希望法庭对陈某从轻处罚。

被告人李某某辩护人的辩护意见主要是：李某某的法律观念淡薄，主观恶性不大，行为的社会危害性较小。李某某系初犯、偶犯，认罪态度较好，有悔罪表现。李某某一贯表现良好，无前科劣迹。根据李某某当庭供述和其他在案证据，应认定李某某构成自首，建议对李某某从宽处理。

裁判结果

一审法院认为，被告人刘某、陈某、李某某在手机微信内通过发布恐怖视频的方式宣扬恐怖主义、极端主义，其行为应分别以宣扬恐怖主义、极端主义罪追究其刑事责任。鉴于被告人刘某、李某某具有自首情节，被告人陈某传播的范围有限，以及三被告人的犯罪情节轻微，且均具有悔罪表现，经审判委员会讨论决定，认定三被告人构成犯罪，但可分别免予刑事处罚。

一审法院根据被告人刘某、陈某、李某某犯罪的事实、犯罪的性质、情节和对于社会的危害程度，认定三被告人犯宣扬恐怖主义、极端主义罪，均免予刑事处罚。

一审宣判后，被告人刘某、陈某、李某某均未提出上诉，公诉机关亦未提出抗诉，本案已发生法律效力。

裁判思路

本案三名被告人中有两人具有自首情节，但公诉机关起诉时，对于被告人李某某的到案情况，起诉书中表述为“将被告人李某某抓获归案”。一审开庭时，被告人李某某及其辩护人均提出李某某系自动投案，到案后如实供述，应认定为自首。经一审法院审理查明，在案被告人李某某的供述、证人郝某某（李某某之母）的证言，以及顺义区高丽营派出所出具的工作说明均证实，被告人李某某系民警在寻找犯罪嫌疑人时主动向民警交代自己的犯罪事实，系自动投案，可以认定为自首。公诉机关亦在开庭时对李某某的自首情节予以认可。故一审法院在量刑时将其作为法定情节予以考虑。

自首情节作为法定量刑情节之一，是刑事案件审理过程中必须审查的内容。关于自首的内涵，我国《刑法》第六十七条第一款明确规定：“犯罪以后自动投案，如实供述自己的罪行的，是自首。”根据该条规定，认定自首必须同时具备两项基本要件：一是自动投案；二是如实地供述自己的罪行。关于自动投案的认定，根据《自首和立功解释》第一条第一项的规定，“犯罪事实或者犯罪嫌疑人未被司法机关发觉，或者虽被发觉，但犯罪嫌疑人尚未受到讯问、未被采取强制措施时，主动、直接向公安机关、人民检察院或者人民法院投案”；《自首和立功意见》关于“自动投案”的具体认定中规定，“根据《解释》第一条第（一）项的规定，犯罪嫌疑人具有以下情形之一的，也应当视为自动投案：……3. 在司法机关未确定犯罪嫌疑人，尚在一般性排查询问时主动交代自己罪行的……”可见，相关规定对自首中的“自动投案”采取较为宽容的态度，即只要能体现犯罪嫌疑人投案的主动性和自愿性的，即可认定为“自动投案”。

司法实践中，认定犯罪嫌疑人、被告人具有自首情节的，必须查明其主观上是否有认罪、悔罪的态度，客观上是否能表现出投案的主动性和自愿性，以及供述时能否诚恳地配合司法机关的诉讼活动。换言之，主观上犯罪嫌疑人、被告人只要主动投案，积极配合侦查，对其犯罪事实能供认不讳，对其基于何种动机投案自首可不必深究；客观上必须表现出“言行一致”。例如，实践中，犯罪嫌疑人在被抓获时虽声称已经打算或正准备去投案，但“有关部门、司法机关在犯罪嫌疑人身上、随身携带的物品、驾乘的交通工具等处发现与犯罪有关的物品的”,不能认定为自首。又如,“犯罪嫌疑人自动投案后又逃跑的”,也不能认定为自首。

具体到本案,认定被告人李某某是否“自动投案”,首先要查明李某某的到案情况。经过一审法院庭审核实,2018 年 6 月 3 日,顺义区高丽营派出所民警接到北京市公安局反恐怖和特警总队情况通报,称居住在北京市顺义区的郝某某通过微信(实际使用人经查系李某某)向其他微信群传播暴恐音视频。当日 16 时许,民警经询问郝某某家人,得知郝某某正在高丽营四村理发店内上班。民警立即赶到四村理发店内询问郝某某相关情况,郝某某表示不知此事。此时,李某某到达现场,听到民警询问后,李某某主动向民警解释该手机号码是自己使用,且注册的微信号码也是自己一直在使用,网络上传播暴恐音视频亦是自己所为。据李某某交代,民警到其家盘查时是其接待了民警,并告知民警其母郝某某在理发店;民警走后,其驾车赶往理发店,民警到达理发店后就相关问题询问郝某某时,李某某即上前向民警交代手机号是其使用的,微信号也是其使用的,传播暴恐音视频亦是其所为。随后,民警将李某某、郝某某带至派出所进行调查。

本案中,被告人李某某先是在民警到其家询问母亲去处时并不知民警寻找其母亲所为何事,便将其母所在地如实告知,并随即也前往母亲工作的理发店。在其母被民警询问涉案手机号的使用情况时,李某某留在现场并主动向民警交代手机号及注册微信号是其使用的,也承认传播暴恐音视频亦是其所为。李某某的行为完全符合“在司法机关未确定犯罪嫌疑人,尚在一般性排查询问时主动交代自己罪行的”,体现了投案的主动性和自愿性,应认定为主动投案。被告人李某某投案后能够如实供述自己的罪行,应以自首论。

结合本案被告人李某某的犯罪情节及对社会的危害性,根据《刑法》第六十七条第一款的规定,“对于自首的犯罪分子,可以从轻或者减轻处罚。其中,犯罪较轻的,可以免除处罚”,最终,一审法院认定被告人李某某犯宣扬恐怖主义、极端主义罪,免予刑事处罚。

(撰稿人:张瑞晨)

在公安机关一般性排查询问中主动交代“罪行”的，构成自动投案

——刘某某以危险方法危害公共安全案①

裁判要旨

在公安机关进行一般性排查询问中即主动交代罪行的，构成自动投案。行为人未认识到自己行为构成犯罪而主动交代“罪行”的，只要之后并未否认所犯“罪行”，即使对行为性质有所辩解，仍可认定其成立自动投案。

案情简介

被告人刘某某租住于北京市朝阳区团结湖南三条某室。2016年4月29日12时许，刘某某因与男友发生矛盾，打开该房间燃气灶释放燃气企图自杀。该居民楼内其他群众闻到异味后报警，后民警、消防警与燃气公司技术人员赶赴现场，疏散该单元楼内居民，经敲门排查、仪器检测等方式寻找燃气泄漏源头，被告人刘某某在现场承认自己释放燃气的行为，后被查获归案。

裁判结果

一审法院认为，被告人刘某某为发泄个人情绪，在居民楼内以释放燃气的危险方法危害公共安全，尚未造成严重后果，其行为构成以危险方法危害公共安全罪，依法应予惩处。刘某某系自首，依法对刘某某予以减轻处罚。据此判决被告人刘某某犯以危险方法危害公共安全罪，判处有期徒刑2年。

一审宣判后，原审被告人刘某某提出上诉。

上诉人刘某某的主要上诉理由为：原判对其量刑过重，请求判处其缓刑。

辩护人的主要辩护意见为：刘某某没有犯罪的主观故意，其对危害公共安全的后果持否定态度，并采取了相应措施，因此不应认定为构成犯罪。

二审法院经审理认为，上诉人刘某某在居民楼内以释放燃气的危险方法危害公共安全，尚未造成严重后果，其行为已构成以危险方法危害公共安全罪，应依法惩

① （2016）京0105刑初1675号刑事判决书、（2017）京03刑终347号刑事判决书。

处。鉴于刘某某具有自首情节,依法对其予以减轻处罚。对于刘某某所提上诉理由,经查,原判已充分考虑了刘某某所具有的从轻、减轻处罚情节,对刘某某量刑适当,故对上诉人所提上诉理由,不予采纳。对于辩护人所提辩护意见,评判如下:燃气的易于流动性、泄漏之后的高度危险性以及泄漏之后控制危险的极大难度性系社会生活的一般常识。结合刘某某的年龄、智力、认识水平等情况,运用经验与逻辑经验来判断,可以认定刘某某明知释放燃气可能发生危害社会的结果仍然释放燃气。虽然刘某某供述其实施了关闭自己屋内电闸的行为,但在燃气泄漏的情况下,可能造成的危害后果从生活经验判断明显不会在其能力控制范围内,其仅仅实施上述行为,对于消除燃气泄漏可能造成的高度危险所起作用甚微亦属生活常识,而刘某某仍然实施其明知无法控制后果的释放燃气的危险行为,综合在案证据,可以认定刘某某对危害公共安全持放任的故意态度,其行为构成以危险方法危害公共安全罪。故对辩护人所提辩护意见,不予采纳。故裁定驳回上诉,维持原判。

裁判思路

本案的焦点问题在于刘某某在公安机关一般性排查询问中主动交代其行为是否属于自动投案。

《自首和立功意见》中规定,“在司法机关未确定犯罪嫌疑人,尚在一般性排查询问时主动交代自己罪行的”,视为自动投案,同时又规定,“罪行未被有关部门、司法机关发觉,仅因形迹可疑被盘问、教育后,主动交代了犯罪事实的,应当视为自动投案,但有关部门、司法机关在其身上、随身携带的物品、驾乘的交通工具等处发现与犯罪有关的物品的,不能认定为自动投案”。关于本案刘某某的行为如何适用上述规定,关系到是否认定其成立自动投案,对此存在以下两种不同的意见:

一种意见认为,刘某某系符合上述规定中“在一般性排查询问时主动交代罪行的”,应当认定其成立自动投案。根据在案证据显示,本案中因有居民报警存在燃气泄漏,公安机关进行一般性的出警活动,民警为防止意外发生逐户敲门疏散群众,后经燃气公司技术人员使用仪器检测发现刘某某门前的燃气数值最大,开门后,刘某某先是否认燃气泄漏,经燃气公司的员工解释需要进屋检查楼里每户居民,后刘某某主动承认释放燃气的行为。该意见认为,刘某某属于公安机关在未确定犯罪嫌疑人的情况下,对居民楼住户进行一般性排查询问过程中,主动交代罪行,应当视为自动投案。

另一种意见认为,刘某某长时间经敲打铁门而不开,属于“形迹可疑”,且身处燃气数值最大的房屋内，类比"与犯罪有关的物品"理解，故不能认定其构成自动投案。根据在案证据显示，公安机关民警接警后13时30分左右到达现场，经仪器检测发现刘某某门前的燃气数值最大，但多次大力敲打该户铁门，屋内均无人应答开门，直到14时18分许，房内有人开门，称在屋内睡觉未听见敲门声。诸多迹象表明刘某某确实存在形迹可疑之处，结合其身处燃气数值最大的房屋中，当时公安机关实际上已经锁定该房内的行为人属于犯罪嫌疑人，故其不能被认定为自动投案。

笔者同意第一种意见。本案中，公安机关开展燃气泄漏状况检查时，并无证据或者线索证明系一起刑事案件，出于检查燃气泄漏位置的原因进行入户检查，在刘某某如实供述其主动释放燃气之前，公安机关对本案是否涉刑并无充足的证据和线索，尚不能判断是否系人为原因造成的燃气泄漏，缺乏由一般检查活动转化成为案件侦查活动的关键性证据。唯一的"形迹可疑"之处为"重点将燃气泄漏点锁定为4单元某室，但多次大力敲打该户铁门，屋内均无人应答开门"，但这仅仅能够达到初步怀疑的程度，甚至不能初步确定本案系一起刑事案件，更不能想当然地认为公安机关对该室内人员刘某某产生了违法犯罪嫌疑的判断。

在此需要厘清两个概念，即"形迹可疑"和"违法犯罪嫌疑"。"形迹可疑"是司法机关工作人员个人基于办案经验、常识常情常理的初步判断分析而产生的没有具体指向性的自然怀疑，是初步的、具有个人主观性的，处在尚未掌握具体证据和线索的阶段，尚未达到将行为人与具体罪行进行实质性关联的一种初步怀疑，是一种抽象的、盖然性的怀疑；而"违法犯罪嫌疑"是司法机关工作人员在掌握了一定事实、证据或者线索的情况下，对某一明确对象产生相对具体、相对具有指向性的怀疑，是一种具体的、有根据性的怀疑和判断。"形迹可疑"与"违法犯罪嫌疑"在实践中未必是截然分明的，可能存在相互转化的情况，比如，"发现与犯罪有关的物品"这一转换将"形迹可疑"升级为"违法犯罪嫌疑"。实践中存在这样的情况，虽然可能初始行为是一般循例检查，但因查获与犯罪有关的物品或者犯罪线索导致一般检查活动已然转化为案件侦查活动。相关行为人在此时经询问或者讯问而交代罪行的行为是否构成自动投案，取决于司法机关对行为人的怀疑程度是否达到违法犯罪嫌疑的程度。

本案中，公安机关尚处于一般性排查询问环节的调查过程中，对房内住户的怀疑尚未上升到违法犯罪嫌疑，并未对犯罪嫌疑人产生明确指向性的怀疑，而是针对燃气泄漏这一事实的客观判断，并非针对燃气泄漏是否是人为甚至是故意造成的等原因的主观判断。

行为人在公安机关一般性排查询问时即主动交代了自己的行为，但其并不知晓该行为系犯罪行为，即对“投案”行为性质的理解是否影响其自动投案的成立呢？笔者认为，答案是否定的，如果因行为人对行为性质的误解或者出罪的辩解即否认其行为构成自动投案，相当于对行为人苛以不必要的注意义务，会不当限缩自动投案的适用范围。行为人在司法机关询问其过程中知晓行为性质系犯罪后，如对前述主动交代自己的行为内容进行一以贯之的表述，表明其主观上确实具有投案的意愿，系基于自由意志的选择将自己交由司法机关进行处置，应当视为在一般性排查询问时即具有投案的主动性和自愿性，可以理解为对先前投案行为的一种追认，如此认定亦是出于对被告人有利角度的考虑。如果行为人在被告知其行为属于犯罪后，即否认其之前主动交代的罪行，则说明其先前投案行为是违背其自由意志的，故不能认定其成立自动投案。本案中，刘某某在接受公安机关一般性排查询问时即主动交代系自己释放燃气的行为，虽然当时其并未能认识到该行为已经触犯刑法，但其在之后的供述中依然承认自己的罪行，实质上是对之前投案行为意志性的确认，对公安机关侦破案件具有重要意义。

综上，刘某某在公安机关进行一般性排查询问时，即如实交代罪行的行为符合自动投案的主动性和自愿性，应当肯定刘某某主动交代行为对查清案件事实、提高司法效率的重要意义，从而认定其成立自动投案。

（撰稿人：江鸣鹤）

同案犯已被确定为重大犯罪嫌疑人的，与之同行者应视为具有犯罪嫌疑

——侯某故意伤害、李某春包庇、张某龙窝藏案①

裁判要旨

“形迹可疑”型自动投案认定的关键在于明确行为人主动交代犯罪事实对确定犯

① （2018）京03刑初103号刑事判决书。

罪嫌疑人是否具有实质意义，其可操作性标准是，行为人在交代犯罪行为时，司法机关是否已掌握足以在行为人与某种违法犯罪间建立直接、明确、紧密联系的证据或线索。罪行未被有关部门、司法机关发觉，仅因形迹可疑被盘问、教育后，主动交代了犯罪事实的，应当视为自动投案，但有关部门、司法机关在其身上、随身携带的物品、驾乘的交通工具等处发现与犯罪有关的物品的，不能认定为自动投案。

案情简介

一审法院经审理查明，2018年1月10日17时许，被告人侯某在北京市朝阳区某展览中心1号门东侧路边，因行车纠纷与被害人林某（男，殁年39岁）发生冲突。其间，侯某使用随身携带的尖刀扎刺林某胸部、腹部，致其死亡。经鉴定，林某符合被锐器刺击胸部，造成心脏破裂，致失血性休克死亡。

案发后，被告人李某春在明知侯某涉嫌犯罪的情况下，仍帮助侯某藏匿其衣物及电动车，且向公安机关提供虚假证明包庇。被告人张某龙在明知侯某涉嫌犯罪的情况下，仍驾车帮助侯某逃匿至湖北省武汉市。

被告人侯某、张某龙于2018年1月12日10时许，在湖北省武汉市武汉某物流公司G7仓库门前被民警抓获。被告人李某春在实施包庇行为后，2018年1月14日13时许，明知民警在工作站点找其进行调查，仍自行前往工作站点，被民警传唤到案。

一审审理期间，被告人侯某与林某近亲属达成了调解协议，林某近亲属对侯某表示谅解。

裁判结果

一审法院经审理认为，被告人侯某不能正确处理与他人的行车纠纷，故意伤害他人身体，并致人死亡，其行为已构成故意伤害罪；被告人李某春明知侯某是犯罪的人而帮助其隐匿罪证并作假证明包庇，其行为已构成包庇罪；被告人张某龙明知侯某犯罪而帮助其逃匿，其行为已构成窝藏罪。对上述三名被告人均应依法予以惩处。公诉机关指控被告人侯某犯故意伤害罪，李某春犯包庇罪，张某龙犯窝藏罪的事实清楚，证据确实、充分，指控的罪名成立。鉴于被告人侯某到案后能够如实供述主要犯罪事实以及侯某亲属代为赔偿被害人近亲属并取得谅解等本案具体情节，依法对其予以从轻处罚。鉴于李某春实施犯罪后，明知民警在工作站点找其进行调查，仍自行前往工作站点，被民警传唤到案，如实供述主要犯罪事实，成立自首以及本案具体情节，依法对其予以从轻处罚。鉴于被告人张某龙到案后能够如实供述主要犯罪事实以及本案具体情节,依法对其予以从轻处罚。涉案财物本院依法予以处理。据此,根据被告人侯某、李某春、张某龙犯罪的事实、犯罪的性质、情节和对于社会的危害程度,判决如下:被告人侯某犯故意伤害罪,判处有期徒刑15年,剥夺政治权利3年;被告人李某春犯包庇罪,判处有期徒刑11个月;被告人张某龙犯窝藏罪,判处有期徒刑11个月;涉案财物留档备查。

一审宣判后,三名被告人均没有上诉,公诉机关亦没有抗诉,一审判决发生法律效力。

裁判思路

本案一审判决认定被告人李某春构成自首,对此控辩双方均无异议,本案的焦点问题是被告人张某龙能否构成"自动投案"。

关于"自动投案"的认定,《自首和立功解释》第一条第一项规定了多种"应当视为自动投案"的情形,其中依据"罪行未被司法机关发觉,仅因形迹可疑被有关组织或者司法机关盘问、教育后,主动交代自己的罪行"而被视为自动投案的,即为"形迹可疑型"自动投案。此种自动投案认定的关键在于明确行为人主动交代犯罪事实对确定犯罪嫌疑人是否具有实质意义,其可操作性标准是,行为人在交代犯罪行为时,司法机关是否已掌握足以在行为人与某种违法犯罪之间建立起直接、明确、紧密联系的证据或线索。

对此,《自首和立功意见》第一条明确了"与犯罪有关的物品",即是可建立这种有效联系的证据,即"罪行未被有关部门、司法机关发觉,仅因形迹可疑被盘问、教育后,主动交代了犯罪事实的,应当视为自动投案,但有关部门、司法机关在其身上、随身携带的物品、驾乘的交通工具等处发现与犯罪有关的物品的,不能认定为自动投案"。一般认为,在这种情况下,行为人即便不主动交代,有关部门仍可掌握其犯罪证据,此时行为人的交代对确定犯罪嫌疑人已不具有实质意义,也就不再构成自动投案。

"与犯罪有关的物品",是指足以将行为人与某种具体犯罪相联系的物品。认定"与犯罪有关的物品"需要注意以下几点:

一是如凭借该被查获的物品已足以合理怀疑行为人实施了某种犯罪行为,即便是无法明确其属于何种具体犯罪行为,也应当认定行为人具有"犯罪嫌疑"而不构成自动投案，如毒品、枪支等违禁品。

二是被查获的物品虽经事后侦查被认定为“与犯罪有关的物品”，但在该物品被查获的当下，仅凭此物品尚不足以将行为人与某种犯罪建立起直接、明确、紧密的联系，或行为人可对该物品的存在作出自圆其说的解释的，如行为人此时主动交代了犯罪事实，因该行为对确定犯罪嫌疑人具有实质意义，应当构成自动投案。如盗窃来的手机、血迹被清洗干净的刀具等常见的生活用品。

三是实践中，如果与犯罪有关的物品是通过正常工作方法难以发现的，此时的主动交代对确定犯罪嫌疑人就具有实质意义，可以认定为自动投案，如深挖埋藏的毒品等。

四是在行为人身边、驾乘的交通工具等处发现了已被确定犯罪嫌疑的人，如行为人的共同犯罪人、行为人窝藏的其他犯罪人等，因发现“与犯罪有关的物品”尚可建立行为人与违法犯罪间的有效联系，举轻以明重，发现“与犯罪有关的人”则更属于行为人即便不主动交代，有关部门仍可掌握其犯罪证据的情形，故此时的主动交代不再构成自动投案。

五是在司法实践中，如通过“与犯罪有关的物品”仍难区分行为人是“形迹可疑”还是“犯罪嫌疑”时，应遵循有利于被告人的原则，认定行为人在这种情况下的主动交代成立自动投案。

本案中，被告人张某龙在武汉某物流中心接受公安机关盘问时，在其身边发现了已被公安机关确定有重大犯罪嫌疑的侯某。侯某在案发后短时间内即从北京市转移至武汉市，而张某龙又恰是驾驶大货车从事物流运输的司机，上述线索足以使张某龙具有较其他排查对象更高的犯罪可能，其已经具有犯罪嫌疑。即使侯某与张某龙约定拒不交代张某龙的犯罪事实，公安机关仍可通过行车轨迹与侯某的活动轨迹等掌握其犯罪的证据，故此时张某龙虽主动交代其犯罪事实，但对确定其系犯罪嫌疑人已不具有实质意义，因而其不构成自动投案。但张某龙如实交代其犯罪事实的行为可以认定其构成如实供述，在量刑时予以考虑。

（撰稿人：杨隽男）

在一般性排查询问中，经公安机关开导教育后，如实供述主要犯罪事实的，应认定为自首

——汪某旭、沈某华故意伤害案①

裁判要旨

行为人明知他人报警而留在现场等待，在民警到达后对其进行第一次询问时未如实供述，因形迹可疑被民警带到公安机关，经开导教育后才如实供述主要犯罪事实的行为，应认定为自首。

案情简介

被告人汪某旭、沈某华于2016年11月19日23时20分许，在北京市朝阳区崔各庄乡奶西村某处西侧路边，因故与程某某（男，殁年45岁）发生争执，后汪某旭在沈某华指使下殴打程某某。其间，汪某旭用尖刀猛刺程某某胸部、右腿部各一刀。经鉴定，程某某因被单刃锐器刺击胸部，伤及主动脉根部，致心包填塞死亡。

另查，二被告人作案后，分别被公安机关查获归案，作案工具尖刀及刀鞘已起获被扣押。

再查，因被告人汪某旭、沈某华的犯罪行为给附带民事诉讼原告人王某兰、程某前、杜某娥、程某一造成的经济损失共计人民币63239元，其中丧葬费人民币46239元、交通费人民币5000元、住宿费人民币5000元、误工费人民币7000元。

公诉机关的意见主要是：被告人汪某旭、沈某华共同故意伤害他人身体，并致人死亡，犯罪情节恶劣、后果严重，应当以故意伤害罪追究被告人汪某旭、沈某华的刑事责任。

被告人沈某华的辩护人的辩护意见主要是：医院医生报警后，沈某华留在现场等待警方，其在公安机关采取刑事强制措施之前如实供述自己和汪某旭的罪行，具有自首情节，希望法院对其从轻或减轻处罚。

---

① (2017)京03刑初94号刑事判决书、(2017)京刑终238号刑事判决书。

裁判结果

一审法院认为,被告人汪某旭、沈某华共同故意伤害他人身体,并致人死亡,二人的行为已构成故意伤害罪,依法应予惩处。公诉机关指控被告人汪某旭、沈某华犯故意伤害罪的事实清楚,证据确实、充分,指控罪名成立。被告人汪某旭曾因暴力犯罪被判处有期徒刑,现仍不思悔改又有犯罪,应在量刑时酌予考虑。被告人沈某华明知他人报案而未离开相关现场,其被民警带到公安机关经开导教育后如实供述本案主要犯罪事实,属自首情节,依法可予从轻处罚。被告人汪某旭、沈某华在案发后曾救治被害人程某某,量刑时亦可酌予考虑。因被告人汪某旭、沈某华的犯罪行为给附带民事诉讼原告人王某兰、程某前、杜某娥、程某一造成的经济损失,依法应予赔偿,但对于附带民事诉讼原告人诉讼请求中无事实及法律依据的部分,本院不予支持。在案扣押的作案工具,本院依法处理。根据被告人汪某旭、沈某华犯罪的事实、犯罪的性质、情节和对于社会的危害程度,判决如下:被告人汪某旭犯故意伤害罪,判处有期徒刑 15 年,剥夺政治权利 3 年;被告人沈某华犯故意伤害罪,判处有期徒刑 11 年,剥夺政治权利 2 年;被告人汪某旭、沈某华连带赔偿附带民事诉讼原告人王某兰、程某前、杜某娥、程某一丧葬费、交通费、住宿费、误工费共计人民币 63239 元;驳回附带民事诉讼原告人王某兰、程某前、杜某娥、程某一的其他诉讼请求;在案扣押的装饰刀及刀鞘,依法予以没收。

一审宣判后,被告人沈某华提出上诉。

二审法院经审理裁定,依法驳回沈某华的上诉,维持原判。

裁判思路

本案的争议焦点在于,沈某华在侦查人员第一次询问时未如实供述,待其被带到公安机关且经过开导教育后才如实供述,沈某华的这一行为是否构成自首。

根据我国《刑法》及相关司法解释的规定,自首可以分为一般自首和准自首。其中,一般自首是指犯罪以后自动投案,如实供述自己罪行的行为。这也就意味着,要想成立一般自首,则需要同时满足两个条件:一是犯罪以后自动投案;二是如实供述自己的罪行。“如实”的实质是既不缩小也不扩大自己的罪行,共同犯罪案件中的犯罪嫌疑人,除如实供述自己的罪行,还应当供述所知的同案犯,主犯则应当供述所知其他同案犯的共同犯罪事实,否则,不能认定为自首。

本案中,沈某华在侦查阶段如实供述了其与汪某旭共同犯罪的事实,具备了"如实供述自己的罪行"这一条件,那么,其是否也具备了"自动投案"这一条件呢?

关于何为"自动投案",《自首和立功解释》对此作出了较为详细的规定。根据《自首和立功解释》第一条的规定:"自动投案,是指犯罪事实或者犯罪嫌疑人未被司法机关发觉,或者虽被发觉,但犯罪嫌疑人尚未受到讯问、未被采取强制措施时,主动、直接向公安机关、人民检察院或者人民法院投案。"此外,《自首和立功解释》第一条第一项规定了7种"应当视为自动投案"的情形,其中情形之一为:"罪行未被司法机关发觉,仅因形迹可疑被有关组织或者司法机关盘问、教育后,主动交代自己的罪行的",应当视为自动投案。《自首和立功意见》,对于"自动投案"的具体认定,又增加了5种"应当视为自动投案"的情形,其中包括:"……2.明知他人报案而在现场等待,抓捕时无拘捕行为,供认犯罪事实的;3.在司法机关未确定犯罪嫌疑人,尚在一般性排查询问时主动交代自己罪行的……"

根据上述关于"应当视为自动投案"的情形的规定可知,自动投案强调犯罪嫌疑人投案的主动性和自愿性,强调自动投案的时间应是在犯罪事实或者犯罪嫌疑人未被发觉或未受到讯问、未被采取强制措施之前。按照上述规定,沈某华是否"因形迹可疑被公安机关盘问、教育后,主动交代自己的罪行",或者"在司法机关未确定犯罪嫌疑人,尚在一般性排查询问时主动交代自己罪行",成为其是否构成自首的关键条件。因此,我们需要正确理解此处的"形迹可疑",正确理解对形迹可疑人的"一般性排查询问"与对犯罪嫌疑人的讯问之间的区别。

形迹可疑,是指特定人的举动、神态不正常,使人产生疑问,此时司法机关没有证据确定犯罪嫌疑人或者根据已掌握的现有证据不能合理地推定某人就是犯罪嫌疑人。这种疑问的臆测性的心理判断,没有也不需要凭借一定的事实依据,是一种仅凭常理、常情判断而产生的怀疑,往往是个人工作经验的积累,具有主观性,没有客观的证据加以证实或客观的证据尚不能证实。对形迹可疑人的一般性排查询问与对犯罪嫌疑人的讯问,性质不同。对形迹可疑人进行盘问或询问,如果被盘问人应答没有破绽,盘问就无法持续下去,原来产生的疑问就会被冲淡或者打消。对犯罪嫌疑人进行讯问时,侦查人员通常掌握了一定的证据,或者现有情况经合理推断均能指向犯罪嫌疑人,因此,讯问时会带有强烈的目的性和针对性。如果犯罪嫌疑人否认犯罪事实但又不能用事实说明、解脱其与某项特定犯罪的联系,讯问不仅不会停止,侦查工作反而通常会更加深入。

结合本案的案情,笔者认为,被告人沈某华的行为应当视为自动投案。理由如下:

第一,案发后被告人沈某华能逃而不逃。本案证人李某(急救医生)的证人证言称其当时收治了男子(被害人)之后想联系男子的家人,但是男子随身携带的手机当时坏了,无法使用,于是其将男子手机中的手机卡取出来,借用将男子送来医院同行的一位女子的手机,把手机卡插在女子手机上,拨打了"110"报警电话,通报了医院和伤者当时的情况。被告人沈某华的供述称其和汪某旭就一直待在医院,后来医生说被害人没救了,医生用其手机报警了,之后警察就来了,其跟警察说被害人是喝酒后自己倒地被什么东西给扎了,后来警察就把其带回了派出所,当时汪某旭已经走了。被告人汪某旭的供述称医生说让报警,一个护士用沈某华的手机给报的警,其和沈某华就在医院等着警察来,警察来了以后,把其和沈某华的身份做了登记,之后其就回单位了。上述证人证言与二被告人的供述能相互印证,我们可以得知本案最初的报警者为医院的工作人员,并不是沈某华本人,但本案的报警电话是用沈某华的手机拨打的。据此,我们完全有理由相信沈某华应当知道警察很快就会赶到现场,如果沈某华想逃跑,其完全有时间、有条件在警察到来之前就离开。之后警察赶来并登记了沈某华、汪某旭的身份后,汪某旭顺利离开医院的事实,亦说明沈某华留在医院并非客观上来不及或不能离开,当时沈某华未受伤,身体无恙,其身体情况亦不影响其自主离开。因此,笔者认为,沈某华明知他人报警,能逃而不逃,这一行为表明其自愿将自己置于司法机关的控制之下。

第二,被告人沈某华在公安机关的一般性排查询问时主动如实交代了自己的罪行。侦察人员接警赶到医院后,因系沈某华等人将被害人送到医院的,所以对沈某华进行了询问,了解死者的相关情况。在这个阶段,尚无证据指向沈某华,警方也尚未确定犯罪嫌疑人就是沈某华。汪某旭在被公安机关登记完信息之后顺利离开的事实亦能证明这一点。因此,此时沈某华尚存在成立自首的时间条件。只要沈某华在此时向侦察人员如实供述案件事实,则符合"明知他人报案而在现场等待,抓捕时无拘捕行为,供认犯罪事实",则该行为视为自动投案。但沈某华在民警到达现场的首次询问中未如实供述其犯罪事实,之后民警将沈某华带至刑警支队,并进行开导教育、耐心细致询问,最终沈某华如实供述了与汪某旭共同犯罪的主要事实,而后根据沈某华的供述,民警在北京南站将欲逃离北京的汪某旭抓获。笔者认为,即使民警将沈某华带至刑警支队,在没有任何证据的情况下,民警也仅是出于职业敏感性,认为沈某华形迹可疑,对沈某华进行的也只是一般性排查询问,所以沈某华在这一阶段如实供述的行为符合"在司法机关未确定犯罪嫌疑人,尚在一般性排查询问时主动交代自己罪行",或者"罪行未被司法机关发觉,仅因形迹可疑被有关组织或者司法机关盘问、教育后,主动交代自己罪行的”,应视为自动投案。

综上,被告人沈某华的行为应当视为自动投案,且沈某华如实供述了主要犯罪事实,故沈某华依法构成自首。

(撰稿人:董肖肖)

【关键词:强制措施】

“到案经过”属于审理查明的事实,是判断自首成立的重要依据
——韩某危险驾驶案①

裁判要旨

刑事案件中的“到案经过”系由侦查机关出具的,旨在说明犯罪嫌疑人归案(被羁押)过程的文字材料,是以其记载的内容或反映的思想来证明案件事实的书面材料,属于书证的范畴,是判断犯罪嫌疑人是否自动投案的重要依据,亦属于法院审理查明事实的组成部分。

经“传唤”到案的犯罪嫌疑人、被告人因缺乏归案的直接性和主动性,有别于典型的“自动投案”,也有别于司法解释中的“应当视为自动投案”,属于上述两种形式之外的第三种“自动投案”形态,即“可以视为自动投案”的情形。

刑事案件的审理应注重对“到案经过”的分析和研判,对于“传唤”到案的“可以视为自动投案”的犯罪嫌疑人、被告人,应附条件的认定其能否成立自首。

案情简介

一审法院认定如下事实:被告人韩某于2017年5月14日23时许,醉酒后驾驶“丰田”牌小型轿车(车牌号:冀H105××),行驶至北京市朝阳区闽龙陶瓷基地门前时,与他人车辆发生交通事故。经认定,被告人韩某负事故全部责任。经酒精检验报告证

① (2017)京0105刑初1219号刑事判决书、(2017)京03刑终573号刑事判决书。

实,其血液中酒精含量为249.7mg/100ml。

公诉机关建议对被告人韩某所犯危险驾驶罪判处拘役3个月至6个月,并处罚金。

被告人韩某在一审开庭审理过程中对指控事实、罪名、量刑建议均无异议且已签字具结。

二审法院经审理,认定的事实如下:上诉人韩某于2017年5月14日23时许,醉酒后驾驶"丰田"牌小型轿车(车牌号:冀H105××),行驶至北京市朝阳区闽龙陶瓷基地门前时,与停放在路边的长城牌汽车(车牌号:京Q769××)、大众牌汽车(车牌号:京QQ30××)、马自达牌汽车(车牌号:辽AT95××)发生交通事故,并造成上述车辆损坏。经认定,上诉人韩某负事故全部责任。事故发生后经他人报案,民警赶到事故发生地处置。后上诉人韩某因受伤被送到北京朝阳急救中心接受治疗,并被抽血检测酒精含量。经北京市公安交通司法鉴定中心所做的酒精检验报告证实,韩某血液中的酒精含量为249.7mg/100ml。同年5月15日,民警在北京朝阳急救中心对上诉人韩某进行讯问,同年5月22日,韩某收到北京市公安局朝阳分局的书面传唤,通知其于同年5月23日10时以前到朝阳交通支队执法办案中心接受讯问。同年5月23日,上诉人韩某主动投案接受处理,并于同日被刑事拘留。

另查明,韩某的近亲属已代韩某同上述被撞车辆的驾驶人或所有人进行了经济赔偿,并分别获得其谅解。

裁判结果

一审法院适用速裁程序,经审理认为,公诉机关指控的罪名成立且量刑建议适当,故判决被告人韩某犯危险驾驶罪,判处拘役3个月,罚金人民币4000元。

一审宣判后,原审被告人韩某不服,以一审判决量刑过重为由,提出上诉。

二审法院经审理认为,原判依据原公诉机关的量刑建议及韩某认罪认罚的有关情况,对其判处拘役3个月、罚金人民币4000元的量刑结果是在法定刑幅度以内,不属于量刑过重;但经审理认定,韩某于2017年5月23日到案时,公安机关经侦查,虽已发觉韩某系犯罪嫌疑人,但一直未对韩某采取强制措施,韩某的人身自由未受到限制,结合韩某到案前、到案后如实供述所犯罪行、自愿认罪等有关情况,构成自首情节,可对其依法从轻处罚,原判未认定韩某具有自首情节,适用法律不当,并导致量刑不当,应予以纠正,故判决撤销原判,改判上诉人韩某犯危险驾驶罪,判处拘役2个月15天,罚金人民币4000元。

裁判思路

从裁判结果看，本案属于因自首情节的认定而改判的案例。二审判决虽然维持了一审所判罚金刑，但对上诉人（原审被告人）一审所判处的主刑做了改判，改判的唯一原因是二审认定了一审阶段没有认定的上诉人具有的自首情节。《自首和立功意见》第八条明确规定，“具有自首或者立功情节的，一般应依法从轻、减轻处罚”，该条内容事实上是对《刑法》第六十七条第一款所规定的“对于自首的犯罪分子，可以从轻或者减轻处罚”的进一步明确，即对于自首的被告人的处罚，一般应当体现从宽，至少体现从轻。本案例中，二审判决将上诉人的主刑由“拘役 3 个月”改判为“拘役 2 个月 15 天”，虽仅有 15 天的差异，但不难看出，二审法院更多考虑的是对自首从宽的上述立法精神的肯定与昭示。

当然，本案例更为关键之处是二审的自首情节是如何认定的？根据在案证据，自首的认定源于二审期间侦查机关出具的“到案经过”。因此，本案例需要探讨的问题涉及对“到案经过”这种证据材料的认定以及本案构成自首情节的具体分析。

1.“到案经过”是法定证据的一种形式，属于法院审理查明事实的组成部分

“到案经过”（或称“抓获经过”“案发经过”），是指由侦查机关（或调查机关）出具的具体说明犯罪嫌疑人、被告人归案过程的证据材料。相对于其他证据材料来说，“到案经过”应该是任何刑事案件的必备要件，是所有刑事案件中侦查机关（包括监察机关）必须出具的案卷材料。对侦查机关而言，“到案经过”意味着侦查过程的阶段性终结，对其他诉讼机关而言，则意味着诉讼程序的转换，具有承上启下的作用。如果说，“到案经过”是公诉机关起诉书中指控犯罪事实的组成部分，那么，就审判机关而言，“到案经过”更主要的价值在于确定犯罪人的量刑情节，即被告人是否构成自首，从而决定被告人的最终刑罚。因此，由“到案经过”所反映的事实应该属于法院审理查明事实的有机组成部分。

我国《刑事诉讼法》规定了 8 类法定的证据形式，就“到案经过”而言，尽管其属于案件侦破中而非案发中形成，以及尽管其属于人为创设而非天然存在的证据材料，但就其实质来看，“到案经过”是以其所表述的内容和思想来发挥证明作用的文字材料，应该属于 8 类法定证据中书证的范畴。同其他书证一样，“到案经过”以所记载的文字来表达某种证据事实，而这类证据事实与本案的犯罪事实、量刑事实或者程序事实发生关联。实践中，“到案经过”能够反映被告人归案（被羁押）的过程，一方面，是法官提

炼和总结整个案件事实的依据;另一方面,更为重要的是,它是判断犯罪嫌疑人是否自动投案从而是否构成自首的重要依据。因此,实践中应该重视对“到案经过”的分析和研判。

那么,“到案经过”所反映的事实是否属于法院必须审理查明的事实?笔者认为,答案是肯定的。依据上述《自首和立功意见》第二条的规定,“犯罪嫌疑人自动投案后隐瞒自己的真实身份等情况,影响对其定罪量刑的,不能认定为如实供述自己的罪行”。以此类推,法院审理查明的事实如果不能反映被告人的定罪量刑的全部事实,也不能认定为查清了全部事实。故而,凡是涉及对被告人定罪量刑的事实均是判决书应该表述的审理查明的事实。

由此涉及另外一个问题,即指控事实与审理查明事实的关系。实践中,公诉机关起诉书所指控的事实往往并不涉及被告人相关归案情况,法院审理查明事实中增添被告人的到案经过的事实以及是否构成自首的事实是否属于超出指控范围?笔者认为,答案是否定的。如前所述,“到案经过”应该是所有刑事案件必须具有的证据材料,法院经过审理后,据此判断被告人的归案情况并判断其是否构成自动投案以及能否构成自首;对于缺少“到案经过”的案件,根据最高人民法院《关于适用〈中华人民共和国刑事诉讼法〉的解释》第二百七十七条第一款的规定,公诉机关应该补充移送相关材料,即“审判期间,合议庭发现被告人可能有自首、坦白、立功等法定量刑情节,而人民检察院移送的案卷中没有相关证据材料的,应当通知人民检察院在指定时间内移送”。笔者认为,此处的“指定时间内移送”包括“到案经过”的材料没有移送,以及原本就没有“到案经过”的材料。无论何种情况,合议庭应该就“到案经过”进行调查核实。经过这种调查核实后所形成的案件事实自然成为审理查明事实的组成部分,不存在“超出指控范围”的说法。换言之,公诉机关对于经过质证的证据所反映的相关事实,法院经审理认可后,即属于审理查明的事实;而只有“超出质证证据”所表述的“事实”才属于“超出指控范围”,在质证的证据的范围内,不存在“超出指控范围”之说,只存在犯罪事实表述的不同而已。

此外,这里还有一个对“到案经过”的审查程序问题,根据上述《自首和立功意见》的规定,实践中应该明确三点:其一,“到案经过”内容要全,即“到案经过”的内容应包括被告人到案时间、地点、方式等,还应包括能够证明其到案的其他材料。其二,“到案经过”形式要全,即“到案经过”应加盖接受被告人到案的单位的印章,并有接受人员签名。其三,“到案经过”应庭审质证,即法院经审查认为证明被告人到案的材料不规范、不全面的,应当由检察机关、侦查机关予以完善或者提供补充材料,且上述证据材料必须经过庭审质证才能予以适用。

本案中，一审判决并没有涉及被告人的到案经过（公诉机关也没有提供）。二审法院审理中就此进行了调查核实，公安机关出具了“到案经过”，其主要内容是：案发后的5月22日，被告人韩某收到北京市公安局朝阳分局的书面传唤，通知其于同年5月23日10时以前到朝阳交通支队执法办案中心接受讯问。同年5月23日，上诉人韩某主动投案接受处理，并于同日被刑事拘留。对于这份“到案经过”，经二审开庭质证，控辩双方均无异议，二审法院依法采信，就此在二审审理查明的事实中予以表述并依法认定上诉人构成自首。

2. 被告人“书面传唤”到案的，在一定条件下“可以视为自动投案”

本案中，被告人韩某接到公安机关的“书面传唤”后，到交通支队执法办案中心接受讯问，这里涉及“书面传唤”的情形下被告人是否属于“自动投案”的问题。

“书面传唤”作为“传唤”的一种形式，源于我国的《治安管理处罚法》。根据《治安管理处罚法》第八十二条的规定，对于违反治安管理的行为人，公安机关出于调查的需要，可以“使用传唤证传唤”（书面传唤），也可以“口头传唤”，特定情况下还可以“强制传唤”。可见，虽然也是同一种办案方式，但“传唤”方式与《刑事诉讼法》规定的各类强制措施是有所不同的，它仅仅是公安机关出于调查治安行政案件的需要而适用于违反治安管理行为人的。因此，在严格意义上，公安机关出于办理刑事案件的需要而针对犯罪嫌疑人的情况下，不应该适用任何形式的“传唤”。但实践中基于各种原因的考虑，在各类轻微刑事案件特别是各类职务犯罪案件中，侦查机关（或调查机关）适用“传唤”方式（有时甚至是电话通知的方式）通知类似本案被告人“到案”的情况大量存在。笔者认为，对此也不宜全盘予以否定，而应结合“自动投案”做具体分析。

“自动投案”作为自首情节的构成要件之一，根据我国《刑法》及相关司法解释的规定，有典型“自动投案”和“应当视为自动投案”两种表现形式。所谓典型的“自动投案”，依据《自首和立功解释》第一条的规定，“是指犯罪事实或者犯罪嫌疑人未被司法机关发觉，或者虽被发觉，但犯罪嫌疑人尚未受到讯问、未被采取强制措施时，主动、直接向公安机关、人民检察院或者人民法院投案”。而所谓“应当视为自动投案”，是特指《自首和立功解释》第一条规定的实践中认定自动投案的7种情形，以及《自首和立功意见》第一条规定的5种情形。不难看出，典型的“自动投案”突出了被告人投案的主动性和直接性，而“应当视为自动投案”则体现了被告人投案的主动性和自愿性，两者在被告人自愿将自己置于司法机关控制之下方面殊途同归，仅是在自愿性的表现程度方面存在差异。

与上述情形相比较,"传唤"被告人到案因为缺乏到案的直接性,故而有别于典型的"自动投案";同时,其又因为被告人缺乏到案的主动性,也有别于"应当视为自动投案"。笔者认为,鉴于实践中大量存在的"传唤"被告人到案的情形,依据案情其既非典型的"自动投案",也非"应当视为自动投案",我们不妨在上述两种形式之外创设"自动投案"的第三种形态,即"可以视为自动投案"的情形。

对此,笔者认为,实践中适用"可以视为自动投案"的情形应该明确以下三点:

其一,根据我国《刑事诉讼法》的规定,司法机关依据刑事案件情况对于犯罪嫌疑人、被告人可以拘传、取保候审或者监视居住,在一定条件下,还可以拘留和逮捕。显然,上述的"传唤"方式不属于《刑事诉讼法》规定的强制措施。或者说,司法机关以"传唤"方式所针对的并非犯罪嫌疑人,而仅仅是违法行为人。因此,在此种情形下被告人到案具备一定的强制性。

其二,被告人以"传唤"方式到案的,一定程度上体现了被告人投案的自愿性,在犯罪事实或犯罪嫌疑人已被发觉的情况下,可以视为"犯罪嫌疑人尚未受到讯问、未被采取强制措施时",一种特殊形式的主动向司法机关投案,从而视为自动投案。但在个别案件中,公安机关出于侦查策略的考虑,以其他理由电话通知被告人到案的,则应根据案件具体分析。

其三,实践中适用"可以视为自动投案"是因为上述以"传唤"方式到案的情形毕竟不同于刑法意义上的"主动、直接"投案,也达不到的"应当视为自动投案"的条件。因此,此种情况下的"可以视为自动投案"应该更为严格掌握,被告人须同时做到"如实供述自己的罪行",即如实交代自己的主要犯罪事实,否则,此种情况下的"可以视为自动投案"则变成"不可以"。换言之,"传唤"方式到案的情形需同时附加"如实供述",只有"如实供述"成立,以"传唤"方式到案的情形才"可以视为自动投案"。

3. 本案二审判决在审理查明上诉人到案事实的基础上,将"书面传唤"到案的情形视为"自动投案",从而认定自首情节

本案中,二审法院依据公安机关出具的"到案经过",审理查明了上诉人韩某全部的定罪量刑的事实,依法明确了其到案的经过,同时明确韩某虽经"书面传唤"到案,但确系在尚未受到讯问、未被采取强制措施时到案,且到案后能够如实供述自己的罪行,故可以视为自动投案,依法可以构成自首,又考虑到本案被害人均已得到补偿,故在刑罚裁量上依法予以从轻。

(撰稿人:佘　诤)

自首后被释放，案件重启后又被动归案的，一般仍应认定为自首

——杜某河故意伤害案①

裁判要旨

行为人“犯罪以后自动投案，如实供述自己的罪行”，因被司法机关认定为“不应追究刑事责任的情形”，最终未经历侦查、起诉至审判的整个诉讼过程，但依旧可以反映其将自己置于司法机关控制下、愿意接受法律制裁的“主动性”和“自愿性”，在亦如实交代主要犯罪事实的情况下，已符合自首的本质要求。即使案件程序重新启动后行为人被抓获归案，从有利于被告人和基于对国家公权力信赖而产生的正当利益理应予以保护两个角度考虑，一般仍应认定行为人构成自首，并在量刑时予以考量。

案情简介

被告人杜某河于1999年8月5日15时许，在北京首都国际机场某公司货运部南侧空场内，因琐事与被害人高某（男，殁年25岁）发生争执，其间，杜某河用刀刺中高某胸腹部。经鉴定，高某系被他人用单刃刺器刺伤胸壁，伤及肝脏，致急性失血性休克死亡。被告人杜某河作案后潜逃，并于2013年8月29日在山东省宁阳县向公安机关主动投案。

公诉机关的意见主要是：被告人杜某河故意非法伤害他人身体并致人死亡，后果严重，社会危害性大，其行为触犯了《刑法》第二百三十四条第二款，应当以故意伤害罪追究其刑事责任。提请法院依法判处。

辩护人的辩护意见主要是：被告人杜某河的行为不是故意伤害，而是正当防卫行为，且未超过必要的限度，依法不负刑事责任。如果被告人杜某河构成犯罪，被告人有自首、赔偿等从轻或减轻处罚的情节。

裁判结果

一审法院认为，被告人杜某河故意伤害他人身体，致一人死亡，其行为已构成故意

① (2017)京03刑初24号刑事判决书、(2018)京刑终122号刑事判决书。

伤害罪,应当依法予以惩处。鉴于被告人杜某河主动投案,到案后如实供述其所犯罪行,可依法认定构成自首,且其系初犯、偶犯,并具有悔罪表现,故对被告人杜某河酌予从轻处罚。一审法院根据被告人杜某河犯罪的事实、犯罪的性质、情节和对于社会的危害程度,认定被告人杜某河犯故意伤害罪,判处有期徒刑12年,剥夺政治权利3年。

一审宣判后,被告人杜某河提出上诉。

二审审理期间,被告人杜某河及其亲属积极赔偿被害人亲属的经济损失,被害人亲属同意接受并表示一定的谅解,双方经调解达成协议等情节,二审法院依法改判被告人杜某河犯故意伤害罪,判处有期徒刑10年,剥夺政治权利2年。

裁判思路

本案中,被告人杜某河在1999年8月5日犯罪后潜逃,后其于2013年8月29日在山东省宁阳县向公安机关主动投案,到案后如实供述了主要犯罪事实。后杜某河因涉嫌犯故意伤害罪被公安机关刑事拘留、逮捕并以其涉嫌犯故意伤害罪将案件移送检察院审查起诉。检察机关以事实不清、证据不足为由,作出不起诉决定,并于同日释放杜某河。2015年11月2日,北京市人民检察院指令原检察机关撤销原不起诉决定,提起公诉。2016年6月4日,公安机关在山东省胶州市抓获杜某河,并于同日以涉嫌犯故意伤害罪为由将杜某河执行逮捕。

本案中的问题是,行为人自首后被释放,案件程序重启后又被动归案,原自首行为是否具有法律效力?

笔者认为,行为人在自首后经过司法机关依照法定程序确认为不应追究刑事责任的情形,若案件程序重新启动,一般仍应认定行为人构成自首并在量刑时予以考量。

1. 行为人原行为符合自首的本质特征

我国《刑法》第六十七条第一款规定:“犯罪以后自动投案,如实供述自己的罪行的,是自首。对于自首的犯罪分子,可以从轻或者减轻处罚。其中,犯罪较轻的,可以免除处罚。”

自首要求“自动投案”及“如实供述”。其中“自动投案”的本质属性包括投案的“主动性”及投案的“自愿性”。投案的“主动性”要求行为人主观上具有投案的意愿,并表现为外在行为,而非系他人强迫或者是不得已而为之;投案的“自愿性”要求行为人的投案是基于其意志自由的选择,愿意把自己的人身交付司法机关处置。“如实供述”则要求犯罪嫌疑人自动投案后,如实交代自己的主要犯罪事实。

2. 我国法律明确了司法机关不追究刑事责任的情形

我国《刑事诉讼法》第十六条规定了"情节显著轻微、危害不大,不认为是犯罪的"等6种不追究刑事责任的情形,并要求已经追究的,应当撤销案件,或者不起诉,或者终止审理,或者宣告无罪。《刑事诉讼法》第一百六十三条、第一百七十七条、第二百条明文规定从立案侦查到提起公诉直至审判的整个诉讼流程中各司法机关对应的处理方式。

对于行为人而言,无论是侦查机关撤销案件,还是检察机关作出不起诉决定,抑或审判机关终止审理或宣告无罪,都是司法机关依照法律规定对其行为进行的合法处置。只是此时法律对行为人的评价并非负面制裁,即未追究行为人的刑事责任。

但是,司法机关"不追究刑事责任"的决定并非不可逆转,司法实践中确实存在同一案件再次进入诉讼程序、行为人再次被追究刑事责任的可能性。

3. 行为人基于对国家公权力信赖而产生的正当利益理应予以保护

如果案件最终未经历侦查、起诉至审判的整个诉讼过程而被认定为"不应追究刑事责任的情形",基于对国家公权力权威性和司法机关公信力的信赖,行为人可以认定其并未构成需要追究刑事责任的犯罪。反观行为人之前"犯罪以后自动投案,如实供述自己的罪行"的行为,已经反映了其将自己置于司法机关控制下、愿意接受法律制裁的"主动性"和"自愿性",在行为人如实交代自己的主要犯罪事实的情况下,已符合自首的本质要求。从有利于被告人和基于对国家公权力信赖而产生的正当利益理应予以保护两个角度考虑,在原案件程序重新启动的相关法律手续并未送达行为人,或尚无证据证明行为人明知该案件重新进入司法程序的情况下,即使行为人系被动归案,亦不应阻却前"自首"行为的法律效力。

若有证据证明司法机关已经依照法律程序告知行为人原案件的诉讼程序被重新启动,行为人仍未"主动投案",即丧失了自动投案的"主动性"和"自愿性"。此时,可以参照适用《自首和立功解释》第一条的规定,"犯罪嫌疑人自动投案后又逃跑的,不能认定为自首"。当然,如果行为人再次主动投案,则仍应认定其成立自首。

具体到本案,被告人杜某河在1999年8月5日因琐事在北京首都国际机场某公司货运部南侧空场内与被害人高某发生争执,持刀刺中高某胸腹部后逃跑;警方经工作确定其有重大作案嫌疑并立案。虽然杜某河的犯罪行为已经被司法机关发觉,并被确定为犯罪嫌疑人进行网上追逃,但因其已经潜逃故尚未受到讯问,亦未被采取强制措施。2013年8月29日,杜某河在家人陪同下前往山东省宁阳县公安局刑警大队投案,并在到案后即供述了1999年8月持刀伤害高某的犯罪事实。杜某河在没有受到任何外力强制的情况下，自行前往公安机关投案，体现了其到案的“主动性”和“自愿性”。杜某河在到案当天即如实供述其伤害犯罪事实，虽然其在投案时并不知道被害人已经身亡的情况，亦不影响其供述符合如实供述的基本要求。因此，在杜某河之后并未有翻供的情况下，可以认定其行为符合自首的本质特征。2014年6月9日，当检察机关以事实不清、证据不足为由，作出不起诉决定，并于同日释放杜某河时，对于杜某河而言，就其故意伤害高某一案引发的诉讼程序已经终结，其已被依法确定为“不追究刑事责任”的情形。2016年1月27日，检察机关再次就高某被故意伤害案对杜某河作出批准逮捕决定，公安机关再次对杜某河实施上网追逃，但在案无任何证据材料证明相关法律手续已告知或向杜某河送达。因此，即使杜某河2016年6月4日第二次到案系被公安机关抓获归案，亦不能推翻其第一次主动到案的法律属性。鉴于杜某河在2013年8月29日主动投案，到案后如实供述所犯罪行，故本案在生效裁判文书中认定其构成自首，并在量刑时酌予从轻处罚。

（撰稿人：李　烨）

因群众举报接受行政机关调查期间被公安机关传唤到案的，不构成自动投案

——曾某榜等人销售假冒注册商标的商品案①

裁判要旨

因群众举报接受行政机关调查期间被公安机关传唤到案的，因缺乏投案的主动性，不能认定为自动投案，即使到案后如实供述，亦不构成自首。

案情简介

2020年1月21日至24日，被告人曾某榜以单价人民币1.2元、2元的价格自尤某

① （2020）京0112刑初367号刑事判决书、（2020）京03刑终669号刑事判决书。

（另案处理）处花费共计人民币16余万元购买“3M”商标的9001V和9001型号口罩8万余个，后由被告人曾某榜之妻被告人陈某芳在位于本市通州区的租住地，通过微信以单价最低4元的价格销售并收款，二被告人通过本市通州区张家湾镇环湖快递发货点将口罩快递给购买人，至同年1月26日所购进口罩全部销售，销售金额共计人民币30余万元，口罩销售过程中及之后，因有购买人怀疑为假，被告人陈某芳向部分购买人退款。经鉴定，上述口罩均为假冒“3M”注册商标的商品，且过滤效率不符合标准要求。

裁判结果

一审法院认为，被告人曾某榜、陈某芳法律观念淡薄，明知是假冒注册商标的商品予以销售，数额巨大，二被告人之行为均已构成销售假冒注册商标的商品罪，依法应予惩处。公诉机关指控的罪名成立。被告人曾某榜、陈某芳到案后如实供述主要犯罪事实，当庭自愿认罪认罚，依法可以从轻处罚。被告人曾某榜、陈某芳无犯罪记录、有一定悔罪表现等情节，在量刑时予以考虑。被告人曾某榜、陈某芳为牟取利益，在新冠肺炎疫情防控期间明知是假冒他人注册商标的口罩而通过网络予以销售，依法应予从严惩处。故判决：被告人曾某榜犯销售假冒注册商标的商品罪，判处有期徒刑3年，并处罚金人民币15万元；被告人陈某芳犯销售假冒注册商标的商品罪，判处有期徒刑3年，并处罚金人民币15万元；扣押在案的手机两部及假冒注册商标的口罩，全部予以没收。

一审宣判后，原审被告人曾某榜、陈某芳均提出上诉。

上诉人曾某榜的上诉理由是：（1）其前期并不知道口罩是假的，知道是假口罩后及时停止了销售并为客户办理了退货退款；（2）其仅从尤某处购入10万元左右的口罩，且为客户办理了退货退款，原判认定的销售数额过高，量刑过重。

辩护人的辩护意见主要是：（1）曾某榜构成自首；（2）销售数额应当扣除被告人在公安机关立案前因各种原因退回的部分，因这部分口罩没有流入社会，等同于没有销售，原判销售数额认定错误；（3）曾某榜是初犯，主观恶性较小，客观危害性较小。综上所述，请求对被告人曾某榜判处缓刑。

上诉人陈某芳的上诉理由是：其和曾某榜购入的口罩均是按照批发价出售，其中约8万元的口罩销售单价均低于2元，原判认定的销售数额过高，量刑过重。

辩护人的辩护意见主要是：（1）陈某芳案发前具有积极退款情节，销售数额没有达到30万元,原判量刑过重,罚金过高;(2)陈某芳不是主犯;(3)陈某芳家庭上有老人需要赡养,下有孩子需要抚养,且认罪认罚,系初犯、偶犯,请求法院从轻量刑,对其判处缓刑。

二审法院认为,上诉人曾某榜、陈某芳销售明知是假冒注册商标的商品,销售金额巨大,二被告人之行为均已构成销售假冒注册商标的商品罪,依法应予惩处。对于曾某榜辩护人所提曾某榜构成自首的辩护意见,经查,在案证据显示曾某榜并未自动投案,且到案后对主要犯罪事实不能稳定、如实供述,依法不构成自首,故曾某榜辩护人所提相关辩护意见无事实及法律依据,本院不予采纳。对于陈某芳辩护人所提陈某芳不是主犯的辩护意见,经查,曾某榜与陈某芳二人分工明确,分别负责口罩进货与口罩销售,二人在共同犯罪中作用相当,不应认定为从犯,故陈某芳辩护人所提相关辩护意见,本院亦不予采纳。对于上诉人曾某榜、陈某芳及其辩护人所提原判认定的销售数额过高,量刑过重的上诉理由及辩护意见,经查,原判依据在案证据综合认定销售金额,并无不当,且原判综合考量曾某榜、陈某芳的犯罪事实及各自具有的量刑情节,在法定幅度内对二人所处刑罚适当,故曾某榜、陈某芳及各辩护人所提相关上诉理由及辩护意见无事实及法律依据,本院均不予采纳。综上所述,一审法院根据曾某榜、陈某芳犯罪的事实、犯罪的性质、情节及对于社会的危害程度作出的判决,事实清楚,证据确实、充分,定罪及适用法律正确,量刑适当,审判程序合法,应予维持。故裁定驳回曾某榜、陈某芳的上诉,维持原判。

裁判思路

本案中上诉人曾某榜的辩护人提出曾某榜构成自首,认为曾某榜属于自动投案。被告人曾某榜究竟是否属于自动投案,应当结合事实与法律综合分析。

首先,从事实层面看,本案的案发经过,涉案口罩销售后,有的购买人怀疑口罩是假的并与二被告人核实,陈某芳向购买人保证口罩为真,有的口罩购买人坚持要求退款,二被告人进行了退款。

2020年1月28日,通州区张家湾市场监督管理所接到群众举报电话,故电话通知曾某榜接受调查,其承认口罩是假的。后因担心引起其他购买者投诉将受到法律惩罚,曾某榜主动联系了部分口罩购买者办理了退货退款,关于退货退款的具体数额,二被告人表示记不清了,根据在案证据亦无法准确认定。此外,曾某榜在接受调查后不久便将家中剩余的口罩上交到市场监督管理局。通州区市场监督管理局委托明尼苏达矿业制造公司对口罩进行鉴定，经鉴定，送检的 3M9001 和 3M9001V 型号口罩各 2 个是侵犯“3M”注册商标专用权商品。

2020 年 2 月 10 日，通州区市场监督管理局向公安机关移送了曾某榜销售假冒注册商标的口罩这一线索，民警开展工作。2020 年 2 月 10 日 20 时许，民警在通州区市场监督管理局内，将曾某榜传唤至派出所接受调查。同日 23 时，陈某芳被民警从租住地传唤到派出所接受调查。

公安机关再次委托鉴定机构对口罩质量进行鉴定，经鉴定，口罩的过滤效率数据不符合国家标准要求。

其次，从法律适用层面看，根据《自首和立功解释》第一条的规定，自动投案，是指犯罪事实或者犯罪嫌疑人未被司法机关发觉，或者虽被发觉，但犯罪嫌疑人尚未受到讯问、未被采取强制措施时，主动、直接向公安机关、人民检察院或者人民法院投案。

在案证据显示曾某榜系遭到群众投诉后被市场监督管理部门调查，后被公安机关带走，其并没有主动向司法机关投案的举动，缺乏投案的主动性，不能认定为自动投案，且其在一审审理期间和二审期间未能如实供述，不能认定为自首。

（撰稿人：于晓航）

犯罪后被抓获到案，取保候审期满后经电话通知到案的，应当认定为自动投案

——王某庆、宋某华等故意伤害、买卖身份证件案①

裁判要旨

犯罪嫌疑人犯罪后被抓获到案，因事实不清、证据不足，对其取保候审，后强制措施期满后予以解除，之后经电话通知到案的，应当根据最后一次到案情况判断，即认定其构成自动投案，前次无论是否可单独评价为自首不影响最后一次自动投案的认定，可在量刑中酌予考虑。

① （2018）京 03 刑初 71 号刑事判决书、（2018）京刑终 224 号刑事判决书。

案情简介

2004 年 10 月 26 日 21 时许,被告人王某庆、杨某、宋某华在北京市顺义区后沙峪镇某号门前街道附近,因行车纠纷与被害人(男,殁年 31 岁)发生争执并发生肢体冲突。其间,王某庆持刀刺、切被害人头、胸部,致被害人当场死亡。被告人王某庆、杨某、宋某华作案后逃离现场。经鉴定,被害人系被他人用锐器刺击致心脏破裂急性创伤性失血休克死亡。

案发后,被告人杨某、王某庆先后被公安机关抓获归案,被告人宋某华经电话通知到案。

另查明,因被告人王某庆、杨某、宋某华的犯罪行为给附带民事诉讼原告人造成的经济损失为丧葬费、住宿费、交通费、误工费等共计人民币 8 万元。

在本院审理期间,被告人王某庆的近亲属代为赔偿人民币 5 万元,被告人杨某的近亲属代为赔偿人民币 1 万元,被告人宋某华的近亲属代为赔偿人民币 2 万元。

被告人杨某伙同被告人王某庆、宋某华于 2004 年 10 月 26 日共同实施前述故意伤害犯罪后,为逃避追捕向他人非法购买姓名为“沈新中”的居民身份证件,并长期冒用该人身份潜逃,直至 2017 年 10 月 19 日被抓获归案。

公诉机关的意见主要是:被告人王某庆、杨某、宋某华三人故意伤害他人身体,致人死亡,应当以故意伤害罪追究三被告人刑事责任;被告人杨某购买他人身份证明文件,应当以买卖身份证件罪追究被告人杨某刑事责任。提请法院依法判处。

裁判结果

一审法院认为,被告人王某庆、杨某、宋某华故意伤害他人身体,致一人死亡,三被告人的行为均已构成故意伤害罪,且系共同犯罪,依法均应予惩处;被告人杨某还购买居民身份证明文件,其行为又构成买卖身份证件罪,依法亦应予惩处,并与其所犯故意伤害罪进行数罪并罚。在故意伤害共同犯罪中,被告人王某庆、杨某、宋某华均起主要作用,均系主犯;被告人宋某华接民警电话通知到案,到案后能够如实供述主要犯罪事实,可认定为自首;被告人杨某到案后能够如实供述故意伤害及买卖身份证件的主要犯罪事实,可酌情对其予以从轻处罚;三被告人的近亲属分别代三被告人赔偿被害人近亲属的物质损失,可对三被告人酌予从轻处罚。因三被告人犯罪行为使附带民事诉讼原告人遭受的经济损失,应依法予以赔偿。对于附带民事诉讼原告人所提诉讼请求中缺乏事实及法律依据的部分，均不予支持。在案扣押之物品，依法一并予以处理。

一审法院根据被告人王某庆、杨某、宋某华犯罪的事实、犯罪的性质、情节和对于社会的危害程度，以及三被告人的犯罪行为给被害人近亲属造成的物质损失等情况，判决如下：被告人王某庆犯故意伤害罪，判处无期徒刑，剥夺政治权利终身。被告人杨某犯故意伤害罪，判处有期徒刑 15 年，剥夺政治权利 3 年；犯买卖身份证件罪，判处有期徒刑 1 年，并处罚金人民币 1000 元，决定执行有期徒刑 15 年 6 个月，剥夺政治权利 3 年，并处罚金人民币 1000 元。被告人宋某华犯故意伤害罪，判处有期徒刑 14 年，剥夺政治权利 3 年。被告人王某庆、杨某、宋某华赔偿附带民事诉讼原告人丧葬费、交通费、住宿费、误工费等经济损失共计人民币 8 万元。驳回附带民事诉讼原告人的其他诉讼请求。在案扣押之被告人王某庆、杨某、宋某华近亲属代为赔偿的人民币 8 万元，用于本判决主文第 4 项执行。在案扣押之姓名“沈新中”的身份证一张、户口本一本，予以没收。

一审宣判后，三名被告人均提出上诉，二审法院经审理后依法驳回上诉，维持原判。

裁判思路

本案的焦点问题是：被告人宋某华第一次被抓获到案后因事实不清、证据不足，对其取保候审，后强制措施期满予以解除，第二次经电话通知自动到案后是否可以认定为自动投案，其前次被抓获到案的情况对其之后自动投案的情况是否有影响。

根据在案证据显示，2004 年 11 月 3 日，宋某华第一次被抓获归案，同年 12 月 3 日，宋某华被以事实不清、证据不足为由取保候审；2005 年 12 月 3 日，宋某华因取保候审届满被解除取保候审；2017 年 10 月 21 日，北京市公安局顺义分局刑侦支队侦查员电话通知宋某华到案，当日 9 时许，宋某华自动投案，后如实供述主要犯罪事实。

对上述问题具体分析如下：

1. 前次自动投案后，未在案的原因行为不影响后次自动投案的认定

《自首和立功解释》第一条规定：“犯罪嫌疑人自动投案后又逃跑的，不能认定为自首。”因此，实践中存在被告人不止一次到案的情况下，自首的认定并非只要其中有一次自动到案、如实供述构成自首即可认定，而是受制于最终到案的具体情况。自动投

案在客观评价上具有以下特征：(1)持续性，自动投案不是一个时间节点，而是从自动投案到一审审理这个区间内需要持续保持的状态，即持续将自己置于司法机关的控制下，自愿接受司法审判，如果行为人未能将自动投案的状态持续保持，即脱离了司法机关的控制，则不能作为自首的自动投案予以评价。(2)可逆性，自动投案并非一次性认定后即可永久保持，而是一种可逆的状态，可基于行为人的行为选择而逆转，如犯罪嫌疑人自动投案后又逃跑的即发生逆转，否定了在先的自动投案的价值。

自动投案系主动将自己置于司法机关的控制下，自愿接受司法审判的一种主观心态和客观行为。行为人前次自动投案后，未在案的原因行为不影响后次自动投案的认定。无论是因为司法机关的原因(如事实不清、证据不足)导致行为人不在案(包括强制措施期满后失联等情况)，还是因为犯罪嫌疑人到案后逃跑(包括强制措施期间逃跑等情况)，其行为均属于前次自动投案的一种评价，如果再次投案使其自己置于司法机关的控制之下，符合自动投案的主动性和自愿性的本质特征，不应当对其之前未在案的原因行为过多评价。只要行为人最后一次系自动投案，即节约了司法资源、提高了司法效率，可认定其构成自动投案。

2. 前次被抓获到案，后经电话通知到案的可成立自动投案

犯罪嫌疑人前次被抓获到案，之后并未在案，只要其尚未受到司法机关讯问、未被采取强制措施，均可能构成自动投案。强制措施是司法机关将犯罪嫌疑人作为嫌疑对象，对其人身实施的实际控制。我国《刑事诉讼法》规定的强制措施包括拘传、取保候审、监视居住和拘留、逮捕。根据《自首和立功解释》第一条的规定："自动投案，是指犯罪事实或者犯罪嫌疑人未被司法机关发觉，或者虽被发觉，但犯罪嫌疑人尚未受到讯问、未被采取强制措施时，主动、直接向公安机关、人民检察院或者人民法院投案。"实践中，自动投案中的强制措施与《刑事诉讼法》中规定的强制措施存在部分重合，但不完全一致。自动投案中的强制措施是针对人身自由的实质性管控，是事实上对人身自由的限制，不以《刑事诉讼法》中所规定的程序为必然要件。经电话通知并不属于在司法机关已经掌握犯罪嫌疑人的罪行后，电话通知其到案，该通知行为不具有强制性，犯罪嫌疑人自主选择的空间尚有许多，其可以选择自动投案，亦可选择拒不到案甚至是潜逃，其接到电话通知后到案即反映其到案接受司法机关处置的主动性和自愿性。但是，被采取取保候审、监视居住等强制措施的犯罪嫌疑人、被告人，在取保候审、监视居住期间经电话通知自动到案的，显然不能认为自动投案。

参照最高人民法院《自首和立功意见》的相关规定，即"交通肇事逃逸后自动投案，

如实供述自己罪行的,应认定为自首……"亦能说明我国相关司法解释对自首的规定是从敦促被告人悔过自新的角度考虑,对其先前逃逸行为予以一定限度的容忍,鼓励被告人悔过自新、自动投案接受法律制裁。

综上所述,被告人前次无论到案情况如何,均不影响最后一次自动投案构成自首的认定,但前次系擅自潜逃还是依法被释放等情形可在量刑中酌情考虑,在决定从宽幅度的大小上予以体现。

(撰稿人:江鸣鹤)

【关键词:电话传唤】

犯罪嫌疑人明知被害人报案而不归案,后经电话通知到案的,可认定为自动投案

——何某诈骗案①

裁判要旨

犯罪嫌疑人在明知被害人报案后未立即自动投案,后经公安机关电话通知到案的,虽然其主动性不及案发后及时向司法机关报案的情形,但其到案时间符合自动投案的时间要求,其到案情形符合自动投案的状态要求,电话通知到案实践中可视为主动、直接向司法机关投案。犯罪嫌疑人是否知道被害人报案以及自动投案时间距离被害人报案时间的长短均不影响其自动投案的认定。

案情简介

2018年10月至2019年6月,何某虚构自己系中国石油化工股份有限公司山西太原石油分公司滨河加油站员工的身份,以可低价购买中国石油化工股份有限公司加油卡、托管资金返还高额利润等为诱饵,骗取被害人杨某某(北京某科技公司法定代表

① (2020)京03刑初72号刑事判决书。

人)钱款,并将部分款项用于赌博等,造成杨某某经济损失共计人民币1006.1万元。杨某某索款未果,于2019年6月12日向北京市公安局顺义分局报警,同时微信告知何某报警情况。

北京顺义警方经前期工作,于2019年8月8日至山西省太原市迎泽分局郝庄派出所请当地警方协助调查何某。当地民警电话通知何某到派出接受调查。何某当日在亲属陪同下到达派出所,同日被羁押并被刑事拘留,同年9月13日被逮捕。

公诉机关的意见主要是:被告人何某以非法占有为目的,虚构事实骗取他人财物,数额特别巨大,应当以诈骗罪追究其刑事责任。

被告人何某的意见主要是:起诉书指控其的犯罪数额过高。

辩护人的辩护意见主要是:何某自动投案且如实供述自己的罪行,应构成自首;公诉机关指控何某的犯罪数额过高;案发后,何某积极配合侦查机关工作、自愿认罪认罚,且系初犯、偶犯,应从轻处罚。

裁判结果

一审法院认为,被告人何某以非法占有为目的,虚构事实,隐瞒真相,骗取他人钱款,且数额特别巨大,其行为已构成诈骗罪,依法应予惩处。公诉机关指控何某犯诈骗罪的事实清楚,证据确实、充分,指控罪名成立。

鉴于被告人何某经办案机关电话通知后自动到案,且归案后能够如实供述主要犯罪事实,系自首,依法对其从轻处罚。

一审法院根据被告人何某犯罪的事实、犯罪的性质、情节和对于社会的危害程度,认定被告人何某犯诈骗罪,判处有期徒刑13年,剥夺政治权利3年,并处罚金人民币13万元,并责令被告人何某退赔被害人经济损失人民币1006.1万元。

一审宣判后,被告人何某没有上诉,公诉机关没有抗诉,本案已发生法律效力。

裁判思路

本案庭审中,对于何某是否构成自动投案,控辩双方意见相左。公诉机关认为,何某到案时间距离被害人报案时间较长,不具备到案的主动性,不成立自动投案。辩护人当庭提交了山西省太原市当地派出所出具的一份情况说明,详细说明了何某经公安机关电话通知到案的情况,与在案其他相关证据并无冲突,辩护人认为,根据何某到案情况,何某应构成自动投案且如实供述自己的罪行,构成自首。

本案一审判决书认可了公诉机关指控何某犯诈骗罪的事实，同时一审判决书审理查明的事实部分对何某到案的过程作了描述，认可何某系自动投案，结合何某到案后的供述，认定何某成立自首。

结合本案具体案情，笔者认为，何某在本案中能否构成自动投案主要涉及其投案时间和投案状态以及对实践中电话通知到案的评价。具体分析如下：

第一，关于投案时间。公诉机关不认可何某构成自动投案的主要理由如上所述，主要是认为何某是在被害人报案后的两个月后才到案的，不具备到案的主动性。笔者认为，实践中被害人报案并不必然导致刑事立案，因此，被害人报案时间与犯罪嫌疑人到案时间并无必然的因果关系，不宜以被害人是否报案来衡量犯罪嫌疑人到案是否主动。依据《公安机关办理刑事案件程序规定》的相关规定，“公安机关对于公民扭送、报案、控告、举报或者犯罪嫌疑人自动投案的，都应当立即接受，问明情况，并制作笔录”“对接受的案件，或者发现的犯罪线索，公安机关应当迅速进行审查”“公安机关接受案件后，经审查，认为有犯罪事实需要追究刑事责任，且属于自己管辖的，经县级以上公安机关负责人批准，予以立案”。可见，“被害人报案”一般仅提供了某项犯罪线索，能否立案，尚需要公安机关的“审查”。公安机关经审查“予以立案”的，在一定意义上可以视为已经存在侦查阶段的“犯罪事实或者犯罪嫌疑人”，或者“犯罪事实或者犯罪嫌疑人已被司法机关发觉”，这也是判断犯罪嫌疑人是否主动归案的基础。

根据《自首和立功解释》第一条的规定：“自动投案，是指犯罪事实或者犯罪嫌疑人未被司法机关发觉，或者虽被发觉，但犯罪嫌疑人尚未受到讯问、未被采取强制措施时，主动、直接向公安机关、人民检察院或者人民法院投案。”不难发现，《自首和立功解释》对“犯罪事实或者犯罪嫌疑人已被司法机关发觉”后，犯罪嫌疑人的投案时间并没有时间的限制，其所限制的是犯罪嫌疑人投案前的状态，即“犯罪嫌疑人尚未受到讯问、未被采取强制措施时”。对此，需要明确，其一，侦查机关或人民检察院是对犯罪嫌疑人的讯问，而非针对一般证人的询问，即相关司法机关已经确定其所面对的是犯罪嫌疑人；其二，此时的犯罪嫌疑人未被采取任何强制措施，但不包括传唤；其三，上述两项针对犯罪嫌疑人的方式只要对其实施了一项，即失去了归案的主动性。

本案中，何某在太原市对身在北京的被害人实施了诈骗行为，后被害人在北京报案。时隔被害人报案近两个月后，北京警方至太原市并通过当地公安机关电话联系何某到派出所说明情况，何某在家属陪同下到案。因此，何某属于“犯罪事实或者犯罪嫌疑人已被司法机关发觉”后，且“尚未受到讯问、未被采取强制措施”的情形。

第二，关于电话通知到案的性质。本案中，何某是经公安机关电话通知后，在家属陪同下到公安机关的,对此,能否认定"主动、直接向司法机关投案"?实践中,这种经电话通知到案的情况普遍存在,犯罪嫌疑人虽然不是直接意义上的主动到案,但这种情形确实在一定程度上节省了司法资源,对于鼓励犯罪嫌疑人放弃逃逸的想法积极归案有一定的指引作用。因此,司法实践中,对此种情况一般宜认定为主动投案,但这里必须明确三点:其一,犯罪嫌疑人接到电话通知后,是其本人或在亲属的规劝下,自愿将自己置于司法机关的控制之下;其二,犯罪嫌疑人接到电话通知后,本人或在亲属的陪同下,应该及时按照司法机关电话通知的时间、地点接受司法机关的有关调查;其三,犯罪嫌疑人到达规定的地点后,应该按照司法机关的要求,如实交代相关犯罪事实,不得有所隐瞒。

本案中,根据公安机关出具的情况说明,何某于 2019 年 8 月 8 日到公安机关说明情况,虽未认可其行为是犯罪行为,但对于其虚构身份的情况、与杨某某之间的交易情况、购买加油卡的情况、资金托管情况以及使用杨某某钱款赌博等关键情节均作了如实供述。

综上所述,本案中,何某虽然明知被害人杨某某已经报案,时隔近两个月后其被电话传唤至公安机关,但其仍属于尚未受到讯问、未被采取强制措施前到案,何某的行为可以认定为自动到案,并依法构成自首。

(撰稿人:余　净　蒋传超)

办案机关联系下级机关,由下级机关电话通知并陪同到案的,可认定为主动投案

——张某良、陈某海贪污案[①]

裁判要旨

办案机关联系下级机关,并由下级机关电话通知犯罪嫌疑人后陪同到案,是否构成自动投案?电话通知的形式不同于传唤,并不具备司法强制力,通知机关的级别也

① (2020)京 03 刑初 51 号刑事判决书。

无法影响犯罪嫌疑人投案的主动性、自愿性。下级机关陪同的前提是犯罪嫌疑人配合电话通知，陪同行为也并非强制措施，因而下级机关电话通知犯罪嫌疑人后陪同到办案机关投案应认定为主动投案。

案情简介

2012年至2013年，被告人张某良利用其担任北京市密云县河南寨镇某村党支部书记、村委会主任、经济合作社社长、河南寨镇大唐煤制天然气管道工程建设工作指挥部日常工作组组长，负责该工程在某村清核、补偿、拆迁、施工协调的职务便利，通过指使他人虚增地上物数量、伪造虚假租赁合同等手段，骗取国家拆迁补偿款900余万元。

2013年至2014年，时任河南寨镇大唐煤制天然气管道工程建设工作指挥部副总指挥的被告人陈某海伙同时任该指挥部日常工作组组长的被告人张某良，分别利用各自的职务便利，通过编造养殖大户因施工受到影响的虚假事实、伪造虚假租赁协议、出具虚假证明等手段，骗取国家拆迁补偿款120万余元。

2019年5月30日、8月9日，被告人张某良与陈某海分别经电话通知后由河南寨镇纪委工作人员陪同到案。

公诉机关的意见主要是：被告人张某良、陈某海符合贪污罪的主体要求。张某良的犯罪数额应当扣除真实部分，张某良与陈某海是分别利用各自的职务便利，通过编造养殖户因施工受到影响的虚假事实，伪造虚假租赁协议和证明等手段，两人不区分主从犯。张某良不宜认定为自动投案，纪委事前已掌握全部案件情况，张某良在去区纪委时没有投案的意思表示且当时有一定强制性。张某良没有如实供述，在第一次供述中对受到补偿予以否认。对于陈某海不宜认定为自首，自动投案部分同张某良，另陈某海到案后没有如实供述，对是否是明知一直做虚假供述。

被告人张某良辩护人的辩护意见主要是：陈某海参与作用不低于张某良，陈某海作为副总指挥具有实际影响，没有陈某海利用职权的行为张某良无法直接获得补偿款。张某良有真实待补偿资产。张某良具有初犯、积极退赃、自首等情节。

被告人陈某海辩护人的辩护意见主要是：公诉机关指控的贪污120万元事实不准确，陈某海对其中100万元没有故意，陈某海主观上不明知签订协议的虚假性。陈某海系接电话通知到案，构成自首。陈某海起次要、辅助作用，系初犯、偶犯、主观恶性小等。

裁判结果

一审法院认为,关于被告人张某良、陈某海是否构成自首及是否系从犯等问题,经查,被告人张某良、陈某海虽经电话通知到案,但张某良到案初期并未主动供述其全部犯罪事实,陈某海当庭对于主要犯罪事实不予认可,不应认定为自首。

一审法院认为,被告人张某良单独或者伙同被告人陈某海,利用职务上的便利,骗取公共财物,二被告人的行为均构成贪污罪,且张某良贪污数额特别巨大,陈某海贪污数额巨大,依法均应予惩处。鉴于张某良及陈某海各自家属代其主动退缴部分赃款,依法对张某良及陈某海予以从轻处罚。

根据被告人张某良、陈某海犯罪的事实、犯罪的性质、情节和对于社会的危害程度,判决如下:被告人张某良犯贪污罪,判处有期徒刑 11 年 6 个月,并处罚金人民币 50 万元;被告人陈某海犯贪污罪,判处有期徒刑 3 年 6 个月,并处罚金人民币 20 万元;责令被告人张某良退赔经济损失(被告人陈某海在共同犯罪额度内承担连带责任),发还北京市密云区河南寨镇人民政府;扣押、冻结之款物,或并入本判决第 3 项执行,或由公诉机关依法处理。

一审宣判后,被告人张某良、陈某海均未提出上诉,一审判决已发生法律效力。

裁判思路

本案中,围绕自首的认定,需要探讨的问题如下:

首先,电话通知到案是否属于主动投案。电话通知的性质不属于强制措施。根据我国《治安管理处罚法》《刑事诉讼法》的有关规定,传唤分为书面传唤、口头传唤和强制传唤。书面传唤应有书面的传唤证,犯罪嫌疑人需签名捺印;口头传唤仅适用于现场发现的犯罪嫌疑人;强制传唤不能单独适用,只能在进行口头传唤或书面传唤犯罪嫌疑人无正当理由拒绝接受传唤的情形下实施。电话通知既不具备书面传唤的条件也不具备口头传唤的条件,所以电话通知不是传唤,并不属于强制措施。

实践中,电话通知到案的犯罪嫌疑人即有归案的自动性和主动性。犯罪嫌疑人在接到公安机关的电话通知后,其人身自由尚未受到限制,可以选择拒不到案,甚至可以选择逃跑,其能主动到案接受调查,表明其具有认罪悔改、接受惩罚的主观心态,具有归案的自动性和主动性,应属于自动投案。根据《自首和立功解释》

的有关规定,“犯罪后逃跑,在被通缉、追捕过程中,主动投案的”,视为自动投案,而如果将收到电话通知便直接归案的情形不视为自动投案,则有违立法本意。因而,犯罪嫌疑人因司法机关捎带口信或接到电话通知后,自动到司法机关接受询问或调查,并如实供述罪行,其行为符合自动投案、如实供述罪行的特征,应当认定为自首。

其次,本案被告人张某良、陈某海是否符合自动投案。本案中,到案经过显示,2019 年 3 月密云区监委收到反映张某良问题的案件线索。5 月 30 日,根据工作流程,密云区监委电话通知河南寨镇纪委工作人员陪送张某良前往密云区监委接受询问。同日,密云区监委对张某良涉嫌贪污一案立案调查并对张某良采取留置措施。陈某海涉嫌贪污的线索是在办理张某良案件中发现的,2019 年 8 月密云区监委电话通知河南寨镇纪委工作人员陪送陈某海前往密云区监委接受询问,同日立案调查并对陈某海采取留置措施。

可见,张某良、陈某海二人均系接电话通知到案,但并非直接接办案机关电话通知,而是按照办案流程由密云区监委联系河南寨镇纪委后由镇纪委通知并陪同到案。实践中,办案机关未掌握犯罪事实电话通知犯罪嫌疑人到案属于自动投案,掌握犯罪事实告知具体情况后到案亦属于自动投案,未告知以其他缘由叫来的不认定自动投案。本案中,张某良、陈某海均系办案机关掌握其犯罪事实告知具体情况后到案,属于接到电话通知后自动投案。

最后,本案被告人张某良、陈某海是否“如实供述自己的罪行”。张某良到案初期并未主动供述其全部犯罪事实,陈某海到案后能够如实供述,但是调查后期和当庭对有关事实予以否认,故对二被告人不宜认定为如实供述。此外,二被告人在共同犯罪中不宜区分主从犯。

综上所述,本案二被告人均系“自动投案”,但因未能“如实供述自己的罪行”,故未认定自首。

(撰稿人:王海广　童思琪)

被公安机关口头或电话传唤到案，应认定为自动投案，如实供述自己的罪行的，应认定为自首

——孟某诈骗案①

裁判要旨

经公安机关传唤到案，并如实供述自己罪行的，是否应认定为自首，关键在于犯罪嫌疑人经传唤到案是否属于自动投案。犯罪嫌疑人经公安机关口头传唤到案的，符合司法解释的规定，应视为自动投案。

案情简介

2018年5月至2019年11月，被告人孟某在经营北京翱翔房地产经纪有限公司期间，向被害人虚构或通过董某甲、郭某等人虚构可通过其购买顺义区中晟馨苑、浅山香邑等小区低价商品房，购买领导手中的低价房的事实，骗取刘某甲等24名被害人钱款，金额共计955万余元。具体诈骗事实如下：

2018年5月至2019年11月，被告人孟某虚构顺义区中晟馨苑小区有商品房可以低价出售，以定金、首付、合作投资房产等名义骗取刘某甲69.74万元、刘某乙46.59万元、张某150万元、郝某38万元。2019年1月至10月，被告人孟某虚构顺义区中晟馨苑小区有商品房可以低价出售的事实，被害人郝某、康某、陈某通过孟某经营的房地产经纪公司员工郭某得知以上消息后，分别向郭某转账5万元、5万元和5.3万元，郭某收到钱款后，共向孟某转账15.2万元。被告人孟某虚构顺义区中晟馨苑等小区有商品房低价出售，其有渠道购买的事实，并告知从事房屋中介业务的董某甲。2018年12月至2019年10月，董某甲及其员工董某乙按照孟某所述向他人宣传可低价购买中晟馨苑商品房，并收取“定金、号费”等费用，董某甲亦支付36万元，董某乙亦支付25万元用于购买房产。以上钱款共计583万元，部分由董某甲分笔转账给了孟某，部分退还给其他通过董某甲、董某乙订购孟某所称低价房的人员。后孟某转给董某甲1.8万元。上述金额共计581.2万元。后董某甲退还部分钱款。2019年9月至10月，在北京市顺

---

① (2020)京0113刑初734号刑事判决书、(2021)京03刑终245号刑事判决书。

义区，被告人孟某以出售领导手中的留存房为由，骗取瓮某35万元、刘某丙20万元。被告人孟某后经民警电话传唤到案。

公诉机关的意见主要是：被告人孟某以非法占有为目的，虚构事实、隐瞒真相，骗取他人财物，数额特别巨大，构成诈骗罪。

辩护人的辩护意见主要是：(1)指控第三部分事实涉及的钱款并非直接给孟某，而是给董某甲，董某甲的行为与孟某无关，孟某没有实施诈骗行为；(2)孟某虽收取了部分被害人的钱款，但系孟某作为房产中介正常收取的定金等费用，即使最终交易未达成，仅涉及民事纠纷，被害人所提孟某虚构事实骗取钱款，无其他证据证明，孟某没有实施诈骗犯罪行为；(3)孟某虽收取郭某转账，但未让郭某虚构有低价房源可出售的事实。综上所述，被告人孟某不构成诈骗罪。如认定孟某构成犯罪，因其作为北京翱翔房地产经纪公司法人实施犯罪，系单位犯罪，且主动到案并配合调查，建议对其从轻、减轻处罚。

裁判结果

一审法院认为，被告人孟某以非法占有为目的，虚构事实，骗取他人财物，数额特别巨大，其行为已构成诈骗罪，依法应予惩处。

关于被告人孟某及其辩护人所提，孟某并未以有渠道买到中晟馨苑等小区低价房为由委托董某甲出售房屋，董某甲与孟某的钱款往来为孟某向董某甲借款及支付的利息的辩解及辩护意见，经查，在案证据董某甲、董某乙的陈述，董某甲与孟某的微信聊天记录，董某甲与孟某进行资金往来的银行卡交易明细，被害人提供的向孟某追讨钱款的录像相互印证，共同证明孟某向董某甲等人虚构有渠道购买低价商品房，由董某甲等人向相关被害人宣传购买，孟某从董某甲处获取大量购房款的事实。孟某及其辩护人的相关辩护意见，与查明事实不符，不予采纳。

关于被告人孟某及其辩护人所提孟某收取刘某甲、刘某乙、张某、郝某等人支付的购房钱款是正常的房屋中介行为，孟某没有虚构可以买到便宜房子的事实骗取钱款，即使认定犯罪亦属于单位犯罪的辩解及辩护意见。经查，6名被害人均陈述孟某以有房管局领导留存房屋出售、有开发商建完后留存的商品房低价出售等理由，吸引被害人购房，以缴纳“定金”等名义让被害人支付大额钱款，后以各种理由拖延看房、交房。相关银行卡交易明细证明孟某收取被害人转来大量钱款后，用于消费、转账给他人，无证据及线索显示孟某具有履行约定能力并存在有效的履约行为。孟某以非法占有为目的，通过虚构有渠道购买低价房的事实，骗取他人钱款，属于诈骗犯罪行为，且系自然人犯罪，孟某及其辩护人关于孟某的行为是一般民事行为，并非诈骗，即使构成犯罪也系单位犯罪的辩解及辩护意见，不予采纳。

关于被告人孟某及其辩护人所提孟某并未向郭某称中晟馨苑小区有低价房出售，郭某和被害人说有低价房出售与孟某无关的辩解及辩护意见。经查，郭某作为孟某公司员工，陈述根据孟某所述向客户宣称有中晟馨苑便宜房源可购买，通过郭某缴纳购房定金的三名被害人亦陈述在孟某经营的房屋中介公司支付定金，转账记录显示三名被害人将定金转给郭某后，郭某于收款同日或次日转给孟某。孟某通过郭某实施的犯罪行为为全案犯罪事实的一部分，郭某的相关陈述与全案证据可以印证，共同证明孟某通过郭某实施骗取被害人购房款的行为，孟某及其辩护人的相关辩解及辩护意见，不予采纳。

被告人孟某虽主动到案，但到案后并未如实供述犯罪事实，其辩护人所提孟某主动到案并配合调查，建议对其从轻、减轻处罚的辩护意见，不予采纳，对其投案情节，在量刑时酌予考虑。

一审法院根据孟某犯罪的事实、犯罪的性质、情节及对于社会的危害程度，认定被告人孟某犯诈骗罪，判处有期徒刑 14 年，剥夺政治权利 3 年，并处罚金人民币 14 万元；责令被告人孟某退赔各被害人经济损失。

一审宣判后，被告人孟某提出上诉。

二审法院经审理，依法裁定驳回上诉，维持原判。

裁判思路

《刑法》第六十七条第一款规定："犯罪以后自动投案，如实供述自己的罪行的，是自首。"成立自首需要两个条件，自动投案和如实供述。

经公安机关传唤到案，并如实供述自己罪行的，是否应认定为自首，关键在于犯罪嫌疑人经传唤到案是否属于自动投案。根据《自首和立功解释》的有关规定，自动投案，是指犯罪事实或者犯罪嫌疑人尚未被司法机关发觉，或者虽被发觉，但犯罪嫌疑人尚未受到讯问、未被采取强制措施时，主动、直接向司法机关投案。犯罪嫌疑人经公安机关口头传唤到案的情况，符合司法解释的规定，应视为自动投案。

第一，传唤不属于强制措施。被传唤后归案符合司法解释规定的"在未受到讯问、未被采取强制措施之前"的时间范围。传唤和拘传不同，传唤是通知犯罪嫌疑人在指定的时间自行到指定的地点接受讯问的诉讼行为，它强调被传唤人到案的自觉性，且传唤不得使用戒具。而拘传则是强制犯罪嫌疑人依法到案接受讯问的一种强制措施。通常情况下，拘传适用于经过依法传唤，无正当理由拒不到案的犯罪嫌疑人。可见，传唤与拘传有着本质的不同，法律并未将传唤包括在强制措施之内。

第二，经传唤到案的犯罪嫌疑人具有归案的自动性和主动性。犯罪嫌疑人经传唤后，自主选择的余地很大，其可以选择到案，也可以拒不到案甚至逃跑，而其主动到案，就表明其有认罪悔改、接受惩罚的主观目的，即具有到案的自动性和主动性。上述司法解释中尚有“犯罪后逃跑，在被通缉、追捕过程中，主动投案的”以及“通知犯罪嫌疑人的亲友，将犯罪嫌疑人送去投案的”视为自动投案的规定，而仅仅受到传唤便直接到案的，反而不视为自动投案，于法于理都不通，也不符合立法本意。

综上所述，犯罪嫌疑人被公安机关口头或电话传唤后直接到案，并如实供述自己的罪行的，应当认定为自首。

本案中，孟某经民警电话传唤到案，应当视为自动投案，但其到案后未能如实供述自己罪行，所以不能成立自首，但是一审法院对其投案情节，在量刑时酌予考虑。

（撰稿人：裴冀鹏）

接驻单位纪检监察组电话通知到指定地点，办案机关已掌握其犯罪事实并在此等候的，不应认定为自动投案

——万某某受贿案①

裁判要旨

犯罪事实已经被办案机关掌握，因客观情况未实施抓捕，由驻被告人单位纪检监察组工作人员电话通知被告人回单位核实情况的，不构成自动投案，不能认定为自首。

① （2020）京 03 刑初 33 号刑事判决书。

案情简介

2014 年 4 月至 2019 年 7 月，被告人万某某利用其担任某杂志社总编辑、负责杂志社编辑出版和经营工作的职务便利，多次接受他人请托，为相关人员在该杂志上刊发文章或相关公司与杂志社合作经营等事项上提供帮助，为此收受上述人员给予的贿赂款共计人民币 824.4 万元。具体事实如下：

2016 年 7 月至 2019 年 7 月，被告人万某某利用其担任杂志社总编辑的职务便利，接受耿某请托，为相关人员在杂志上发表文章提供帮助，累计发表文章 400 余篇，为此收受耿某给予的现金人民币 420 万元。

2014 年 4 月至 2015 年 4 月，被告人万某某利用其担任杂志社总编辑的职务便利，接受夏某某请托，为相关人员在杂志上发表文章提供帮助，累计发表文章 400 余篇，为此收受夏某某给予的贿赂款人民币 288.7 万元。

2015 年 4 月至 6 月，被告人万某某利用其担任杂志社总编辑的职务便利，接受周某请托，为相关人员在杂志上发表文章提供帮助，累计发表文章 40 篇，为此收受周某给予的贿赂款人民币 40 万元。

2015 年 4 月至 7 月，被告人万某某利用其担任杂志社总编辑的职务便利，接受谢某某请托，为相关人员在杂志上发表文章提供帮助，累计发表文章 30 余篇，为此收受谢某某给予的贿赂款人民币 39.6 万元。

2015 年 3 月至 4 月，被告人万某某利用其担任杂志社总编辑的职务便利，接受白某某请托，为相关人员在杂志上发表文章提供帮助，累计发表文章 20 余篇，为此收受白某某给予的贿赂款人民币 22.5 万元。

2015 年 3 月至 10 月，被告人万某某利用其担任杂志社总编辑的职务便利，接受于某某请托，为相关人员在杂志上发表文章提供帮助，累计发表文章 9 篇，为此收受于某某给予的贿赂款人民币 10.6 万元。

2015 年年底，被告人万某某利用其担任杂志社总编辑的职务便利，在杂志社商议与北京某文化传播有限公司合作运行该杂志下半月刊的过程中，接受该公司法定代表人刘某某的请托，为实现双方合作提供帮助，为此收受刘某某给予的人民币 3 万元。

被告人万某某于 2019 年 8 月 26 日被北京市朝阳区监察委员会办案人员从其工作单位带走调查，同日被采取留置措施。案发后，被告人万某某违法所得的全部钱款均已被扣押、冻结在案。

裁判结果

一审法院认为,被告人万某某身为国家工作人员,利用职务上的便利,为他人谋取利益,非法收受财物,数额特别巨大,其行为已构成受贿罪,依法应予惩处。鉴于被告人万某某到案后能够主动交代侦查机关尚未掌握的其他受贿事实,当庭认罪认罚,且全部赃款均已被追缴在案,可依法对其从轻处罚,故判决被告人万某某犯受贿罪,判处有期徒刑10年,并处罚金人民币50万元。

一审宣判后,被告人万某某未提出上诉,该案已发生法律效力。

裁判思路

本案中,被告人万某某系接到单位纪检监察组工作人员电话通知后到案,并于庭前签署认罪认罚具结书,其行为是否构成自首,亦是庭审中控辩双方的主要争议焦点。经审理,笔者认为,万某某的行为不宜认定为自首。

我国《刑法》第六十七条第一款规定:“犯罪以后自动投案,如实供述自己的罪行的,是自首。”司法实践中,犯罪嫌疑人经公安机关口头或者电话传唤,自行到案后能够如实供述犯罪事实的,应认定为自首。电话传唤或通知到案,是指以电话或其他电讯方式联系犯罪嫌疑人,告知其于指定时间到达指定地点,犯罪嫌疑人按照要求赴约,一般视同自动投案。目前尚无法律或者司法解释对电话通知到案予以明确规定,结合司法实践,笔者对“电话通知到案”的四个要素简要分析如下:

第一,电话通知到案的主体。根据《自首和立功解释》的有关规定,犯罪嫌疑人可以向公安机关、人民检察院、人民法院投案,也可以向其所在单位、城乡基层组织或者其他有关负责人员投案。《自首和立功解释》中明确了接受投案自首的单位或人员,并不限于办案机关。依此精神,笔者认为,电话通知的主体也不限于办案机关,除具有侦查权的公安机关、监察委员会等单位,其他受办案机关委托、具有协助职责、监管职责的单位、部门或者负责人员也可以作为电话通知的主体。比如,本案由单位纪检监察组的工作人员电话通知万某某回单位,电话通知的主体适格。

第二,电话通知到案的对象。电话通知的对象一般须是犯罪嫌疑人本人,电话通知主体要能直接联系到该人,双方在沟通中互相明确身份、事由、时间、地点等重要信息。当然,如果电话通知的对象是犯罪嫌疑人的亲属、朋友等周边人,经转达或劝说,后犯罪嫌疑人自行到案,符合《刑法》第六十七条及《自首和立功解释》第一条的相关规定,也可以认定为自动投案。

第三,电话通知到案的内容。电话通知的内容须相对明确,犯罪嫌疑人知道或者能够据此推知其到案后需要配合调查的内容,以及由此可能产生的法律后果。此时犯罪嫌疑人人身自由未被限制,仍有选择权,其在这种情况下依约前往,才能体现认罪的主动性、自愿性。如果"电话通知"只是办案机关实施抓捕犯罪嫌疑人的一种手段,犯罪嫌疑人在不知情的情况下,因电话通知的其他事由前往,则不能认定其到案具有主动性、自愿性。

第四,电话通知到案的适用情形。首先,之所以适用电话通知,实践中有两种情形:一种是能而不欲,办案机关有条件抓捕犯罪嫌疑人,但未实施;另一种是欲而不能,办案机关因客观原因无法对犯罪嫌疑人实施抓捕,只能先期联系,由被告人主动到案。其次,电话通知的前提,办案机关已掌握了犯罪线索或者初步掌握了犯罪事实,然后给犯罪嫌疑人打电话通知其到案。最后,电话通知的时间,必须是犯罪嫌疑人因该犯罪事实被采取强制措施之前。

具体到本案,在案书证等证据证明,有关监委在接到线索进行初核后已经掌握了万某某受贿的部分事实并研究了抓捕方案,后决定对其实施抓捕。办案人员前往万某某单位拟将其带至指定地点接受调查,由于万某某外出参加活动未在办公室,出于降低社会影响和人员安全的考虑,经与其单位纪检监察组进行沟通,以纪检组向万某某核实问题为由,电话通知万某某到纪检组办公室。纪检组给万某某的电话和短信中均未说明要他赶回单位的具体原因。结合万某某的前后行为,他当时亦不知道监委已经掌握自己犯罪的线索并在单位等候,其赶回单位更大可能性是去澄清情况,逃避法律的追究,因而缺乏投案的主动性和自愿性。再者,万某某实际上处于被控制状态,即使其接到电话不赶回单位,办案机关也有能力、有条件对其实施抓捕。笔者认为,本案只是具备"电话通知到案"的表象,"电话通知"是办案机关实施抓捕的一种手段,万某某的行为不能认定为自动投案。

参照2009年最高人民法院、最高人民检察院《关于办理职务犯罪案件认定自首、立功等量刑情节若干问题的意见》中的相关规定,"没有自动投案,在办案机关调查谈话、讯问、采取调查措施或者强制措施期间,犯罪分子如实交代办案机关掌握的线索所针对的事实的,不能认定为自首",以及2010年最高人民法院刑二庭发布的《宽严相济在经济犯罪和职务犯罪案件审判中的具体贯彻》的相关内容,"要严格掌握自首、立功等量刑情节的法定标准和认定程序,确保自首、立功等量刑情节认定的严肃性和规范性"等要求,合议庭认为,虽然万某某到案后如实供述了犯罪事实以及监委没有掌握的其他同种犯罪事实，但因其不属于自动投案，故不能认定万某某构成自首。万某某到案后主动交代其他同种犯罪事实，可以认定其具有坦白情节，在量刑时予以考虑。

（撰稿人：顾珊珊）

公安机关与被告人电话约定内容不明，被告人依约前往并如实供述全部犯罪事实的，可以认定为自首

——王某合同诈骗案①

裁判要旨

被告人经公安机关电话通知到案，虽电话通话内容不明，但被告人到案后如实供述全部犯罪事实的，按照有利于被告人的原则，可以认定为自首。被告人犯有数罪，因一罪被采取强制措施，不影响他罪自首认定。

案情简介

被告人王某为获得小额贷款公司的贷款，伙同他人虚构了其父母过世的事实，伪造了继承材料，于 2016 年 12 月持其父亲王某君名下位于本市西城区某胡同的房屋所有权证，以及北京市某公证处公证书等材料，向北京市国土资源局西城分局谎称其父母过世，将该房产过户至自己名下。2017 年 8 月 7 日，王某使用上述房产作为抵押，与某投资（北京）有限公司法定代表人冯某签订借款协议、主债权及房屋抵押合同，获取冯某个人给付的贷款人民币 760 万元，该钱款除部分用于偿还王某之前的借款外，其余均已挥霍。案发前，尚有人民币 744 万余元未归还。被告人王某于 2018 年 8 月 17 日经公安机关电话通知到案。

2018 年 6 月 22 日 21 时许，被告人王某酒后驾驶东风标致牌小型客车行驶至本市顺义区府前街国泰路口西侧时，被民警查获。经检验，王某血液中酒精含量为 163.3mg/100ml。

① （2019）京 03 刑初 61 号刑事判决书。

裁判结果

一审法院认为,被告人王某以非法占有为目的,在签订、履行合同过程中虚构事实、隐瞒真相,骗取对方当事人财物,数额特别巨大,其行为已构成合同诈骗罪;王某在道路上醉酒驾驶机动车,其行为亦已构成危险驾驶罪,依法应与其所犯合同诈骗罪实行并罚。鉴于王某在接到公安机关电话通知后自行到达指定地点,到案后能够如实供述主要犯罪事实,系自首;并于庭前签署认罪认罚从宽制度告知书和认罪认罚具结书,当庭认罪认罚,可依法对其从轻处罚。故判决被告人王某犯合同诈骗罪,判处有期徒刑12年6个月,剥夺政治权利2年,并处罚金人民币13万元;犯危险驾驶罪,判处拘役2个月,罚金人民币2000元;决定执行有期徒刑12年6个月,剥夺政治权利2年,并处罚金人民币13.2万元。

一审宣判后,被告人王某未提出上诉,该判决已发生法律效力。

裁判思路

本案中,被告人王某先后有两起犯罪事实,前罪是合同诈骗,后罪是危险驾驶。王某因犯危险驾驶罪被当场查获,后被取保候审,在取保候审期间,因犯合同诈骗罪接办案民警电话通知到案。

本案主要涉及两个问题:一是办案民警电话通知王某到指定地点,但通话内容无法确定,王某如约到达,能否认定为自首;二是王某因后罪被采取强制措施,是否影响前罪自首认定。具体分析如下:

关于问题一,电话通知到案,之所以视同一般自首中的自动投案,主要是因为犯罪嫌疑人接到电话后,已经知晓要求其前去核查的事项,并能推知可能发生的法律后果。此时其未被采取强制措施,尚有选择自由权,可以选择依约前往,也可以选择逃跑,其仍在指定时间到达指定地点,足以体现投案的主动性和自愿性。

笔者认为,认定电话通知到案是否构成自首,关键是电话通知的内容,双方是否在电话中表明身份、明确事由。如果犯罪嫌疑人不知道对方是办案民警,不清楚让其前去的真实事由,在不明真相的情况下到达指定地点,则不能认定为投案自首,此时“电话通知”只是办案机关的一种抓捕手段。

具体到本案,一审期间,法院询问王某到案经过,王某供称接到民警电话后到达指定地点,但是记不清通话内容了。民警与王某的约定地点是工体南路路边,并非派出所或者办案中心,约定地点不能体现王某知晓前去的目的,在案书证亦没有显示民警与王某的通话内容。法院向该案的办案民警核实,当时以何种身份和理由将王某约至工体南路路边,办案民警回复具体事由记不清了,给王某打完电话,王某主动回电并到达约定地点,后跟随民警回派出所。

根据证据裁判原则,认定案件事实,必须以证据为依据。定罪事实和量刑事实都是关键事实,到案经过是量刑事实的重要内容,是否构成自首直接影响被告人的量刑,法庭应对该事实依法认定。当穷尽手段,部分事实仍缺少有效证据证实,根据有利于被告人的原则,在无法排除合理怀疑的情况下,应该做出有利于被告人的认定。经查,王某在朝阳区公安分局执法办案中心做的第一次讯问笔录,能够较完整的陈述合同诈骗的犯罪事实,其后的几次笔录内容均一致。王某庭前表示认罪认罚,并签署认罪认罚具结书。庭审中,王某的供述亦保持稳定。在侦查机关、公诉机关无法提供相反证据的情况下,根据王某的供述情况、认罪态度,我们推定王某具有到案的主动性和自愿性,其行为符合经公安机关电话通知到案,并如实供述主要犯罪事实的情形,可以认定王某在合同诈骗一罪中具有自首情节。

关于问题二,前罪合同诈骗,后罪危险驾驶,两罪分别由两个公安机关侦办,且互不掌握本机关侦办之外的他罪,王某因后罪被采取强制措施后,并未在第一时间向对其采取强制措施的公安机关如实供述前罪,而是接到另一公安机关电话通知到案后如实供述了前罪。这种情况下,前罪能否认定为自首?

笔者认为,就合同诈骗一罪,王某构成一般自首。首先,《刑法》第六十七条第二款规定:"被采取强制措施的犯罪嫌疑人、被告人和正在服刑的罪犯,如实供述司法机关还未掌握的本人其他罪行的,以自首论。""特殊自首中的司法机关不是泛指所有的司法机关,而是指对犯罪嫌疑人采取强制措施的司法机关或罪犯服刑时所在的司法机关",①通常意义上,特殊自首中采取强制措施的机关和尚未掌握他罪的机关应为同一机关,故王某不构成特殊自首。其次,笔者认为,办案机关基于特定罪名对犯罪嫌疑人采取强制措施,强制措施只针对本罪,不及于他罪。此时,如果犯罪嫌疑人向其他司法机关主动投案并如实供述他罪,应认定自首。需要注意两点:一是犯罪嫌疑人虽被采取强制措施,但仍具备行动条件,可以自动投案。我国《刑事诉讼法》规定的强制措施有拘传、取保候审、监视居住、拘留、逮捕,如果犯罪嫌疑人已被拘留或者逮捕,则不具备自动投案的行动条件。本案中,王某被取保候审,仍有一定限度的行动自由,接到前罪办案机关电话后可以自行前往约定地点。二是向其他办案机关如实供述的他罪,与

① 陈兴良主编:《刑法总论精释》,人民法院出版社2016年版,第840页。

已被采取强制措施的罪行应属不同种罪行，否则会不当扩大自首的范围，也不符合现行司法解释规定。

综上所述，被告人王某对于合同诈骗罪构成一般自首。

（撰稿人：顾珊珊）

监察委已经掌握犯罪事实后“电话传唤到案”的，认定“自动到案”时应从严把握

——王某生诈骗、受贿案①

裁判要旨

监察委已经掌握相关犯罪事实后“电话传唤到案”的，能否构成“自动到案”，应从严把握。监察委或者通过对应的纪检组、单位的纪检部门电话通知到案的情况下，犯罪嫌疑人已经开始接受调查谈话，无论其当时是否知道被调查的事情，都不属于自动投案。

案情简介

2009年，在某项目拆迁征地过程中，王某生利用担任北京市朝阳区某村委会主任、协助乡政府从事宅基地确认等工作的职务便利，为其子王某甲、其弟王某乙违规出具宅基地确认单，骗取拆迁腾退补偿款共计人民币2104200元。

2009年，在项目拆迁征地过程中，王某生利用担任北京市朝阳区某村委会主任、协助乡政府从事宅基地确认等工作的职务便利，接受李某甲（已判刑）的请托，将李某甲的亲友李某乙、李某丙等5人户口迁入该村，并为该5人违规出具宅基地确认单，使上述5人非法获取了拆迁腾退补偿款共计人民币8553072.8元。2010年3月22日，李某甲通过为王某生支付购房款的方式给予王某生好处费共计人民币2524953元。2017年年底，王某生得知自己正在被调查，将其中人民币1677058元退还给了李某甲。

2018年4月12日，被告人王某生被监察机关查获归案。

① （2018）京0105刑初2187号刑事判决书、（2020）京03刑终294号刑事判决书。

裁判结果

一审法院认为,被告人王某生法治观念淡薄,利用职务上的便利为李某甲谋取好处,收受李某甲的财物,数额巨大,其行为触犯了《刑法》,已构成受贿罪,依法应予惩处。王某生归案后如实供述自己的行为,当庭对指控事实供认不讳,所骗取的拆迁补偿款已经退缴,受贿的大部分款项已经退还行贿人,在一审审理期间又退缴了部分受贿款,故对其所犯诈骗罪、受贿罪均依法予以从轻处罚。王某生的犯罪所得,依法应予退缴。在案之钱款,依法予以处理。故判决:王某生犯诈骗罪,判处有期徒刑10年6个月,罚金人民币11万元,剥夺政治权利2年;犯受贿罪,判处有期徒刑6年,罚金人民币30万元;决定执行有期徒刑12年,罚金人民币41万元,剥夺政治权利2年;在案之人民币210.42万元,由北京市朝阳区监察委员会发还北京市朝阳区某乡人民政府拆迁腾退办公室;责令王某生退缴人民币69.7895万元,连同在案之人民币15万元,予以没收。

一审宣判后,王某生提出上诉。王某生的上诉理由主要是:其行为不构成诈骗罪,一审判决认定罪名错误,且未认定其构成自首,量刑较重,请二审法院从轻或减轻处罚。

王某生辩护人的辩护意见主要是:王某生利用协助乡政府从事拆迁宅基地确认工作的便利,骗取国家的拆迁补偿款的行为应当构成贪污罪;王某生构成自首,建议二审法院对王某生从轻或者减轻处罚。

二审法院认为,监察机关掌握王某生违法犯罪线索后,在乡政府纪委书记办公室将王某生带回监察机关办公地点接受调查,王某生不能认定为自动投案,故不构成自首。一审法院根据上诉人王某生犯罪的事实、犯罪的性质、情节和对于社会的危害程度所作出的判决,事实清楚,证据确实、充分,定罪和适用法律正确,量刑适当,审判程序合法,应予维持。故裁定驳回上诉人王某生的上诉,维持原判。

裁判思路

本案的争议焦点是,监察委已经掌握王某生的犯罪事实后“电话传唤到案”,能否构成“自动到案”?

本案中,王某生的到案经过系朝阳区监察委联系朝阳区某乡纪委书记通知王某生本人到乡政府纪委书记办公室之后,王某生当日同监察委办案人员到纪委监委办公室接受组织谈话。谈话过程中,王某生本人能够如实供述自己涉嫌违法违纪的相关问题。另外,监察委经前期调查,已经掌握了本案王某生相关的违法犯罪事实的线索。

根据《职务犯罪自首、立功意见》第一条的规定:“成立自首需同时具备自动投案和如实供述自己的罪行两个要件。犯罪事实或者犯罪分子未被办案机关掌握,或者虽被掌握,但犯罪分子尚未受到调查谈话、讯问,或者未被宣布采取调查措施或者强制措施时,向办案机关投案的,是自动投案。在此期间如实交代自己的主要犯罪事实的,应当认定为自首。犯罪分子向所在单位等办案机关以外的单位、组织或者有关负责人员投案的,应当视为自动投案。没有自动投案,在办案机关调查谈话、讯问、采取调查措施或者强制措施期间,犯罪分子如实交代办案机关掌握的犯罪线索针对的事实的,不能认定为自首。”

对于监察委电话通知到案能否构成“自动投案”,实践中存在两种观点:

第一种观点认为,监察委电话通知到案不能构成“自动投案”。监察委已经对犯罪嫌疑人涉及的违法犯罪事实掌握了一定的线索之后,监察委或者通过对应的纪委、纪检组电话通知到案的情况下,犯罪嫌疑人被电话通知到案已经是开始接受调查谈话,犯罪嫌疑人丧失了自动投案的主动性,无论犯罪嫌疑人当时是否知道被调查的事情,都不属于自动投案。

第二种观点认为,监察委电话通知到案可以构成“自动投案”。从有利于犯罪嫌疑人、被告人的角度,职务犯罪中一般都是纪检部门电话通知犯罪嫌疑人接受调查,“电话通知到案”尚未接受调查谈话、讯问,也尚未被采强制措施,具有一定的主动性。这类似于非职务犯罪案件中,公安机关电话通知到案,被告人主动到案的,一般视为“自动投案”。理由在于,接公安人员电话通知到案后,在公安人员实施抓捕之前,犯罪嫌疑人已经具有认罪并接受公安机关依法处置的心理准备,故不失“认罪的主动性”,与“自动投案”的心理特质相符合。职务犯罪案件中,纪检部门电话通知接受谈话,犯罪嫌疑人一般都会主动去接受谈话,其主动性并非同公安机关电话通知到案一样强,但是仍不失一定的主动性。因此,从有利于犯罪嫌疑、被告人的角度来讲,认定犯罪嫌疑构成“自动投案”。

本案中,对于王某生是否构成自首,法院依据上述《职务犯罪自首、立功意见》的有关规定,采取了第一种观点,即从严把握“自动投案”。王某生在监察委已经掌握了其相关违法犯罪事实的线索的情况下,被电话通知到纪委接受调查谈话,不能认定为“自动投案”,不构成自首。但是,司法实践中对“电话通知到案”的把握有从宽的趋势,即将监察委电话通知到案认定为“自动投案”。在此前提下,如果犯罪嫌疑人能够在初期的供述中如实供述主要犯罪事实，可以认定为自首；如果犯罪嫌疑人在初期并没有供述主要犯罪事实，则不能认定为自首。

（撰稿人：张元元）

【关键词：现场待捕】

对于他人报警并不明知且被抓捕时不完全配合的，不能认定为“现场待捕”型自动投案

——金某生工体连环撞人案①

裁判要旨

“现场待捕”型自动投案系《自首和立功意见》第一条中明确的“视为自动投案”的五种情形之一，即明知他人报案而在现场等待，抓捕时无拒捕行为，供认犯罪事实的。认定“现场待捕”型自动投案需要同时具备四个条件：（1）对于他人报案的明知；（2）在现场等待的主动性；（3）被抓捕时予以配合；（4）到案后如实供述犯罪事实。被告人对于他人报警并不明知，且被抓捕时不完全配合的，不能认定为“现场待捕”型自动投案，从而不具备构成自首的基础条件。

“罪行异同”在一定意义上决定自首是否成立。被告人在被采取强制措施期间如实供述司法机关尚未掌握的不同种罪行的，以自首论。判断“罪行”属同种罪行还是异种罪行，一般应以罪名区分。

案情简介

被告人金某生与北京市朝阳区三里屯社区经济管理中心（以下简称三里屯经济管理中心）因民事纠纷产生矛盾，意图通过驾驶机动车撞死三里屯经济管理中心人员的方式泄愤。2014 年 12 月 26 日 10 时许，金某生为实施报复行为，驾驶“别克”牌轿车在

① （2015）三中刑初字第 00531 号刑事判决书、（2016）京刑终 69 号刑事判决书。

北京市朝阳区工体东路5号楼东侧辅路，即三里屯经济管理中心附近，朝阳区朝阳门外大街中国工商银行朝阳支路南侧主路（以下简称朝外大街），故意撞击三里屯经济管理中心司机康某，将康某撞倒后逃跑，造成被害人康某头部受伤，经鉴定为轻微伤。

被告人金某生驾车逃跑行驶至北京市朝外大街时，故意高速撞击在人行横道内正常行走的行人，致被害人吴某轻伤（二级）。后金某生驾车由北京工人体育场南门进入体育场院内，又连续撞击了10名行人。其中，在24号看台附近驾车撞击了被害人王某环；在11号看台附近驾车撞击了被害人朱某；在14号看台附近驾车撞击了被害人刘某枝（女，殁年75岁）、陈某清（男，殁年57岁）、智某珍；在20号看台附近驾车撞击了被害人靳某（男，殁年23岁）、文某佳、韩某业、杨某阳、于某。被害人刘某枝被机动车作用后，造成多处脑挫伤、硬膜下出血合并全身多处骨折，致颅脑损伤合并创伤性休克死亡；被害人陈某清被机动车作用后，致颅脑损伤死亡；被害人靳某被机动车作用后，致颅脑损伤合并创伤失血性休克死亡；同时，金某生的行为致被害人于某重伤（一级）、韩某业重伤（二级）；致被害人朱某、智某珍、文某佳轻伤（一级）、王某环、杨某阳轻伤（二级）。

被告人金某生在20号看台附近撞击被害人靳某等人后，因所驾车辆与停放在该处的一辆"金杯"牌汽车发生碰撞而停下，导致该"金杯"牌汽车和相邻停放的"现代途胜"牌汽车、"雪弗兰乐风"牌汽车损坏，经鉴定，上述三辆汽车经济损失价值人民币共计43517元。现场群众报案后，民警赶赴现场，在金某生所驾车辆驾驶室内将其抓获。另查明，被告人金某生到案后被羁押在北京市第二看守所期间，于2015年1月25日凌晨发现同监室在押人员高某企图自杀后及时制止。被告人金某生的犯罪行为给附带民事诉讼原告人造成了一定的经济损失。

公诉机关认为，被告人金某生的行为触犯了《刑法》第一百一十五条第一款、第二百三十二条之规定，应当以以危险方法危害公共安全罪、故意杀人罪追究其刑事责任。被告人金某生在实施故意杀人行为时，因意志以外原因未得逞，系未遂，可以比照既遂犯从轻处罚。

辩护人的辩护意见主要是：金某生在驾车加速逃跑过程中扭头看是否有人追赶，出于过失撞到吴某龙，致吴某龙轻伤，属于一般的交通肇事行为；金某生撞人结束后，明知必然有人报警，能够逃跑而未逃跑，在车内等待民警前来抓捕，到案后如实供述犯罪事实，应视为自首；金某生到案后在被羁押期间制止他人自杀，有立功表现，可以从轻、减轻处罚；本案事出有因，造成本案的严重后果并非金某生一个人责任，据此请求对金某生所犯罪行在法律的范围内予以最大限度地轻判。

裁判结果

一审法院于2015年12月24日作出(2015)三中刑初字第00531号刑事附带民事判决,认定被告人金某生犯以危险方法危害公共安全罪,判处死刑,剥夺政治权利终身;犯故意杀人罪,判处有期徒刑6年;决定执行死刑,剥夺政治权利终身。被告人金某生赔偿附带民事诉讼原告人相应的经济损失。在案扣押的相关物品依法处理。

一审宣判后,金某生提出上诉。北京市高级人民法院于2016年9月25日作出(2016)京刑终69号刑事裁定,驳回金某生的上诉,维持原判,并依法报请最高人民法院核准。

法院生效裁判认为,被告人金某生因民事纠纷而泄愤报复,以驾车撞人的方法故意非法剥夺他人生命,其行为已构成故意杀人罪;杀人后,在驾车逃跑途中故意撞击行人,并驾车闯进体育场馆院内连续撞击多人,其行为已构成以危险方法危害公共安全罪,应依法予以并罚。金某生为泄愤驾车闯入公共场所冲撞人群,致3人死亡、2人重伤、6人轻伤,情节、后果极其严重,社会危害极大,应依法惩处。金某生归案后主动交代公安机关尚未掌握的故意杀人(未遂)的犯罪事实,具有自首情节,第一审判决、第二审裁定对其所犯故意杀人罪已从轻处罚。金某生在被羁押期间及时制止同室在押人员自杀,有立功表现,但其所犯以危险方法危害公共安全罪的罪行极其严重,不足以从轻处罚。第一审判决、第二审裁定认定的事实清楚,证据确实、充分,定罪准确,量刑适当,审判程序合法。

最高人民法院于2016年12月14日作出(2016)最高法刑核27509006号刑事裁定,核准北京市高级人民法院(2016)京刑终69号维持第一审对被告人金某生以以危险方法危害公共安全罪,判处死刑,剥夺政治权利终身;以故意杀人罪,判处有期徒刑6年,决定执行死刑,剥夺政治权利终身的刑事裁定。

裁判思路

本案是2014年12月26日发生在首都北京繁华地段的“工体连环撞人案”。被告人金某生因民事纠纷心怀不满,为发泄心中之怨恨,于当日10时许,在驾车意图报复他人未果后,继续驾车闯入北京工人体育场,故意冲撞无辜行人,造成3人死亡、2人重伤、6人轻伤,本案发生在市中心人口密集区,危害后果极其严重。本案与此前发生的成都“孙伟铭案”、佛山“黎景全案”等醉酒后驾车连续撞人不同,本案被告人金某生身体中未检出酒精成分,表明其辨认和控制能力未受影响,加之其一直供称的"事出有因",反映了其犯罪动机与主观恶性与一般案件显著不同,因而本案自发生后,舆论反响非常强烈。

本案例涉及的法律适用问题主要有两点:一是对本案被告人金某生的相关行为如何定性,即金某生在不同犯意支配下实施的连续行为如何评价?二是在对金某生相关行为评价的基础上,如何正确判定金某生是否成立"现场待捕"型自动投案以及"异种罪行"下的自首?具体分析如下:

(一)对不同犯意支配下实施的连续行为应结合全案证据,从其行为发生、发展至结局的整体角度综合考量,并根据具体案情遵循主客观相一致原则予以正确评价

我国刑法针对不同犯罪类型规定了不同的犯罪构成要件。犯罪构成要件具有犯罪个别化功能,使此罪与彼罪相区别。根据我国刑法理论通说,犯罪主观方面即犯罪主体对其实施的危害行为及危害后果所持的心理态度,包括故意、过失、动机、目的等。一般来说,即使行为方式相同或类似,如果主观方面不同,所构成的犯罪也不尽相同。换言之,犯罪主体所持的不同主观故意支配下的行为构成不同的犯罪类型。例如,同是故意持刀伤人的行为,甲多次扎刺被害人的头部、胸腹部等致命部位,而乙仅轻微划割被害人的四肢、臀部等非致命部位,显示二者的主观故意不同,构成的犯罪亦不相同。对不同犯意支配下行为人实施的具体行为应结合全案证据综合考量,才能正确评价。

纵观本案,金某生在整个案发中的行为从空间位移上可分为三个现场,分别是三里屯经济管理中心附近、朝外大街以及北京工人体育场院内(以下简称工体院内)。虽然案发在不同的地点,且金某生针对不同对象实施了驾车撞击行为,但从在案证据看,金某生的相关行为不宜截然分开,应该从其行为发生、发展的整体角度分析相关行为性质。

(二)金某生撞击第一被害人康某的行为构成故意杀人罪(未遂)

从犯罪客观要件来看,2014年12月26日10时许,金某生驾驶别克牌轿车在本市朝外大街撞击三里屯经济管理中心司机康某,在将其撞倒后逃跑,造成被害人康某头部受伤,经鉴定为轻微伤。公安机关出具现场勘验笔录及现场照片表明,现场东侧为南北走向的工人体育场东路,西侧为工体东路小区,周围路人较多。金某生选择开车撞向康某,显示其作案目标具有针对性,并以汽车作为作案工具,通过汽车撞击的手段达到犯罪目的。同时,这也表明此时其犯罪行为侵害的客体是康某的人身权利,并非公共安全。

从犯罪主观要件来看,据金某生供述,他是基于与三里屯经济管理中心因民

事纠纷产生矛盾,遂意图通过驾驶机动车撞死三里屯经济管理中心人员的方式泄愤。金某生供称:“我与三里屯经济管理中心因北京市朝阳区三里屯幸福一村十巷23号房产权一事打官司。因该中心有关领导的行为导致我在官司中败诉,我就想开车撞死他们,自己也不活了。该中心的人都知道我是被冤枉的,因此我决定只要是这单位的人就开车撞。”不难看出,金某生最初是计划以开车撞人的方式实施报复行为,以发泄心中的怨恨。开车撞人可能会致受害人死亡,金某生对此应是明知的,但其却仅为个人私怨而决意实施,足见其故意(至少是放任)的主观心态。至于犯罪的对象,金某生基于其泄愤的目的而确定的目标是“三里屯经济管理中心的领导或其他人员”,即其犯罪对象是特定的。因此,金某生在本案第一现场,即三里屯经济管理中心附近实施的驾车撞人行为是其有预谋实施的故意杀人行为,该行为也是其当初谋划的自认为对作案的时间、地点和对象均可控制的唯一的行为。据金某生供称:他见赵某(三里屯经济管理中心负责人)的司机送赵青到单位。赵青先下车,他和司机仅隔一个小路口,他挂上最大动力挡,以二三十公里的时速撞向司机。他通过后视镜见对方倒地便加速离开。可见,金某生此次行为无论是作案方式还是作案对象均非常明确,即以驾车撞人的方式实施杀害三里屯经济管理中心工作人员(无论是领导还是其他人员)的行为。该行为事实上没有达到金某生的犯罪目的,仅造成被害人康某轻微伤,属于因犯罪人意志以外的原因形成的犯罪未遂。

综上所述,金某生在本案第一现场的行为构成故意杀人罪(未遂)。

(三)金某生撞击吴某等11人的行为应综合评价,构成以危险方法危害公共安全罪

除上述第一现场的行为外,本案定性中在如何看待金某生在第二现场(朝外大街)和第三现场(工体院内)的行为性质方面存在争议。辩护人认为,金某生实施第一现场的行为后,在驾车加速逃跑过程中扭头看是否有人追赶,出于过失撞到吴某,致吴某轻伤,属于一般的交通肇事行为,故金某生第二现场的行为不构成犯罪。

笔者认为,对金某生实施第一现场后行为的评价应结合具体案情综合判断。根据第二现场受害人吴某的陈述和现场监控录像,可以清楚地看到,吴某等行人当时正沿人行横道由南向北穿行马路且即将到达马路对面,金某生所驾驶的车辆从东向西直接朝吴某等行人撞来,且在接近行人时有明显的加速动作。再根据金某生的供述:撞完司机后他慌忙逃跑……车速约每小时六七十公里,也没踩刹车就撞了对方(吴某)。撞人后继续驾车逃跑……从南门进入工人体育场。从北门开往东门,在路上见人就撞,

印象中撞了六七个人,具体数字不记得了……撞的人与打官司的事没有关系,这么做的目的就是想多撞人,制造影响。

因此,根据在案证据,金某生在第一现场的行为结束后先是为逃跑而在京城繁华地段高速行驶而撞人,后为制造影响在工体院内连续对不特定的无辜行人进行冲撞,其故意或放任危害结果发生的主观心态是贯穿始终的,特别是金某生驾车撞击被害人康某后,其作为有多年驾驶经验的司机,明知驾车在有行人穿行的繁华路段高速行驶有可能撞到行人,且根据当时的具体情况,有可能期待其不实施不法行为而实施其他适法行为,但金某生选择的是先放任撞人结果的发生,后是追求撞人结果的发生,故其应当承担以危险方法危害公共安全的刑事责任。

综上所述,金某生在本案第二现场和第三现场的行为应是连续的整体行为,构成以危险方法危害公共安全罪。

(四)在上述审理查明事实及罪名认定的基础上,根据在案证据依法确定本案涉及的"现场待捕"型自动投案及"罪行异同"下的自首

首先,金某生在本案中是否构成"现场待捕"型自动投案的问题。辩护人认为,金某生撞人结束后,明知必然有人报警,能够逃跑而未逃跑,在车内等待民警前来抓捕,到案后如实供述犯罪事实,符合"明知他人报案而在现场等待,抓捕时无拒捕行为,供认犯罪事实"的情形,构成《自首和立功意见》第一条中"现场待捕"型自动投案。

笔者认为,根据《刑法》和相关司法解释关于自首的立法精神,考虑到投案的主动性与自愿性,认定"现场待捕"型自首应具备以下四个条件:①

一是对于他人报案的明知。法律上的明知包含两个方面:知道(直接明知);应当知道(推定明知)。行为人在实施犯罪后对于他人报案的明知也应当包含两个层面,即知道(看见、听见、被明确告知有人报案)或应当知道(根据生活常识应当知道有人报案,当然,对是否应当知道有人报案的判断应结合案发的时间、地点、围观群众数量等案发现场的实际情况)。行为人明知他人报案,而在现场等待,可以视为行为人对他人报案行为的一种追认。②

---

① 刘德权主编、黄祥青副主编:《最高人民法院司法观点集成·刑事卷①》,人民法院出版社2014年版,第253页。

② 刘德权主编、黄祥青副主编:《最高人民法院司法观点集成·刑事卷①》,人民法院出版社2014年版,第253页。

二是在现场等待的主动性。行为人明知他人报案后,留在现场等待,必须是未受到强力控制、可以逃离现场的情况下出于自身意愿的主动选择,不能是在受到被害人或围观群众阻拦以及自身受伤、突发病症等无法逃离现场的无奈之举。[①] 此外,留在现场是为了继续实施犯罪或者隐匿、破坏证据等,也不应视为具有主动性。

三是被抓捕时予以配合。这种配合表现为公安机关到达现场后,主动承认犯罪行为,自愿置于司法机关控制之下,无抗拒抓捕、逃跑、自杀乃至继续实施犯罪等行为。值得注意的是,这种配合应当具有持续性,不仅体现在被抓捕时,还应当体现在现场讯问、押解等过程中。

四是到案后如实供述犯罪事实。被告人(犯罪嫌疑人)到案后,应当如实供述犯罪事实,包括自己与同案犯的犯罪行为,对其行为性质的辩解不影响自首的成立。

本案中,金某生撞人后的行为不能成立"现场待捕"型自动投案。理由在于:其一,根据在案证据,不能得出金某生明知他人报警的结论。公安机关出具的"110"接处警记录及受案登记表、立案决定书等证据证明,朝阳公安分局系接到朝阳群众申某某报警后立为刑事案件侦查。金某生一直供述他不知道有人报警的情况,案发后现场围观群众众多,但与金某生保持一定距离,也无法推定金某生确切知道他人报警的情况。其二,金某生在现场等待不具有主动性。在案证据显示,金某生是因为其所驾驶车辆撞到了停在路边的白色金杯车而无法继续行驶,结合其供述"想多撞人,制造影响",可见其犯罪行为的停止与在现场等待皆非出于自身意愿。此外,金某生的车已被撞停,由于现场围观群众众多,金某生还供述"中间有人开他的车门往车里踹了一脚,他就把车门锁上了",显示金某生缺乏逃离现场的客观条件,难以认定其具有在现场等待的自动性。其三,金某生在被抓捕时并未完全予以配合。证人张某锋、韩某新等人的证言均证明案发后金某生始终没下车,是在警察到达现场后被"拉下车"的。出警的民警的王某、王某宇的证言也证明,金某生当时"已撞蒙,坐在车内,没有投案迹象","拉开车门嫌疑人不下车,他们从车内将嫌疑人拽下车控制"。这显示金某生并未完全配合公安机关的抓捕行为。综上所述,不能认定金某生成立"现场待捕"型自动投案,从而不具备构成自首的基础条件。

其次,金某生主动交代了司法机关还未掌握的本人其他两起罪行,应以自首论以及构成坦白。我国《刑法》第六十七条第二款规定:"被采取强制措施的犯罪嫌疑人、被告人和正在服刑的罪犯,如实供述司法机关还未掌握的本人其他罪行的,以自首论。"

① 此处假设情形的判断应采取"主观说",即行为人认为,可以逃匿而非基于客观条件的实际判断。

《自首和立功解释》第二条规定："被采取强制措施的犯罪嫌疑人、被告人和已宣判的罪犯，如实供述司法机关尚未掌握的罪行，与司法机关已掌握的或者判决确定的罪行属不同种罪行的，以自首论。"第四条规定："被采取强制措施的犯罪嫌疑人、被告人和已宣判的罪犯，如实供述司法机关尚未掌握的罪行，与司法机关已掌握的或者判决确定的罪行属同种罪行的，可以酌情从轻处罚；如实供述的同种罪行较重的，一般应当从轻处罚。"关于"罪行异同"的内涵，《自首和立功意见》第三条第二款规定："犯罪嫌疑人、被告人在被采取强制措施期间如实供述本人其他罪行，该罪行与司法机关已掌握的罪行属同种罪行还是不同种罪行，一般应以罪名区分。虽然如实供述的其他罪行的罪名与司法机关已掌握犯罪的罪名不同，但如实供述的其他犯罪与司法机关已掌握的犯罪属选择性罪名或者在法律、事实上密切关联，如因受贿被采取强制措施后，又交代因受贿为他人谋取利益行为，构成滥用职权罪的，应认定为同种罪行。"

本案中，公安机关出具的到案经过、工作说明证明：金某生在工体院内涉嫌以危险方法危害公共安全，撞伤数人，后被民警当场抓获。金某生到案后除交代驾车在工人体育场撞击数人的事实外，还供述了其之前在三里屯经济管理中心附近驾车撞击康某，在朝外大街驾车撞击吴某的事实。在金某生交代前，公安机关尚不掌握金某生驾车撞击康某、吴某的事实。康某、吴某的陈述也与上述证据相互印证。

根据前文的分析，虽然金某生驾车撞人的行为在时间上具有连续性，但其撞击康某的行为具有针对性，意图"杀害三里屯经济管理中心人员"，构成故意杀人罪，与之后所犯的以危险方法危害公共安全罪无论是在行为方式、后果，还是主观故意、侵犯的客体上都有着显著不同，系异种罪名，在犯罪事实上也不具有因果关系，根据法律规定，金某生交代撞击康某的行为（故意杀人未遂）应当以自首论。

金某生主动供述的司法机关尚未掌握的其撞击吴某的事实则与其供述的撞击康某的事实性质不同，应认定为坦白。理由在于，根据前文分析，金某生在本案第二现场（朝外大街）撞击吴某的行为和第三现场（工体院内）的行为应是连续的整体行为，应综合评价，均构成以危险方法危害公共安全罪，在犯罪事实上也有着密切联系，与司法机关掌握的罪行属于同种罪行（以危险方法危害公共安全罪）。因此，对金某生主动交代该起犯罪事实的行为，依据《刑法》第六十七条第三款的规定，应认定为坦白。

最后，金某生在押期间制止他人自杀的行为应认定为立功。《自首和立功解释》第五条规定："犯罪分子到案后有检举、揭发他人犯罪行为，包括共同犯罪案件中的犯罪分子揭发同案犯共同犯罪以外的其他犯罪，经查证属实；提供侦破其他案件的重要线索，经查证属实；阻止他人犯罪活动；协助司法机关抓捕其他犯罪嫌疑人（包括同案犯);具有其他有利于国家和社会的突出表现的,应当认定为有立功表现。”

对于该司法解释中“具有其他有利于国家和社会的突出表现”的具体情形,相关司法解释并无具体规定,在审判实践中一般由人民法院根据案件的实际情况并综合参照立法精神、社会评价等因素进行裁量。本案中,根据在案的证人高某的证言以及北京市公安局监区医疗管理处出具的核查复函能够证实:2015 年 1 月 25 日凌晨,金某生起夜时,发现同监室在押人员高某在监室内用病号服裤子的弹性松紧带拴在床位护栏上,坐在地面。金某生迅速拍板报告,并与同监室人员一起将高某扶起。因金某生及时报告,民警对高某企图自缢情况有效处置。这里,金某生救人的行为无疑具有很高的价值,对国家与社会有积极意义。根据相关立法精神,①参考其他法院的相关生效判决,②笔者认为,金某生发现情况并及时报告,制止了同监室人员的自杀,避免了严重后果的发生,应当认定为立功。

综合上述量刑情节,被告人金某生驾驶汽车在城市繁华地段高速行驶过程中故意撞击行人,致 3 人死亡、2 人重伤、6 人轻伤,其行为已构成以危险方法危害公共安全罪;被告人金某生因对与其产生民事纠纷的三里屯经济管理中心不满,即驾车故意撞击该中心员工康某,其行为又已构成故意杀人罪(未遂),应与其所犯以危险方法危害公共安全罪并罚。被告人金某生到案后虽能够如实供述自己的犯罪事实,且在被羁押期间有立功表现,但因其所犯以危险方法危害公共安全罪性质极为恶劣,情节、后果特别严重,不足以对其从轻处罚。鉴于被告人金某生所犯故意杀人罪系未遂;其因涉嫌犯以危险方法危害公共安全罪被羁押后,如实供述司法机关尚不掌握的故意杀人的犯罪事实,系自首;且在被羁押期间有立功表现,故依法对被告人金某生所犯故意杀人罪减轻处罚。综上所述,人民法院依法确定被告人金某生犯以危险方法危害公共安全罪,判处死刑,剥夺政治权利终身;犯故意杀人罪,判处有期徒刑 6 年;决定执行死刑,剥夺政治权利终身。

(撰稿人:余　净)

---

① 例如,根据我国《刑法》第七十八条第一款第四项的规定,“在日常生产、生活中舍己救人的”,属于犯罪分子在服刑期间的“重大立功表现”。虽然金某生的行为并不属于“舍己”救人,但仍可参考相关立法精神对其救人行为认定为立功。

② 上海市高级人民法院(2013)沪高刑终字第 125 号刑事判决,在该案中,上诉人在押期间制止外籍嫌犯自杀,被认定为立功;广东省茂名市茂南区人民法院(2014)茂南刑初字第 428 号刑事判决,在该案中,被告人及时抢救了突发心脏病的管教,被认定为立功。

作案后明知他人报警而未离开案发地附近，可视为自动投案

——贾某故意伤害案①

裁判要旨

本案被告人作案后未逃跑，在案发地见证了有人报警、报急救及急救车赶来将被害人运走的过程，后其因自己手部有伤，在同事陪同下到附近诊所求医，民警到诊所将其抓获。在案证据能够证明被告人并未试图作案后逃离现场，本着鼓励潜在作案人主动到案的原则及自首法律规定的立法意图，在裁判中认定其成立自首。

案情简介

被告人贾某于2018年5月2日8时50分许在北京市朝阳区酒仙桥某创新园冷库机房内，与被害人王某（男，殁年29岁）因工作问题发生口角，继而引发肢体冲突。后贾某拿来西瓜刀，并在后续冲突中以刀砍切王某头、颈部，再后又伤及王某右腋部致王某死亡。经鉴定：王某符合被锐器砍切右腋窝，造成右侧腋动脉、腋静脉破裂，致失血性休克死亡。

被告人贾某于当日10时许到案，作案工具西瓜刀已起获。

被告人贾某的犯罪行为给被害人王某的近亲属造成一定经济损失。本案审理过程中，被害人王某之近亲属与被告人贾某及其亲属达成民事赔偿协议，由被告人贾某之姐代其向被害人王某之近亲属进行了赔偿，被害人王某之近亲属对被告人贾某予以谅解。

公诉机关的意见主要是：被告人贾某的行为触犯了《刑法》第二百三十四条第二款之规定，应当以故意伤害罪追究其刑事责任，提请法院依法判处。

辩护人的辩护意见主要是：被告人贾某的行为具有防卫情节，应属防卫过当；被告人贾某的行为属临时起意，案发后对被害人王某有现场救治行为；被告人贾某作案后，在明知有他人报警时向同事表示自己不会离开案发现场附近，其到案后如实供述自己的主要罪行，构成自首；被告人贾某的家人代其向被害人王某之近亲属进行了赔偿并

---

① （2018）京03刑初113号刑事判决书。

获得谅解;被告人贾某还存在向公安机关举报他人违法犯罪线索(盗墓),其平时表现良好等情况。综上所述,请求对被告人贾某从宽判处。

裁判结果

一审法院认为,被告人贾某因工作问题与他人发生口角及肢体冲突后,持刀伤害他人并造成他人死亡,其行为已构成故意伤害罪,依法应予以惩处。鉴于被告人贾某在案发后对被害人有协助救治行为,其在知道他人报警的情况下未离开案发现场附近,到案后如实供述自己的主要犯罪行为,具有自首情节,再考虑到其自愿认罪认罚并由近亲属代为赔偿被害人近亲属经济损失及获得谅解等情节,故可依法对被告人贾某从宽处罚。在案扣押的物品依法处理。据此认定被告人贾某犯故意伤害罪,判处有期徒刑12年,剥夺政治权利2年。

一审宣判后,被告人未提出上诉,检察机关亦未提起抗诉,该案已经发生法律效力。

裁判思路

我国《刑法》中自首情节的设立目的,主要是向社会公众特别是实施犯罪后因各种原因处于不同状态下的人,比如,犯罪嫌疑人、被询问调查人、被告人、上诉人、在押已决犯、其他可能会对犯罪人员主动归案如实供述施以影响的人予以行为指向,从而实现"不再继续犯罪""停止逃跑""接受司法机关管束"等目标。自首的认定及所引起的对被告人从轻、减轻或免除刑事处罚后果在司法实践中比较常见,但也经常因个案不同,特别是被告人到案情况的迥异而在分析认定中出现难点和不同认识。遇此情况时,就需要司法者按照"理解立法原意""围绕节点行为性质""参考相关判例"等原则或框架,对个案进行具体分析,正确判定。

本案是认罪认罚的故意伤害案件,被告人到案后供述稳定且能够与在案证据相互印证,案中最具认定难度的只有一点,即被告人是否属于"主动到案",此节直接影响其是否成立自首。依据本案证据,对被告人到案情况查证如下:

一是据证人卜某云(本案被害人的同事)证言,可以证明被告人贾某在案发后并没有逃离现场,而是因治疗手伤到了案发地附近的医疗机构,后公安机关将其从该医疗机构带走。具体为,其在案发日8时30分左右到单位工作,8时50分左右单位外包公司员工李某夫来到其所在的分控室,报告说贾某和王某打起来了,动刀子了,人快不行了。其听到此情况后与李某新(分控室值班人员)赶紧跑向距离分控室10多米的东冷站处。他们将门打开时发现距门西侧3米远的员工位处王某半坐在地上,上半身靠在贾某身上,贾某蹲在地上,正用手按着王某的身体,当时他们身边的地上有很多血,贾某正在给王某止血。见到这种情况后,其赶紧喊李某新及其他员工打急救电话并报警,同时将发生的情况向单位领导进行了汇报,紧接着急救车赶到医生将王某送去了医院(整个过程被告人贾某均在现场,应能听到和看到有人报警)。其回到分控室正处理这件事情时,贾某来到分控室向其说明打架的情况,贾某自称是安排王某打扫冷却塔上的柳絮,王某没有服从安排,后二人在东冷站内发生的纠纷,他被王某打了,然后他用刀将王某扎了,他说当时是王某抢刀时被划伤的,同时他自己的手也划伤了,后他说要去医院进行治疗。为防止贾某借治疗逃跑,其就陪同他一起去了案发地附近的医疗机构,后民警赶到门诊部将接受完治疗的贾某带走了,其就回单位了。

二是据证人肖某武证言及相关医疗机构证明,可以证实被告人贾某确在案发后时段到医疗机构诊治其手伤。具体为,证人肖某武是北京市朝阳区崔各庄乡草场地村凌峰门诊部主治医师。2018年5月2日9时许,有一名叫贾某的男子来其门诊部就医。该名男子手指有伤,是刀划的外伤,其他部位还有外伤,应该还有两处。其将男子表面外伤清洗干净,然后进行了包扎等。北京明德医院外科急诊部于2018年5月2日出具医学证明载明:贾某,右手、右前臂外伤,头部外伤。左手拇指、食指、中指(末节)皮肤擦伤,右前臂皮肤咬伤(为破损),前额部皮肤软组织纵挫伤;进行清创包扎治疗等。

三是据被告人贾某供述,其与被害人发生冲突被同事拉开后,其看到王某的右胳膊腋下不断流血,但他还继续骂街,其就让同事赶紧打“120”,因为园区有个明德医院,刘某松就赶紧去明德医院找大夫,之后医院来人把王某拉走了,因为其左手拇指、中指、食指也流血了,也跟着到了明德医院,但明德医院当时没给其立马治疗,其就跟卜某云和另外一个叫不上名字的同事去了附近草场地的一个小诊所进行止血治疗,治疗的过程中,民警来了,之后将其带回了派出所审查。

四是据公安机关出具的到案过程显示,2018年5月2日8时50分许,在北京市朝阳区酒仙桥某创新园冷库机房内,贾某因琐事与事主王某发生肢体冲突,并持刀将王某扎伤。后王某被送往明德医院救治,经抢救无效死亡。10时许,民警在北京市朝阳区崔各庄乡草场地村一门诊内将犯罪嫌疑人贾某抓获。到案过程中,嫌疑人贾某始终予以配合,无拒绝、抗拒、阻碍逃跑等行为。

综上可以认定，被告人贾某在案发后曾参与救治被害人及向当班同事解释案发情况，虽公诉机关提供的证据中未显示被告人表述过“听到有人报警”或“看到有人报警”，但据证人证言应推定在同事救助伤者及报警时其就在现场，应能听到和看到并知道已经有人报警，且其确手部受伤及有诊治处理的必要，后其在同事陪同下到诊所包扎伤口时并未远离作案现场，民警到场后将其带走。实践中，一般应按照有利于被告人的原则对涉案相关情节进行评判处理。具体到本案当否认定被告人贾某属“主动到案”，考虑“被害人已经被送医救治”“其自己亦在冲突中受伤且有诊治必要”“其在同事陪同下到附近医疗机构处理伤口”“应推定其知道有人已报警”“其到案前未表示或显示有逃跑想法及迹象”“民警到医疗机构抓捕其时其予以配合”等因素，可认定被告人贾某系明知他人报警而未远离作案现场，民警到来前后其未有脱离被公安机关控制的意思或表现，故应认定其符合“主动到案”立法、司法解释的本意，应予认定。

（撰稿人：范爱礼）

被动留在现场等待抓捕的行为，不成立现场待捕型自首

——陈某诈骗案①

裁判要旨

并非所有留在现场等待抓捕的行为都成立现场待捕型自首。根据《刑法》和有关司法解释关于自首的立法精神，要综合考虑犯罪嫌疑人投案的主动性和自愿性，从现场待捕的非被动性、对于他人报案的明知性、抓捕时的服从性、供认犯罪事实的彻底性等方面判定此类自首的成立与否。

案情简介

2018年至2019年12月，被告人陈某在本市朝阳区等地，虚构能够低折扣购买京

① （2020）京03刑初128号刑事判决书。

东E卡、携程购物卡、中石化加油卡、手机等电器、商品房以及帮助办理转学等事实，骗取被害人冯某等人钱款共计人民币2000余万元。

被告人陈某明知他人报警而在现场等待，于2019年12月12日被民警查获归案。

公诉机关的意见主要是：陈某以非法占有为目的，虚构事实骗取他人财物，数额特别巨大，应当以诈骗罪追究其刑事责任。

辩护人的辩护意见主要是：陈某明知他人报警而在现场等待，到案后如实供述主要犯罪事实，应当认定为自首；其自愿认罪认罚，系初犯，犯罪后真诚悔罪，可从轻或减轻处罚。

裁判结果

一审法院认为，陈某以非法占有为目的，虚构事实，骗取他人钱款，且数额特别巨大，其行为已构成诈骗罪，依法应予惩处。

陈某到案后能如实供述主要犯罪事实，自愿认罪认罚。对于辩护人所提陈某具有自首、认罪认罚等情节，可以从轻或减轻处罚的辩护意见，经查，根据证人张某、任某的证言、公安机关出具的关于到案情况的工作说明等证据可以证明，陈某现场待捕具有被动性，并非基于本人意志自愿置身于司法机关控制之下接受审查，缺乏成立自首要求的主动性和积极性，不构成自首；陈某犯罪数额特别巨大，被害人的经济损失均未挽回，其到案后虽能如实供述主要犯罪事实，自愿认罪认罚，但尚不足以对其从宽处罚，故辩护人所提相关辩护意见不能成立。对于陈某的犯罪行为给被害人造成的经济损失，应当责令其退赔。

一审法院根据陈某犯罪的事实、犯罪的性质、情节和对于社会的危害程度，认定陈某犯诈骗罪，判处无期徒刑，剥夺政治权利终身，并处没收个人全部财产；责令陈某退赔各被害人经济损失。

一审宣判后，被告人陈某没有上诉，公诉机关没有抗诉，一审判决已发生法律效力。

裁判思路

本案的焦点问题是，被告人陈某是否符合成立现场待捕型自首。

自首是我国刑法中重要的刑罚裁量制度。我国《刑法》第六十七条第一款规定："犯罪以后自动投案，如实供述自己的罪行的，是自首。"《自首和立功意见》中进一步规定，明知他人报案而在现场等待，抓捕时无拒捕行为，供认犯罪事实的，应当视为自动投案。

根据《自首和立功意见》的规定，并非所有留在现场等待抓捕的行为都成立现场待捕型自首。根据《刑法》和有关司法解释、司法文件关于自首的立法精神，考虑到犯罪嫌疑人投案的主动性和自愿性，认定现场待捕型自首还应该具备以下四个条件：

1. 现场待捕的非被动性。犯罪嫌疑人在作案后留在现场，尽管只是消极地等待公安人员的抓捕，没有积极主动的投案行为，但也必须是犯罪嫌疑人在没有强力控制、可以逃匿的前提下，出于其独立意愿主动留在案发现场，而不是一种客观无奈的选择。如果犯罪嫌疑人作案后由于被害人阻拦、群众围堵等客观情况而难以离去，或因受伤、突发疾病等自身缘故无法离开现场，或留在现场是为了继续犯罪等情形的，都不应该视为自首。

2. 对于他人报案的明知性。刑法中的"明知"有两层含义：知道和应当知道。因此，对犯罪嫌疑人犯罪后对于他人报案的明知性也应当分这两层含义理解：一是行为人听见、看见或者被明确告知已有人报案；二是依照一般常识判断，案发后现场应当有其他人报案。因此，只要行为人的精神、智力等同于常人，也可推断行为人应当知道有人已经报案。

3. 被抓捕时的服从性。在公安人员到场后主动承认犯罪行为，表现为基于本人意志，自愿置身于司法控制之下。犯罪嫌疑人对于公安人员到现场的抓捕在行为上应表现为顺从配合，这种顺从配合不仅应表现在被抓捕时，还应表现在此后的押解过程中。

4. 供认犯罪事实的彻底性。犯罪嫌疑人应如实供述自身罪行，对犯罪事实供认不讳，这是自首"如实供述"条件的要求。

本案中，被害人及朋友三人将陈某约至咖啡厅商谈退还被骗钱款，在陈某表示无法退钱的情况下，被害人报警请求民警予以协调，陈某虽然明知他人报案而在现场等待，但其当时面对的是三人向其催款的情形，其实际已经受到强力控制，无法自由离开，在现场等待是一种客观无奈的选择。陈某到达派出所后并未主动向民警承认犯罪行为，而是在派出所与被害人协商无果，被害人认为陈某闪烁其词，言语前后矛盾、与事实不符，怀疑其诈骗并向公安机关以诈骗报案后，陈某才供述所犯罪行，其并非基于本人意志，以犯罪嫌疑人身份自愿置身于司法机关控制下接受审查。故陈某现场待捕具有被动性，并非基于本人意志自愿置身于司法机关控制之下接受审查，缺乏成立自首要求的主动性和积极性，不构成自首。

（撰稿人：裴冀鹏）

因其他原因被迫留在现场，对他人报警不明知的，不构成自动投案

——刘某豪诈骗案①

裁判要旨

在认定是否符合自动投案的情形时，需仔细考虑和判断被告人投案的主动性和自愿性，具体到“明知他人报案而在现场等待”这一条件，就需要紧扣时间上须在被告人明确知道他人已经报案之后、地点上须是被告人当时所处场所、行为上须是被告人“能离开而不离开”三个要素来进行分析。判断被告人“能离开而不离开”需要从主观上和客观上进行评价，即被告人主观上“愿意被控制”和客观上“有条件离开但不离开”必须同时满足，否则均不能体现到案的主动性。对于被告人作案后欲自杀或在现场着手下一步的犯罪准备等明显不愿意被控制，或者被告人因为受伤、醉酒或被群众包围等原因而未能离开现场，均不具备自动投案的主动性和自愿性，不应认定为自动投案。

案情简介

2019 年 3 月 26 日，被告人刘某豪假冒其老板的名义，在北京市朝阳区某海鲜广场骗取某美食有限公司茅台酒 36 瓶，其中，18 瓶的进货价为每瓶 1299 元，另外 18 瓶的进货价为每瓶 1499 元，共计价值 50364 元，刘某豪支付了 10000 元货款。后刘某豪将上述茅台酒变卖给王某某，得款 57600 元。被告人刘某豪后被公安机关抓获归案，已签署认罪认罚具结书。被告人骗取的茅台酒 36 瓶已起获并发还被害单位，现扣押 10000 元在案。

公诉机关的意见主要是：被告人刘某豪的行为构成诈骗罪，建议判处被告人刘某豪有期徒刑 1 年 2 个月至 1 年 5 个月，并处罚金。

被告人刘某豪对公诉机关指控的事实没有异议，当庭表示认罪。

辩护人的辩护意见主要是：被告人刘某豪诈骗的数额应当扣除已支付的 10000 元货款，其如实供述所犯罪行，当庭自愿认罪，此次犯罪系初犯，积极配合公安机关追回赃物，建议对被告人刘某豪从轻处罚。

---

① （2019）京 0105 刑初 1784 号刑事判决书、（2019）京 03 刑终 1052 号刑事裁定书。

裁判结果

一审法院认为,被告人刘某豪法治观念淡薄,以非法占有为目的,虚构事实,骗取财物,数额较大,其行为已构成诈骗罪。鉴于被告人刘某豪如实供述所犯罪行,自愿认罪认罚,此次犯罪系初犯,法院对其所犯罪行依法从轻处罚。被告人的犯罪所得应予继续追缴发还。

一审法院根据被告人刘某豪犯罪的事实、犯罪的性质、情节和对于社会的危害程度,认定被告人刘某豪犯诈骗罪,判处有期徒刑1年3个月,罚金10000元;继续追缴被告人47600元,连同在案的10000元,发还王某某。

一审宣判后,被告人刘某豪不服判决,提出上诉。其上诉的理由主要是:其具有自首情节,原判量刑过重。当时酒店的人发现货款没有到账后,打电话把其叫去酒店,其到酒店后没有逃跑并在现场等待民警,到案后如实供述了所犯罪行。

在二审法院审理过程中,上诉人刘某豪表示服从原判,并申请撤回上诉。二审法院认为,上诉人刘某豪在法院审理期间申请撤回上诉的要求符合法律规定,应予准许,裁定准许上诉人刘某豪撤回上诉。

裁判思路

本案一审宣判后被告人以具有自首情节,原判量刑过重为由提出了上诉,其认为自己符合“明知他人报案而在现场等待,抓捕时无拒捕行为,供认犯罪事实”的自动投案情形,到案后又如实供述,应认定为自首。因此,本案需要讨论的问题是,被告人刘某豪是否符合自动投案的条件从而构成自首。

按照我国《刑法》第六十七条第一款的规定,构成自首情节需满足两个条件,即自动投案和如实供述。其中,关于“自动投案”,《自首和立功解释》和《自首和立功意见》对“自动投案”的具体认定作出了规定,共列出12种自动投案的情形,包括“明知他人报案而在现场等待,抓捕时无拒捕行为,供认犯罪事实的”情形,这些情形均体现了犯罪嫌疑人投案的主动性和自愿性。

对“明知他人报案而在现场等待,抓捕时无拒捕行为,供认犯罪事实”这一自动投案情形做分析可以看出,认定自动投案需满足三个条件,一是“明知他人报案而在现场等待”;二是“抓捕时无拒捕行为”;三是“供认犯罪事实”。此三个条件是认定自动投案的必要条件,只有同时满足才可以认定具有自动投案的情节。本案中,根据到案经过和被告人供述，被告人刘某豪在到案过程中无阻碍、抗拒、逃跑等行为，且到案后对其诈骗一事供认不讳，因此，刘某豪满足“抓捕时无拒捕行为”及“供认犯罪事实”两个条件，认定其是否属于自动投案的关键在于刘某豪是否“明知他人报案而在现场等待”。

在认定是否符合自动投案的情形时，需仔细考虑和判断被告人投案的主动性和自愿性，具体到“明知他人报案而在现场等待”这一条件，就需要紧扣时间、地点和行为三个要素来进行分析。首先，时间上须是被告人在明确知道他人已经报案，即被告人对自己即将被司法机关控制有一定的预知；其次，地点上须是被告人当时所处场所，这个场所既可以是作案现场也可以是知道他人报案时的场所；最后，行为上须是被告人“能离开而不离开”，在原地等待。判断被告人“能离开而不离开”需要从主观上和客观上进行评价，即被告人主观上“愿意被控制”和客观上“有条件离开但不离开”必须同时满足，否则均不能体现到案的主动性。如果被告人因为受伤、醉酒或被群众包围等原因而未能离开现场，属于没有离开的客观条件，而被告人作案后欲自杀或在现场着手下一步的犯罪准备等，属于主观上不愿意被控制，以上行为均不具备自动投案的主动性和自愿性，因此，不应认定为自动投案。

结合本案的事实来看，被告人刘某豪将商品酒骗到手后离开了酒店，后因酒店的工作人员发现货款未到账，刘某豪被电话叫回现场，与酒店方商讨事情解决办法。现场工作人员的证言证明，因怕刘某豪逃跑，现场一直有人看着刘某豪，刘某豪系在事情解决中因酒店方报警被公安机关抓获到案。对于是否知道现场有人报警一事，虽然被告人刘某豪称被酒店的工作人员威胁过再不给钱就报警，但对具体是否有人报警其并不明确知情。因此，刘某豪虽然是在案发现场酒店被民警抓获，符合“现场”这一地点因素，但其在酒店时并不明知他人报警，又因其当时已被酒店方控制，没有脱逃的可能，属于“被迫”留在现场，在“时间”和“行为”要素上，刘某豪均不符合也不具备到案的主动性。综合评价，刘某豪不符合“明知他人报案而在现场等待”的认定条件，故其行为不能认定为自动投案。

二审法院经审理后认为，被告人刘某豪所提其具有自首情节、原判量刑过重的上诉理由缺乏事实依据。二审期间，刘某豪认罪服判，申请撤回上诉，二审法院认为刘某豪申请撤诉的请求符合法律规定，裁定准许其撤回上诉。

（撰稿人：张瑞晨）

被告人提出其系自动投案而未能提供相应证据时，应承担对其无法认定为“自动投案”的不利后果

——张某青等人非法吸收公众存款案①

裁判要旨

在案证明被告人不具备“自动投案”条件的证据较为充分的情况下，被告人提出其系主动投案时，举证责任应在被告人一方，被告人需要承担无法提交相关证据的不利后果。

案情简介

2015 年至 2018 年，原审被告人陈某辉伙同白某明、张某青、宋某、李某超等人，以东方一画文化传媒（北京）有限公司（以下简称东方一画公司）等的名义，在北京市朝阳区等地，通过打电话、发传单等方式对外公开宣传，承诺投资邮票、钱币及苏世比钻石（北京）有限公司（以下简称苏世比钻石公司）钻石项目等理财产品可以保本返息，与集资参与人签订投资协议，非法吸收 500 余名报案集资参与人资金共计人民币 6800 余万元。

其中，原审被告人陈某辉系东方一画公司实际负责人，对该公司全部非法集资金额负责；原审被告人白某明系东方一画公司总经理，负责该公司日常经营管理，参与非法吸收报案集资参与人资金人民币 2300 余万元；上诉人张某青系东方一画公司国贸店店长，负责该公司国贸店的理财产品销售及业务员管理工作，参与非法吸收报案集资参与人资金人民币 4500 余万元；原审被告人宋某、李某超系公司出纳，负责发放员工工资、审核或者保管集资参与人合同、向集资参与人返息并提供其个人账户为公司吸收的集资款进行走账，宋某参与非法吸收报案集资参与人资金人民币 6400 余万元；李某超参与非法吸收报案集资参与人资金人民币 3600 余万元。后五被告人被公安机关抓获归案。案发后，公安机关从苏世比钻石公司起获首饰、饰品等 201 件（套）并扣押在案。

---

① （2019）京 0105 刑初 184 号刑事判决书、（2021）京 03 刑终 253 号刑事裁定书。

上诉人张某青的上诉理由主要是:其明知他人报警后仍主动前往现场等待民警,应认定为具有自首情节,原判量刑过重。

裁判结果

一审法院认为,被告人陈某辉、白某明、张某青、宋某、李某超违反国家金融管理规定,以东方一画公司等的名义,通过打电话、发传单等方式,面向社会公众非法吸收资金,数额巨大,五被告人行为均已构成非法吸收公众存款罪,依法应予惩处。关于被告人张某青的辩护人所提张某青系自首的辩护意见,经查,在案证据证明张某青系被公安机关抓获归案,且被抓获前已有大量集资参与人在场,被告人不具备脱逃可能性,故辩护人上述辩护意见,不予采纳。在共同犯罪中被告人陈某辉、白某明起主要作用,系主犯,被告人张某青、宋某、李某超起次要作用,系从犯。另鉴于五被告人归案后如实供述主要犯罪事实,被告人白某明、李某超已退缴部分违法所得,故对五被告人均依法予以从轻处罚。责令被告人陈某辉退赔集资参与人经济损失,继续追缴被告人白某明、张某青、宋某、李某超违法所得,用于退赔集资参与人经济损失。在案之款物一并予以处理。故判决:被告人陈某辉犯非法吸收公众存款罪,判处有期徒刑5年6个月,罚金人民币250000元;被告人白某明犯非法吸收公众存款罪,判处有期徒刑4年6个月,罚金人民币200000元;被告人张某青犯非法吸收公众存款罪,判处有期徒刑4年,罚金人民币200000元;被告人宋某犯非法吸收公众存款罪,判处有期徒刑3年3个月,罚金人民币150000元;被告人李某超犯非法吸收公众存款罪,判处有期徒刑3年,罚金人民币100000元;责令被告人陈某辉退赔集资参与人经济损失;继续追缴被告人白某明、张某青、宋某、李某超违法所得,用于退赔集资参与人经济损失。

二审法院认为,上诉人张某青及原审被告人陈某辉、白某明、宋某、李某超未经国家有关部门批准,违反金融管理法规,非法吸收公众存款,数额巨大,其行为均已构成非法吸收公众存款罪,依法予以惩处。对于上诉人张某青所提其具有自首情节及原判量刑过重的上诉理由,经查,根据在案证据无法认定张某青具有主动投案的情节,虽其到案后如实供述主要犯罪事实,但依法不能认定构成自首,且原判根据其犯罪的事实及其具有的量刑情节,在法定幅度内对其判处的刑罚适当,故上诉人张某青所提相关上诉理由无事实及法律依据,且无证据予以支持,本院不予采纳。综上所述,一审法院根据陈某辉、白某明、张某青、宋某、李某超犯罪的事实、犯罪的性质、情节和对于社会的危害程度所作出的判决,事实清楚,证据确实、充分,定罪及适用法律正确,量刑适当，审判程序合法，应予维持。

裁判思路

本案的焦点问题是，上诉人张某青提出，其明知他人报警后仍主动前往现场等待民警，在案证明张某青并非“自动投案”的证据较为充分的情况下，应由哪方承担相应的举证责任？

我国《刑法》规定的自首制度旨在通过鼓励犯罪人自动投案，一方面促使犯罪人悔过自新，不再继续作案；另一方面使案件及时侦破与审判。《自首和立功解释》与《自首和立功意见》对自动投案有较为详细的规定。概言之，自动投案，是指犯罪事实或者犯罪嫌疑人未被司法机关发觉，或者虽被发觉，但犯罪嫌疑人尚未受到讯问、未被采取强制措施时，主动、直接向公安机关、人民检察院或者人民法院投案。犯罪嫌疑人具有以下情形之一的，应当视为自动投案：……明知他人报案而在现场等待，抓捕时无拒捕行为，供认犯罪事实的……

本案到案经过显示，2018 年 2 月 2 日 17 时许，公安机关在北京市朝阳区建外 SOHO 东方一画公司内将张某青抓获归案；同案犯供述、证人证言等证明，张某青等人到案之日，系去公司约集资参与人谈兑付本息一事，去了 100 多名集资参与人，有客户告知张某青等人已报警，张某青等人在现场等待，后被民警带回审查。

现有证据能够证明，张某青等人明知他人报案而在现场等待，但张某青等人系处于被群众包围而无法离开、被动滞留在现场的状态，无法体现张某青等人投案的主动性，既不能显示犯罪人悔过自新，亦未有助于案件及时侦破，在案证明张某青不具备“自动投案”的条件已达到确实、充分的程度。而张某青上诉提出，其系明知他人报警而前往现场，此时举证责任应在张某青一方，但张某青在二审期间始终未能提交证据予以证明，故二审法院认为，根据在案证据无法认定张某青具有主动投案的情节，虽其到案后如实供述主要犯罪事实，但依法不能认定其构成自首，据此裁定驳回张某青的上诉，维持原判。

（撰稿人：夏苗苗）

被动在犯罪现场等待的行为，不认定为自动投案

——于某杰故意杀人案①

裁判要旨

犯罪嫌疑人明知他人报案而留在现场等待，抓捕时无拒捕行为，是否构成自动投案，关键在于把握犯罪嫌疑人“明知他人报案而在现场等待”的主动性。这种主动性一般体现为“能逃而不逃”。如果犯罪嫌疑人在明知他人报案后，因为自杀、受伤、醉酒、群众包围或公安人员已经赶到等原因而未能离开现场，这种“被动”的在现场等待的行为不具备自动投案的主观意愿，则不应认定为自动投案。

案情简介

公诉机关指控被告人于某杰犯故意杀人罪，依法提起公诉。

被告人于某杰对起诉书指控的事实、罪名均未提出异议。其辩护人的辩护意见主要是：被告人于某杰所犯故意杀人罪系间接故意，且有救助行为；于某杰系自首；于某杰已取得被害人亲属谅解并履行赔偿责任；被害人对于案件的发生负有过错，希望法庭对于某杰判处有期徒刑。

一审法院经不公开开庭审理查明：被告人于某杰与其妻被害人尹某某（殁年40岁）感情不和。2014年11月13日10时许，于某杰携带事先准备的匕首、菜刀来到北京市密云县某村尹某某父母家中，因婚姻感情问题再次与尹某某发生争执。其间，于某杰用事先准备的匕首连续刺扎尹某某肩背部，致使尹某某左侧颈内静脉破裂，造成失血性休克死亡。尹某某之母在阻拦于某杰时，右手被划伤，经鉴定为轻微伤。

于某杰作案后自杀未遂，后被群众阻拦停留在现场，被接警抵达的民警查获归案。

裁判结果

一审法院认为，于某杰不能正确处理家庭矛盾，持刀故意非法剥夺他人生命，致人死亡，其行为已构成故意杀人罪，犯罪性质恶劣，后果严重，社会危害性大，依法应予惩

① （2015）三中刑初字第00386号刑事判决书。

处。鉴于于某杰到案后能够如实供述所犯罪行及本案的具体情节，对于某杰判处死刑，可不予立即执行。

于某杰的辩护人所提于某杰所犯故意杀人罪系间接故意的辩护意见，经查，于某杰携带一把匕首、两把菜刀进入被害人父母家中，持匕首连续刺扎被害人尹某某肩部七刀，其中有四刀刺入胸腔，致其左侧颈内静脉破裂，失血性休克死亡。其在被羁押后也曾多次供述“我就是想扎死她”，由此可见，于某杰积极追求被害人死亡结果的发生，于某杰所犯故意杀人罪系直接故意。

于某杰的辩护人关于现场院内有一通往房顶的楼梯，于某杰有能力、有条件从该楼梯逃离现场，而于某杰没有逃跑，于某杰系自首的辩护意见，经查，于某杰作案后先是在院内上吊自杀，被现场多人劝解后又曾试图从大门离开作案现场，因被人阻拦停留在现场，其始终在多人的监控之下，后被接警抵达的民警查获归案，于某杰的行为不符合自首的相关规定，不属于自首。

于某杰及辩护人均提出本案被害人有过错，经查，本案被害人尹某某与于某杰案发前感情不和，与其他男性有交往，但在案无证据证明尹某某具有法律意义上的过错。辩护人还提出于某杰已履行赔偿责任并取得被害人亲属谅解，属于从轻处罚情节。经查，于某杰履行赔偿责任，被害人之女于某接受赔偿并签署谅解书属实，但被害人的父母未签署谅解书，而是要求法院严惩于某杰，所以，于某杰并未取得被害人亲属的一致谅解。

一审法院根据于某杰犯罪的事实、犯罪的性质、情节和对于社会的危害程度，认定被告人于某杰犯故意杀人罪，判处死刑，缓期 2 年执行，剥夺政治权利终身。

一审宣判后，被告人于某杰提出上诉。

二审法院经审理裁定，依法驳回上诉，维持原判，同时核准以故意杀人罪判处被告人于某杰死刑，缓期 2 年执行，剥夺政治权利终身。

裁判思路

本案的焦点问题是，被告人于某杰是否符合自动投案的条件从而构成自首。

本案中，于某杰作案后自杀未遂，被群众阻拦停留在现场，后被抵达的民警查获归案。于某杰的供述与辩解及其辩护人的相关辩护意见均认为于某杰明知他人报案而在现场等候，抓捕时无拒捕的行为已构成自首，依法可以从轻、减轻或免除处罚。公诉人当庭发表的公诉意见认为，于某杰离开案发所在院子而往胡同走是因为害怕被邻居殴打,其意图寻求警察的保护而不是想逃跑,尽管是为了保护自己,但毕竟寻求警察的保护同时也将自己置于公安机关的控制之下,结合在案的证据情况及常理常情,辩护人提出的辩解有一定的合理性,希望法庭考量这一情况,能不能认定这一辩解属实,如果属实能否认定其行为属于司法解释所说的主动投案的情形。

针对上述意见,结合本案案情,具体分析如下:

自首是我国《刑法》中重要的刑罚裁量制度。我国《刑法》第六十七条规定,"犯罪以后自动投案,如实供述自己的罪行的,是自首","被采取强制措施的犯罪嫌疑人、被告人和正在服刑的罪犯,如实供述司法机关还未掌握的本人其他罪行的,以自首论"。据此,自首可分为一般自首与准自首。

就一般自首而言,认定其成立的两个条件为"自动投案"与"如实供述"。为了便于此两个条件的适用,《自首和立功解释》与《自首和立功意见》对"自动投案"与"如实供述"的认定条件进行了细化。其中《自首和立功解释》第一条第一项对何为"自动投案"进行了原则性规定,即"自动投案,是指犯罪事实或者犯罪嫌疑人未被司法机关发觉,或者虽被发觉,但犯罪嫌疑人尚未受到讯问、未被采取强制措施时,主动、直接向公安机关、人民检察院或者人民法院投案"。由此可知,认定"自动投案"需考虑四个要素:投案时间、投案意志、投案对象、投案方式。

如何适用上述四要素,则需探究自首制度的立法精神。我国《刑法》之所以将自首作为刑罚裁量时可以从轻、减轻或免除处罚的重要情节,其原因在于,一方面,可以促使犯罪嫌疑人主动、及时归案,达到节约司法资源的效果;另一方面,可以促使犯罪嫌疑人悔过自新,放弃继续作案,降低其人身危害性。故而基于"节约司法资源"的目的,投案时间是构成"自动投案"的前提条件,法律将此规定为"犯罪事实或者犯罪嫌疑人未被司法机关发觉,或者虽被发觉,但犯罪嫌疑人尚未受到讯问、未被采取强制措施时";基于"降低人身危害性"的目的,投案意志是构成"自动投案"的核心标准,法律将此规定为"主动";同时,在典型的一般自首中,投案方式应为"直接";投案对象则应为"公安机关、人民检察院或者人民法院"。虽然《自首和立功解释》与《自首和立功意见》从鼓励自首与应对复杂司法实践出发,还规定了多种"应当视为自动投案"的情形,但此类情形均是对自动投案四要素灵活的变通与适度的放宽,且这种灵活性常体现在投案方式、投案对象此二要素上,而对投案时间(有效时间)与投案意志(主动自愿)的标准则一贯坚持。故而认定犯罪嫌疑人是否成立"自动投案"也需始终结合自动投案的四要素予以判断。

为进一步规范自首的认定标准,最高人民法院在《自首和立功解释》中规定了七种

“应当视为自动投案”的情形后，又在《自首和立功意见》中增加了五种，其中第二种情形规定“明知他人报案而在现场等待，抓捕时无拒捕行为，供认犯罪事实”的也应当视为自动投案。此种情形的认定常在司法实践中产生争议，同时也是本案涉及的相关情形。

结合前文所述，投案意志是构成“自动投案”的核心标准，则认定上述情形成立“自动投案”需重点把握的也是犯罪嫌疑人“明知他人报案而在现场等待”的主动性。这种主动性常体现为“能逃而不逃”。换言之，只有犯罪嫌疑人主动、自愿地将自己置于司法机关的控制之下，才可认定其具有投案的意志，从而进一步结合其他要素认定其成立自动投案。如果犯罪嫌疑人在明知他人报案后，因自杀、受伤、醉酒、群众包围或公安机关人员已经赶到等而未能离开现场，则这种“被动”滞留在现场的行为不具备自动投案的意志，不应认定为自动投案。而判断犯罪嫌疑人明知他人报案而滞留在现场是“主动”还是“被动”，则需结合犯罪现场的情况、环境，犯罪嫌疑人的认知能力、身体情况、行为表现，犯罪嫌疑人的到案供述与辩解，现场证人、报案人、出警人员的证言，公安机关出具的到案经过等，以普通人的判断视角，结合日常生活经验来审慎判断。

就本案而言，在案证据能够证明于某杰对其岳母报警这一情节是明知的，对此并无争议。但就于某杰滞留在现场是出于主动还是被动，各方看法不一。于某杰辩称，其案发时是主动留在现场，其之所以往胡同外走是害怕围观的群众会殴打他，他出于想寻求警察保护的目的而离开事发的院子，该行为并不是为了逃跑；并且，在见到警察时，于某杰自称“我杀人了，铐走我吧”，无拒捕行为。故于某杰与其辩护人均认为该行为应成立自动投案，进而成立自首。

经审理查明，于某杰明知其岳母报警，但作案后仍欲自杀，因群众阻拦未遂。其间，于某杰曾欲离开现场被群众孙某某、孙某阻拦。后尹某某父亲尹某返回家中，欲殴打于某杰，又被群众阻拦，该冲突亦在客观上阻碍了于某杰离开。待于某杰走到尹某某父母家南侧胡同，此时接警民警到达并遇到于某杰，于某杰则向民警称，“我杀人了，铐走我吧”，即被民警传唤到案。同时，综合现场示意图、现场勘查录像以及向查获于某杰的民警核实，被害人父母家只有一个南门，南门外为一条东西胡同，该胡同东侧为死路，只有向西走才能到达村里的其他道路，民警就是在该胡同内遇到于某杰的。尹某某父母家虽有梯子通往房顶，但因群众包围且公安人员已抵达现场，于某杰始终处于他人的监控之下，当时也不存在通过该梯子脱逃的可能。综合考虑，根据案发现场的情况，于某杰是因为现场环境闭塞、群众包围、亲属阻碍、公安机关人员已经赶到未能离开现场,其是"不能逃",而非"不想逃",故于某杰不具备投案意志所要求的主动性,于某杰虽能如实供述,但不成立自首。

(撰稿人:杨隽男)

明知他人报案借故离开,虽如实供述罪行,但不应认定为自首

——贾某革故意杀人案①

裁判要旨

犯罪嫌疑人明知他人报案而留在现场等待,抓捕时无拒捕行为的,是否构成自动投案,关键在于把握犯罪嫌疑人"明知他人报案而在现场等待"的主动性。这种主动性一般体现为"能逃而不逃"。如果这种"被动"的在现场等待的行为不具备自动投案的主观意愿,则不应认定为自动投案。

案情简介

被告人贾某革于2017年3月25日23时许,在北京市朝阳区孙河乡出租房内,因故与前妻贾某某(殁年41岁)发生争执后,贾某革持铁锤多次击打贾某某头部;因担心在旁的贾某某的女儿杨某某(殁年9岁)喊叫,又持铁锤多次击打杨某某头部,致二被害人当场死亡。经鉴定,被害人贾某某符合被他人持具有较硬质地和一定重量钝器多次打击头部致颅脑损伤死亡;被害人杨某某符合被他人持具有较硬质地和一定重量的,并具有类圆形平面的钝器多次打击头部致颅脑损伤死亡。

案发后,被告人贾某革逃离现场,后于2017年3月27日8时许返回时,被公安机关抓获。作案工具铁锤等物证已被起获、扣押。

公诉机关的意见主要是:被告人贾某革故意非法剥夺他人生命,致二人死亡,犯罪性质恶劣,情节、后果特别严重,人身危险性、社会危害性极大,其行为触犯了《刑法》第

① (2018)京03刑初59号刑事判决书。

二百三十二条之规定，应当以故意杀人罪追究其刑事责任，提请法院依法判处。

被告人的辩解主要是：因贾某某指使他人对其殴打，其才杀害贾某某；其明知他人报警后，并未逃跑，而是想去投案，但还未来得及投案即被警察抓获。

辩护人的辩护意见主要是：扣押现场物证的手续中无贾某革签名，违反法定程序，上述证据不能作为定案依据。被害人贾某某与他人发生性关系引起被告人贾某革反感，是本案诱因，本案系情感纠纷引发。被告人贾某革系自首，到案后如实供述犯罪事实，且认罪悔罪，人身危险性不大，据此请求对被告人贾某革从轻或减轻处罚。

裁判结果

一审法院认为，对于被告人贾某革所提，因贾某某指使他人对其殴打，其才杀害贾某某的辩解，经查，缺乏相关证据支持。

对于被告人贾某革所提，案发后其明知他人报警后，准备前去投案的辩解及其辩护人所提贾某革系自首的辩护意见，经查，贾某革案发后逃跑，逃跑期间有充足时间投案，但其并未投案。其为取银行卡等物品而返回住地后，被报警人发觉，其向报警人谎称不知贾某某、杨某某死亡一事，否认自己与本案的关联，可见其缺乏投案的自愿性。发现报警人报警后，贾某革并未在现场等待民警，而是借故离开，之后一直被报警人跟随监视，并被闻讯迅速赶来的民警抓获。在此过程中，其既不具备逃跑的可能性，也缺乏投案的主动性。综上所述，贾某革不属于自首，其上述辩解及其辩护人的上述辩护意见无事实及法律依据。

对于被告人贾某革的辩护人所提，现场物证的提取程序违法，不能作为定案依据的辩护意见，经查，公安机关提取现场物证时，贾某革并不在场。公安机关对在现场勘查中发现的与案件有关，但持有人不明的物品，有权依法决定扣押，上述物证的提取程序合法，可作为定案依据。辩护人的相关辩护意见，不予采纳。

对于被告人贾某革的辩护人所提，贾某某与他人发生性关系引起被告人贾某革反感，是本案诱因，本案系情感纠纷引发，贾某革认罪悔罪，人身危险不大，请求对其从轻或减轻处罚的辩护意见，经查，案发当时，贾某革与贾某某无婚姻关系，在法律上，贾某某对贾某革并无忠诚义务，对本案发生更不存在刑法意义上的过错。本案虽系感情纠纷引发，但贾某革为发泄对被害人贾某某的不满，竟故意非法剥夺其生命，致贾某某死亡，后为防罪行被人发觉，又故意非法剥夺无辜的未成年人杨某某的生命，足见其人身危险性极大，必须依法严惩。辩护人请求对贾某革从轻或减轻处罚的辩护意见缺乏法律依据。

一审法院认为,被告人贾某革持械故意非法剥夺他人生命,致二人死亡,其行为已构成故意杀人罪。公诉机关指控被告人贾某革犯故意杀人罪的事实清楚,证据确实、充分,指控的罪名成立。本案虽系情感纠纷引发,被告人贾某革到案后也能如实供述自己的主要犯罪事实,但因其犯罪性质极为恶劣,情节、后果特别严重,社会危害性极大,不足以对其从轻处罚。据此判决:被告人贾某革犯故意杀人罪,判处死刑,剥夺政治权利终身;被告人贾某革赔偿附带民事诉讼原告人丧葬费、住宿费等经济损失共计人民币128604元。

一审宣判后,被告人贾某革没有提出上诉,本案刑事部分判决依法报送北京市高级人民法院复核。北京市高级人民法院经复核依法报请最高人民法院核准。最高人民法院已依法裁定核准贾某革死刑。

裁判思路

本案的焦点问题是,被告人贾某革是否符合自动投案的条件从而构成自首。

本案中,被害人贾某某殁年41岁,前后经历三段婚姻,贾某某与第一任丈夫生育儿子,与第二任丈夫生育女儿,即为本案被害人,殁年9岁。贾某某与第三任丈夫,即本案被告人贾某革于2012年结婚,后因经济问题于2015年9月离婚。离婚后,贾某某到北京打工,据贾某革供述,贾某某提出与贾某革复婚,后贾某革来到贾某某在京租住处,与贾某某、贾某某女儿杨某某共同居住。贾某革供述,他本与贾某某商定在2017年复婚,但案发前20余天,贾某革发现贾某某与同事吕某某有不正当两性关系。2017年3月25日,贾某革与贾某某就吕某某一事再次发生争吵,贾某革为此心生不满,趁贾某某、杨某某熟睡之机持屋内铁锤多次砸贾某某的头部,致贾某某死亡。贾某革为防被人发觉,遂持铁锤又连续多次砸杨某某头部,致其死亡。作案后两三个小时,贾某革离开案发地。第二日9时许,住在同一院内的贾某某父亲发现贾某某、杨某某被杀,遂请求邻居报警。民警赶到现场后,经调查,确认贾某革有重大作案嫌疑,遂对贾某革进行通缉,并组织警力抓捕。贾某革在外潜逃一天一夜后,想回家拿银行卡、衣物、食物,遂于3月27日9时许返回现场家中。邻居朱某某见贾某革返回,遂询问贾某革是否知道自己妻女被杀,贾某革谎称自己被绑架,并称不知道二人被杀。朱某某当着贾某革的面报警,贾某革见朱某某报警,遂以买食品为由离开出租院,朱某某一直跟着贾某革,后贾某革在100余米外的烧饼摊前被民警抓获。本案中,被告人称其明知他人报警后,并未逃跑,而是想去投案,但还未来得及投案即被民警抓获。辩护人称贾某革系自首,到案后如实供述犯罪事实,且认罪悔罪,人身危险性不大,据此请求对被告人贾某革从轻或减轻处罚。

我国《刑法》对"一般自首"规定是,"犯罪以后自动投案,如实供述自己的罪行的,是自首"。就一般自首而言,认定其成立的两个条件即为"自动投案"与"如实供述"。其中"自动投案",是指犯罪事实或者犯罪嫌疑人未被司法机关发觉,或者虽被发觉,但犯罪嫌疑人尚未受到讯问、未被采取强制措施时,主动、直接向公安机关、人民检察院或者人民法院投案。

为了便于理解,《自首和立功解释》与《自首和立功意见》对"自动投案"与"如实供述"的认定条件均进行了细化。其中就"自动投案"而言,《自首和立功解释》规定了七种"应当视为自动投案"的情形后,又在《自首和立功意见》中增加了五种。《自首和立功意见》所明确的第二种属于自首的情形为"明知他人报案而在现场等待,抓捕时无拒捕行为,供认犯罪事实的"。此种情形下的自首,需要同时具备的条件是:明知他人报案、在现场等待、无拒捕、首堂即供。

本案中,被告人贾某革实施杀人行为后,逃跑一天一夜,在此期间有充足时间投案,但其并未投案。当其为取银行卡、衣服、食物而返回住地后,被邻居朱某某发觉,其向邻居朱某某谎称不知贾某某、杨某某死亡一事,否认自己与本案的关联,可见其缺乏投案的自愿性。发现邻居报警后,贾某革并未在现场等待民警,而是借故离开,且在此期间被告人也一直被朱某某跟随监视,并被闻讯后迅速赶到的民警在距离案发现场100 余米外的烧饼摊前抓获。在此过程中,贾某革既不具备逃跑的可能性,也缺乏投案的主动性,因此,被告人贾某革不属于自首。

(撰稿人:李　淼)

现场待捕型自首应满足确切明知及时间性限制,否则不应认定为自首

——卢某旺故意伤害案①

裁判要旨

虽然被告人案发后在现场待捕,但除非满足确切明知及时间性限制,否则不应认

① (2014)三中行初字第 00520 号刑事判决书。

定为自首,以避免自首的任意扩大适用。

案情简介

被告人卢某旺于2013年10月4日7时许,在北京市怀柔区某村其兄卢某兴(殁年69岁)家院门附近,因琐事与卢某兴发生口角并互殴。其间,卢某旺用铁锹击打卢某兴的头部,致卢某兴颅脑外伤后继发颅内感染、颅内出血导致中枢性呼吸循环衰竭死亡。经鉴定,被告人卢某旺对被害人卢某兴造成的外伤与其死亡结果存在直接因果关系。被告人卢某旺作案后于2013年11月28日被公安机关查获归案。

公诉机关的意见主要是:被告人卢某旺构成"现场待捕"型自首,理由有两个:其一,卢某旺曾供称案发后让妻子报警,证明其知道有人报警,民警到达现场,卢某旺在现场等待,可视为自动投案。其二,公安机关介入案件时被害人并未死亡,被告人卢某旺未被采取强制措施,其间,卢某旺曾因处理本案被口头传唤到案,虽本案转为刑事案件后,卢某旺系在其住所地被带至公安机关,但自公安机关达到案发现场起,卢某旺已经知道有人报警,其此后并未离开其住所地,可视为明知他人报警,留在现场等待。

辩护人主要辩护意见同上述公诉意见。

裁判结果

一审法院认为,被告人卢某旺因琐事持械故意伤害他人身体,致人死亡,其行为已构成故意伤害罪,依法应予惩处。检察机关指控被告人卢某旺犯故意伤害罪的事实清楚,证据确实、充分,指控罪名成立。唯认定被告人卢某旺系自动投案与本案查明的事实不符,不予认定。经查,虽卢某旺能如实供述主要犯罪事实,但并无证据证明其系自动投案,故依法不能认定为自首。

一审法院根据被告人卢某旺犯罪的事实、犯罪的性质、情节和对于社会的危害程度,认定被告人卢某旺犯故意伤害罪,判处无期徒刑,剥夺政治权利终身。

一审宣判后,当事人均未提出上诉,公诉机关未抗诉,本案已生效。

裁判思路

本案的争议焦点主要在于被告人卢某旺是否构成自首。我国《刑法》第六十七条第一款、第二款规定,"犯罪以后自动投案,如实供述自己的罪行的,是自首","被采取强制措施的犯罪嫌疑人、被告人和正在服刑的罪犯,如实供述司法机关还未掌握的本人其他罪行的,以自首论”。据此,自首可分为一般自首与准自首。就一般自首而言,认定其成立的两个条件即为“自动投案”与“如实供述”。为了便于该两个条件的适用,《自首和立功解释》与《自首和立功意见》对“自动投案”与“如实供述”的认定条件进行了细化。其中《自首和立功解释》第一条第一项对何为“自动投案”进行了原则性规定。《自首和立功意见》第一条关于“自动投案”的具体认定中,对自动投案情形做了更具体的规定。其中规定,明知他人报案而在现场等待,抓捕时无拒捕行为,供认犯罪事实的,也应当视为自动投案。

在本案中,对被告人卢某旺是否构成自首,检、法机关存在不同意见。公诉机关认为,卢某旺的行为可认定为自动投案,结合该人能如实供述主要犯罪事实,故卢某旺系自首。经过审理本案,审判机关持不同意见,最终并未认定卢某旺构成自首。

出现两种不同的判断源自司法实践中对现场待捕型自首存在理解上的差异,有必要加以厘清和统一认识。笔者认为,解决上述问题,需明确以下两点:

(一)“明知他人报案”需具备确切性

基于刑法中所界定的“明知”,犯罪嫌疑人犯罪后对他人报案的“明知”通常也被界定为“知道”,即听见、看见、被明确告知已有人报案,以及“应当知道”即依据现场情况判断应当有其他人报案。这种界定运用到司法实践中,可能出现扩大适用的情况。许多案件只要犯罪嫌疑人是在案发现场被抓获,其本人及辩护人即辩称明知他人报警。如果仅凭被告人所称“明知”即予认定,笔者认为是对自首的任意扩大,也是在“利用”法律。因此,无论何种“明知”,均需具备确切性,即有证据证明这种“明知”。如某犯罪嫌疑人案发后未逃离现场,在其所不知的情况下公安机关已经依据他人报案掌握案件线索到达案发现场控制该人,审判中,被告人辩称其明知他人报案时,应着重审查其此前是否供述该情节,其供述的稳定性,其是否能较明确供述何人报案,是否有相关证据证明其所称报警人有报警事实或行为,以及案发现场是否存在其所能预见的其他报警人存在等,进而综合加以判断。具体到本案,被告人卢某旺在侦查阶段对于何人报案的问题有不同说法,其曾供称曾让妻子报警,但本案中,其妻在公安机关拒绝作证,虽后向其核实,其称确有此事,但根据查证情况并无该人报警资料,结合被告人卢某旺供述此情节并非案发后第一时间即被羁押的状态下做出,不能排除合理怀疑,不宜认定其明知或委托其妻子报案。另其亦曾供称是其孙子报警,其孙子证言中亦称报警,但经公安机关查证并无其报警的相关证据,且综合全案证据,其孙子的证言存在较多疑点及不能印证的部分,故不能确定其孙子报警及其明知报警的真实性。结合其供述中对报警人存在明显反复,且明确称不知道除此之外何人报警的情况看,不宜认定被告人卢某旺案发后对他人报警具有"明知"。再结合被告人卢某旺实施殴打行为后曾短暂离开现场,虽后又返回现场,但其明确供述返回现场的原因系气不顺,想再继续找被害人,而被家人拦住,这使得其留在现场丧失了此类自首必备的"非被动性"。综上所述,由于本案欠缺必要的证据证明被告人卢某旺对他人报案具有"明知",且其留在现场欠缺放弃犯罪的主动性,故不能认定被告人卢某旺系"现场待捕"型自首。

(二)"现场待捕"型自首应具有时间性限制

设立此类自首的原因在于虽然犯罪嫌疑人案发后并无主动的报案行为,但其明知他人报案,留在案发现场是为了将自己置于公安机关的控制之下,该行为实际意味着其对他人报案的默认,侧面反映其具有投案的主动性和自愿性。

"现场待捕"型自首所针对的应为犯罪嫌疑人在案发后公安机关介入前,明知他人报案,而留在案发现场等待抓捕的情形。"明知"和"现场"均应具有一定的限制。首先,此类自首的"明知"应具有时间性,不能将公安机关到达现场后被告人基于民警的到来而得知他人报案的情形认定为"明知他人报案",此种理解突破了"明知"的时间性,有"扩大自首"的倾向。其次,"现场"的界定应与"明知"时间性相匹配。提到"现场",以往更多探讨的是距离问题,如结合犯罪嫌疑人距离中心现场的距离来判定其是否逃离现场。事实上,"现场"还存在另一层面的问题,即需综合前面所述"明知"的时间性来确定何为现场。具体到本案,案发现场确在卢某旺所居住的村落,公安机关案发当日介入调查至本案转为刑事案件,卢某旺在没有被采取强制措施的情况下一直在其住所地没有离开,但由于其住所地这一"现场"已然超出了"明知他人报案"的时间性,因此不能认定被告人卢某旺是在案发现场等待抓捕,即"未潜逃"的行为不能等同于主动投案行为。

综上所述,"现场待捕"型自首的认定应严格依据立法本意、法律规定和客观证据加以判断,避免过分扩大解释。依据《自首和立功意见》中关于"现场待捕"型自首的规定,即"明知他人报案而在现场等待,抓捕时无拒捕行为,供认犯罪事实的,也应当视为自动投案",结合上述分析,本案中,在案证据无法认定卢某旺对他人报警具有明知,其在住所地未离开的行为不能视为在现场等待。因此,卢某旺的相关情况不能认定为"现场待捕"型自动投案,因欠缺自动投案要素,依照法律规定,依法不能认定为自首。

(撰稿人:池天慧)

犯罪后虽不知道他人报警，但长时间未离开现场，后知道民警要来现场而没有逃跑的，应认定为自动投案

——徐某恒故意伤害案①

裁判要旨

犯罪嫌疑人在实施犯罪行为之后，虽不知道他人报警但留在现场，后知道民警要来现场的情况下，仍未逃跑，抓捕时无拒捕行为，是否构成自动投案，关键在于把握犯罪嫌疑人是否具有投案的主动性。这种主动性一般体现为“能逃而不逃”。对这种主动性的把握，要看是否符合自首立法的本意。上述行为因具备自动投案的主观意愿，应认定为自动投案。

案情简介

2014年7月4日19时许，被告人徐某恒在北京市怀柔区某村其居住的院内，因琐事与其妹夫赵某某（男，殁年55岁）发生争执。其间，被告人徐某恒将铁叉掷向赵某某，刺入赵某某的左颞部，致赵某某颅脑损伤，经抢救无效于2014年7月6日死亡。2014年7月5日，被告人徐某恒明知民警即将到达其居住处，仍在其居住处等候，被民警查获归案。

公诉机关的意见主要是：被告人徐某恒无视国法，因家庭琐事故意伤害他人身体，致人死亡，犯罪性质恶劣，情节、后果严重，社会危害性大，应当以故意伤害罪追究其刑事责任，提请法院依法判处。

被告人徐某恒对起诉书指控的事实未提出异议，但辩称其行为不构成故意伤害罪。

徐某恒的指定辩护人的辩护意见主要是：被告人徐某恒的行为不构成故意伤害罪，应构成过失致人死亡罪；被告人系自首；本案系因家庭矛盾激化所致且被害人存在过错；被告人系初犯、偶犯，案发后被告人积极采取施救措施，建议法院对徐某恒予以减轻处罚。

---

① （2015）三中刑初字第00464号刑事判决书。

裁判结果

一审法院认为，被告人徐某恒不能正确处理家庭纠纷，因琐事竟持械故意伤害他人身体并致人死亡，其行为已构成故意伤害罪，犯罪性质恶劣，情节、后果严重，社会危害性大，应依法予以惩处。

对于被告人徐某恒所提其行为不构成故意伤害罪的辩解及其指定辩护人所提被告人徐某恒的行为不构成故意伤害罪，应构成过失致人死亡罪的辩护意见，经查，在案证据证明，被告人徐某恒因琐事与被害人发生争执后，将铁叉掷向被害人，刺入被害人的左脑部，致被害人死亡，被告人徐某恒的行为符合故意伤害罪的犯罪构成，其行为已构成故意伤害罪，故被告人徐某恒的辩解及其指定辩护人的上述辩护意见不能成立，本院均不予采纳。

对于被告人徐某恒的指定辩护人所提被害人存在过错、建议法院对徐某恒予以减轻处罚的辩护意见，经查，在案证据不能证实被害人存在过错；综合考虑被告人所具有的从轻、减轻处罚情节及本案具体情况均不能对其予以减轻处罚，故徐某恒的指定辩护人的上述辩护意见不能成立，本院不予采纳。

鉴于被告人徐某恒明知民警即将到达，仍在其居住处等待并被查获归案，到案后能够如实供述自己的罪行，应视为自首，综合本案的具体情节，对徐某恒依法予以从轻处罚。一审法院根据徐某恒犯罪的事实、犯罪的性质、情节和对于社会的危害程度，判决认定被告人徐某恒犯故意伤害罪，判处有期徒刑 14 年，剥夺政治权利 3 年。

一审宣判后，被告人徐某恒未提出上诉，同级检察机关亦未提出抗诉，判决已经发生法律效力。

裁判思路

本案的焦点问题是，被告人徐某恒是否符合自动投案的条件从而构成自首。结合本案案情，具体分析如下：

自首是我国《刑法》中重要的刑罚裁量制度。根据我国《刑法》的规定，自首分为两种类型，一种是一般自首，另一种是特别自首。一般自首，又称为典型自首，是指犯罪嫌疑人犯罪以后自动投案，如实供述自己罪行的行为。我国《刑法》第六十七条第一款规定，犯罪以后自动投案，如实供述自己的罪行的，是自首。上述法条就是对一般自首的规定。

在一般自首中，强调的是自动投案。根据《自首和立功解释》的有关规定，所谓“自动投案”，是指犯罪事实或者犯罪嫌疑人未被司法机关发觉，或者虽被发觉，但犯罪嫌疑人尚未受到讯问、未被采取强制措施时，主动、直接向公安机关、人民检察院或者人民法院投案。《自首和立功解释》规定了七种“应当视为自动投案”的情形。《自首和立功意见》规定了四种“应当视为自动投案”的情形以及“其他符合立法本意，应当视为自动投案的情形”的兜底条款。

自首的立法本意即设立目的或者说根据是自首的本质问题，只有把握了自首的本质，在适用自首的规定时才不会出现偏差。

我国《刑法》之所以设置自首制度，将自首作为刑罚裁量时的重要情节。一方面，基于其功利主义的价值，可以促使犯罪嫌疑人主动、及时归案，使案件得以及时侦破和审判，节约司法资源，提高刑事司法的效益；另一方面，基于其公正主义的价值，可以表明犯罪嫌疑人悔过，表明其人身危险性降低，在量刑时出于刑罚个别化的需要，对其可以从宽处罚。

自动投案是成立一般自首的前提条件。自动投案，是指犯罪分子在犯罪之后、归案之前，出于本人的意志而自愿将自己置于司法机关的控制之下，接受审判的行为。①自动投案主观方面要求投案行为必须出于本人意愿。

投案意愿，是指犯罪分子投案必须出于主动、自愿，即犯罪分子出于自己的意志而向投案对象承认自己实施了犯罪行为，并自愿置于投案对象控制之下。“投案应当具有自动性，这里的自动性意味着投案是犯罪人基于自己的意志自由而选择的结果，正是这种自动性，使投案与其他被迫归案的形式区别开来。”②

具体到本案，首先，在案证据证明被告人徐某恒单身未婚，与被害人赵某某共同居住在犯罪现场所在地。其在实施犯罪行为以后，并未离开犯罪现场所在地并仍在该地居住。在徐某恒实施犯罪行为时，有证人在现场目击了犯罪事实的发生；犯罪行为发生后，徐某恒找到其亲属告知了赵某某被害的情况；案发后徐某恒在大街上喊其将赵某某给打死了；案发后，徐某恒找到村卫生员跟其说将赵某某给打了，请求村卫生员对赵某某进行诊治；徐某恒还找同村村民帮助拨打“120”急救电话。上述证据表明，被告人徐某恒在实施犯罪行为后，其人身自由并未被相关证人及群众实际控制，因此其又回到犯罪现场所在地进行居住并非因客观原因不能逃离，而是其主动为之。

---

① 陈兴良主编：《刑法总论精释》（第三版）（下），人民法院出版社 2016 年版，第 820 页。

② 陈兴良：《刑法适用总论》（下卷），法律出版社 1999 年版，第 473 页。

其次,被告人徐某恒除了返回案发现场所在地居住外,没有实施继续犯罪、毁灭证据、准备潜逃等行为。

最后,被告人徐某恒在犯罪以后,虽然不知道有人报警,但第二天早上有证人在案发现场所在地院外见到徐某恒,然后告诉徐某恒让其等着别乱跑,一会儿警察就来,然后证人随即离开。当时徐某恒一人在院门口待着,没有被他人控制或限制人身自由,其完全有机会逃离,但其没有离开。民警很快来到院门口,徐某恒无拒捕行为,民警遂将徐某恒查获归案。

综合全案情况,被告人徐某恒案发后很长时间虽然不知有人报警,但其能够逃离案发现场而未逃离;案发现场有目击证人,案发后徐某恒向多人讲到其打了赵某某的事实,从社会一般人的角度看,其应当能够认识到会有人报警;案发后第二天,徐某恒明知民警即将到其住处,应当知道有人报警了,而其没有逃跑,选择继续在住处等候,故徐某恒具备自动投案的主动性。到案后其也能如实供述主要犯罪事实,对案件性质的辩解不影响如实供述的成立,故应当认定为自首。

(撰稿人:段　伟)

明知他人报警而在现场等待的,构成自首

——尹某虎故意伤害案①

裁判要旨

犯罪嫌疑人明知他人报案而在现场等待,归案后如实供述所犯罪行的,可以认定为自首,量刑时酌予从轻考虑。

案情简介

被告人尹某虎于2018年12月31日18时许,在北京市朝阳区北四环东路某4S店内,因琐事与被害人杨某某发生争执,后持刀将被害人扎伤,致杨某某左侧开放性血气

① (2019)京0105刑初945号刑事判决书、(2019)京03刑终688号刑事裁定书。

胸、全身多处锐器伤、失血性休克程度中度以上,经刑事科学技术鉴定属重伤二级。4S店经理王某报警后,尹某虎在宿舍等候,后经单位领导将尹某虎叫到现场,尹某虎主动配合警察回派出所接受讯问。警察起获红色多功能折叠刀1把,现在案。被告人尹某虎亲属已赔偿了被害人杨某某的经济损失,被害人对被告人尹某虎表示谅解。

公诉机关的意见主要是:被告人尹某虎故意伤害他人身体,造成重伤二级的后果,其行为已构成故意伤害罪,且犯罪性质恶劣,情节、后果严重,社会危害性大,提请法院依法判处。

辩护人的辩护意见主要是:被告人尹某虎认罪态度好,有自首情节,系初犯,积极赔偿被害人损失,获得被害人谅解,建议法院对被告人尹某虎从轻或减轻处罚并适用缓刑。

裁判结果

一审法院认为,被告人尹某虎法治观念淡薄,不能正确处理纠纷,故意伤害他人身体并造成重伤二级的后果,其行为侵犯了公民的人身权利,触犯了《刑法》,已构成故意伤害罪,依法应予惩处。公诉机关指控被告人尹某虎犯故意伤害罪的事实清楚,证据确实、充分,指控的罪名成立。鉴于被告人尹某虎明知他人报警而在现场等待,归案后如实供述所犯罪行,有自首情节,积极赔偿被害人经济损失并取得谅解,对尹某虎依法予以从轻处罚。在案物品一并处理。

一审法院根据被告人尹某虎犯罪的事实、犯罪的性质、情节和对于社会的危害程度,认定被告人尹某虎犯故意伤害罪,判处有期徒刑3年。犯罪工具红色多功能折叠刀1把,予以没收。

一审宣判后,被告人尹某虎以量刑不当为由提出上诉。

二审法院认为,对于上诉人尹某虎及其辩护人所提原判对尹某虎量刑过重的相关上诉理由及辩护意见,经查,一审法院对尹某虎裁量刑罚时,已经充分考虑尹某虎具有的法定和酌定量刑情节,在法定刑幅度内对其裁量刑罚,量刑并无不当。二审期间,尹某虎再无新的从宽处罚事由,故对于上诉人尹某虎及其辩护人所提量刑过重的相关上诉理由及辩护意见,缺乏法律依据,本院不予采纳。同时,一审法院根据尹某虎犯罪的事实、犯罪的性质、情节和对于社会的危害程度所作出的判决,事实清楚,证据确实、充分,定罪及适用法律正确,量刑适当,对在案扣押之物品的处置亦无不当,审判程序合法,应予维持。据此,二审法院依法驳回尹某虎的上诉,维持原判。

裁判思路

本案的主要问题是尹某虎的行为是否能够认定为自首。依据本案所查明的相关事实,被告人尹某虎故意实施伤害他人身体的行为后明知他人报案而在现场等待,且到案后能够如实供述自己的主要犯罪事实,依法应构成自首。

我国《刑法》第六十七条第一款规定:“犯罪以后自动投案,如实供述自己的罪行的,是自首。对于自首的犯罪分子,可以从轻或者减轻处罚。”究其本质,自首是犯罪嫌疑人完全出于自己的意志愿意将自己交付国家追诉。换言之,自首的本质就是犯罪嫌疑人在犯罪后主动将自己提请司法机关处罚的一种方式。《自首和立功解释》第一条明确规定,自动投案是指犯罪事实或犯罪嫌疑人未被司法机关发觉,或者虽被发觉,但犯罪嫌疑人尚未受到讯问、未被采取强制措施时,主动、直接向司法机关投案。《自首和立功解释》还规定了七种应当视为自动投案的情形,这七种应当视为自动投案的情形,体现了犯罪嫌疑人投案的主动性和自愿性。《自首和立功意见》又明确了五种应当视为自动投案的情形,其中即包括明知他人报案而在现场等待的情形。

对于明知他人报案而在现场等待的应视为自动投案,具体分析如下:

(一)关于“明知”的认定

所谓“明知”,通常而言是指知道或者应当知道。一般来说司法机关在实际办案中,会讯问犯罪嫌疑人或被告人是否知道有人报案、是否知道是谁报的案、如何知道有人报案或如何知道是谁报的案。此时需要解决的一个重要问题是,知道有人报案但不知谁报的警,是否能认定为明知他人报案。例如,犯罪嫌疑人将被害人打伤,后犯罪嫌疑人听到有人说“报警了”,但不知是谁说的,是否属于明知他人报案。笔者认为,仅明知他人报案即可,并不须明知是谁报的案。因此,犯罪嫌疑人听到有人说“报警了”,但不知是谁说的,在此情况下犯罪嫌疑人就在现场等待,抓捕时没有拒捕行为,到案后供认犯罪事实的,此情形下犯罪嫌疑人在现场等待的主动性很明显,可以将其认定为自动投案。

(二)现场等待的主动性和自愿性

犯罪嫌疑人明知他人报案而在现场等待,在现场等待必须具有主动性和自愿性,只有主动、自愿在现场等待,才能体现投案的自动性。本案中,被告人尹某虎明知他人报案而主动、自愿在现场等待而并未有逃跑、继续作案等行为,因此,可以认定尹某虎为自动投案。

在实践中认定自动投案,还需要注意应区分主动、自愿在现场等待与被抓获、被动在现场等待的区别。如果犯罪嫌疑人犯罪后想逃跑,但被被害人或其他人抓住,他人报案后被动在现场等待警察的到来,此种情形不应认定为自动投案。因为在当时的情况下,犯罪嫌疑人客观上并不具备离开现场的条件,而是被他人所控制住无法离开。也就是说,这种情况并不属于“能逃而不逃”,而实际上是公民将犯罪嫌疑人扭送司法机关处理的一种特殊方式,所以与自动投案无关。

(三)“明知他人报案而在现场等待”视为“自动投案”

实践中,我们不应苛求被告人和被害人双方都报警,被害人报警抑或被告人明知对方已经报警而仍然选择在现场等待,虽然具有一定的被动性,但还是能够在一定程度上反映其有投案的主动性和自愿性的,因而可以看作是行为人一种默示的主动和自愿,亦可认定为自动投案。

但应当注意的是,司法实践中,自动投案与视为自动投案是不同的。正如自首也有多种类型,主要包括司法机关未发觉而自首、司法机关已发觉而自首、亲友陪同自首、因形迹可疑被发觉而自首、余罪自首等。对于不同类型的自首,在量刑时应当区别对待。

总体而言,自首就是着眼于投案的主动性、自愿性和供述的如实性。而明知他人报警而在现场等待,行为人也是出于本人的意愿等待将自己置于司法机关的控制之下,也具有归案的主动性、自愿性。《自首和立功意见》中也明确规定,“……明知他人报案而在现场等待,抓捕时无拒捕行为,供认犯罪事实的”,应当视为自动投案的情形。犯罪嫌疑人作案后虽然没有亲自报警,但在明知他人报案的情况下有机会逃走而未逃走,留在现场等待抓捕,即“能逃而不逃”,这种情形体现了其主动、自愿将自己交付法律制裁的意图,对控制犯罪嫌疑人有一定意义,故应当认定为自动投案。但是,如果犯罪嫌疑人系因受伤、醉酒、被群众包围等客观因素而未能逃跑,或者滞留现场是寻找作案机会、继续作案而非等待抓捕,则不能认定为自动投案。

综上所述,本案中被告人尹某虎明知他人报警而在现场等待,抓捕时无拒捕行为,可以认定其自动投案,结合其到案后如实供述自己犯罪事实的情况,尹某虎的行为可以认定为自首,量刑时酌予从轻考虑。

(撰稿人:武春利)

明知他人报案主动留在现场等待的，具备自动投案的主观意愿，应认定为自动投案

——王某锋故意杀人案①

裁判要旨

犯罪嫌疑人明知他人报案而留在现场等待，抓捕时无拒捕行为，是否构成自动投案，关键在于把握犯罪嫌疑人“明知他人报案而在现场等待”的自动性。这种自动性一般体现为“能逃而不逃”。在本案中，犯罪嫌疑人王某锋在明知王某甲报警的情况下，主动留在屋内等候公安机关到来，应视为具有自动投案的“自动性。”

案情简介

2019年4月28日4时许，被告人王某锋在其租住的临建平房内，因怀疑妻子姚某某（女，殁年28岁）有外遇，趁姚某某熟睡之际，用手持续扼压姚某某颈部，致姚某某死亡。经鉴定，姚某某符合被扼压颈部，致机械性窒息死亡。

被告人王某锋于2019年4月28日在其租住地被民警抓获，如实供述了上述事实。

公诉机关的意见主要是：(1)在案事实清楚，证据确实充分，能够证明被告人王某锋实施了故意非法剥夺他人生命的行为。(2)王某锋的行为构成故意杀人罪。(3)王某锋有自首情节，到案后认罪认罚，被害人家属表示谅解，希望从轻处罚。

辩护人的辩护意见主要是：(1)本案系家庭矛盾引发，王某锋并非预谋犯罪，主观恶性小。(2)不排除本案被害人对案发存在一定过错。(3)王某锋明知他人报警，仍在现场等候，系自首。(4)王某锋案发后能抢救被害人，且认罪认罚，被害人亲属谅解王某锋。综上所述，请求对王某锋从轻处罚。

裁判结果

一审法院认为，被告人王某锋故意非法剥夺他人生命，致一人死亡，其行为已构成故意杀人罪，依法应予惩处。公诉机关指控被告人王某锋犯故意杀人罪的事实清楚，

① (2019)京03刑初138号刑事判决书。

证据确实、充分，指控的罪名成立。鉴于被告人王某锋作案后明知他人报警，仍在现场等待，抓捕时无拒捕行为，到案后如实供述犯罪事实，系自首，案发后能救治被害人，且取得被害人亲属的谅解，依法对被告人王某锋从轻处罚。被告人王某锋自愿认罪认罚，同意量刑建议，并签署具结书，依法对其从宽处罚。对于公诉机关提出的量刑建议及辩护人所提王某锋具有的相关从轻处罚情节的辩护意见，予以采纳。随案扣押物品，依法一并处理。根据被告人王某锋犯罪的事实、犯罪的性质、情节及对于社会的危害程度，判决被告人王某锋犯故意杀人罪，判处无期徒刑，剥夺政治权利终身。

裁判思路

本案的焦点问题是，被告人王某锋是否符合自动投案的条件从而构成自首。

本案中，王某锋在老乡王某甲、王某乙赶来并报警后，并没有离开房间，而是主动留在屋内等候公安机关前来抓捕，从客观行为上来说符合“自动投案”的客观要件。从主观意愿上来判断，王某锋在犯罪后有明显后悔和补救举动，包括向家人打电话求救，以及拨打急救电话并掐被害者姚某某人中实施救治等行为，均能说明其有补救的主观意愿。并且，王某甲称自己在报警后便出门离开了现场，只剩王某锋一人等待，此时王某锋具备逃跑的时间和机会，可以充分说明其留守等待公安机关的行为具有“主动性”的主观意愿，并非被迫留守。

针对上述意见，结合本案案情，具体分析如下：

自首是我国《刑法》中重要的刑罚裁量制度。我国《刑法》第六十七条规定，“犯罪以后自动投案，如实供述自己的罪行的，是自首”，“被采取强制措施的犯罪嫌疑人、被告人和正在服刑的罪犯，如实供述司法机关还未掌握的本人其他罪行的，以自首论”。据此，自首可分为一般自首与准自首。

就一般自首而言，认定其成立的条件之一即为“自动投案”。根据《自首和立功意见》的有关规定，“明知他人报案而在现场等待，抓捕时无拒捕行为，供认犯罪事实的”也应当视为自动投案。此种情形的认定常在司法实践中产生争议，同时也是本案涉及的相关情形。此情形成立“自动投案”需重点把握的是犯罪嫌疑人“明知他人报案而在现场等待”的自动性，这种自动性为“能逃而不逃”。换言之，只有犯罪嫌疑人主动、自愿地将自己置于司法机关的控制之下，才可认定其具有投案的意志，从而进一步结合其他要素认定其成立自动投案。如果犯罪嫌疑人在明知他人报案后，是因为自杀、受伤、醉酒、群众包围或公安机关人员已经赶到等原因而未能离开现场，则这种“被动”的滞留在现场的行为不具备自动投案的意志,则不应认定为自动投案。而判断犯罪嫌疑人明知他人报案而滞留在现场是“主动”还是“被动”,则需结合犯罪现场的情况、环境,犯罪嫌疑人的认知能力、身体情况、行为表现,犯罪嫌疑人的到案供述与辩解,现场证人、报案人、出警人员的证言,公安机关出具的到案经过等,以普通人的判断视角,结合日常生活经验审慎判断。

犯罪嫌疑人王某锋作案后的客观行为已有多方印证。从王某锋行为认定上来讲,符合《自首和立功意见》中明确的应视为自动投案的第二种情形:“明知他人报案而在现场等待,抓捕时无拒捕行为,供认犯罪事实。”而认定其是否构成自首的核心问题则在于其自首行为是否在主观层面具备“自动性”的特点。开庭前,承办法官向王某锋发起诉书时,王某锋提出案发后警察到来前,听王某甲说要报警,承办法官将此情况通报公诉机关和辩护人。王某锋的律师取得王某甲的证言。王某甲证言中称,应该是跟王某乙说过报警的事,并且王某甲、王某乙报警后随即出门,王某锋此时有充分的时间逃跑以躲避抓捕。在公安机关到来前的这段时间内,王某锋在屋内等候的行为符合“能逃而不逃”的情形,可以据此认定其自首具有自动性的主观意愿。该案对类案相似情况的认定具有一定的启发意义。很多情况下“如实供述”的判断有据可依,但“自动投案”的界限相对较为模糊。在明知他人报案后于现场等待的情况如符合“能逃而不逃”的情形,则可以认定犯罪嫌疑人具有投案的“自动性”。反之,若其在现场等待的行为是由于外界原因被迫留滞,无法脱身,则不能视为“自动投案”。

(撰稿人:王　奕)

第二章　如实供述的认定

【关键词：如实供述的标准】

被抓获后供述主要犯罪事实的，仅构成如实供述

——常某勃诈骗案①

裁判要旨

如实供述是自首成立条件之一，同时也是单独的法定从轻、减轻处罚情节。犯罪嫌疑人如实供述自己罪行，如果不能够认定为自首，就属于坦白。对于如实供述应从其实质方面予以认定。

案情简介

2019年9月至2020年7月，常某勃以能够办理法拍车牌为由，骗取白某、朱某等13人共计133万元（其中朱某等人转账地点在北京市通州区）。北京市公安局通州分局立案前，常某勃退还张某2万元。常某勃于2020年7月27日在北京市朝阳区石佛营东里被民警抓获。

另查，常某勃伪造了“北京市朝阳区人民法院”印章一枚，并用于诈骗；案发后其已退赔全部被害人损失并取得谅解。

公诉机关的意见主要是：常某勃以非法占有为目的，采取虚构事实、隐瞒真相的手

① （2020）京0112刑初1041刑事判决书、（2021）京03刑终209刑事裁定书。

段骗取他人财物，数额特别巨大，其行为构成诈骗罪。

辩护人的辩护意见主要是：常某勃诈骗的犯罪数额应为白某、朱某20万元，其余应作为民事案件处理；其具有自首情节，到案后如实供述，全部退赔被害人并获得谅解，避免特别严重后果发生，应减轻处罚。

裁判结果

一审法院认为，常某勃以非法占有为目的，采取虚构事实、隐瞒真相的手段骗取他人财物，数额特别巨大，其行为构成诈骗罪，依法应予惩处。常某勃具有坦白情节，依法可从轻处罚；其多次诈骗，且伪造国家机关印章用于诈骗，酌予从重处罚；其全部退赔并获得被害人谅解，酌予从轻处罚。

一审法院根据常某勃犯罪的事实、性质、情节及对于社会的危害程度，认定常某勃犯诈骗罪，判处有期徒刑10年6个月，剥夺政治权利2年，罚金11000元；已扣押印章1枚，予以没收；手机2部，由扣押机关依法处理。

一审宣判后，常某勃提出上诉。

二审法院经审理，依法裁定驳回上诉，维持原判。

裁判思路

我国《刑法》第六十七条第一款规定："犯罪以后自动投案，如实供述自己的罪行的，是自首。"自首成立需要两个条件，即自动投案和如实供述。其中，如实供述是指犯罪嫌疑人如实供述自己罪行的行为。正确理解《刑法》中如实供述的含义，须掌握以下几点：

1. 除特殊自首（准自首）外，如实供述的主体是犯罪嫌疑人

"犯罪嫌疑人"的字面含义是"因被怀疑实施了某种犯罪行为，而具有犯罪嫌疑的人"。从司法角度分析，"被怀疑实施了某种犯罪行为"是前提，"具有犯罪嫌疑"是结果。被怀疑是建立在尚不确实充分的证据之上，需要通过侦查进一步收集证据；或者虽然证据确实充分了，但尚未被提起公诉，还需要进行审查。简言之，以检察机关提起公诉为界，提起公诉前是犯罪嫌疑人，提起公诉后的身份就转变为被告人，而法院判决生效后，就变成罪犯了。因此，侦查和审查起诉阶段的身份就是犯罪嫌疑人，到了审判阶段就是被告人，到了执行阶段就是罪犯。

如实供述的主体应是犯罪嫌疑人，也就是说，只有在侦查和审查起诉阶段如实供

述自己罪行的，才属于成立自首的如实供述；而审判阶段如实供述自己罪行的，就不能认定为刑法意义上的如实供述。《刑法》这样界定如实供述，一是更有利于发挥如实供述（坦白）的功能。一般而言，越早如实供述，对于侦查机关及时收集证据、及早侦结案件越有帮助，越能节约司法资源、提高司法效率。若到了审判阶段才如实供述，此时证据已经基本上确实、充分，被告人如实供述的意义和价值不大。二是将如实供述的主体限定为犯罪嫌疑人，可以与认罪情节相区别。对于在审判阶段如实供述自己罪行的，已经单独认定为认罪情节，酌予从轻处罚。《刑法》将一般自首中的如实供述限制在侦查和审查起诉阶段，可以与法院阶段的认罪相区别。

2. 如实供述的实质是如实供述自己的罪行

第一，如实供述自己罪行，是指犯罪嫌疑人在犯罪事实被发觉，受到司法机关调查、盘问或者讯问时，如实交代自己的主要犯罪事实和真实身份，或者交代司法机关尚未掌握的其他同种罪行。犯罪嫌疑人在司法机关已经掌握主要犯罪事实，并且向其出示相关证据之后，不得已供述自己罪行的，不认定为如实供述。

如实供述自己的真实身份，是如实供述自己罪行的应有之义。如果未供述自己的真实身份，使用假名或者他人名字，就等于是供述他人罪行，不宜认定为如实供述自己罪行。

关于主要犯罪事实的理解。犯罪嫌疑人多次实施同种罪行的，应当综合考虑已交代的犯罪事实与未交代的犯罪事实的危害程度，再决定是否认定为如实供述主要犯罪事实。无法区分已交代的犯罪情节与未交代的犯罪情节的严重程度，或者已交代的犯罪数额与未交代的犯罪数额相当，一般不认为如实供述自己的主要犯罪事实。

关于供述的主动性。有些犯罪嫌疑人到案后并非主动交代，而是侦查机关不出示证据就不交代，侦查机关出示多少证据就供认多少事实。因此，在司法机关已经掌握主要犯罪事实，并且向其出示相关证据之后，不得已供述自己罪行的，不应认定为如实供述。因为这种情况下的供述，并不能起到加快破案进度、节约司法资源、提高诉讼效率的目的，已经基本失去了坦白应有的价值和功能。

第二，共同犯罪中的犯罪嫌疑人，除如实供述自己罪行，还应当供述所知同案犯的基本情况和共同犯罪事实，才能认定为如实供述。供述所知的同案犯，不仅要供述同案犯的姓名，还应当供述所知同案犯的住址、体貌特征、联络方式等基本情况。另外，无论是从犯还是主犯，都必须供述自己与同案犯的共同犯罪事实，否则不属于如实供述自己罪行。

第三，犯罪嫌疑人如实供述自己罪行后又翻供的，不能认定为如实供述自己罪行，但在一审判决前又能如实供述的,应当认定为如实供述自己罪行。

本案中,常某勃系被抓获到案,其到案后如实供述自己罪行,包括司法机关尚未掌握的其他同种罪行,一审法院认定其具有坦白(如实供述)情节,依法予以从轻处罚。

(撰稿人:麻学军)

精神病人虽未到案即供,但结合其精神状态等,可综合认定为自首
——姚某涛故意杀人案①

裁判要旨

被告人案发后主动到案,虽未能到案即供,但结合其精神状态,考虑其经治疗能供认主要犯罪事实,可依法认定自首,予以从轻处罚。

案情简介

被告人姚某涛于2013年10月6日21时许,在北京市通州区台湖镇次渠南里其弟姚玉某家中,因故与姚玉某之妻被害人张某(殁年21岁)发生争执。其间,姚某涛用手扼压张某颈部,致张某因机械性窒息死亡。后又闷堵姚玉某之子被害人姚子某(殁年8个月)的口鼻,致其因机械性窒息死亡。

姚某涛作案后自行前往公安机关,后被查获归案。经鉴定,姚某涛患有精神分裂症,案发时处于发病期,具有限制刑事责任能力。

公诉意见主要是:被告人姚某涛的行为触犯了《刑法》第二百三十二条之规定,应当以故意杀人罪追究被告人姚某涛的刑事责任,提请法院依法判处。被告人姚某涛作案时系限制刑事责任能力人,可以依法对其从轻处罚。

辩护意见主要是:对姚某涛的行为造成张某、姚子某死亡的事实不持异议。但认为,其一,案发时姚某涛处于发病期,属于无刑事责任能力人,不负刑事责任。具体如下:姚某涛的行为是发病表现,不是故意行为;案发后,姚某涛表现为无法与人交流,答

① (2015)三中刑初字第00502号刑事判决书。

非所问;姚某涛经法大法庭科学技术鉴定研究所鉴定为无刑事责任能力,该鉴定是距离案发时间最近且最接近客观真实的鉴定;北京回龙观医院精神疾病鉴定科及司法鉴定科学技术研究所司法鉴定中心的鉴定意见距离案发时间长,其间姚某涛经过治疗对鉴定结果具有干扰,且不能仅凭利害关系人姚玉某所述的事实作为证据进行评定;司法鉴定科学技术研究所司法鉴定中心的鉴定标准系自行制定,过于主观随意。其二,被害人对本案发生负有一定责任。其三,姚某涛系自动归案。

裁判结果

一审法院认为,被告人姚某涛故意非法剥夺他人生命,致二人死亡,其行为已构成故意杀人罪,应依法惩处。

关于被告人的刑事责任能力,第一,三家鉴定机构及相关鉴定人均具有合法鉴定资质,各自鉴定意见书所援引鉴定依据虽存有差异,但不存在冲突,鉴定程序均合法有效,三份鉴定意见均具有证据能力。第二,三份鉴定意见在认定姚某涛系精神分裂症且案发时处于疾病期问题上不存争议,予以认定。第三,姚某涛作案时应认定为限制刑事责任能力。

关于被告人姚某涛的杀人故意,经查,被告人姚某涛在犯罪对象上不存在错误感知,事后对行为后果有所认知,其对自己的行为具有一定的控制和辨认能力,仍采取扼压颈部、闷堵口鼻的方式加害他人,足以证明其具有杀人的主观故意。

鉴于被告人姚某涛系限制刑事责任能力人;其案发后主动到案,虽未能到案即供,但结合其精神状态,考虑其经治疗能供认主要犯罪事实,虽当庭对行为性质有所辩解,但不影响如实供述的认定,可依法认定自首,予以从轻处罚。

一审法院根据被告人姚某涛犯罪的事实、性质、情节和对社会的危害程度,认定被告人姚某涛犯故意杀人罪,判处无期徒刑,剥夺政治权利终身。

一审宣判后,被告人姚某涛提出上诉。

二审法院经审理裁定,依法驳回上诉,维持原判。

裁判思路

本案的焦点问题是,被告人姚某涛作为限制刑事责任能力人,虽主动前往公安机关,但未能到案即供,是否符合自动投案、如实供述的条件从而构成自首。

本案中,有观点认为,姚某涛作为限制行为能力人,虽然主动前往公安机关,但未能到案即供,不符合如实供述的认定条件,故依法不应当认定为自首。

针对上述意见,结合本案案情,具体分析如下:

自首是我国刑法中重要的刑罚裁量制度。我国《刑法》第六十七条规定,“犯罪以后自动投案,如实供述自己的罪行的,是自首”,“被采取强制措施的犯罪嫌疑人、被告人和正在服刑的罪犯,如实供述司法机关还未掌握的本人其他罪行的,以自首论”。据此,自首可分为一般自首与准自首。

就一般自首而言,认定其成立的两个条件即为“自动投案”与“如实供述”。为了便于此两个条件的适用,《自首和立功解释》与《自首和立功意见》对“自动投案”与“如实供述”的认定条件进行了细化。其中《自首和立功解释》第一条第一项对何为“自动投案”进行了原则性规定,第一条第二项对何为“如实供述”进行了原则性规定。在如实供述方面,《自首和立功解释》规定:“如实供述自己的罪行,是指犯罪嫌疑人自动投案后,如实交代自己的主要犯罪事实。犯有数罪的犯罪嫌疑人仅如实供述所犯数罪中部分犯罪的,只对如实供述部分犯罪的行为,认定为自首。共同犯罪案件中的犯罪嫌疑人,除如实供述自己的罪行,还应当供述所知的同案犯,主犯则应当供述所知其他同案犯的共同犯罪事实,才能认定为自首。犯罪嫌疑人自动投案并如实供述自己的罪行后又翻供的,不能认定为自首,但在一审判决前又能如实供述的,应当认定为自首。”

从上述规定可以看出,如实供述要求到案即供,虽自动投案并如实供述自己罪行,但事后又翻供的,不能认定为自首;但在一审判决前又能如实供述的,应当认定为自首。亦即到案即供为构成自首的必要条件,即便中间有供述上的反复,只要到案即供且最后可以如实供述,则可以认定为自首;反之,未到案即供,即便后期转而如实供述,依法也不能认定为自首。

关于精神病人犯罪问题,《刑法》第十八条有如下规定:“精神病人在不能辨认或者不能控制自己行为的时候造成危害结果,经法定程序鉴定确认的,不负刑事责任……间歇性的精神病人在精神正常的时候犯罪,应当负刑事责任。尚未完全丧失辨认或者控制自己行为能力的精神病人犯罪的,应当负刑事责任,但是可以从轻或者减轻处罚……”从以上规定可以看出,《刑法》仅对精神病人的刑事责任能力进行了规定,而未对精神病人自首的具体行为认定进行规定。正如上所述,自首需要确定自动投案与如实供述,二者均需要从被告人主观方面出发,确定其自动投案与如实供述的主客观一致性,如果被告人系精神病人,其主观方面的认定就存在疑虑:是否可以根据其客观行为推定其主观方面,抑或其主观方面与客观行为是否具有一致性?如果对自动投案与如实供述二者进行比较，相对而言，自动投案具有更大重要性，也更具有认定标准的严格性，因自动投案相当于被告人未逃跑，客观上节约了司法资源。而如实供述作为一种表现，系自首认定的量刑考量因素，即便供述中含有对自己行为性质的一定辩解，亦可成立如实供述；如实供述部分犯罪的，也可对该部分犯罪构成如实供述。

就本案而言，被告人案发后主动到案，在自动投案的要求上，符合自首的构成要件。但是，因被告人系限制刑事责任能力人，其到案后未能有效供述主要犯罪事实。被告人系精神病人，到案后处于发病期间，未能有效供述并非其意志所能左右，对精神病人的主观状态与客观行为不应过于苛责。被告人的逻辑思维在一定程度上反映其控制、辨认能力，而本案中姚某涛作案后拨打“120”及亲属电话、离开案发现场前往公安机关的一系列行为明显具有一定的逻辑性，可反映其案发时对行为性质及后果有一定的认识，并未完全丧失控制、辨认能力。被告人自动投案意志已经能够通过主动到案显现，如上所述，如实供述系量刑的考量因素，特别是在被告人精神状态不佳的情况下，应对到案即供的标准作一定宽松理解。特别是在经过一定治疗之后，被告人能够如实供述主要犯罪事实，也并未有先行谎称再行供认的情况，在经治疗后供述的情况应当理解为到案即供，符合自首条件中如实供述的要求，依法可以认定为自首，予以从轻处罚。

（撰稿人：池天慧）

未能如实供述主观上具有非法占有目的的，不能认定行为人“如实供述自己的罪行”

——赖某诈骗案[①]

裁判要旨

行为人未能如实供述其主观上具有非法占有目的，不能据此认定其“如实供述自己的罪行”。

① （2020）京0105刑初778号刑事判决书、（2020）京03刑终461号刑事判决书。

案情简介

2019年5月，上诉人赖某在北京市朝阳区给被害人许某元（女，26岁）介绍影集制作公司，后原审被告人赖某通过篡改该影集制作公司合同的收款账户和联系电话，骗取被害人人民币45000元。赖某于2019年12月12日被抓获归案，后全部退赔。

上诉人赖某的上诉理由及其辩护人的辩护意见主要是：(1)赖某修改账户的行为已得到影集制作公司负责人的追认，赖某与被害人之间仅是普通民事纠纷；(2)客观上，赖某没有虚构事实，且事后已将其前男友控制钱款的事实向被害人作出说明，是其前男友侵占资金不归还才导致案发；(3)主观上，赖某没有非法占有目的；(4)赖某系初犯且有自首、积极赔偿损失的从轻处罚情节。综上所述，赖某的行为不构成诈骗罪，原判量刑过重。

裁判结果

一审法院认为，被告人赖某以非法占有为目的，采取虚构事实、隐瞒真相的方法骗取公民的财产，数额较大，其行为已构成诈骗罪，应予惩处。鉴于被告人赖某已退还被害人的经济损失，故予以从轻处罚。故判决：被告人赖某犯诈骗罪，判处有期徒刑1年，罚金人民币10000元。

二审法院认为，上诉人赖某以非法占有为目的，虚构事实、隐瞒真相，骗取他人财物，数额较大，其行为已构成诈骗罪，应依法予以惩处。对于上诉人赖某及其辩护人所提赖某的行为不构成诈骗罪的上诉理由及辩护意见，经查，上诉人赖某通过给被害人许某元介绍影集制作公司，骗得被害人将钱款转至上诉人提供的银行账户，后其并未将钱款转给影集制作公司，且一直拖延拒不归还资金，足以证明其主观上具有非法占有目的，赖某的行为符合诈骗罪的构成要件，故上诉人赖某及其辩护人所提相关上诉理由及辩护意见无事实及法律依据，且无证据予以支持，本院不予采纳；对于上诉人赖某及其辩护人所提赖某构成自首，且原判量刑过重的上诉理由及辩护意见，经查，虽上诉人赖某到案后承认收取被害人的钱款，但对虚构事实及其主观目的等主要犯罪事实未能如实、稳定供述，故对其不能认定自首。原判根据赖某犯罪的数额、犯罪的情节，并充分考虑其具有的量刑情节，在法定幅度内对其量刑适当，故上诉人赖某及其辩护人所提相关上诉理由及辩护意见无事实及法律依据，本院不予采纳。综上所述，一审法院根据赖某犯罪的事实、性质、情节和对于社会的危害程度所作出的判决，事实清楚，证据确实、充分，定罪及适用法律正确，量刑适当，审判程序合法，应予维持。

裁判思路

本案的焦点问题是，上诉人赖某到案后未能如实供述其虚构事实、主观上对被害人钱款具有非法占有目的，能否认定其“如实供述自己的罪行”？

自首制度旨在通过鼓励犯罪人自动投案，一方面促使犯罪人悔过自新，不再继续作案；另一方面促使案件及时侦破与审判。

《自首和立功解释》与《自首和立功意见》对如实供述有较为详细的规定和认定标准。概言之，如实供述自己的罪行，是指犯罪嫌疑人自动投案后，如实交代自己的主要犯罪事实。如实供述自己的罪行，除供述自己的主要犯罪事实外，还应包括姓名、年龄、职业、住址、前科等情况。犯罪嫌疑人供述的身份等情况与真实情况虽有差别，但不影响定罪量刑的，应认定为如实供述自己的罪行。犯罪嫌疑人自动投案后隐瞒自己的真实身份等情况，影响对其定罪量刑的，不能认定为如实供述自己的罪行。犯罪嫌疑人多次实施同种罪行的，应当综合考虑已交代的犯罪事实与未交代的犯罪事实的危害程度，决定是否认定为如实供述主要犯罪事实。虽然投案后没有交代全部犯罪事实，但如实交代的犯罪情节重于未交代的犯罪情节，或者如实交代的犯罪数额多于未交代的犯罪数额，一般应认定为如实供述自己的主要犯罪事实。无法区分已交代的犯罪情节与未交代的犯罪情节的严重程度，或者已交代的犯罪数额与未交代的犯罪数额相当，一般不认定为如实供述自己的主要犯罪事实。犯罪嫌疑人自动投案时虽然没有交代自己的主要犯罪事实，但在司法机关掌握其主要犯罪事实之前主动交代的，应认定为如实供述自己的罪行。

本案被告人赖某到案后辩称其没有虚构事实，只是将合同上的收款账户和联系电话改成其前男朋友的，且其事后已将其前男友控制钱款的事实向被害人作出说明，是其前男友侵占资金不归还才导致案发，其对被害人钱款不具有非法占有目的。

非法占有目的，包括为自己占有也包括为他人占有。被告人赖某未能如实供述其主观上想为他人占有被害人钱款的目的，并没有想承担给被害人造成损失的责任，这反映其主观上并没有悔过自新的意思，不能认定为“如实供述自己的罪行”，故二审法院认为，上诉人赖某到案后承认收取被害人的钱款，但对虚构事实及其主观目的等主要犯罪事实未能如实、稳定供述,对其不能认定自首,据此裁定驳回赖某的上诉,维持原判。

(撰稿人:夏苗苗)

“主要犯罪事实”是指对定罪量刑有重大意义的事实
——杜某非法吸收公众存款案①

裁判要旨

对于自首中“主要犯罪事实”的认定,应从定罪事实、量刑事实、多次同种罪行的危害程度等方面综合把握。主要犯罪事实,是指对认定行为人的行为性质有决定意义的事实、情节(定罪事实)以及对量刑有重大影响的事实、情节(重大量刑事实);而所谓重大量刑事实,则是指决定对行为人应适用的法定刑档次是否升格的情节,以及在总体危害程度上比其他部分事实、情节更大的事实、情节。

案情简介

杜某于2013年至2014年,向不特定多人推介中融鸿海投资基金管理(北京)有限公司(以下简称中融鸿海公司,该公司实际控制人系徐某,已判决)发行的理财项目,以投资项目高额返利、承诺到期后还本付息为由,向陈某等5人非法吸收资金共计1080万元,后其退赔了部分投资人的部分经济损失。杜某于2017年3月24日被抓获归案。在一审期间,杜某的家属代为退赔20万元,现在案。

公诉机关的意见主要是:被告人杜某非法吸收公众存款,扰乱金融秩序,数额巨大,应当以非法吸收公众存款罪定罪处罚。

辩护人的辩护意见主要是:杜某跟徐某没有意思联络,不构成共同犯罪,投资人肖某的投资金额不应认定为杜某的犯罪金额;杜某归案后能够如实供述,违法所得不多,没有前科劣迹,主观恶性极其轻微,参与程度浅,系从犯,建议法庭对杜某免除或者减

① (2018)京0105刑初197号刑事判决书、(2018)京03刑终290号刑事判决书。

轻处罚。

裁判结果

一审法院认为，杜某帮助他人非法吸收公众存款，扰乱金融管理秩序，数额巨大，其行为已构成非法吸收公众存款罪。鉴于杜某归案后能够如实供述主要犯罪事实，当庭自愿认罪，在共同犯罪中起次要作用，系从犯，且已退赔了部分投资人的部分经济损失并缴纳部分退赔款在案，对其依法减轻处罚。应责令杜某退赔投资人的相关经济损失。在案之钱款，依法一并处理。一审法院根据被告人犯罪的事实、性质、情节以及对于社会的危害程度，认定杜某犯非法吸收公众存款罪，判处有期徒刑 2 年，罚金 10 万元；责令杜某退赔投资人相关经济损失；在案钱款用于退赔。

一审宣判后，杜某提出上诉，并由其家属在二审期间继续代为退赔 20 万元。

二审法院经审理认为，上诉人杜某帮助他人非法吸收公众存款，扰乱金融管理秩序，数额巨大，其行为已构成非法吸收公众存款罪，依法应予惩处。杜某在共同犯罪中起次要作用，系从犯，到案后能够如实供述主要犯罪事实，当庭自愿认罪，且退赔部分投资人的部分经济损失，家属代为缴纳部分退赔款，故可依法对其减轻处罚。鉴于杜某的家属在二审期间继续代为退赔，结合杜某的犯罪性质、犯罪情节及悔罪表现，依照宽严相济和量刑均衡的原则，可对其宣告缓刑。一审法院根据杜某犯罪的事实、性质、情节及对于社会的危害程度所作出的判决，事实清楚，定罪及适用法律准确，审判程序合法，唯量刑不当，予以纠正。故改判杜某犯非法吸收公众存款罪，判处有期徒刑 2 年，缓刑 3 年，并处罚金 10 万元；在案钱款用于退赔。

裁判思路

我国《刑法》第六十七条第一款规定："犯罪以后自动投案，如实供述自己的罪行的，是自首。"自首成立需要两个条件，即自动投案和如实供述。犯罪嫌疑人自动投案后，如实交代自己的主要犯罪事实的，属于"如实供述自己的罪行"。对"主要犯罪事实"应当作如下理解：

第一，主要犯罪事实，是指对认定行为人的行为性质有决定意义的事实、情节（定罪事实）以及对量刑有重大影响的事实、情节（重大量刑事实）；而所谓重大量刑事实，则是指决定着对行为人应适用的法定刑档次是否升格的情节，以及在总体危害程度上比其他部分事实、情节更大的事实、情节。主要犯罪事实首先包括定罪事实，而对于量刑事实,则应区分已如实供述与未如实供述部分的严重程度,决定是否认定为如实供述自己的主要犯罪事实。

第二,对于犯罪嫌疑人多次实施同种罪行的,认定是否如实供述主要犯罪事实的基本标准是已交代的犯罪事实与未交代的犯罪事实的危害程度、区分犯罪情节与犯罪数额两个具体标准。即如实交代的犯罪情节重于未交代的犯罪情节,或者如实交代的犯罪数额多于未交代的犯罪数额,一般应认定为如实供述自己的主要犯罪事实。在这里,犯罪数额的多少一般都有比较明确的界限,而犯罪情节的轻重,则要根据情节的严重程度、对量刑的影响加以判断。

第三,如实供述主要犯罪事实与如实供述身份不同。只要如实供述的犯罪事实对量刑的影响大于所隐瞒的事实,就可以认定为如实供述主要犯罪事实,而只要隐瞒的身份情况对量刑有影响,就不能认定为如实供述身份,从而不能认定为如实供述自己的罪行。这是因为不如实供述真实身份对司法实践的危害很大,既可能导致冤错案的发生,又浪费诉讼资源,影响诉讼效率。

第四,主要犯罪事实的"主要"是相对于"次要"而言的,在无法区分已交代的犯罪情节与未交代的犯罪情节的严重程度,或者已交代的犯罪数额与未交代的犯罪数额相当的情形下,一般不认定为如实供述主要犯罪事实。

本案中,杜某被抓获到案后,如实供述了大部分犯罪事实,法院认定其到案后能够如实供述主要犯罪事实,因其并非自动投案,故不构成自首。

(撰稿人:麻学军)

"视为自动投案"未能如实供述的,不认定自首

——田某辉故意杀人案①

裁判要旨

侦查机关通过群众举报等掌握一定线索,认为犯罪嫌疑人有可能构成犯罪,但是尚未进行讯问,亦未采取强制措施,而是采取委托他人给犯罪嫌疑人打电话让其到指

① (2016)京03刑初108号刑事判决书。

定地点，虽未说明要求其协助调查，但犯罪嫌疑人在看到民警后“能逃而不逃”的，应当认定其具有自动投案的主动性和自愿性，但其后不能如实供述主要犯罪事实的，不应认定为自首。

案情简介

被告人田某辉于2016年3月1日10时许，驾驶车牌号为京AX62××的欧曼牌重型自卸货车与被害人邢某(男，殁年47岁)驾驶的普通货车发生剐蹭后逃离，邢某驾车追赶至北京市顺义区顺密路北小营政府路口北侧红绿灯时，下车抓住田某辉所驾车辆的驾驶室车门与其交涉。田某辉在绿灯亮后强行往邢某一侧变道并加速行驶，致拉住其驾驶室车门随车奔跑的邢某倒地，造成邢某双下肢被碾轧后死亡。经鉴定，邢某符合创伤性休克死亡。

被告人田某辉作案后于当日被公安机关查获归案。

公诉机关的意见主要是：本案事实清楚，证据确实充分，田某辉主观上有剥夺他人生命的故意，客观上实施了驾驶重型货车碾压被害人致其创伤性休克死亡的行为，应当以故意杀人罪追究被告人田某辉的刑事责任；被害人无过错，被告人无自首情节，认可谅解书。

辩护人的辩护意见主要是：本案应定性为交通肇事罪或者过失致人死亡罪；被害人对案件发生具有过错，被告人具有自首情节，积极赔偿被害人亲属经济损失并获得谅解。综上所述，若法院判处被告人构成交通肇事罪建议判处1年6个月以下有期徒刑并处缓刑，若判处被告人过失致人死亡罪，建议判处3年有期徒刑并处缓刑。

裁判结果

一审法院认为，被告人田某辉明知被害人邢某拉拽其所驾车辆车门并随车奔跑，其为摆脱被害人，驾车强行变道并加速行驶，放任危害后果的发生，致被害人邢某倒地后双下肢遭碾轧，因创伤性休克死亡，其行为已构成故意杀人罪，依法应予惩处。鉴于被告人田某辉能够如实供述主要犯罪事实，其亲友代为赔偿被害人近亲属经济损失，被害人近亲属对田某辉予以谅解以及本案具体情节，依法可对其从轻处罚。一审法院根据田某辉犯罪的事实、性质、情节及对于社会的危害程度，认定被告人田某辉犯故意杀人罪，对其判处有期徒刑15年，剥夺政治权利3年。

一审宣判后，被告田某辉提出上诉。

二审法院经审理,依法裁定驳回上诉,维持原判。

裁判思路

认定自首成立需同时具备自动投案和如实供述主要犯罪事实两个条件,本案中认定被告人是否构成自首,应分别分析其是否具有自动投案和如实供述两方面表现,本案恰好在这两点上都具有一定的可讨论性,具体分析如下:

本案中,控辩双方之所以对自首问题出现较大的认识分歧,主要在于对被告人到案时间和到案方式是否符合自首的要求认识不一:辩护人认为被告人接到老板电话后知道自己出事了还立即到指定地点,具有自动投案的主动性及自愿性;公诉机关认为被告人案发后逃离现场,公安机关根据目击证人提供的车牌号已经认定被告人具有重大作案嫌疑,后公安机关委托田某辉单位老板给其打电话,被告人老板在电话中仅要求被告人回单位,被告人在不知情的情况下回到单位被公安机关抓获,故田某辉主观上没有投案的意思表示,客观上也没有投案行为,不构成自首。笔者认为,综合考虑,对被告人田某辉不能认定为自动投案。

1. 被告人田某辉并未错失自动投案的时间要求

根据《自首和立功解释》的有关规定,自动投案,是指犯罪事实或者犯罪嫌疑人未被司法机关发觉,或者虽被发觉,但犯罪嫌疑人尚未受到讯问、未被采取强制措施时,主动、直接向公安机关、人民检察院或者人民法院投案。

从这一原则性规定可以看出,《自首和立功解释》对投案时间列举了两种情形,一种是"犯罪事实或者犯罪嫌疑人未被司法机关发觉",另一种是"虽被发觉,但犯罪嫌疑人尚未受到讯问、未被采取强制措施时",两者结合来看,实际上投案时间被推迟到犯罪嫌疑人受到讯问、被采取强制措施前。自首的司法经济性原则在投案时间这个要素上并未起到决定作用,不能因为公安机关在案发后启动侦查程序,进行侦查活动,动用相关司法资源就当然认为犯罪嫌疑人已经丧失了自首的时间条件。若以此理解,就无法解释"犯罪后逃跑,在被通缉、追捕过程中,主动投案的……应当视为自动投案"这一规定的合理性了,故自首制度更重要的目的是促进犯罪人向良善的法秩序回归。本案中,公诉机关以"被告人案发后逃离现场,公安机关根据目击证人提供的车牌号已经认定被告人具有重大作案嫌疑"为由判定被告人丧失了自动投案时间不恰当。

2. 被告人田某辉的投案方式体现出的投案主动性和自愿性甚微

现实情况错综复杂,投案过程及方式不胜枚举,为了统一认识,准确适用司法制度，应对司法实践中出现的种种情况，《自首和立功解释》第一条第一项规定了七种应当视为自动投案的情形。此后，《自首和立功意见》又增加了四种应当视为自动投案的情形，并以“其他符合立法本意，应当视为自动投案的情形”作为兜底条款，要求司法机关立足立法本意，灵活应对千变万化的现实生活。但对比《自首和立功解释》和《自首和立功意见》所提及的“视为自动投案”的情况，《自首和立功解释》中提及的情况是对投案对象与投案时间的放宽，如从向司法机关投案放宽到向所在单位投案，从未被司法机关发觉放宽到在被通缉、抓捕过程中主动投案，但对行为人的投案意愿，即投案的主动性和自愿性不能打折扣。而《自首和立功意见》所明确提及的四种情况中，投案的自动性已出现弱化，都要求供述犯罪行为，这是因为对于视为投案的情况，其投案的积极性和主动性打了折扣，需要通过后期的供述行为加以补强，以显示被告人将自己置于司法机关的控制之下，认罪悔罪接受惩罚的态度。实际上，原本判断自首的两步走程序已经结合为一个有机整体进行统一考量了。

本案中，公安机关在掌握相关证据的情况下已经锁定被告人田某辉，被告人接到老板马某的电话后并不知道已有人报警，也不知道公安人员已到达工地，此时，其回工地的行为并不能体现其投案的意图。直到其开车见到警察后，并没有驾车逃离，反映了其有一定的将自己置于司法处置之下的意愿。此时，其是否及时向公安机关供述罪行具有重要意义，如果其为逃避法律处罚，故意避重就轻、隐瞒主要犯罪事实，表明其不愿意接受法律制裁，也没有自愿认罪，真诚悔罪，则不能认定其为自动投案。

3. 被告人田某辉到案后未能“如实供述”

案发后查获田某辉的民警称，当时田某辉下车向其走来，他询问被告人是田某辉吗，被告人承认，又问知道找他什么事吗，他回答不知道。但此时的“不知道”，不应当简单地判断为对侦查的抵抗，因为对比普通事故而言，满载货物的十轮卡车力量太大，加之当时急于摆脱被害人的慌乱心理，有可能存在轧到被害人双腿时田某辉确实未感觉到的情况，故田某辉的“不知道”，可能是一时面对民警追问的下意识反应，可能是不知道民警是为自己超车时与蓝色小货车发生剐蹭一事而来还是为确已发生的轧人事件而来，因此，其之后的相对完整的供述对合议庭进行判断的意义更大。民警称将田某辉带回公安机关后，其一开始不承认自己驾车出现事故，经过民警做思想工作，田某辉承认了自己超车时与蓝色小货车发生剐蹭一事，后小货车司机开门骂他，他关上门就走了，之后小货车司机是站着还是倒地他不知道，对于小货车司机拉拽车门他还继续行驶是否有危险性他不知道，是否轧到小货车司机他也不知道。这是田某辉到案后第一次供述的情况。办完拘传手续后的第二次供述，田某辉供称知道小货车司机在拉拽车门追车跑，知道此时其继续行驶具有危险性，但既因为怕被害人打他也因为赌气，所以没有停车，在觉得对方倒地后也没有停车查看情况，而是想着正好被害人追不上他了，就赶紧跑了，其没有看后视镜，不知道被害人情况。直到第八次供述，其才承认看了后视镜，发现被害人倒地了没起来，其害怕挨打，开车跑了。

综上所述，被告人在到案初期仅承认自己与被害人发生了交通事故，对影响其定罪的主观上是否认识到其可能发生致人死亡的危险，客观上是否看到被害人倒地不起的情况均没有如实供述，合议庭综合考虑其到案及供述情况，不认定其构成自首。

（撰稿人：王文涛　栾广萍）

被告人对其具体职务的辩解影响定罪量刑事实的，不认定“如实供述”

——赵某、路某柱非法吸收公众存款案[①]

裁判要旨

被告人在法院审理期间，对指控的职务不认可，属于对身份情况的辩解，是否影响“如实供述”的认定，主要看对身份情况的辩解是否影响定罪量刑。如果对职务的辩解在案件事实的认定中起到的作用较大，影响定罪量刑，且被告人所陈述的职务与在案其他证据不符，则不能认定其“如实供述”。

案情简介

北京某食品有限公司系于2015年7月24日注册成立的自然人投资或控股的有限责任公司，住所位于北京市东城区，法定代表人董某，经营范围包括销售食品、日用品等（依法须经批准的项目，经相关部门批准后依批准的内容开展经营活动），2016年10月20日变更法定代表人为付某。

某城市报社有限公司与北京某投资管理有限公司于2017年5月22日签订合作协

[①] （2020）京0113刑初759号刑事判决书、（2021）京03刑终170号刑事判决书。

议，约定共建管理研究院，由前者开设“众筹在线”专题频道、由后者负责组织管理研究院的运营等，合作期限自2017年6月1日至2020年5月30日止，北京某投资管理有限公司每年向某城市报社有限公司支付管理费60万元（实际由北京某食品有限公司支付）。王某甲（其因犯非法吸收公众存款罪被北京市东城区人民法院判刑）、王某乙（另案处理）实际负责“众筹在线”的运营管理，后二人商定由北京某食品有限公司作为众筹公司。被告人路某柱任市场总监，负责团队管理和融资宣传；被告人赵某任运营部总监，负责管理报单员、业务员和讲师，协助路某柱开展融资运营。该公司通过在“众筹在线”销售状元红酒进行融资，并于2017年4月在北京市顺义区马坡地区某俱乐部开设门店，通过互联网、开设讲座等方式向社会公开宣传，与投资人签订《众筹状元红项目认筹合同》，承诺保本高回报。

经司法审计，2017年4月至9月，北京某食品有限公司向40余名投资人吸收投资233万余元，向部分投资人返本付息83万余元，其中，被告人路某柱参与吸收存款共计81万余元。

被告人赵某于2019年3月12日被民警电话传唤到案，被告人路某柱于2020年7月30日被民警抓获归案。

裁判结果

一审法院认为，赵某、路某柱伙同他人非法向社会公众吸收资金，扰乱了金融管理秩序，其中，赵某数额巨大，二人均已构成非法吸收公众存款罪，且系共同犯罪，依法均应予惩处。赵某、路某柱在共同犯罪中起次要、辅助作用，系从犯，依法对赵某减轻处罚，对路某柱从轻处罚。赵某虽然经电话传唤到案，但到案后没有如实供述犯罪事实，不能认定为自首。路某柱到案后没有如实供述犯罪事实。鉴于二人当庭表示认罪，故酌情对其二人从宽处罚。故判决：赵某犯非法吸收公众存款罪，判处有期徒刑2年，并处罚金4万元；路某柱犯非法吸收公众存款罪，判处有期徒刑1年6个月，并处罚金3万元；继续追缴赵某、路某柱的违法所得，追缴后按比例发还各投资人。

一审宣判后，赵某、路某柱分别提出上诉。

上诉人赵某的上诉理由主要是：其不担任运营总监，其是投资者，是受欺骗来到该公司；原判量刑过重。

赵某辩护人的辩护意见主要是：赵某如实供述犯罪事实；赵某在本案中没有获利；原判对赵某量刑失衡，赵某系从犯、初犯、偶犯，应当适用缓刑。

二审法院审理后认为,在案证人证言、同案犯的供述等证据证明,赵某在涉案公司担任运营总监,负责公司的部分管理及融资运营工作,赵某对此没有如实供述,故对赵某的上诉理由及其辩护人的辩护意见,不予采纳。裁定驳回上诉人赵某、路某柱的上诉,维持原判。

裁判思路

本案的争议焦点是,被告人对所担任职务的辩解是否影响"如实供述"的认定?笔者认为,对此认定的关键在于被告人对具体职务的辩解是否影响对其定罪量刑。

《自首和立功意见》中规定,"如实供述自己的罪行,除供述自己的主要犯罪事实外,还应包括姓名、年龄、职业、住址、前科等情况。犯罪嫌疑人供述的身份等情况与真实情况虽有差别,但不影响定罪量刑的,应认定为如实供述自己的罪行"。因此,被告人在法院审理期间,对指控的职务不认可,属于对身份情况的辩解,是否影响"如实供述"的认定,主要看对身份情况的辩解是否影响定罪量刑。如果对职务的辩解在案件事实的认定中起到的作用较大,影响定罪量刑,在被告人所陈述的职务与在案其他证据不符的情况下,不能认定为"如实供述"。

本案中,公诉机关指控赵某案发前系北京某食品有限公司运营总监,但是,赵某辩解其在该公司不担任运营总监,其是投资者,是受欺骗来到该公司。但在案证人证言、同案犯的供述等证据证明,赵某在涉案公司担任运营总监,负责公司的部分管理及融资运营工作。证人赵某甲的证言证实,赵某在公司是领导,主要负责找投资人,赵某手下有业务员和讲师,业务员、讲师、报单员都是赵某领导;证人曹某的证言证明,赵某平时在办公室负责与犹豫不决的客户沟通,让他们放心投资,平时负责管理讲师、报单员、业务员等内部工作人员;同案犯路某柱的证言证明,赵某被安排具体负责市场工作,负责带投资人看项目。

赵某在公司所担任的职务直接决定了其在共同犯罪中的地位和作用,影响对其定罪和量刑。如果按照赵某的供述,其并非运营总监,只是一个投资者,并没有参加该公司的实际运营,那么,其就不构成非法吸收公众存款罪。本案中,赵某对职务这一身份情况的供述与在案的证人证言、同案犯供述不符。对于赵某职务的认定,法院最终采纳的是证人证言、同案犯的供述,并没有采纳赵某的供述。因此,赵某对职务的辩解属于影响定罪量刑的事实,赵某不能认定为"如实供述。"

(撰稿人:张元元)

共同犯罪中，被告人未如实供述其在犯罪中的地位和作用的，不属于“如实供述”自己的罪行

——刘某酉侵犯公民个人信息案①

裁判要旨

共同犯罪中，“犯罪事实”应当包含所有犯罪人员实施的涉及该种罪名的所有行为，因每位犯罪人员在共同犯罪中都“扮演”着某种身份、发挥一定的作用，即使不能区分主犯、从犯，该情形中的“主要犯罪事实”应当包括犯罪人员在共同犯罪中的地位和作用。被告人刘某酉虽经电话通知自行到案，但到案后一直否认其在共同犯罪中的地位和作用，不属于如实供述自己的罪行，依法不能认定其构成自首。

案情简介

2016年7月至2017年8月，北京某公司（另案处理）为推销由长沙市某某咨询有限公司推出的演讲培训课程，雇用孙某某、张某龙、丰某某等20余人（均另案处理）从事电话销售工作，并通过入职培训、口口相传方式授意张某家等人利用网络登录QQ账号，并加入以信息资源交流为目的的群，通过交换等方式获取包括姓名、手机号码等在内的公民个人信息。孙某某、张某龙、丰某某等任公司销售主管或见习销售主管，负责组内管理、业绩提升等，在明知组内人员通过交换方式非法获取及向他人提供公民个人信息仍予以支持帮助。2017年6月，被告人刘某酉实际任职北京某公司总经理，负责公司组织培训、人事任免、日常管理等，为了公司发展客户、推销演讲课程，通过组织入职培训等方式授意员工采用交换方式获取并向他人非法提供公民个人信息。

2017年8月2日，北京某公司被公安机关查获；2018年5月14日，被告人刘某酉经公安机关电话通知后自行到案。

公诉机关的意见主要是：北京某公司违反国家规定，为公司合法经营而非法获取并向他人提供公民个人信息，被告人刘某酉作为公司主管人员，触犯了我国《刑法》第

① （2019）京03刑终233号刑事判决书。

二百五十三条之一第一款、第三款、第四款之规定,构成侵犯公民个人信息罪,提请法院依法判处。

被告人刘某酉辩称:其不是北京某公司总经理,北京某公司销售人员没有通过交换公民个人信息的方式销售课程,其行为不构成侵犯公民个人信息罪。

辩护人的辩护意见主要是:被告人刘某酉不是北京某公司直接负责的主管人员,且本案不属于单位犯罪,公诉机关指控被告人刘某酉犯侵犯公民个人信息罪的事实不清、证据不足,被告人刘某酉无罪;如果法院认定被告人刘某酉的行为构成侵犯公民个人信息罪,那么,被告人刘某酉具有自首情节,请求法院对被告人刘某酉免予刑事处罚。

裁判结果

一审法院认为,被告人刘某酉法律观念淡薄,其作为北京某公司直接负责的主管人员,违反国家有关规定,组织、授意公司员工向他人非法提供公民个人信息,为公司获取经济利益,其行为已构成侵犯公民个人信息罪,且属于情节特别严重,依法应予惩处。被告人刘某酉在共同犯罪中起主要作用,系主犯,依法应当按照其所参与的全部犯罪处罚。一审法院根据被告人刘某酉犯罪的事实、性质、情节和对于社会的危害程度等,认定被告人刘某酉犯侵犯公民个人信息罪,判处有期徒刑3年6个月,并处罚金人民币3万元。

一审宣判后,被告人刘某酉提出上诉。

刘某酉的上诉理由主要是:原判对其量刑过重,请求对其从轻处罚。其到任仅一个月,前任总经理离职后其接手,其不应被认定为主犯。

辩护人的辩护意见主要是:原判认定刘某酉犯罪的部分事实不清、证据不足,并且量刑过重。刘某酉系长沙市某某咨询有限公司讲师,受指派临时代管北京某公司,其参与程度不深,不是幕后的真正老板。刘某酉应被认定为从犯,刘某酉具有自首情节,原判未予认定。

此外,辩护人向法院提交了前任总经理离职协议书、劳动合同书、刘某酉讲课教练合同复印件及公司网站宣传图等新证据,辅助证明其辩护意见。

二审法院经审理查明的事实和证据与原判相同。对于辩护人二审期间提交的新证据,经查,上述证据或与本案无直接关联,或不影响对刘某酉定罪量刑,故对辩护人所提交的新证据,二审法院均不予采信。

关于辩护人所提原判认定刘某西部分犯罪事实不清、证据不足等辩护意见，经查，在案多份证据已充分证明刘某西曾以北京某公司总经理、实际负责人、日常经营管理者、销售模式决策者的身份，在该公司从事相关管理工作，履行了经营过程中与公司侵犯公民个人信息相关的职责，根据法律的规定，刘某西应当承担相应责任；原判对于刘某西犯罪事实的认定，是从其任职后开始起算的，并未加重其责任或者超过事实范围进行不当认定；虽然刘某西任职时间较短，但其担任的管理岗位对于单位犯罪的发生、持续起到了促进作用，是该公司及其他同案犯敢于持续违反国家规定，肆无忌惮实施侵犯公民个人信息行为的重要支持，据此，不能够否认和排除刘某西的法律责任，因此，辩护人所提相关辩护意见不能成立，法院不予采纳。

关于上诉人刘某西所提原判量刑过重、其系从犯等上诉理由及其辩护人所提原判未对刘某西充分从轻处罚、刘某西具有自首情节等辩护意见，经查，刘某西虽系经电话通知自行到案，但其到案之初，持续否认其在单位犯罪中的作用，不承认与犯罪事实存在关联，其供述与在案的其他证据存在显著矛盾，故依法不能认定其构成自首；刘某西在本案中的作用显著，比较其他同案犯，刘某西应被认定为主犯，而非从犯；原判对刘某西的量刑在法定幅度内，不存在量刑过重的情况。因此，对于上诉人刘某西所提相关上诉理由及其辩护人所提相关辩护意见，法院不予采纳。

二审法院认为，上诉人刘某西作为单位直接负责的主管人员，违反国家规定，组织、授意公司员工向他人非法提供公民个人信息以获取公司经济利益，其行为已构成侵犯公民个人信息罪，且属于情节特别严重，依法应予惩处。本案中，刘某西系主犯，依法应按照其所参与的全部犯罪处罚。一审法院根据刘某西犯罪的事实、犯罪的性质、情节和对于社会的危害程度所作的判决，事实清楚，证据确实、充分，定罪和适用法律正确，量刑适当，审判程序合法，应予维持。故裁定依法驳回刘某西的上诉，维持原判。

裁判思路

本案是一起单位犯侵犯公民个人信息罪的关联案件，按照《刑法》第二百五十三条之一第四款的规定，单位犯该罪的，对单位判处罚金，并对其直接负责的主管人员和其他直接责任人员，依照各该款的规定处罚。本案被告人刘某西系涉案单位北京某公司的直接负责的主管人员，其与其他直接责任人员属构成侵犯公民个人信息的共同犯罪。

本案审理的重点在于被告人刘某西在共同犯罪中所起的作用的认定。被告人刘某西虽然系电话通知主动到案,但其到案后一直否认自己系北京某公司的负责人,其对共同犯罪中自己的地位和作用的供述是认定其是否如实供述的关键所在。

一审、二审期间被告人刘某酉的辩护人均提出刘某酉具有自首情节。辩护人的辩护意见中提出,刘某酉不是北京某公司的实际负责人,只是临时代管,应被认定为从犯,其经电话传唤后主动到案且如实供述,具有自首情节。

《自首和立功解释》第一条第二项规定:"如实供述自己的罪行,是指犯罪嫌疑人自动投案后,如实交代自己的主要犯罪事实。"

对于共同犯罪来说,"犯罪事实"应当包含所有犯罪人员实施的涉及该种罪名的所有行为,因每位犯罪人员在共同犯罪中都"扮演"着某种身份、发挥一定的作用,即使不能区分主犯、从犯,"主要犯罪事实"理所应当包括犯罪人员在共同犯罪中所处地位和作用。《自首和立功解释》规定:"共同犯罪案件中的犯罪嫌疑人,除如实供述自己的罪行,还应当供述所知的同案犯,主犯则应当供述所知其他同案犯的共同犯罪事实,才能认定为自首。"

在具体认定方面,被告人对于影响自身定罪量刑的相关情况是否如实供述,也是认定"如实供述自己的罪行"的重要判断依据。《自首和立功意见》第二条规定,如实供述自己的罪行,"除供述自己的主要犯罪事实外,还应包括姓名、年龄、职业、住址、前科等情况","犯罪嫌疑人自动投案后隐瞒自己的真实身份等情况,影响对其定罪量刑的,不能认定为如实供述自己的罪行"。

具体案件中,被告人是否如实供述需要结合查明的案件事实作出判断。有的被告人在侦查期间及开庭审理的过程中对其犯罪事实均供认不讳,但由于法律知识的缺乏或认识上的偏差,始终认为其行为不构成犯罪或不构成公诉机关指控的犯罪,这是被告人对行为性质的辩解,其对指控的否定是在行使正当、合法的自我辩护权。2004 年最高人民法院发布的《关于被告人对行为性质的辩解是否影响自首成立问题的批复》规定,被告人对行为性质的辩解不影响自首的成立,即被告人的合法辩解权与自首情节并不冲突。但满足这一规定的前提,也仅是被告人对其行为是否属于犯罪以及构成何种犯罪的说明,而不是对行为本身的完整性故意隐瞒。

回到本案来看,根据到案经过和破案报告,被告人刘某酉系在接到北京市公安局通州分局的电话通知后,从外地抵京接受调查,属于自动投案。被告人刘某酉到案后直到二审审理期间,均称自己系公司的一名讲师,任职北京某公司的时间仅一个多月,没有授意过公司的员工实施侵犯公民个人信息的行为;虽然其在公司的身份是总经理，但没有以该身份行使过职权。被告人刘某西的辩护人也主张刘某西不是公司的实际控制人，不是共同犯罪中的主犯。

一审、二审法院经审理查明，均认定被告人刘某西系北京某公司的直接负责的主管人员，并且其在共同犯罪中起主要作用，应认定为主犯。被告人刘某西虽然承认其在公司的身份是总经理，但其对自己在共同犯罪中的地位和起到的作用的供述与法院审理查明的事实相矛盾，其隐瞒的内容属于“主要犯罪事实”，且明显影响对其的定罪量刑，根据相关法律规定，被告人刘某西不属于如实供述，因此不能被认定为自首。综上所述，对于辩护人所提刘某西具有自首情节的相关辩护意见，一审、二审法院均未予以采纳。

（撰稿人：张瑞晨）

自首中如实供述自己的罪行是指如实交代主要犯罪事实

——刘某民等三人敲诈勒索案①

裁判要旨

主要犯罪事实，是指对认定行为人的行为性质有决定意义的事实、情节（定罪事实）以及对量刑有重大影响的事实、情节（重大量刑事实）；而所谓重大量刑事实，则是指决定对行为人应适用的法定刑档次是否升格的情节，以及在总体危害程度上比其他部分事实、情节更大的事实、情节。

案情简介

2017 年至 2019 年 2 月，被告人刘某民、付某良、刘某兰在北京市朝阳区望京西园等地，以举报被害人戴某（男，56 岁）位于北京市朝阳区北苑中街的房产存在违建为由相威胁，向被害人戴某索要 40 万元。后被害人戴某于 2019 年 2 月 12 日向被告人刘某兰账户汇款 1 万元，于 2019 年 2 月 13 日向公安机关报案。被告人刘某民于 2019 年 3

① （2019）京 0105 刑初 1574 号刑事判决书、（2019）京 03 刑终 862 号刑事裁定书。

月5日经民警电话联系自动到案。被告人付某良、刘某兰于2019年3月6日经民警电话联系自动到案,公安机关扣押三被告人手机各1部。

本案在审理期间,被告人刘某兰家属代其缴纳2万元,被告人刘某民、付某良家属代其各自缴纳1万元,现在案。

公诉机关的意见主要是:被告人刘某民、付某良、刘某兰以非法占有为目的,采用威胁方法勒索他人财物,数额特别巨大,应以敲诈勒索罪追究其刑事责任。

刘某民的辩护人的辩护意见主要是:刘某民当庭自愿认罪、认罚,仅对最终确定的数额不明知,同时本案事出有因,被告人一方确实因被害人的违建造成了生意上的损失,建议法庭对其减轻处罚。

付某良的辩护人的辩护意见主要是:付某良具有自首、犯罪未遂的法定从轻、减轻情节,本案事出有因,与简单的敲诈勒索犯罪相比社会危害性不大,付某良系初犯,建议法庭对其从宽处罚。

刘某兰的辩护人的辩护意见主要是:刘某兰具有自首、犯罪未遂的法定从轻、减轻情节,既遂部分仅为1万元,本案事出有因,与简单的敲诈勒索犯罪相比社会危害性不大,刘某兰系初犯,建议法庭对其从宽处罚。

裁判结果

一审法院认为,被告人刘某民、付某良、刘某兰法治观念淡薄,以威胁手段敲诈勒索他人钱款,数额特别巨大,三被告人的行为已构成敲诈勒索罪,依法应予惩处。

三被告人敲诈勒索的数额仅有1万元为既遂,39万元为未遂,可以认定为犯罪未遂;鉴于被告人付某良、刘某兰具有自首情节,三被告人均能当庭认罪认罚,被告人刘某兰退缴违法所得,对三被告人均依法减轻处罚。辩护人的相关辩护意见,酌予采纳。被告人的行为给被害人造成的经济损失应责令退赔,在案钱款一并处理。

一审法院根据被告人犯罪的事实、性质、情节以及对于社会的危害程度,认定被告人刘某民犯敲诈勒索罪,判处有期徒刑3年,罚金1万元;被告人付某良犯敲诈勒索罪,判处有期徒刑2年,罚金1万元;被告人刘某兰犯敲诈勒索罪,判处有期徒刑2年,罚金1万元;责令被告人刘某兰退赔1万元(已在案)发还被害人戴某,在案之手机3部予以分别发还各被告人。

一审宣判后,被告人刘某民以其具有自首情节提出上诉。付某良、刘某兰以原判量刑过重提出上诉。

二审法院经审理，依法裁定驳回上诉，维持原判。

裁判思路

我国《刑法》第六十七条第一款规定："犯罪以后自动投案，如实供述自己的罪行的，是自首。"自首成立需要两个条件，即自动投案和如实供述。《自首和立功解释》之规定，犯罪嫌疑人自动投案后，如实交代自己的主要犯罪事实的，属于"如实供述自己的罪行"。实践中，对"主要犯罪事实"应当作如下理解：

第一，在具体案件的各种事实、情节中，能够决定行为人的行为是否犯罪、是构成此罪还是构成彼罪的定罪事实，无疑属于"主要犯罪事实"。因为如果行为人在这些事实、情节上不能如实供述，一方面，不能为国家顺利地追诉其罪行创造实际条件；另一方面，也表明行为人缺乏认罪悔罪的诚意，有逃避应受责罚之企图或者有包庇他人的目的，根本不符合自首的本质特征，当然不能认为其如实供述了自己的主要犯罪事实。

第二，"主要犯罪事实"不限于对其行为性质认定有决定意义的那些事实、情节，也包括对行为人的量刑有重大影响的特定事实、情节。具体而言，下列两种情形下，可认为未对其量刑有重要影响的事实、情节即"主要犯罪事实"作如实供述：(1)行为人未能如实供述决定其应适用的法定刑档次是否升格的事实、情节。例如，张三盗窃10万元(应在3年以上10年以下有期徒刑，并处罚金之刑档内量刑)，但只交代5万元(在3年以下有期徒刑、拘役或者管制，并处或者单处罚金之刑档内量刑)。(2)行为人未能如实供述的那部分事实、情节，在危害程度上较如实供述的那部分事实、情节更重。例如，张三盗窃10万元，但他却只供述盗窃3万元。以上两种情形，在某些场合下存在交叉，二者居其一，则均可认为行为人未对量刑有重大影响的"主要犯罪事实"作如实供述。因为上述两种情形都说明行为人有避重就轻的企图，都反映其缺乏认罪悔罪的诚意，因此，不符合自首的本质特征，可以认定其没有如实供述自己的罪行。

综上所述，所谓"主要犯罪事实"，是指对认定行为人的行为性质有决定意义的事实、情节(定罪事实)以及对量刑有重大影响的事实、情节(重大量刑事实)；而所谓重大量刑事实，则是指决定对行为人应适用的法定刑档次是否升格的情节，以及在总体危害程度上比其他部分事实、情节更大的事实、情节。

本案中，刘某民经公安机关电话传唤自动到案后，辩解其后期没有参与向被害人索要钱款,对此事不知情,系对其定罪事实的根本否认,与在案其他证据及查明的事实不符,虽自动投案,但未能如实供述主要犯罪事实,不构成自首。

(撰稿人:裴冀鹏)

对投案方式有所辩解不影响"如实供述"的认定

——徐某海危险驾驶案①

裁判要旨

行为人对投案方式存在辩解,需结合全案证据及法律规定认定其是否构成自动投案,能够基本陈述案件事实,即使对投案方式有所辩解亦不影响"如实供述"的认定,虽不能构成自首但可适用认罪认罚从宽制度。

案情简介

2020年5月1日22时许,被告人徐某海酒后驾驶大众牌小型轿车行驶至北京市顺义区顺白路与北环路口北侧时,见前方民警设卡检查,遂将车停在路边并熄火下车向车尾方向步行,后被民警查获。经检测,徐某海血液中酒精含量为86.6mg/100ml。

5月24日,被告人徐某海被传讯至公安机关,并于同日在民警带领下前往医院进行新冠核酸检测,次日被告人徐某海被民警带至北京市顺义区看守所,后因身体原因未能收押。5月26日,被告人徐某海离开派出所。

一审公诉机关认为被告人徐某海具有到案后基本如实供述犯罪事实、逃避公安机关依法检查的量刑情节,建议判处被告人徐某海拘役1个月,并处罚金。

被告人徐某海对指控事实、罪名及量刑建议没有异议,认罪认罚且签字具结,在开庭审理过程中提出其停车熄火后,下车站在车尾处系等候民警处理的意见。

裁判结果

一审法院认为,被告人徐某海已构成危险驾驶罪,公诉机关指控罪名成立,量刑建

① (2020)京03刑终577号刑事裁定书。

议适当,应予采纳。鉴于被告人徐某海自愿认罪认罚,故依法对其从宽处罚。被告人徐某海系被现场查获,并非自动到案。根据本案犯罪事实、性质、情节和对于社会的危害程度,不宜对被告人徐某海免予刑事处罚。故判决:被告人徐某海犯危险驾驶罪,判处拘役1个月,并处罚金人民币4000元。

北京市顺义区人民检察院的主要抗诉理由及北京市人民检察院第三分院出庭支持抗诉意见主要是:徐某海在审查起诉阶段签署认罪认罚具结书,检察机关提出判处徐某海拘役1个月并处罚金的量刑建议,法院亦采纳并鉴于被告人认罪认罚对其从宽处罚,判处其拘役1个月,罚金人民币4000元。后被告人徐某海在证据没有发生变化的情况下又不服判决提起上诉,即不认罚,应属于以认罪认罚形式换取较轻刑罚,再利用上诉不加刑原则提出上诉,当庭认罪认罚动机不纯,一审认罪认罚从宽处理不应再适用,建议在拘役2~3个月的幅度内判处刑罚,并处罚金。特提出抗诉,请依法判处。

上诉人徐某海在二审开庭时的意见为:其认可原审认定的犯罪事实、检察院的量刑建议和一审法院的判决结果,其认罪认罚,当初上诉是想争取定罪免刑,后其已在上诉期内撤回上诉。

上诉人徐某海的辩护人的主要辩护意见是:一审法院判决结果罪刑相适应,徐某海提出上诉,后得知顺义区人民检察院提出抗诉后撤回上诉,徐某海是在得知他上诉有可能损害认罪认罚制度的权威性后又撤回了上诉,且徐某海的刑罚已经执行完毕,惩罚教育的效果已经实现,希望维持一审判决。

二审法院认为,上诉人徐某海醉酒驾驶机动车的行为已构成危险驾驶罪,依法应予惩处。鉴于上诉人徐某海自愿认罪认罚,故依法对其从宽处罚。一审法院根据被告人徐某海犯罪的事实、性质、情节和对于社会的危害程度等所作出的判决,定罪及适用法律正确,量刑适当,审判程序合法,应予维持。据此,裁定驳回抗诉,维持原判。

裁判思路

本案的焦点问题之一是被告人徐某海是否能够构成自首。根据《刑法》第六十七条的规定,自首有两种表现形式:第一种为一般自首,即"犯罪以后自动投案,如实供述自己的罪行的,是自首";第二种是特别自首,即"被采取强制措施的犯罪嫌疑人、被告人和正在服刑的罪犯,如实供述司法机关还未掌握的本人其他罪行的,以自首论"。

自首制度是我国宽严相济刑事政策的表现方式之一,1979年《刑法》就确立了自首这一量刑情节,并规定"犯罪以后自首的,可以从轻处罚。其中,犯罪较轻的,可以减轻或者免除处罚;犯罪较重的,如果有立功表现,也可以减轻或者免除处罚"。与现行《刑法》相比,1979年《刑法》对于构成"自首"的规定相对模糊,但均体现了立法者对于自首犯罪人从宽处理的立法思想,其意义在于鼓励犯罪行为人自动投案,如实交代犯罪事实,既体现了犯罪者认罪悔罪的心理状态,也便于司法机关及时查清案件事实,节约司法资源。

结合本案案情,笔者着重分析一下徐某海能否构成一般自首。根据法条规定,构成一般自首需同时满足"自动投案"和"如实供述"两个要件。

1. "自动投案"的事实与法律认定

首先,《自首和立功解释》第一条规定:"自动投案,是指犯罪事实或者犯罪嫌疑人未被司法机关发觉,或者虽被发觉,但犯罪嫌疑人尚未受到讯问、未被采取强制措施时,主动、直接向公安机关、人民检察院或者人民法院投案。"徐某海在一审阶段庭审中曾经提出其停车熄火后,下车站在车尾处系等候民警处理,其在一审阶段的辩护人也认为徐某海发现民警设卡,主动停车,没有逃逸,到案后如实供述,系自首。

经向公安机关了解,2020年5月1日22时许,徐某海酒后驾驶小客车由北向南行驶,在徐某海发现执勤民警在前方设卡检查时,在距离卡点大约50米,将车停在路边,熄火,并弃车朝相反方向走去,执勤民警发现而后将其追回,徐某海并没有主动配合执勤民警工作。

关于徐某海究竟是如何到案的,需要根据现有证据来还原案发时的情景,徐某海虽然辩解其下车系站在车尾处等候民警,但不能为其辩解提供充足的证据来排除合理怀疑。在案证据显示,其案发后弃车逃走,朝民警相反方向走去,后由执勤民警将其追回,那么,徐某海系被现场查获,而非自动到案,不具有投案的自动性和主动性,也就不能成立自首。徐某海在二审阶段也曾辩解,其是走到车尾处等候民警处理,但未能提供新证据证明其所述事实,二审亦维持了一审关于事实的认定。

2. 对投案方式有所辩解不影响"如实供述"的认定

徐某海到案后基本能够如实供述犯罪事实,其在审查起诉阶段签署了认罪认罚具结书,一审法院也认定徐某海自愿认罪认罚,故依法对其从宽处罚。徐某海虽有逃避公安机关依法检查的情况,但不影响其"如实供述"自己饮酒驾车的基本事实,可以构成如实供述。

本案中,徐某海虽因其未能自动投案不能被认定为自首,但因其如实供述基本犯罪事实且满足认罪认罚的构成要件，可对其适用认罪认罚从宽制度。自首制度和认罪认罚制度虽均要求犯罪嫌疑人、被告人自愿如实供述自己的罪行，但两者在构成要件上确有不同之处：自首制度要求犯罪行为人同时满足"自动投案"和"如实供述"，而认罪认罚制度要求行为同时满足"如实供述""承认指控的犯罪事实""愿意接受处罚"，三者缺一不可。徐某海在被司法机关查获后能够如实供述自己的罪行，承认公诉机关所指控的其构成危险驾驶罪的犯罪事实，同时愿意接受检察机关提出判处徐某海拘役1个月并处罚金的量刑建议。虽然一审法院鉴于被告人认罪认罚采纳检察机关量刑建议并对其从宽处罚，判处其拘役1个月，罚金人民币4000元后，徐某海以"其社会危害性较小，犯罪情节轻微，已经服刑完毕，希望二审法院对其定罪免刑"为由提出上诉，但后在上诉期内表示认可一审判决并撤回上诉；在二审审理期间，徐某海对一审判决认定的犯罪事实、罪名和刑罚均无意见，其认罪认罚的态度未发生变化，故二审法院驳回了检察机关基于对徐某海认罪认罚从宽处罚提出的抗诉，维持了原判。

（撰稿人：王海虹　宋文欣）

被告人虽自动投案，但到案后未如实供述所犯罪行，依法不能认定为自首

——亢某辉、商某起非法拘禁案[①]

裁判要旨

如实供述自己的罪行是自首的一个重要条件。如实供述自己的罪行，是指犯罪嫌疑人主动投案后，交代自己的全部罪行，至少是如实交代自己的主要犯罪事实。若犯罪嫌疑人虽然主动投案，但到案后未如实供述所犯罪行，依法不能认定为自首。认定自首，对于案件的及时侦破和提升审判质效能起到重要作用，也能为国家顺利地追诉其所"主动交付追诉"的罪行创造实际条件。

① （2020）京03刑终618号刑事裁定书。

案情简介

2016年11月10日，被害人林某在北京市朝阳区被人强行带走。2017年8月的一天，被告人亢某辉指示被告人商某起在京津塘高速天津宜兴埠出口处从一男子手中接到林某，并带至亢某辉在天津的暂住地对林某进行看管。同年9月，亢某辉、商某起开车将林某带至黑龙江省伊春市继续看管。同年11月底12月初，亢某辉、商某起开车将林某带至福建省厦门市继续看管。2017年12月27日，经警方电话通知，商某起带林某返回北京，并和亢某辉一起入住酒店。次日，林某返回家中。2018年8月12日亢某辉、商某起向公安机关投案。

公诉机关的意见主要是：被告人亢某辉、商某起的行为构成非法拘禁罪，提请法院依照《刑法》第二百三十八条第一款之规定，予以惩处。

亢某辉辩护人的辩护意见主要是：亢某辉系初犯，有自首情节；亢某辉接手后对林某没有体罚、虐待行为，对林某人身自由的限制程度较轻；在伊春的后期以及在厦门期间，不属于非法拘禁；建议法庭对其从轻、减轻处罚。

商某起辩护人的辩护意见主要是：商某起系初犯，有自首情节，其在共同犯罪中作用相对较轻，属于从犯；商某起认罪认罚，建议法庭对其适用缓刑。

裁判结果

一审法院认为，被告人亢某辉、商某起法治观念淡薄，非法拘禁他人，二被告人的行为侵犯了他人人身权利，已构成非法拘禁罪，依法应予惩处。亢某辉、商某起此前没有前科劣迹，主动投案，当庭对部分犯罪事实予以承认，故对二被告人所犯罪行均予以从轻处罚，并结合二被告人在共同犯罪中的具体作用予以量刑。据此判决：被告人亢某辉犯非法拘禁罪，判处有期徒刑2年6个月；被告人商某起犯非法拘禁罪，判处有期徒刑2年3个月。

一审宣判后，被告人亢某辉提出上诉。

二审法院认为，本案中，亢某辉、商某起非法拘禁被害人林某4个月，在拘禁期间无殴打、侮辱等情节，依法应当判处3年以下有期徒刑。亢某辉、商某起虽然自动投案，但是到案后均未如实供述所犯罪行，依法不能认定为自首，二人主动到案的情节在量刑时予以考虑。二被告人中，亢某辉为犯意提起者和具体策划者，商某起为非法拘禁的具体实施者，按照二人在犯罪中的作用量刑。综上所述，原审法院根据被告人亢某辉、商某起犯罪的事实、情节判处的刑罚在量刑幅度内，量刑并无不当。综上所述，依法驳回上诉人亢某辉的上诉，维持原判。

裁判思路

本案的焦点问题是，被告人亢某辉、商某起虽然主动投案，但到案后未如实供述所犯罪行，依法是否能认定为自首？

本案中，被告人亢某辉、商某起是否构成自首，应当从以下两方面进行分析：

第一，被告人是否构成“自动投案”。《自首和立功解释》第一条第一项规定：“自动投案，是指犯罪事实或者犯罪嫌疑人未被司法机关发觉，或者虽被发觉，但犯罪嫌疑人尚未受到讯问、未被采取强制措施时，主动、直接向公安机关、人民检察院或者人民法院投案。”据此，认定犯罪嫌疑人符合自动投案要求，在主观方面，行为人应有真实的自动投案意愿，即被告人具有主动接受司法机关处理或主动将其置于司法机关控制下的意思表示，且该意志并不违背其本人的意愿。在客观方面，行为人要有自动投案的具体行为，这是判断被告人是否构成自动投案的关键。具体的自动投案行为包括但不限于主动前往司法机关投案、委托他人先代为投案、在他人陪同下投案等。结合主客观相一致原则，综合判断行为人是否具有自动投案的真实意志和具体行为。本案中，被害人林某的妻子向公安机关报案后，公安机关通过李某、辛某等人联系到了亢某辉，经沟通，被告人亢某辉安排被告人商某起将林某从厦门带回北京。回到北京后，被告人亢某辉接到公安机关的电话，告知其行为涉嫌违法犯罪，让其去投案。后在被害人林某的安排下，被告人主动向公安机关投案。本案被告人的犯罪行为虽已被公安机关发觉，但二被告人尚未受到讯问，也未被采取强制措施，在该情况下，被告人向公安机关投案的行为符合自动投案的要求。从主观方面判断，经公安机关的工作，被告人具有主动向黑龙江省伊春市公安机关投案的真实意思表示，从客观方面判断，被告人已主动将自己置于公安机关的控制下，因此，其行为可构成“自动投案”。

第二，被告人是否符合“如实供述自己的罪行”。《自首和立功解释》第一条第二项规定，“如实供述自己的罪行，是指犯罪嫌疑人自动投案后，如实交代自己的主要犯罪事实”，“共同犯罪案件中的犯罪嫌疑人，除如实供述自己的罪行，还应当供述所知的同案犯，主犯则应当供述所知其他同案犯的共同犯罪事实，才能认定为自首”。被告人在到案后，如实供述自己罪行的时间节点，是判断其行为是否构成自首的重要条件。一般情况下，被告人在首次接受司法机关的讯问时，就应当主动、如实交代其犯罪事实。考虑到自首制度的设立旨在鼓励犯罪嫌疑人悔过自新，交代犯罪事实，帮助司法机关尽快侦破案件，从而达到节约司法资源的目的。因此，此处对“如实供述”的理解应当为，如实地向司法机关交代其实施的客观犯罪行为，如果受主客观条件限制，被告人在接受讯问时，只如实地供述自己的主要或基本的犯罪事实，即能据以确定犯罪性质、情节的犯罪事实，也应视为如实供述行为人的“主要犯罪事实”。但是，如果被告人始终隐瞒或部分隐瞒其犯罪事实，或是犯罪嫌疑人自动投案并如实供述自己的罪行后又翻供的，不能认定为自首。本案被告人到案后，虽然对其在天津和伊春非法拘禁林某的事实供认不讳，且和被害人林某的陈述能够相互印证，但被告人亢某辉、商某起辩称在厦门期间林某是自由的。根据林某的当庭陈述，其在厦门期间也是全天受到商某起控制的，其并没有人身自由。结合在案证据看，在厦门期间商某起是因为接到了警方的电话才和林某一起回到北京，如果不是因为非法拘禁林某，商某起之前完全可以自行离开厦门，之前林某被非法控制一年有余，在厦门期间若其有人身自由却不回北京也明显不合常理。《刑法》第二百三十八条规定，非法拘禁罪是指以拘押、禁闭或者其他强制方法，非法剥夺他人人身自由的犯罪行为。亢某辉和商某起主观上有非法拘禁林某的意图，客观上实施了限制林某人身自由的行为，因此，其行为已经构成非法拘禁罪。同时，从二被告人非法拘禁林某开始，一直到恢复林某的人身自由为止，其非法拘禁的行为处于持续不断的状态。因此，在厦门期间，林某的身体自由权也在持续受到侵害。而二被告人在到案后并未如实供述其在厦门期间对林某实施的非法拘禁行为，当庭也对这期间的事实予以否认，故不能认定二被告人“如实供述自己的罪行”。

综上所述，本案二被告人虽自动到案，但不符合自首所要求的如实供述要件，故不成立自首。

（撰稿人：宋叶娉婷）

主动到案后认可半数以上犯罪数额的，一般应认定如实供述

——张某诈骗案①

裁判要旨

被告人多次实施同种罪行的，应当综合考虑已交代的犯罪事实和未交代的犯罪事实的危害程度，决定是否认定为如实供述主要犯罪事实；虽然没有交代全部犯罪事实，但如实交代的犯罪情节重于未交代的犯罪情节，或者如实交代的犯罪数额多于未交代的犯罪数额，一般应认定为如实供述自己的主要犯罪事实。

案情简介

2018年2月至12月，张某在北京市通州区永乐店镇某村以投资食品供货生意、购买发票报销等为由，骗取宋某甲535180元，后将所骗钱款用于网络赌博。2019年1月2日，张某在北京市通州区永乐店镇某村，以投资“卡瘦包”为由，骗取宋某乙12000元，后用于网络赌博。

2019年1月6日，民警在北京市通州区永乐店镇某餐馆门前对张某刑事传唤。

公诉机关的意见主要是：张某诈骗他人财物，数额特别巨大，应当以诈骗罪追究其刑事责任，提请法院依法予以惩处。

辩护人的辩护意见主要是：对本案的诈骗犯罪数额提出异议，并提出张某具有自首情节，建议对其从轻处罚。

裁判结果

一审法院认为，张某以非法占有为目的，虚构事实、隐瞒真相，骗取他人钱财，数额特别巨大，其行为构成诈骗罪，依法应予惩处。鉴于张某系主动到案、对部分犯罪事实予以认可，对其酌予从轻考虑。故判决：张某犯诈骗罪，判处有期徒刑10年6个月，剥夺政治权利2年，罚金11000元；责令张某向被害人宋某甲退赔535180元，向被害人宋某乙退赔12000元。

① （2019）京0112刑初932号刑事判决书、（2020）京03刑终178号刑事判决书。

一审宣判后,张某提出上诉。上诉人张某的上诉理由是:其系自首,原判认定诈骗数额有误,其诈骗宋某甲的数额应为36余万元。

二审法院认为,上诉人张某以非法占有为目的,采取虚构事实、隐瞒真相的方式骗取他人财物,其行为已构成诈骗罪,且数额特别巨大,依法应予惩处。鉴于上诉人张某系主动投案,到案后能够如实供述自己的犯罪事实,在一审宣判前仍能认可主要犯罪事实,可认定其系自首,依法可对其从轻处罚。一审法院根据张某犯罪的事实、犯罪的性质、情节和对于社会的危害程度所作的判决,事实清楚,证据确实、充分,定罪正确,审判程序合法,唯未认定张某具有自首情节有误,本院依法予以改判。故判决:维持一审法院刑事判决第二项,即责令被告人张某向被害人宋某甲退赔535180元,向被害人宋某乙退赔12000元;撤销一审法院刑事判决第一项,即被告人张某犯诈骗罪,判处有期徒刑10年6个月,剥夺政治权利2年,罚金11000元;上诉人张某犯诈骗罪,判处有期徒刑10年,剥夺政治权利2年,并处罚金10000元。

裁判思路

本案关于自首问题的认定焦点,在于被告人张某是否构成如实供述。

《自首和立功解释》规定:"如实供述自己的罪行,是指犯罪嫌疑人自动投案后,如实交代自己的主要犯罪事实。"其中,主要犯罪事实一般来说是指对犯罪嫌疑人行为性质的认定有决定意义的事实、情节以及对量刑有重大影响的事实、情节。重大量刑事实主要指对犯罪嫌疑人应适用的法定刑档次是否升档或者降档的具有重大影响的事实、情节,以及在总体危害程度上比其他部分事实、情节更大的事实和情节。对于重大量刑事实可区分已如实供述部分和未如实供述部分的严重程度,如果如实交代的犯罪情节重于未交代的犯罪情节,一般应当认定为如实供述自己的主要犯罪事实。对于部分如实供述的,可认定为自首,但是对其从宽幅度应该严格把握。

从在案证据来看,张某在宋某甲报案后在现场等候,可以认定为主动投案,到案后供述其诈骗宋某甲53余万元,当庭认可36218元。关于如实供述主要犯罪事实,根据《自首和立功意见》规定:"犯罪嫌疑人多次实施同种罪行的,应当综合考虑已交代的犯罪事实和未交代的犯罪事实的危害程度,决定是否认定为如实供述主要犯罪事实。虽然投案后没有交代全部犯罪事实,但如实交代的犯罪情节重于未交代的犯罪情节,或者如实交代的犯罪数额多于未交代的犯罪数额,一般应认定为如实供述自己的主要犯罪事实。"原公诉机关的意见为,张某当庭认可的犯罪数额直接影响对其是在10年以上量刑还是在 10 年以下量刑，属于否认自己的主要犯罪事实。笔者倾向于认为张某到案后能够如实供述自己的犯罪事实，虽其当庭对于犯罪数额提出异议，但其认可的诈骗数额亦在半数以上，可以认定为“如实供述自己的罪行”。原判未认定为自首，属于遗漏量刑情节，应予纠正。但考虑到其自首情节对于侦破案件和挽回被害人损失影响不大，对其不予减轻处罚，故判决张某有期徒刑 10 年，剥夺政治权利 2 年，并处罚金 10 万元，维持原判追缴项。

（撰稿人：王海广　童思琪）

虽避重就轻，但如实供述主要犯罪事实的，可认定自首

——王某琪故意伤害案①

裁判要旨

犯罪嫌疑人明知他人报案而在现场等待，抓捕时无拒捕行为，到案后基本如实供述主要犯罪事实，但有避重就轻之嫌，可以认定自首，但量刑时应考虑如实供述的程度把握从宽处理的幅度。

案情简介

被告人王某琪与其同居女友刘某某（殁年 19 岁）于 2018 年 3 月 18 日至 24 日，先后暂住于北京市大兴区亦庄阳光优家宾馆两房间内。其间，王某琪因琐事与刘某某发生争执并对其进行殴打，导致刘某某头部受伤、腿部被烫伤等多处伤情，并未及时对其治疗。

后二人暂住于北京市朝阳区十八里店华潮公寓西楼。2018 年 4 月 4 日晚，二人在该房间内再次发生争执，王某琪遂用拳击打刘某某头部、面部等部位，后刘某某经抢救无效死亡。经鉴定，刘某某符合肺动脉血栓栓塞致急性心、肺功能衰竭死亡；反复外伤、伤后活动受限及生活状态（饮食）等因素是多发静脉血栓形成的诱因。

---

① （2018）京 03 刑初 121 号刑事判决书。

被告人王某琪明知他人报警而在现场等待，于次日凌晨向公安机关自动投案。

公诉机关的意见主要是：被告人王某琪故意伤害他人身体，致一人死亡，犯罪性质恶劣，情节、后果严重，社会危害性大，应当以故意伤害罪追究其刑事责任。

辩护人的辩护意见主要是：被告人王某琪主观上没有对被害人伤害的故意；没有充分证据证明被告人的行为与被害人的死亡存在刑法意义上的因果关系；公诉机关指控被告人王某琪犯故意伤害罪不能成立。王某琪有自首情节，系初犯，当庭认罪悔罪，且尽最大努力赔偿被害人家属，请法院作出公正的判决。

裁判结果

一审法院认为，被告人王某琪故意伤害他人身体，致一人死亡，其行为已构成故意伤害罪，依法应予惩处。王某琪犯罪性质恶劣，情节、后果严重。鉴于其明知他人报案而在现场等待，抓捕时无拒捕行为，到案后基本如实供述主要犯罪事实，视为其有自首情节，根据其近亲属代为赔偿被害人近亲属经济损失并获得谅解及本案具体情节，依法对被告人王某琪从轻处罚。根据被告人王某琪犯罪的事实、性质、情节和对于社会的危害程度，认定被告人王某琪犯故意伤害罪，判处有期徒刑 15 年，剥夺政治权利 3 年。

一审宣判后，被告人王某琪未提出上诉，判决已发生法律效力。

裁判思路

根据本案查明的事实，王某琪作案后明知他人报案而在现场等待，公安机关到达现场抓捕时无拒捕行为，到案后基本能够如实供述主要犯罪事实。本案的焦点问题是，从本案被害人伤情看，被告人供述的内容存在避重就轻之嫌，是否可认定王某琪具有自首情节？

关于自首，我国《刑法》第六十七条第一款规定："犯罪以后自动投案，如实供述自己的罪行的，是自首。对于自首的犯罪分子，可以从轻或者减轻处罚……"由此可见，成立一般自首必须符合下列条件：

第一，犯罪以后自动投案。所谓自动投案，是指犯罪分子犯罪以后，犯罪事实未被司法机关发现以前；或者犯罪事实虽被发现，但不知何人所为；或者犯罪事实和犯罪分子均已被发现，但是尚未受到司法机关的传唤、讯问或者尚未采取强制措施之前，主动到司法机关或者所在单位、基层组织等投案，接受审查和追诉的。《自首和立功解释》

第一条第一项规定，明知他人报案而在现场等待，抓捕时无拒捕行为，供认犯罪事实的也应当视为自动投案。结合本案来看，王某琪作案后明知他人报案而在现场等待，公安机关到达现场抓捕时无拒捕行为，属于犯罪以后自动投案。

第二，如实供述所犯罪行。这也是自首成立的一个重要条件。《自首和立功解释》第一条第二项规定，如实供述自己的罪行，是指犯罪嫌疑人自动投案后，如实交代自己的主要犯罪事实。犯罪事实包括犯罪四大构成要件的内容，即犯罪主体、犯罪客体、犯罪主观方面和犯罪客观方面。如实供述中的“实”指的是与主要犯罪事实相符，有一些辩解、编造或避重就轻，不影响如实供述条件的成立。但针对此种情形，认定被告人是否成立自首各方看法不一。一种观点认为，若对其认定自首，则自首的效力必然也涉及没有如实供述的部分事实，可能会放纵犯罪分子，也不完全符合自首的成立条件，毕竟被告人没有完全“如实供述”。另一种观点认为，若对其不认定自首，则其如实交代的主要犯罪事实在量刑上无从体现从宽处罚的奖励，也难以体现鼓励自首的刑事政策。

根据我国刑法理论通说观点，关键看被告人所如实供述的部分在全案中是否属于主要的或者基本的犯罪事实，倘若是肯定的回答，则应当认定为自首，但要注意量刑时从宽幅度的把握。《刑法》规定，对于自首的犯罪分子可以在法定刑的幅度内从轻或者减轻处罚；如果是犯罪较轻的，也可以免除处罚。此规定的主要目的在于鼓励犯罪分子犯罪后自首，从而落实坦白从宽的刑事政策，为司法机关侦破案件提供有利的条件。但相较于完全如实供述的被告人，也要考虑避重就轻的被告人基本如实供述对案件的影响程度，以避免造成量刑上的不平衡，即在从宽处理幅度上的考量需有所区分。倘若被告人交代的事实和最后查明的犯罪事实完全相符，在一定程度上说明其认罪态度很好，在量刑时从轻幅度要大一些；但若被告人在交代时编造事实、避重就轻，尽管也认定为自首，但在考虑从轻处罚时，从轻幅度应当小一些。

本案中，被害人血栓形成的原因是认定事实的重要组成部分。结合当庭经举证质证的尸检鉴定意见、法医学技术性证据审查意见书，以及有专门知识的人到庭发表的意见，被害人的死因主要是血栓脱落导致栓塞造成，反复外伤是诱因之一。根据在案证据可以认定被告人王某琪对被害人案发前和案发当天多次实施伤害行为是血栓形成和脱落的直接原因，亦是造成反复外伤的原因，与刘某某的死亡后果形成直接因果关系。王某琪到案后的供述对于案发前多次殴打被害人以及案发当日的行为轻描淡写，强调自己的救治行为，试图掩盖自己对于被害人伤情的认知。综合考虑全案证据，王某琪的供述虽然对于部分事实避重就轻，但始终没有否认其打人的行为,以及其行为最终导致被害人死亡的结果,故可以认定其能够基本如实供述主要犯罪事实。

鉴于此,本案中,被告人王某琪明知他人报警在现场等待,到案后基本能够如实供述主要犯罪事实,虽有避重就轻之嫌,但可认定自首,以体现鼓励行为人自首的刑事政策;同时也要结合具体案情区别于其他如实供述程度更高的犯罪行为人,综合考察判断如实供述的价值后对其依法量刑。

(撰稿人:汤笑然)

供述主要犯罪事实应包括犯罪人的主观心态

——谢某、李某涛宣扬恐怖主义、极端主义案①

裁判要旨

如实供述中犯罪人的主观心态应根据在案证据,结合行为人的认知水平、受教育程度、职责义务以及认知可能性等综合判断。本案犯罪嫌疑人经公安机关电话传唤后,主动返回单位,具有到案主动性,其在供述中辩称自己虽为该网站主管领导但已将审核视频的权力下放,否认其明知涉案的音频、视频等内容宣扬了恐怖主义、极端主义的思想,因其自动投案后对主观心态这一关键事实未如实供述,属未能如实供述主要犯罪事实,故不能认定有自首情节。

案情简介

被告人谢某、李某涛就职北京某某信息科技有限公司,李某涛为法人代表,负责公司除技术之外的编辑、日常行政、业务开发等工作,谢某为编辑。2016 年 1 月 25 日,谢某在北京市朝阳区某某大厦其公司内,将在网上发现的一段视频链接加入公司网站的后台管理系统,该视频于同年 2 月 2 日在其公司网站及手机应用软件上被发布,后李某涛点击视频进行观看但并未撤销发布或删除。该视频在以上两个平台上迅速扩散,获

① (2017)京 03 刑初 15 号刑事判决书。

得了高达3071836的点击量,并被分享333075次。经审查,该视频内容涉及宣扬恐怖主义和宗教极端思想,属于典型的暴力恐怖视频,危害程度极大。

被告人谢某于2016年3月7日在北京市朝阳区某某大厦其公司内被抓获归案。被告人李某涛于同日经公安机关电话传唤后返回公司,后被公安人员带至派出所接受调查。

公诉机关的意见主要是:被告人谢某、李某涛通过在网络平台上散发视频资料的方式宣扬恐怖主义、极端主义,其行为应当以宣扬恐怖主义、极端主义罪追究其刑事责任,提请法院依法判处。

被告人谢某及其辩护人均辩称谢某主观方面系过失;李某涛辩称其已将审核权下放给谢某,当其注意到涉案视频时点击量已经很高了,其只看了该视频一两秒,其行为不构成宣扬恐怖主义、极端主义罪。李某涛辩护人的辩护意见主要是:(1)李某涛仅是单纯的监管失职,其行为不构成犯罪;(2)李某涛对涉案视频的发布不具有预见可能性,该视频一旦发布,犯罪行为已然既遂,李某涛事后知晓,与谢某之间不存在共同故意,不构成共同犯罪;(3)页面点击量并不直接等同于视频点击量,点击量不是认定情节是否严重的标准;(4)李某涛积极配合司法机关办案,如实交代自己行为,无前科。

裁判结果

一审法院认为,被告人谢某、李某涛法治观念淡薄,通过在网络平台上散发视频资料的方式宣扬恐怖主义、极端主义,其行为已构成宣扬恐怖主义、极端主义罪,依法应予惩处。被告人谢某系初犯、偶犯,到案后能够如实供述所犯罪行,依法对其从轻处罚。被告人李某涛经公安机关传唤自动到案,酌情对其从轻处罚。

对于被告人李某涛辩称其已将审核权下放给谢某,其只看了涉案视频一两秒的辩解,经查,在案证人聂某、陈某的证言以及被告人谢某的供述均能够证明,高某某、谢某、李某涛三人负责网站视频的选取、审核、推送业务,李某涛作为公司的法人代表及谢某的主管领导,具有审核的权责和删除网站视频的职权。另外,李某涛在侦查阶段的前期供述均供认观看过涉案视频,且本案案发系奥运村派出所接反恐总队线索称微信公众号发布了涉案视频,而该微信公众号为李某涛个人运营。

对于谢某、李某涛辩护人所提二被告人的主观方面均为过失的辩护意见,经查,被告人谢某作为专营视频网站的编辑,李某涛作为专营视频网站的公司法人代表,在挑选、审核视频时应当有比普通民众更高的注意义务,特别是涉案视频仅从标题上看就能知晓其内容明显异于网站主旨，对于这种视频，无论是谢某还是李某涛都应该持有更加严谨审慎的态度，而谢某在上传视频时能够观看审查却未认真审查，放任涉案视频在网站上大肆传播，主观上具有犯罪的故意。李某涛在涉案视频上传时未予认真审核，根据其认知水平，在观看视频后应当推断出该视频可能涉及恐怖主义，且涉案视频上传后点击量明显异于其他视频，在此情况下，李某涛仍未对视频进行撤回或删除操作，放任视频持续散布，主观上亦具有犯罪故意。

对于被告人李某涛辩称其行为不构成宣扬恐怖主义、极端主义罪的辩解及谢某、李某涛辩护人关于二被告人的行为不构成本罪的辩护意见，经查，在案证据能够证明谢某实施了将涉恐视频上传至网站后台管理系统的行为，李某涛未对视频加以审核，在观看视频后也未予撤销或删除，致使该视频在网站及手机应用软件中迅速扩散。

对于李某涛辩护人所提李某涛与谢某无共同犯罪故意，不构成共同犯罪的辩护意见，经查，谢某上传视频后，谢某、李某涛作为视频网站的审查者、审核者，均有撤回视频的义务，二人观看视频后，在视频点击量明显异常的情况下，未对视频进行操作，放任视频在网站及手机应用软件中扩散，二人的行为已构成共同犯罪。

一审法院根据谢某、李某涛犯罪的事实、性质、情节和对于社会的危害程度，认定被告人谢某犯宣扬恐怖主义、极端主义罪，判处有期徒刑 2 年，并处罚金人民币 3000 元；被告人李某涛犯宣扬恐怖主义、极端主义罪，判处有期徒刑 2 年，并处罚金人民币 3000 元。

一审宣判后被告人李某涛提出上诉。二审法院经审理，依法裁定驳回上诉，维持原判。

裁判思路

本案的焦点问题是，被告人李某涛否认其审核义务，否认主观上明知涉案视频为宣扬恐怖主义、极端主义的视频，结合在案证据，按照主客观相一致原则，如何认定李某涛是否如实供述。

我国《刑法》第六十七条第一款规定："犯罪以后自动投案，如实供述自己的罪行的，是自首。对于自首的犯罪分子，可以从轻或者减轻处罚。其中，犯罪较轻的，可以免除处罚。"《自首和立功解释》第一条第二项规定，"如实供述自己的罪行，是指犯罪嫌疑人自动投案后，如实交代自己的主要犯罪事实"，对于"主要犯罪事实"的范围《自首和立功解释》中没有进一步明确。

《自首和立功意见》第一条规定,"交通肇事逃逸后自动投案,如实供述自己罪行的,应认定为自首";第二条规定,"《解释》第一条第(二)项规定如实供述自己的罪行,除供述自己的主要犯罪事实外,还应包括姓名、年龄、职业、住址、前科等情况。犯罪嫌疑人供述的身份等情况与真实情况虽有差别,但不影响定罪量刑的,应认定为如实供述自己的罪行。犯罪嫌疑人自动投案后隐瞒自己的真实身份等情况,影响对其定罪量刑的,不能认定为如实供述自己的罪行"。《自首和立功意见》一方面将影响被告人量刑的职业、前科等身份情况纳入如实供述的范畴,另一方面点出了影响如实供述的关键因素在于是否影响定罪量刑。受人类主观能力和客观条件的影响,绝对的犯罪客观真实是无法复原的,因此,这里定罪量刑的犯罪事实应为结合在案证据材料通过刑事诉讼法等程序规范"重现"的犯罪事实。进一步具体到行为人主观心态的判断,则应当按照主客观相统一原则,以行为人对主观心态的辩解能否改变在案证据认定的事实为标准:如果行为人的辩解具有合理性,或者不能被在案证据排除,就属于没有改变案件事实,不影响如实供述的成立;反之,则不成立如实供述。

具体到本案,涉案经鉴定危害程度极大的暴恐视频在被推送1个多月的时间里,被点击300余万次、转发33万余次,造成了特别恶劣的社会影响。在本案审理过程中,虽然李某涛一直辩称其主观上并不明知涉案视频的性质,但是对于行为人主观心态的判断,应当结合行为人的职责义务以及认知能力、受教育程度等认知可能性综合判断。

1. 李某涛作为网络公司主管领导,具有对上传视频的认识义务和审核职权

所谓认识义务,即认识结果可能发生的义务。认识义务并非注意义务,而是认识自己有避免结果发生的义务,这个义务是受行为人的认识能力影响的。根据我国《网络安全法》的规定,网络运营者开展经营和服务活动,必须遵守法律、行政法规,任何个人和组织不得利用网络从事危害国家安全、荣誉和利益,煽动颠覆国家政权、推翻社会主义制度,煽动分裂国家、破坏国家统一,宣扬恐怖主义、极端主义,宣扬民族仇恨、民族歧视,传播暴力、淫秽色情信息等活动。另根据《互联网信息服务管理办法》的规定,互联网信息服务提供者不得制作、发布、传播含有法律、行政法规禁止的其他内容的信息。李某涛所在信息科技有限公司的主营业务为视频网站及手机应用软件,该网站在运营中应该严格遵守《网络安全法》《互联网信息服务管理办法》等法律法规,保证其发布的内容不违反法律禁止性规定。李某涛作为专门视频网站的法人代表,对于网站的视频审核有比普通民众更高的认识义务,而该公司网站为保障上传视频内容合法、合规,在技术层面上已经作了相应的设计。该网站发布的视频内容需要经过两次挑选才能进入公众平台,第一次是由编辑审查上传,上传后视频进入待发布区域,第二次是由

编辑的主管领导进行审核,通过后予以发布。李某涛作为网站业务的法人代表,负责对待上传视频进行二次审核,被发布视频能够进入公众视野必须经过其审核,李某涛在履行职务时亦应当秉持严谨审慎的态度,对上传视频资料进行观看审核。

2. 结合李某涛的认知能力、受教育程度,应当判断出该视频为涉恐视频

涉案视频时长 11 分 43 秒,由大量的视频片段剪辑制作合成,包括恐怖分子处决人质等内容,具有明显的煽动性、示范性和暴力性。此外,该视频中多次出现了恐怖组织的旗帜等。李某涛为大学本科学历,长期从事网站视频的挑选、审核工作,该段视频中包含明显的煽动性、示范性和暴力性,其中宣扬的恐怖主义、极端主义思想不言而喻。而恐怖组织的旗帜等也是经过媒体、新闻等多次报道的,只要点开视频进行观看就应当认识到涉案视频宣扬了恐怖主义和极端主义思想,因此,李某涛对涉案视频宣扬恐怖主义、极端主义应当是明知的。

3. 李某涛关于其行为的辩解不能否认其主观明知的可能性

李某涛在庭审时提出,为了增加点击率赚取利润,每日上传量在 800 到 1000 条,其每天工作时间为 8 小时,根本没有时间将视频点开全部观看。但该视频仅从标题就可以看出其发生地全部为恐怖活动盛行的中东国家,涉案视频内容又与战争有关,对于这类视频应当引起审核人的注意。另外,从该公司网站名可以看出,该网站设立的主旨是搞笑娱乐大众,这段视频所含战争内容明显区别于网站设立的主旨,对于这类视频,谢某在挑选时更应当加以特别关注,虽然工作强度较大,但这段视频时长 11 分钟多,其是有时间点击观看进行重点审查的。李某涛另提出,因为公司发展需要运作新的项目,其在 2017 年年初聘请了高某某作为副编辑,已经将审核的权力下放,因此其不再负责视频的审核及挑选,也就不对该视频的上传承担责任。对于审核权的判断,不能仅凭被告人自己的供述。在案公司同事聂某、陈某的证言以及同案被告人谢某的供述均能够证明,在聘用高某某之后,高某某、谢某、李某涛三人共同负责网站视频的选取、审核、推送业务,李某涛作为公司的法人代表及谢某的主管领导,具有审核的权责和删除网站视频的职权。因此,李某涛不能以下放审核权为由否认其作为的可能性。最后,从朋友圈转发情况看,李某涛均有认知的可能性。该视频从上传至案发一个多月的时间,总共被点击 3071836 次,日均点击量在 9 万余次,而该公司网站日常一般内容的点击量在千余次,特别好的内容也不过万余次,因该视频点击量高,李某涛还将该视频转发至个人运营的微信公众号中。

综上所述,在谢某、李某涛宣扬恐怖主义、极端主义案中,行为人具有审核该视频的认识义务和职责,从认知水平、受教育程度上都具有辨认出涉案视频宣扬了恐怖主

义、极端主义思想的可能性,李某涛的辩解不足以改变本案证据认定的事实,因其否认主观明知依法不能认定为如实供述,故李某涛虽有自动投案情节,但不成立自首。

(撰稿人:孙　蓉)

虽明知他人报警而在现场等候,但未在到案后及时供述犯罪事实的,不构成自首

——金某故意伤害案[①]

裁判要旨

犯罪嫌疑人虽明知他人报警而在现场等候,但到案后并未在第一时间如实供述其所犯罪行,在公安机关掌握其犯罪事实后才供述其犯罪行为的,依法不能构成自首。

案情简介

被告人金某系北京某公司外保科科员,被害人肖某(男,殁年40岁)系该公司百货部日用百货课课员。2016年3月8日22时许,被告人金某在北京市朝阳区某超市员工通道二层,因安检问题与被害人肖某发生争执。其间,金某将肖某从二层与三层之间的楼梯平台处推下致其死亡。经鉴定,肖某符合摔落时撞击头部致颅脑损伤死亡。

被告人金某协助将肖某送至医院抢救,后于2016年3月10日被公安机关查获归案。

公诉机关的意见主要是:现有证据能够证实被告人金某将被害人肖某推下楼梯,并致肖某颅脑损伤死亡。被告人金某的行为应当以故意伤害罪追究其刑事责任。

辩护人的辩护意见主要是:被告人金某系疏忽大意的过失,应以过失致人死亡罪定性;被害人存在一定过错;案发后金某主动报“120”,积极救治被害人并垫付医药费;金某明知他人报警而在现场等候,到案后如实供述犯罪事实,有自首情节;民事部分已调解,被害人亲属对被告人的行为予以谅解;被害人存在身体疾病,本案存在救治不及

---

① (2016)京03刑初155号刑事判决书。

时等介入因素。

裁判结果

一审法院认为,被告人金某在相当危险性的场所将被害人推下楼梯,致被害人死亡,其行为已构成故意伤害罪,依法应予以惩处。鉴于被告人金某如实供述犯罪事实,案发后积极救治被害人,被告人金某及其近亲属赔偿被害人亲属的经济损失并取得谅解,可依法对金某从轻处罚。

被告人金某的辩护人所提金某构成自首的辩护意见,经查,金某虽明知他人报警而在现场等候,但到案后并未在第一时间如实供述其所犯罪行,在公安机关掌握其犯罪事实后才供述其犯罪行为,依法不能构成自首。

一审法院根据被告人金某犯罪的事实、性质、情节和对于社会的危害程度,认定被告人金某犯故意伤害罪,判处有期徒刑11年,剥夺政治权利2年。

一审宣判后,被告人金某提出上诉。二审法院经审理裁定,依法驳回上诉,维持原判。

裁判思路

本案在量刑方面的焦点问题是被告人是否具有自首情节。

《自首和立功解释》第一条规定:"自动投案,是指犯罪事实或犯罪嫌疑人未被司法机关发觉,或者虽被发觉,但犯罪嫌疑人尚未受到讯问、未被采取强制措施时,主动、直接向公安机关、人民检察院或人民法院投案。"《自首和立功意见》第一条规定,关于"自动投案"的具体认定,根据《自首和立功解释》第一条第一项的规定,犯罪嫌疑人具有以下情形之一的,也应当视为自动投案,其中一种情形是明知他人报案而在现场等待,抓捕时无拒捕行为,供认犯罪事实的,该种情形也应当视为自动投案。

金某的行为是否属于上述明知他人报警而在现场待捕型自首,形成两种不同意见:第一种意见认为,被告人金某在案发后拨打"120",提到自己推了被害人,送被害人就医时金某表示自己知道同事报警,符合明知他人报警而在现场等待,从鼓励自动投案、从宽考虑可以认定自首。第二种意见认为,被告人金某到案后没有及时如实供述犯罪事实,有逃避司法机关追究的主观意图,在公安机关已掌握了本案的基本犯罪事实后才进行了有罪供述,不成立自首。

笔者同意第二种意见。首先,金某案发后的行为可以认定为明知他人报警而在现场等待。刑法中的“明知”有两层含义:知道、应当知道。对犯罪嫌疑人对于他人报案的明知性也应当分两层理解:一是行为人听见、看见或被明确告知已有人报案;二是依照一般常识判断,根据现场情况,可以推断出行为人应当知道有其他人报案。

本案中,金某将肖某从楼梯上推下,致肖某从楼梯摔落至通道保温帘下方后,金某打电话报了“120”,并和其他同事一起随肖某前往医院。金某于2016年5月3日供述中表示在医院抢救肖某过程中,听到有同事报警,报警时跟其说了,所以其一直等着民警来后被带到派出所。根据“110”出警单、到案经过显示,金某的同事李某新拨打“110”报警,称伤者在306医院急救,根据李某新在公安机关提供的证言,其知道同事金某打电话报了“120”,他们就一起跟着“120”前往医院。之后在医院,其用手机拨打电话报警了。从上述证据和金某的供述分析,金某与李某新等人一同到达医院参与对被害人进行救治,虽然金某在后期供述中才提到知道他人报警的情况,但可以推定认为金某应当知道他人报警。

其次,金某到案后并未在第一时间如实供述其所犯罪行,不具有投案的主动性和自愿性。金某虽然自动拨打“120”急救电话,将伤者送医,但其并未向在场人员或公安人员说明其推被害人的犯罪事实。民警出警后到医院了解情况,金某说被害人踩空摔下去,自己正在帮助交费用治疗,并未告知民警真实情况。金某在2016年3月9日公安机关对其两次询问中均称肖某和其抢胸卡的过程中脚踩空了,肖某往下跨了两步就摔在了地上。此时,公安机关尚未对金某采取强制措施。被害人经医院抢救无效于2016年3月10日15时死亡,金某被公安人员拘传到派出所进行审查。其在3月10日15时40分至16时30分派出所第一次讯问笔录中,仍然称二人互相撕扯,过程中肖某脚踩空,失去重心往下跨了三大步就摔在地上,否认其将肖某推下楼梯的犯罪事实。在3月10日19时45分第二次讯问笔录中,金某才承认双方发生冲突后其用双手推被害人左胳膊,被害人面朝楼梯冲下去摔在地上。金某在公安机关未对其讯问、未对其采取强制措施之前并没有主动如实供述犯罪事实,且公安机关对其采取强制措施之后,仍然没有立即供述犯罪事实,不符合自动投案的时限条件。

根据关键证人顾某某2016年3月10日14时的证言,金某用手推肖某致肖某掉下楼梯,事发前一日因肖某脱衣服、金某不让脱曾经发生过争吵。在场也有其他人员能证实金某与被害人发生争吵,二人单位的经理亦表示当时发生纠纷只有两人,别人距离远,没参与打架,排除了其他人员涉案的情况,确认了金某为唯一犯罪嫌疑人的身份。公安机关在对金某讯问和采取强制措施之前已经掌握了金某的犯罪事实,故金某在第二次讯问之后的如实供述已不能体现其具有投案的主动性和自愿性，不构成自首。

综上所述，虽然可以认定金某案发后明知他人报警而在现场等待，但因其未在到案后第一时间如实供述所犯罪行，故对其不予认定自首。

（撰稿人：李彦佳）

被告人对其主观心态以及作案手段之辩解不影响自首的认定

——张某涛故意杀人案①

裁判要旨

被告人张某涛案发后主动拨打"110"报警，到案后如实供述主要犯罪事实，其对主观心态以及作案手段之辩解，不影响自首的认定。

案情简介

被告人张某涛与被害人王某某（殁年24岁）系夫妻关系。2015年2月25日21时许，张某涛在北京市通州区某村暂住地家中，因家庭矛盾与王某某发生争执。其间，张某涛用双手扼压王某某颈部，致其死亡。经鉴定，王某某符合被他人用软性物体扼压颈部致机械性窒息死亡。

张某涛作案后主动报警，并在案发地附近等候民警将其抓获。

公诉机关的意见主要是：被告人张某涛故意非法剥夺他人生命，造成被害人死亡的严重后果，犯罪事实清楚，证据确实、充分，应当以故意杀人罪追究其刑事责任，提请法院依法判处。

辩护人的辩护意见主要是：被告人张某涛没有杀人的动机，应构成故意伤害罪；有自首情节，本案系家庭矛盾引发，请求法院对被告人从轻处罚。

---

① （2015）三中刑初字第00628号刑事判决书、（2016）京刑核64042815号刑事裁定书。

附带民事诉讼原告人及被害人亲属的意见主要是:依法追究被告人张某涛犯故意杀人罪的刑事责任,从重处罚;请求依法判令被告人张某涛赔偿丧葬费 38778 元、死亡赔偿金 878200 元、被扶养人生活费 504162 元、误工费 2000 元、交通费 2734 元、住宿费 2100 元,共计 1427974 元。

裁判结果

一审法院认为,被告人张某涛不能正确处理家庭矛盾,故意非法剥夺他人生命,致人死亡,其行为已构成故意杀人罪,犯罪性质恶劣,情节、后果严重,社会危害性大,依法应予惩处。公诉机关指控被告人张某涛犯故意杀人罪的事实清楚,证据确实、充分,指控的罪名成立。鉴于被告人张某涛案发后自动投案,如实供述主要犯罪事实,具有自首情节,且根据本案的具体情节,对被告人张某涛判处死刑,可不予立即执行。因被告人张某涛的犯罪行为使附带民事诉讼原告人遭受的经济损失,应依法予以赔偿。

对于被告人张某涛所提其没有杀害王某某的主观故意,系失手掐死了王某某的辩解及其辩护人所提张某涛没有杀人的动机,应构成故意伤害罪,请求法庭对其从轻处罚的辩护意见,经查,在案证据足以证明被告人张某涛仅因家庭矛盾与被害人发生争执后,即使用双手扼压被害人颈部,致被害人机械性窒息死亡,张某涛已构成故意杀人罪,且犯罪后果严重,故对于被告人张某涛所提辩解及其辩护人所提上述辩护意见,本院均不予采纳。

对于被告人张某涛的辩护人所提被告人张某涛有自首情节,本案系家庭矛盾引发等辩护意见,经查属实,本院予以采纳。

一审法院根据被告人张某涛犯罪的事实、性质、情节和对于社会的危害程度,认定被告人张某涛犯故意杀人罪,判处死刑,缓期 2 年执行,剥夺政治权利终身;被告人张某涛赔偿附带民事诉讼原告人丧葬费等经济损失共计 45612 元;驳回附带民事诉讼原告人的其他诉讼请求。

一审法院宣判后,被告人张某涛没有提出上诉。

北京市高级人民法院核准以故意杀人罪判处被告人张某涛死刑,缓期 2 年执行,剥夺政治权利终身的刑事部分判决。

裁判思路

被告人张某涛在作案后自行拨打“110”报警,并在案发地附近等候民警将其抓获,其到案后如实供述主要犯罪事实。本案的焦点问题是,被告人张某涛对其主观心态以及作案手段的辩解,是否影响自首的认定?

坦白从宽是我国一贯的刑事政策,司法实践表明,犯罪嫌疑人到案后能够自愿认罪,也表现了其改恶向善的意愿,相对于负隅顽抗,甚至故意编造谎言误导侦查、审判工作的犯罪嫌疑人而言,自愿认罪者也更易于改造,使用较轻的刑罚即可达到刑罚目的。根据我国《刑法》第六十七条第三款的规定,对一般的如实供述自己的罪行的,可以从轻处罚;因其如实供述自己罪行,避免特别严重后果发生的,可以减轻处罚。其中的"如实供述自己罪行"和《刑法》第六十七条前两款的精神是一致的,应指自己犯罪的主要事实或者基本事实。"因其如实供述自己罪行,避免特别严重后果发生的",是指行为人的行为已经实施,但犯罪结果还没有发生或者没有全部发生,由于行为人的供述,使有关方面能够采取措施避免了特别严重后果发生的情况。

1. 被告人对主观心态、作案手段的辩解与自首成立要件无关

根据我国《刑法》第六十七条第一款和《自首和立功解释》第一条的相关规定,一般自首的成立要件包括:犯罪以后自动投案,即投案的自动性;如实供述自己的犯罪事实,即供述的真实性、完整性。这两个要件,从性质上看,同属于客观要件;从逻辑关系上看,属于充分必要条件。换言之,只要符合这两个要件,就能构成自首;只有同时符合这两个要件,自首才能成立。司法实践中,犯罪嫌疑人、被告人自动投案、如实供述,有多种多样的动机,如可能出于真诚悔罪,为了争取从宽处理;也可能是慑于法律的威严,生活无望,走投无路等。但是无论其动机如何,只要不影响投案的自动性以及供述的真实性、完整性,在犯罪嫌疑人、被告人自首成立的认定问题上可不考虑其动机为何。

被告人供述的事实是否构成犯罪,不以被告人自身的认识、判断以及辩解为转移,而由司法机关依法进行认定。具体到本案中,被告人张某涛在其供述中辩称其没有杀害被害人的主观故意,系失手掐死了被害人,其只是想吓唬她,让她认错,就掐了两分钟,被害人就没有呼吸了。根据在案证据综合认定,被告人张某涛故意非法剥夺他人生命,致人死亡,其行为构成故意杀人罪。同时,其供述中也称"……然后我们父子俩就从出租房往外走,出来院门之后我就打'110'报警,说我把我妻子掐死了,然后我就到胡家堡村的月光理发店等着警察。大约过了10分钟,警车就到了,之后我就被民警带到了派出所"。据此,可以看出其有自动投案的意愿,客观上也实施了投案行为,到案后能如实供述主要犯罪事实,对其可以认定自首。最高人民法院发布的《关于被告人对行为性质的辩解是否影响自首成立问题的批

复》规定:“……犯罪以后自动投案,如实供述自己的罪行的,是自首。被告人对行为性质的辩解不影响自首的成立……”故其对主观心态、作案手段的辩解,不影响自首的认定。

2. 允许被告人进行辩解,符合设立自首制度的立法目的

自首制度,是以惩办与宽大相结合的刑事政策为根据而确立的一项刑罚裁量制度,贯彻实行这一制度不仅对于感召犯罪分子主动投案、鼓励犯罪分子悔过自新,分化瓦解犯罪势力,减少社会不安定因素意义非凡,而且对于及时侦查破案,惩治犯罪,也具有重要的意义。从根本上而言,设立自首制度的立法目的虽然包括了鼓励犯罪嫌疑人、被告人悔过自新、接受教育改造,但主要的还是在于分化瓦解犯罪嫌疑人、被告人,降低办案成本,减少司法资源的浪费,从而提高刑事诉讼的效率。犯罪嫌疑人、被告人虽然可能出于各种各样的原因对犯罪的主观心态以及作案手段进行辩解,但只要其能够自动投案、如实供述自己的犯罪事实,将其认定为自首与立法目的是契合的。

综上所述,本案被告人张某涛虽然对其主观心态以及作案手段进行辩解,但并未改变对案件主要事实本身的供述,可以认定为自首。

(撰稿人:武春利)

犯罪嫌疑人主动联系公安机关如实说明情况,但对定性存在辩解的,不影响自首的认定

——张某合同诈骗案[①]

裁判要旨

被害人陆续报案后,犯罪嫌疑人自动前往公安机关说明情况,但辩称其主观上没有非法占有目的,不构成诈骗罪,该辩解系犯罪嫌疑人对自己行为性质的认识,在犯罪嫌疑人如实供述了犯罪事实的情况下,应认定其为自首。

① (2018)京03刑初144号刑事判决书。

案情简介

2016年至2017年10月，被告人张某在北京市朝阳区十里堡等地，以提供低价旅游服务为诱饵，在没有实际履行能力的情况下，与被害人签订旅游协议书、会员卡协议书等，诱骗被害人缴纳高额旅游押金或办理会员卡，先后骗取安某等613名被害人钱款共计1356.51万元，造成被害人实际损失1354.27万元。

2010年至2017年10月，张某以能低价购买回迁房为诱饵，冒用北京某房地产开发有限责任公司的名义，与徐某等14名被害人签订虚假的《北京市朝阳区某地区危旧房改造就地安置合同》及附件等，并将从北京某房地产经纪有限公司租赁的房屋冒充低价回迁房出售给被害人，先后骗取徐某等14名被害人钱款共计1667.5万元。

2017年10月28日，被告人张某主动到公安机关投案。

公诉机关的意见主要是：被告人张某以非法占有为目的，在与他人签订、履行合同过程中，骗取他人钱款，数额特别巨大，其行为应以诈骗罪追究刑事责任。

辩护人的辩护意见主要是：对公诉机关指控的张某构成诈骗罪的犯罪事实没有异议；张某如实供述，且系初犯、偶犯，认罪悔罪，希望法院对张某从轻、减轻处罚。

被害人宋某的诉讼代理人的代理意见是：张某犯罪数额特别巨大，犯罪情节特别严重，希望法院依法判处张某无期徒刑。

裁判结果

一审法院认为，被告人张某以非法占有为目的，在签订、履行合同过程中，骗取他人钱款，数额特别巨大，其行为已构成合同诈骗罪，依法应予惩处。鉴于被告人张某自动投案，且归案后能够如实供述主要犯罪事实，构成自首，当庭自愿认罪，依法对其从轻处罚。一审法院根据被告人张某犯罪的事实、性质、情节和对于社会的危害程度，认定被告人张某犯合同诈骗罪，判处有期徒刑15年。

一审宣判后，被告人张某未提出上诉，公诉机关未提出抗诉，一审判决已发生法律效力。

裁判思路

我国《刑法》第六十七条第一款规定："犯罪以后自动投案，如实供述自己的罪行的，是自首……"在审判实务中，普遍存在犯罪嫌疑人对自己的行为性质进行辩解的情况且辩解多种多样，比如，犯罪嫌疑人对非法募集资金的行为认可，但认为属于非法吸收公众存款罪而非集资诈骗罪；或者在盗窃犯罪中，认为盗窃物品的实际价值达不到盗窃罪的犯罪数额标准，不构成盗窃罪；或者在诈骗犯罪中，犯罪嫌疑人认为属于民事纠纷，不属于诈骗行为；等等。可以看出，被告人对行为性质的辩解，属于被告人主观方面的内容，与自首成立的客观要件无关。对于审判实务中存在的此种情况，应从以下三个方面理解并予以认定：

首先，被告人对行为性质的辩解与自首成立的要件无关。《刑法》第六十七条第一款和《自首和立功解释》第一条规定，自首的构成需要两个要件：一是自动投案，即投案的自动性；二是如实供述自己的犯罪事实，即供述的真实性、完整性。被告人主动投案并如实供述犯罪事实的动机不一，可能出于认罪悔罪、争取宽大处理，可能主动向有关机关说明情况争取理解，也可能是慑于法律威严，走投无路等。但只要犯罪嫌疑人具备到案的主动性和供述的真实性、完整性，就应当认定。

其次，允许被告人对行为性质进行辩解，并没有违背自首制度的立法目的。设立自首制度既有让犯罪嫌疑人、被告人认罪悔罪、改过自新的目的，又有降低办案成本，提高刑事诉讼效率的目的。犯罪嫌疑人、被告人虽然对行为性质进行了辩解，但只要能够做到自动投案、如实供述自己的犯罪事实，将其认定为自首是符合立法目的的。同时，允许犯罪嫌疑人对其行为性质进行辩解体现了对犯罪嫌疑人自我辩护权利的尊重，根据我国《刑事诉讼法》的规定，犯罪嫌疑人、被告人有权对自己的行为是否构成犯罪、构成何种犯罪以及应判处刑罚轻重等问题提出意见。犯罪嫌疑人对行为性质进行辩解，属于依法行使自行辩护权利的体现。

最后，根据最高人民法院《关于被告人对行为性质的辩解是否影响自首成立问题的批复》，被告人对行为性质的辩解不影响自首的成立。

本案中，张某在明知被害人报案后，主动前往公安机关说明情况，对其行为过程作了如实供述，但否认主观上具有非法占有目的，此辩解属于对其行为性质的辩解，根据最高人民法院的上述批复精神，其辩解不影响自首的认定。

（撰稿人：蒋传超）

被告人经公安机关电话传唤到案后，其关键供述与相关客观证据不符的，依法不构成自首

——杨某故意伤害案①

裁判要旨

被告人经公安机关电话传唤到案后，其关键供述与被害人伤情鉴定意见等客观证据不符，不宜认定其如实供述主要犯罪事实，不构成自首。

案情简介

2018年7月30日，被告人杨某在北京市通州区某村，因故与被害人张某（男，殁年46岁）发生争执。其间，杨某采用掌掴等方式击打处于醉酒状态下的张某头部、面部，致其死亡。经鉴定，张某死因符合在醉酒基础上头部、面部受钝性外力作用致蛛网膜下腔出血死亡。杨某于2018年10月25日接民警电话通知后自行前往公安机关接受调查。

公诉机关的意见主要是：被告人杨某故意伤害他人身体，致人死亡，犯罪事实清楚，证据确实、充分，应当以故意伤害罪追究其刑事责任，提请法院依法判处。

辩护人的意见主要是：此案系多因一果，被害人醉酒、自身体质应是其死亡的主要原因；被告人杨某系自首，没有证据证明杨某除打一耳光外有其他行为；杨某主观恶性小，认罪悔罪，建议对杨某从宽处罚。

裁判结果

一审法院认为，被告人杨某在明知被害人张某醉酒的情况下，仍击打张某头部、面部等要害部位，致张某在醉酒基础上因头部、面部受钝性外力作用而死亡，杨某的击打行为与张某的死亡结果之间存在直接因果关系，被告人杨某的行为构成故意伤害罪，依法应予惩处。

关于被告人杨某的击打行为与被害人张某死亡结果之间是否存在因果关系的问

---

① (2019)京03刑初63号刑事判决书。

题。证人马某勤、王某证言、微信聊天记录、被告人杨某的供述证明，杨某因张某酒后撒酒疯，而采用掌掴等方式击打张某头部、面部，后还用微信辱骂张某泄愤；尸检鉴定意见等证据证明，被告人杨某的击打行为参与死因；现场勘验照片中被害人状态与证人王某及被告人供述证明的其离开时被害人躺在床上的状态一致；在案亦无证据证明有他人作案的可能。综上所述，现有证据足以认定被告人杨某掌掴等击打行为与张某的死亡结果之间存在直接因果关系，且足以证明杨某明知张某醉酒，仍击打张某头部、面部等要害部位致其死亡的事实。

关于被告人杨某及其辩护人所提杨某自行前往派出所，到案后如实供述罪行，系自首，以及没有证据证明杨某除打一耳光外有其他行为的辩解及辩护意见，经查，到案经过、被告人供述等证据证明杨某虽经公安机关电话通知自行到案，但对于被害人头面部多处损伤，杨某供述掌掴一下的行为与天津市津实司法鉴定中心出具的司法鉴定意见书、鉴定人和有专门知识的人的意见不符，故对于杨某如实供述和自首情节不予认定，上述辩解和辩护意见无法律依据，不予采纳。

关于辩护人所提被害人醉酒、自身体质应是死亡的主要原因的辩护意见，经查，结合尸体检验鉴定书等鉴定意见、鉴定人和有专门知识的人的意见，证明被害人死亡系多因一果，但没有证据证明被害人自身原因是致死的主要原因，故上述辩护意见不予采纳。但对于被告人杨某所提其应承担与其行为相应的责任以及其辩护人所提本案系多因一果的辩护意见，酌予采纳。

一审法院根据杨某犯罪的事实、犯罪的性质、情节和对于社会的危害程度，认定被告人杨某犯故意伤害罪，判处有期徒刑 10 年。

一审宣判后，在法定期限内，被告人杨某未提出上诉，公诉机关未提出抗诉。

裁判思路

根据我国《刑法》第六十七条第一款的规定，“犯罪以后自动投案，如实供述自己的罪行的，是自首”，即成立自首必须同时满足自动投案与如实供述这两个基本要件。根据《自首和立功解释》与《自首和立功意见》的相关规定，本案被告人杨某经公安机关电话传唤到案，可以视为其系“自动投案”，那么，其就具备了自首的第一要件，关于本案被告人是否具有“如实供述”的情节，则需要具体分析。

首先，需明确什么是“主要犯罪事实”，《自首和立功解释》第一条第二项规定，“如实供述自己的罪行，是指犯罪嫌疑人自动投案后，如实交代自己的主要犯罪事实”，《自首和立功意见》对“主要犯罪事实”进行了进一步阐明,即“如实供述自己的罪行,除供述自己的主要犯罪事实外,还应包括姓名、年龄、职业、住址、前科等情况。犯罪嫌疑人供述的身份等情况与真实情况虽有差别,但不影响定罪量刑的,应认定为如实供述自己的罪行。犯罪嫌疑人自动投案后隐瞒自己的真实身份等情况,影响对其定罪量刑的,不能认定为如实供述自己的罪行”。由此可见,“主要犯罪事实”的关键在于是否“影响定罪量刑”,即主要犯罪事实包括定罪事实和量刑事实。

定罪事实,即能够确定行为人是否构成犯罪、构成此罪或是彼罪、构成重罪或是轻罪的事实。量刑事实,是决定《刑法》具体条款中决定量刑档次以及量刑能否升格的事实,即能够根据行为人犯罪后果的严重程度、对社会的危害程度、对受害人造成的损失大小等因素确定对行为人的最终处罚,如被害人数量、犯罪金额、危害程度等对量刑有重大影响的事实,具体包括《刑法》条款中涉及“数额较大”“数额巨大”“数额特别巨大”“情节严重”“情节特别严重”等规定。

刑法理论上关于“主要犯罪事实”的理解,主要有如下三种观点:一是犯罪构成事实说,该说认为主要犯罪事实是指足以证明行为人的行为构成犯罪的基本事实;二是定罪、量刑事实说,该说认为主要犯罪事实是指直接影响定罪及量刑的一切犯罪事实与情节;三是定罪、重大量刑事实说,该说认为主要犯罪事实是指足以证明行为人的行为构成犯罪的事实以及对其量刑有重大影响的事实与情节。

结合《自首和立功解释》《自首和立功意见》的相关规定,笔者倾向于第三种观点,即定罪、重大量刑事实说。在行为人主动投案并如实供述其行为构成犯罪的事实以及对其量刑有重大影响的事实、情节的情况下,已表明其愿意将自身交付司法机关处置,并承担其应当承担的法律责任,符合自首制度的设立本意。若行为人仅供述基本犯罪事实,对可能影响其量刑的重要事实、情节避重就轻,仍然反映出其欲逃避司法追究的心态,并且不利于案件事实的查明,司法机关仍需使用大量的司法资源以查明行为人未供述的重要事实。司法实践中,基于各种主客观因素,行为人确实可能难以供述出一切犯罪事实与情节,不应当对行为人如实供述的内容有过于严格的要求,这并不违背自首制度的设立本意;反之,若要求行为人对一切犯罪事实与情节均需事无巨细地予以供述,反有矫枉过正之嫌,不利于自首制度的良性发展。故笔者认为,自首中的“主要犯罪事实”一般应当理解为对行为人的行为性质有决定意义以及对量刑有重大影响的事实、情节,不仅指基本定罪事实,还包括对量刑有重大影响的事实、情节等。实践中,应从以下几个方面把握对“主要犯罪事实”的理解:

其一，行为人在犯罪后自动投案并如实供述主要犯罪事实，该事实能够为侦查机关侦破案件创造实际条件并起到关键性作用的，应属于主要犯罪事实。

其二，结合在案证据，若确实因主客观因素的影响，行为人只能如实供述自己的主要或基本犯罪事实，也应当视为其如实供述主要犯罪事实；反之，若在案证据能够确定行为人存在隐瞒重要犯罪事实，不能认定行为人如实供述主要犯罪事实。

其三，行为人若在供述后又推翻供述以掩盖真相，避重就轻等，不属于如实供述主要犯罪事实。

其四，若犯数罪，行为人交代一罪中的主要犯罪事实，只能就其交代的一罪认定为自首，未交代的罪行不能认定为自首。

其五，若共同犯罪，行为人除供述其自身主要犯罪事实外，还需供述其所知同案犯的相关情况方可认定为如实供述主要犯罪事实。

对于本案能否认定被告人杨某如实供述主要犯罪事实，存在如下两种意见：

第一种意见认为，构成自首，即辩护人提出的意见，主要理由为杨某承认了掌掴被害人的行为，且在案没有证据证明杨某除打一耳光外有其他行为，应当认定为如实供述了主要犯罪事实。

第二种意见认为，不构成自首，主要理由为杨某虽承认基本犯罪行为，但坚称仅掌掴被害人一耳光，该陈述与在案证据不符，且属于本案的关键事实，其犯罪的具体行为包括打击次数、打击部位、打击程度等均会对其定罪量刑产生重大影响，在否认关键犯罪事实的情况下不应当认定为如实供述主要犯罪事实。

笔者倾向于第二种意见，即被告人杨某不符合自首的条件。虽然杨某符合自首规定的到案条件，但结合本案具体事实，在有客观证据证实被告人予以否认的关键事实确实存在的情况下，不宜认定被告人如实供述主要犯罪事实，故而不能认定为自首。本案中，到案经过、被告人杨某供述等证据证明杨某经公安机关传唤自行到案，可视为自动投案，但与典型的自动投案相比其主动性较低；杨某虽承认基本犯罪行为但坚称其只掌掴被害人一下，为此，人民法院委托专业机构进行参与度鉴定并通知鉴定人及有专门知识的人出庭发表意见。上述意见的一致之处在于，均认为被害人除左颞肌处伤之外的多处头部、面部伤手拳均可形成；在案证人证言、监控录像等证据足以排除第三人作案的可能性，在尸检鉴定及鉴定人意见均证明被害人头面部被击打多下的情况下，杨某的供述与客观证据不符，其在殴打被害人次数的问题上避重就轻，对于整个过程中如何殴打对方等主要事实并没有如实交代，反映出其具有逃避法律追究的主观心态。基于该部分属于本案基本事实的关键部分，对其量刑会产生重大影响，故对此情形下的如实供述，一般不能认定如实供述了主要犯罪事实，综合评价不能认定被告人杨某构成自首。

（撰稿人：程　序）

主动报案虽未表明是作案人，但在司法机关询问时交代自己罪行的，可以认定自首

——杨某柱故意伤害案①

裁判要旨

犯罪嫌疑人作案后主动报案，但未表明是作案人，是否认定自动投案的关键在于把握犯罪嫌疑人在司法机关询问时是否如实供述主要犯罪事实，如果在司法机关询问时交代主要罪行的，可以视为自动投案，认定自首。

案情简介

被告人杨某柱与被害人杨某某（女，殁年13岁）系父女关系。被告人杨某柱于2014年7月将被害人杨某某自原籍接至北京共同生活，暂住于北京市通州区玉桥东路。自2015年10月至2016年1月，被告人杨某柱多次殴打杨某某，致杨某某四肢和臀部皮肤缺损严重。2016年1月24日晚，杨某柱在上述暂住地，因不满杨某某离家出走等原因持晾衣架抽打杨某某背部等部位，令杨某某赤身位于阳台数小时，杨某柱于次日凌晨将杨某某送医。经鉴定，杨某某符合被他人长期虐待并用钝性物体反复多次打击头面、躯干及四肢致创伤失血性休克死亡。

被告人杨某柱案发后于2016年1月25日向公安机关报警。

另查明，因被告人杨某柱的犯罪行为给附带民事诉讼原告人马某某造成丧葬费、误工费、交通费、住宿费等经济损失共计人民币64519元。

公诉机关的意见主要是：被告人杨某柱故意伤害他人身体，致人死亡，犯罪手段残

① （2016）京03刑初124号刑事判决书。

忍，情节、后果严重，社会危害性极大，应当以故意伤害罪追究其刑事责任。其针对未成年人犯罪，应当从重处罚。杨某柱案发后主动报案，虽未表明自己是作案人，但未逃离现场，后在刑事传唤中，交代自己罪行，可以视为自动投案，但被告人对被害人的褥疮怎么形成等没有如实供述，不能构成自首。

辩护人的辩护意见主要是：被告人到案后坦白殴打被害人的行为，无前科劣迹。

裁判结果

一审法院认为，被告人杨某柱故意伤害他人身体，致人死亡，其行为侵犯了他人人身权利，已构成故意伤害罪，依法应予以惩处。被告人杨某柱案发后将被害人送医并自动报案，在公安机关询问时交代犯罪行为，且到案后能够如实供述基本犯罪事实，构成自首；但被告人杨某柱作为被害人的父亲，未尽到教育、关心未成年子女的职责，无视未成年子女的身心健康，因琐事即持工具殴打被害人，将被害人殴打致死，其犯罪情节恶劣，综合全案具体情节依法予以处罚。辩护人所提杨某柱到案后坦白殴打被害人行为的辩护意见予以认可，但所提被告人无前科劣迹的辩护意见不予采纳。因被告人杨某柱的犯罪行为，给附带民事诉讼原告人马某某造成的经济损失，应依法予以赔偿。一审法院根据被告人杨某柱犯罪的事实、性质、情节和对于社会的危害程度，认定被告人杨某柱犯故意伤害罪，判处无期徒刑，剥夺政治权利终身。

一审宣判后，被告人杨某柱提出上诉。二审法院经审理依法裁定驳回上诉，维持原判。

裁判思路

本案在认定罪名和量刑情节上均具有一定的争议之处。在认定罪名方面，被告人是同时构成虐待罪和故意伤害罪还是虐待致人死亡罪，或是以故意伤害罪定罪存在争议。在量刑方面，被告人是否构成自首是本案量刑的重要情节。公诉方认为被告人杨某柱案发后主动报案，虽未表明自己是作案人，但未逃离现场，后在刑事传唤中，交代自己罪行，可以视为自动投案，但被告人对被害人的褥疮怎么形成等情节没有如实供述，不能构成自首。辩护人认为被告人到案后坦白殴打被害人的行为，如实供述了本案犯罪事实。被告人到案后是否如实供述成为认定其自首的重要条件。

针对上述意见，结合本案案情，具体分析如下：

《自首和立功解释》第一条规定：“自动投案，是指犯罪事实或犯罪嫌疑人未被司法机关发觉,或者虽被发觉,但犯罪嫌疑人尚未受到讯问、未被采取强制措施时,主动、直接向公安机关、人民检察院或人民法院投案。”根据《自首和立功解释》的上述规定,认定自动投案,一是强调投案的自动性,这是自动投案的本质特征,是区别主动投案与被动投案的关键;二是强调投案时间的“时限性”,必须在“犯罪事实或犯罪嫌疑人未被司法机关发觉,或者虽被发觉,但犯罪嫌疑人尚未受到讯问、未被采取强制措施时”。只要犯罪分子自愿将自己置于司法机关或者有关组织的控制之下,自愿把自己交给国家追诉,都符合自动投案的“自动性”。根据《自首和立功意见》第一条的相关内容,关于“自动投案”的具体认定,根据《自首和立功解释》第一条第一项的规定,犯罪嫌疑人具有以下情形之一的,也应当视为自动投案,其中一种情形是犯罪后主动报案,虽未表明自己是作案人,但没有逃离现场,在司法机关询问时交代自己罪行的,该种情形应当视为自动投案。本案的情形符合该条的相关规定。

(一)杨某柱属于犯罪后主动报案

本案被告人杨某柱于2016年1月24日晚在家中因不满杨某某离家出走等原因持晾衣架抽打杨某某背部等部位,令杨某某赤身位于阳台数小时,致杨某某创伤失血性休克死亡。杨某柱于次日凌晨将杨某某送医。根据公安机关出具的材料证明,杨某柱于2016年1月25日4时53分拨打“110”报警称孩子杨某某之前离家出走,孩子被找见后头部有外伤在通州某医院急诊,经抢救无效后死亡。接报后,侦查员立即赶赴现场开展工作。杨某柱将杨某某送医及报警的行为符合犯罪后主动报案。其虽然隐瞒了孩子死亡的真实原因,有逃避法律追究的意图,但其报案的行为引发司法机关后续的侦查,其开始接受公安机关的多次询问,并将自己置身于司法机关的控制之下。

(二)杨某柱的罪行虽被公安机关察觉,但其在公安机关未采取强制措施前作出有罪供述

投案要在犯罪事实尚未被司法机关发觉之前,或者犯罪事实已被司法机关发觉,但犯罪嫌疑人本人尚未被司法机关发觉之前,或者犯罪事实和犯罪嫌疑人均已被司法机关发觉,但司法机关尚未对犯罪嫌疑人采取讯问或强制措施之前。

本案的到案经过等材料显示,经法医初步检验,杨某某死亡为刑事案件,经工作查明杨某柱具有重大作案嫌疑,于案发次日即立案侦查。警方根据出警现场发现被害人有明显外伤并且调取的监控中未发现孩子有杨某柱所述走失的情况,而是有杨某柱、孩子、继母出门的录像,民警在1月25日对杨某柱进行询问时,杨某柱表示不愿意进行尸检,坚持认为被害人自己摔伤导致意外死亡,不需要公安机关开展调查工作,且杨某柱最初隐藏和孩子继母的关系,将二人表述为合租关系,上述情况引起了民警的高度

怀疑,民警分析认为被害人死亡系杨某柱所为,杨某柱的嫌疑人身份已被初步确定。

本案被告人杨某柱在案发后于 2016 年 1 月 25 日至 26 日接受四次询问,前三次询问均不承认打过杨某某。第四次询问之前,公安机关虽已对杨某柱产生了高度怀疑,但鉴于没有直接证据证明,第四次依然采用了询问的程序。杨某柱于 2016 年 1 月 26 日 19 时所作的第四次询问笔录承认杨某某身上的伤是其打的,最近这次是 2016 年 1 月 24 日用晾衣架殴打被害人后背 10 多分钟。侦查人员随后对杨某柱进行了刑事传唤。上述时间节点可以证明杨某柱在公安机关对其采取讯问和强制措施之前进行了供认。

(三)杨某柱如实供述了主要犯罪事实

在认定杨某柱是否构成如实供述,有不同意见。第一种意见认为,被告人对被害人的褥疮怎么形成等情节没有如实供述,不能构成自首;第二种意见认为,被告人在公安机关供述被害人头部伤情是其踢踹导致,但庭审不承认被害人头部伤情是其造成的,不构成如实供述,不是自首;第三种意见认为,被告人已供述了基本犯罪事实,可以认定自首。

笔者认同第三种意见,具体分析如下:

判断犯罪嫌疑人是否如实交代主要犯罪事实,首先看其是否如实供述了定罪事实,在此基础上,再看其是否供述了重大量刑事实。根据《刑法》第二百三十四条的规定,故意伤害致人死亡的,处 10 年以上有期徒刑、无期徒刑或者死刑。故意伤害的手段、被害人死亡的后果直接决定了对犯罪嫌疑人适用的法定刑档次。

本案尸检鉴定证明被害人背部可见大范围皮下出血伴条状弧形皮肤挫伤,推断为条状钝器多次打击形成,被害人符合被人长期虐待并用钝性物体反复多次打击头面、躯干及四肢致创伤失血性休克死亡。杨某柱在公安机关多次讯问时均承认杨某某身上的伤是其殴打造成,之前也打过杨某某。因为被害人总是离家出走,就用木板、拳头、巴掌打杨某某,最后一次是用晾衣架持续殴打杨某某 10 多分钟,让杨某某在阳台上待着未照管。根据法医对鉴定结论的解释,被害人背部伤情符合衣架形状,持续性地殴打背部等部位可以导致死亡。杨某柱供述的用铁丝衣架殴打被害人的行为是造成被害人死亡的重要原因。根据证人证言、扣押材料等证据,在被害人家中发现有血的铁丝衣架,且在案扣押的铁丝衣架上鉴定有被害人的痕迹。本案的证据可以证明 2016 年 1 月 24 日杨某柱殴打被害人,后被害人失血性休克死亡的犯罪事实,构成故意伤害罪。杨某柱对其殴打被害人行为的供认可以认定为如实供述基本的犯罪事实。

对于杨某柱曾供认被害人头上伤口是其在 2016 年 1 月 16 日左右用脚踹被害人致其头部磕到阳台所致,在开庭时其不承认殴打过被害人头部,以及公诉人认为被害人身上有褥疮，系杨某柱殴打所致，但杨某柱对此没有如实供述。笔者认为，上述情节即使未予如实供述也不会对认定被告人的犯罪事实产生根本影响。杨某柱案发前晚的行为已足以构成故意伤害罪，被告人对本次被害人致死的基本犯罪事实已有供认，而对之前殴打行为是否如实供述并当庭承认不构成翻供或对主要犯罪事实的否认，故应当认为杨某柱属于如实供述主要犯罪事实。

综上所述，被告人杨某柱案发后将被害人送医并自动报案，在公安询问时交代犯罪行为，且到案后能够如实供述基本犯罪事实，应视为自动到案，构成自首。但本案被害人系未成年人，案发时仅 13 岁，根据我国《反家庭暴力法》第三十三条的规定，加害人实施家庭暴力，构成犯罪的，依法追究刑事责任。被告人与被害人系共同生活的家庭成员，被告人对被害人的伤害属于家庭暴力行为，应予以严厉打击。被告人杨某柱作为被害人的父亲，未尽到教育、关心未成年子女的职责，无视未成年子女的身心健康，因琐事即持工具殴打被害人，将被害人殴打致死，其犯罪情节恶劣，故一审法院综合全案具体情节对其依法定罪量刑。

（撰稿人：李彦佳）

对非主要犯罪事实之辩解不影响自首之认定

——郭某交通肇事案①

裁判要旨

犯罪嫌疑人在交通肇事后主动打电话报警，到案后基本如实供述主要犯罪事实，虽然其辩称自己在停车后已经设置了三角警示牌，案发后公安机关并未在现场找到三角警示牌，但该辩解不影响其如实供述主要犯罪事实的认定，应认定为自首，量刑时酌予从轻考虑。

案情简介

2018 年 4 月 26 日 22 时 50 分许，在北京市顺义区京平高速出京方向 27.9 公里处，

---

① (2018)京 0113 刑初 1062 号刑事判决书、(2019)京 03 刑终 198 号刑事判决书。

被告人郭某将驾驶的超重重型自卸货车停在路边，适有范某某驾驶重型半挂牵引车/重型罐式半挂车(内乘申某某)由西向东行驶，重型半挂牵引车/重型罐式半挂车前部右侧与重型自卸货车后部左侧相撞后起火燃烧，造成范某某、申某某死亡。经认定，郭某负事故主要责任，范某某负事故次要责任，申某某为无责任。2018年4月26日23时7分，被告人郭某电话报警。

公诉机关的意见主要是：被告人郭某违反交通运输管理法规，发生重大交通事故，致二人死亡，情节特别恶劣，且负事故主要责任，其行为已构成交通肇事罪，提请法院依法判处。

辩护人的辩护意见主要是：被告人系初犯，且本次是过失犯罪；被告人有自首情节和悔罪表现；被告人家庭困难，有丧失劳动能力的父母和年幼的孩子需要照顾；被害人范某某有过错，建议对被告人郭某从轻或减轻处罚并适用缓刑。

裁判结果

一审法院认为，被告人郭某违反交通运输管理法规，发生重大交通事故，致二人死亡，情节特别恶劣，且负事故主要责任，其行为已构成交通肇事罪，应予惩处。公诉机关对被告人郭某犯交通肇事罪的指控，事实清楚，证据确实、充分，罪名成立。被告人郭某犯罪后自动到案，当庭认罪态度较好，故对其从轻处罚，辩护人的相关辩护意见予以采纳。关于自首的辩护意见，因无相关证据支持，不予采纳。

一审法院根据被告人郭某犯罪的事实、性质、情节和对于社会的危害程度，认定被告人郭某犯交通肇事罪，判处有期徒刑3年6个月。

一审宣判后，被告人郭某提出上诉。

上诉人郭某的辩护人的辩护意见主要是：郭某在交通事故发生后及时报警，到案后如实供述犯罪事实，应当认定为自首，希望法院对郭某减轻处罚并适用缓刑。

二审检察机关的书面审查意见主要是：原判认定郭某犯交通肇事罪的事实清楚，证据确实、充分，认定事实无误；郭某自动投案后，能够如实供述自己主要犯罪事实，应当认定为自首，原判未认定郭某自首的法定量刑情节，属于适用法律错误，导致量刑不当，应依法改判。

二审法院认为，上诉人郭某违反交通运输管理法规，因而发生重大交通事故，致二人死亡，负事故主要责任，其行为已构成交通肇事罪，且情节特别恶劣，依法应予惩处。郭某在交通肇事后自动投案，到案后如实供述自己的主要犯罪事实，系自首。一审法院根据郭某犯罪的事实、性质、情节及对于社会的危害程度所作出的判决，定罪正确，审判程序合法，唯未认定郭某构成自首，遗漏郭某具有的法定量刑情节，属于适用法律错误，导致量刑不当，故本院予以改判。对于检察机关所提审查意见及上诉人郭某及其辩护人所提相关上诉理由及辩护意见，本院酌予部分采纳；但对于上诉人郭某的辩护人所提希望法院对郭某减轻处罚并适用缓刑的辩护意见，缺乏法律依据，本院均不予采纳。据此，二审法院撤销一审法院刑事判决，判决上诉人郭某犯交通肇事罪，判处有期徒刑3年。

裁判思路

根据本案查明的事实，被告人郭某在交通肇事后主动打电话报警，到案后基本如实供述主要犯罪事实，虽其辩称自己在停车后已经设置了三角警示牌，案发后公安机关并未在现场找到三角警示牌，本案的焦点在于该辩解是否影响其如实供述主要犯罪事实的认定，行为人是否构成自首？

自首制度作为我国《刑法》中一项重要的量刑制度，是惩罚与宽大相结合的刑事政策的具体化和法律化，其对于鼓励犯罪分子自动投案，悔改自新，不致隐藏在社会上继续为非作歹起重要作用。同时，自首从轻，也有利于司法机关分化和瓦解犯罪势力，从而获得更多的线索和证据，及时侦查破案，正确而迅速地进行审判，有力地惩治罪犯。自首，作为法定从宽情节，对于被告人的量刑具有重要意义，正因如此，多年来司法实务中在自首的认定上存在诸多需要探讨的问题。

关于自首，我国《刑法》第六十七条第一款规定："犯罪以后自动投案，如实供述自己的罪行的，是自首。对于自首的犯罪分子，可以从轻或者减轻处罚……"由此可见，成立一般自首要求同时满足自动投案和如实供述两个条件。自动投案也分为典型的自动投案（如犯罪嫌疑人主动、自行向司法机关投案）和非典型的自动投案（如在亲友的规劝下投案等）。而如实供述作为认定自首的另一个重要条件在实务中的把握也至关重要。因此，对于不同案件中犯罪嫌疑人的行为是否认定自首，应当结合自动投案的方式以及如实供述的情况进行判断。

从司法实践看，比如，在交通肇事案件中，肇事者在肇事后的表现各有不同，因此，要正确认定交通肇事案件中的自首，应当根据行为人肇事后的主观心态和客观行为，并结合最高人民法院发布的《自首和立功解释》的具体规定予以界定。归纳起来主要包括以下几种情形：肇事后驾车逃逸的，或停车后逃逸的，后被公安机关抓获或者被人民群众扭送到有关机关的，均不能认定为自首；肇事后立即停车报警、抢救伤者和财产，后又如实供述自己罪行的，是典型的自首，因为肇事者无论是主观还是客观方面都符合自首的规定；肇事后委托他人报警，自己忙于抢救伤者和财产，后又如实供述自己罪行的，这种情形只要有证据证明肇事者确实委托他人报警的，属于委托他人代为投案的情况，也成立自首；肇事后忙于抢救伤者和财产，未报警或未委托他人报警，但后来能如实供述自己罪行的，能否成立自首尚存争议。

具体到本案，对于被告人郭某的行为是否成立自首存在不同的看法。一审法院认为，被告人郭某虽自动投案，但不能认定为如实供述，不能认定为自首，理由主要是：我国《道路交通安全法》第六十八条第一款规定："机动车在高速公路上发生故障时，应当依照本法第五十二条的有关规定办理；但是，警告标志应当设置在故障车来车方向一百五十米以外，车上人员应当迅速转移到右侧路肩上或应急车道内，并且迅速报警。"因此，在车后是否摆放警示牌在本案中尤为重要，郭某到案后多次供述关于摆放警示牌的位置不稳定、是否摆放没有证据证实，不能认定为如实供述，故不能认定为自首。

但二审法院认为，被告人郭某在交通肇事后及时拨打电话报警，且到案后能够如实供述自己系事故大货车的驾驶司机及其将车停放在高速路上等主要犯罪事实，虽然其辩称自己在停车后已经设置了三角警示牌，案发后公安机关并未在现场找到三角警示牌，但该辩解不影响其如实供述主要犯罪事实的认定，应认定为自首。因为犯罪分子的自首，往往只是启动司法程序的前提，自首者的行为是否符合犯罪构成，证实犯罪的相应证据是否充分，需要司法机关在接受自首以后开展大量的调查核实工作。并且，犯罪嫌疑人如实供述自己的罪行不要求是全部罪行，只要求是主要犯罪事实。在实践中，受主客观因素的影响，犯罪嫌疑人只要如实交代自己的主要或基本的犯罪事实，就应视为如实供述罪行。若要求自首者必须如实交代所有的犯罪事实以及量刑情节（如真实姓名及前科情况），其实是人为地为自首的成立设置了不合理的障碍，同时也有违自首制度的设计初衷，因而是不可取的。但是，倘若犯罪嫌疑人在交代犯罪的过程中隐瞒主要的事实或关键的情节，掩盖真相，企图蒙混过关，此种情况则属于未如实供述罪行，不能成立自首。

综上所述，本案中被告人郭某在交通肇事后自动投案，到案后如实供述自己系事故大货车的驾驶司机及其将车停放在高速路上等主要犯罪事实，其对非主要犯罪事实之辩解，不影响如实供述的认定，故应当认定其构成自首。

（撰稿人：武春利）

【关键词：翻供辩解】

二审期间不认罪，对行为性质的辩解不影响一审自首的成立

——徐某存非法采矿案①

裁判要旨

行为人在二审期间推翻一审有罪供述，但并未否认自己的行为内容，仅对自己行为性质进行无罪辩解的，不影响原判认定其构成自首。

案情简介

2013年左右，王某江（另案处理）从北京市平谷区金海湖镇彰作村村委会承包了崔家沟道南40亩荒滩，用于与被告人徐某存合伙投资开办铁场。因铁场经营不景气，徐某存于2014年年底与王某江协商退股，王某江同意退还徐某存所投股金。

2014年年底至2017年2月，被告人王某江在未取得采矿许可证的情况下，雇佣他人使用挖掘机采挖等方式，在该荒滩处非法开采矿产资源并销售，致山体、土地遭到破坏。在此期间，被告人徐某存从事为王某江记账、做饭等工作，王某江将出售砂石料等的盈利部分，优先给付徐某存60万元。

2017年2月7日，公安机关现场查扣了部分矿产资源及铲车、钩机、账本、收据等物品。经鉴定：被告人王某江等人非法开采的砂矿资源价值762817元，非法开采山石资源价值19318元，其中，现场堆积的砂矿资源价值340628元。

2017年2月23日，被告人徐某存经电话传唤后自行到公安机关接受讯问，并如实供述了上述事实。

裁判结果

一审期间，被告人徐某存对公诉机关指控的犯罪事实及罪名均未提出异议。

---

① (2018)京0117刑初2号刑事判决书、(2018)京03刑终561号刑事裁定书。

一审法院认为，被告人徐某存明知王某江违反《矿产资源法》的规定，在未取得采矿许可证的情况下，非法开采矿产资源，仍协助王某江从事记账、做饭等工作，并从中获取利益，其行为已经构成非法采矿罪，且情节特别严重，应依法予以惩处。被告人徐某存经电话通知后主动到公安机关接受讯问，并如实供述犯罪事实，应认定为具有自首情节；且被告人徐某存在共同犯罪中起次要、辅助作用，系从犯，可对其依法减轻处罚。故判决：被告人徐某存犯非法采矿罪，判处有期徒刑1年6个月，并处罚金20000元。

一审宣判后，原审被告人徐某存提出上诉。

上诉人徐某存的上诉理由是：王某江欠其退股款未能归还，其才帮助王某江记账、做饭，目的是盯着王某江，让王某江尽快归还其退股款，其没有与王某江合谋实施非法采矿，也没有参与王某江等人实施的非法采矿行为，原判认定其犯非法采矿罪属事实不清，证据不足，适用法律错误，希望二审法院改判其无罪；在王某江承包涉案荒滩前，该荒滩上就有被盗挖的深坑，原判在未查清上述事实的情况下，认定非法开采的砂矿资源价值70余万元，属于事实认定错误；其具有自首、从犯等法定或酌定从宽处罚情节，原判对其量刑过重，希望二审法院对其适用缓刑或对其免予刑事处罚。

辩护人的辩护意见主要是：徐某存没有非法采矿的主观故意，客观上也没有实施非法采矿的行为，徐某存帮王某江记账、做饭等行为，只是为了要回投资款，不属于提供劳务，原判认定徐某存犯非法采矿罪的证据不足，适用法律错误；原判认定非法采矿的资源价值过高；原判对徐某存量刑过重。

二审法院经审理认为，对于上诉人徐某存及其辩护人所提原判认定徐某存犯非法采矿罪的事实不清，证据不足，适用法律错误的相关上诉理由及辩护意见，经查，一审法院在原判中已经详细阐明认定徐某存构成非法采矿罪之共犯的具体理由及依据，即根据在案已经查明的事实和证据，能够认定徐某存在明知王某江实施非法盗采行为的情况下，仍长期、固定地为王某江提供记账、做饭等劳务行为，从主观上看，可以认定徐某存与王某江具有非法采矿的共同故意；徐某存从王某江处所获取的退股款，其明知此部分款项中部分源于王某江非法采矿所得，而且所获数额巨大，已超出一般劳务行为应获取的劳动报酬，从客观上看，亦能够认定徐某存的行为与王某江构成共同犯罪，一审法院上述定罪理由条理清晰，说理具体、明确，审查后亦予认可和支持，故上诉人徐某存及其辩护人所提此节上诉理由及辩护意见，缺乏事实和法律依据，均不予采纳。

对于上诉人徐某存所提在王某江承包涉案荒滩前，该荒滩上就有被盗挖的深坑，原判在未查清上述事实的情况下，认定非法开采的砂矿资源价值70余万元，属于事实认定错误的上诉理由及其辩护人所提原判认定非法采矿的资源价值过高的辩护意见，经查，一审法院在认定徐某存等人非法采矿数量及资源价值时，根据在案相关证人证言及评估报告等证据，以徐某存等人实际非法采矿的数量及资源价值计算，认定标准并无不当，亦不存在超标、超范围计算及重复计算等情形，经审查，一审法院作出认定的依据明确，计算方法无误，现予以确认，故上诉人徐某存及其辩护人所提此节上诉理由及辩护意见，缺乏事实和法律依据，均不予采纳。

对于上诉人徐某存及其辩护人所提徐某存具有自首、从犯等法定或酌定从宽处罚情节，原判量刑过重，希望二审法院对徐某存适用缓刑或免予刑事处罚的上诉理由及辩护意见，经查，一审法院对徐某存裁量刑罚时，已经充分考虑徐某存在共同犯罪中系从犯，且具有自首情节等从宽处罚情节，依法对徐某存予以减轻处罚，量刑并无不当，综合本案案情，徐某存不符合适用缓刑及免予刑事处罚的法定条件，二审期间，徐某存亦没有新的再予从宽处罚的情节，故徐某存及其辩护人所提此节上诉理由及辩护意见，缺乏法律依据，均不予采纳。故裁定驳回上诉，维持原判。

裁判思路

本案中，行为人在二审期间推翻一审有罪供述，对自己行为性质作无罪辩解，是否影响原判认定其构成自首？结合本案具体案情，分析如下：

（一）认定自首的时限在一审判决前，二审期间翻供的不影响原判自首的认定

最高人民法院发布的《自首和立功解释》第一条规定，“犯罪嫌疑人自动投案并如实供述自己的罪行后又翻供的，不能认定为自首，但在一审判决前又能如实供述的，应当认定为自首”，即构成自首的如实供述的最晚时间节点应为一审判决前。根据上述规定，行为人在一审判决前未如实供述所犯罪行，在二审期间如实供述的，不构成自首；行为人在一审判决前如实供述所犯罪行，即使在二审期间翻供，亦不影响一审对其自首的认定。“翻供”系司法实践中犯罪嫌疑人改变之前如实供述，对主要犯罪事实进行否认。主要犯罪事实即对犯罪嫌疑人所实施的罪行进行法律评价具有决定性意义的事实。

二审期间，在原判认定的事实、证据没有发生变化的情况，如果仅仅是原审被告人主观认罪态度方面发生了转变或者全盘否认其所犯罪行，二审法院不能以此为由改变原判所认定的自首，对被告人作不利的变更认定。

（二）徐某存二审期间不认罪属于对行为性质的辩解，不影响自首的认定

“辩解”系犯罪嫌疑人在如实供述的基础上，对自己行为的性质、罪责轻重进行申

辩、解释,系其主观认识的一种表达,受制于犯罪嫌疑人自身的知识、文化水平及对案件事实的认识、理解及偏好。而供述是否"属实"的标准系以人民法院经审理查明的事实为依据。法院审理查明的事实系法律事实,而非客观事实,因为案件客观事实既已发生、无法回溯,法官只能根据在案证据,通过当庭质证采信后,在证据的基础上总结出法律事实。犯罪嫌疑人如果能够如实交代行为的客观方面,仅仅否认实施该行为的主观方面,包括主观犯罪故意,以及客观行为的犯罪性质等,均属于"辩解",不影响其如实供述主要犯罪事实,从而认定其构成自首。

在二审期间,徐某存主张其帮助王某江在采矿活动中记账、做饭的目的是盯着王某江尽快归还其退股款,其没有与王某江合谋实施非法采矿,也没有参与王某江等人实施的非法采矿行为。上述内容并非对其非法采矿主要犯罪事实的否认,对其在王某江非法采矿现场中记账、做饭等参与行为是认可的,并未否认原判认定的主要犯罪行为,其否认的内容系其参与该项活动的目的及非法采矿的主观故意,以及认为自己只要没有参与实际的采矿行为即不构成非法采矿罪的辩解。

(三)被告人一审认罪的动机不影响其自首的成立

行为人只要不否认或者基本不否认其犯罪行为的客观事实方面,如实供述了其行为的客观方面,皆可认定为如实供述所犯罪行。本案中,被告人徐某存在一审期间承认所犯罪行,无论其出于何种动机与目的,在客观上均属于如实供述所犯罪行,被认定为自首。自首的立法精神是鼓励犯罪分子投案、提高刑事案件办案效率、节约司法成本。正确适用自首规定,对于分化瓦解犯罪分子,鼓励和引导犯罪分子自动投案、改过自新,进而有效实现刑罚目的,加强刑事追究的准确性,具有重要意义。从客观上来看,犯罪分子如实供述所犯罪行是外在行为,认罪动机是其内在心理,不苛求犯罪分子认罪动机亦符合自首规定的立法精神和刑罚目的。

(撰稿人:江鸣鹤)

第三章　准自首的实务认定及适用

【关键词：同种罪行】

供述司法机关尚未掌握的全部犯罪事实的，构成自首

——邢某夏票据诈骗、诈骗案①

裁判要旨

认定被羁押的犯罪嫌疑人、被告人所交代的事实是否被司法机关掌握时，“司法机关”应局限于承办案件的办案机关；犯罪嫌疑人、被告人是否被通缉、公安机关接报案时间、被告人供述时间是关键的分析依据。

案情简介

2016年10月至11月，被告人邢某夏多次使用故意错开密码、无法承兑的支票，在北京市朝阳区、通州区等地的中国移动北京公司营业厅购买电话充值卡，骗取该公司款物共计1955万元。2016年11月，被告人邢某夏在北京市西城区将已作废的充值卡抵押给被害人董某，骗取董某钱款共计482.62万元。

公诉机关的意见主要是：被告人邢某夏以非法占有为目的，通过使用密码错误的支票购买电话充值卡和使用作废电话充值卡抵押借款的方式，骗取被害人钱款，数额特别巨大，其行为应当以票据诈骗罪、诈骗罪追究其刑事责任。

---

① (2017)京03刑初158号刑事判决书、(2018)京刑终46号刑事裁定书。

被告人邢某夏当庭对公诉机关的指控未提出异议,希望法庭对其从宽处罚。

辩护人的辩护意见主要是:邢某夏具有自首、认罪态度好、初次犯罪等从宽情节,希望法庭对邢某夏减轻处罚。

裁判结果

一审法院认为,被告人邢某夏以非法占有为目的,通过开具密码错误支票的手段骗取被害单位电话充值卡,数额特别巨大,其行为已构成票据诈骗罪,依法应予惩处;邢某夏还使用作废的电话充值卡通过抵押借款的方式骗取被害人钱款,数额特别巨大,其行为构成诈骗罪,依法亦应惩处,并对其所犯票据诈骗罪、诈骗罪实行并罚。对于邢某夏所提希望法庭对其从宽处罚的辩解及其辩护人所提邢某夏具有自首、主动退赃、认罪态度好、初次犯罪等从宽情节,希望法庭对邢某夏减轻处罚的辩护意见,经查,邢某夏在作案后自动投案,并如实供述犯罪事实,虽然构成自首,但由于其犯罪数额特别巨大,且给被害单位和被害人造成巨额损失,尚不足以对其从轻或减轻处罚。故邢某夏的辩解及其辩护人的辩护意见不能成立,不予采纳。故判决:(1)被告人邢某夏犯票据诈骗罪,判处无期徒刑,剥夺政治权利终身,并处没收个人全部财产;犯诈骗罪,判处有期徒刑 13 年,剥夺政治权利 3 年,并处罚金人民币 13 万元;决定执行无期徒刑,剥夺政治权利终身,并处没收个人全部财产。(2)责令被告人邢某夏退赔被害单位中国移动通信集团北京有限公司 1955 万元;被害人董某 482.62 万元。(3)在案扣押款物(清单附后)分别予以发还或变价,所得变价款并入本判决第 2 项,按比例赔偿被害单位中国移动通信集团北京有限公司、被害人董某。

一审宣判后,被告人邢某夏以量刑过重为由提出上诉。其辩护人的辩护意见是,一审法院适用法律错误,上诉人构成自首,应当予以从轻处罚。二审法院经审理,依法裁定驳回上诉,维持原判。

裁判思路

本案争议的焦点在于,被告人邢某夏对诈骗罪是否构成自首以及能否因被告人构成自首对其从轻处罚。

1. 本案自首的认定

对于邢某夏是否对诈骗罪构成自首,存在三种观点:第一种观点认为,由于被害人董某报案在先,邢某夏在如实供述诈骗犯罪的事实之前该犯罪事实已经被司法机关掌据,邢某夏仅就票据诈骗的事实构成自首。第二种观点认为,根据2010年最高人民法院《自首和立功意见》第三条第二款的规定,本案中票据诈骗罪与诈骗罪属于在法律上密切关联的罪名,应当认为是同种罪行。就本案认定的犯罪数额来看,票据诈骗为1955万元,诈骗为482.62万元,故根据《自首和立功意见》中关于如实供述自己的罪行的具体认定:邢某夏多次实施同种罪行,虽然投案后没有交代全部犯罪事实,如实交代的犯罪数额多于未交代的犯罪数额,应认定为如实供述自己的主要犯罪事实,故邢某夏对全案构成自首。第三种观点认为,邢某夏如实供述了司法机关尚未掌握的全部犯罪事实,就全案事实构成自首。笔者赞成第三种观点。

分析邢某夏是否构成自首,首先要回归证据,厘清本案案发及被告人的到案经过。经查,2016年12月5日,邢某夏拨打"110"电话报警称其涉嫌经济诈骗要自首,后被民警带至北京市公安局东城分局前门派出所。东城分局接报案后向邢某夏询问了解案情,邢某夏如实供述了自己利用故意错开密码的作废支票诈骗中国移动通信集团北京有限公司的事实,但没有供述诈骗被害人董某的事实。后因东城分局无管辖权,将该案移送至通州分局管辖。2016年12月7日,通州分局经济犯罪侦查大队接收该案并对邢某夏涉嫌票据诈骗案立案侦查。同日9时,被害人董某向北京市公安局西城分局报案称被邢某夏诈骗,西城分局于当日对董某被诈骗案立案侦查。同日13时,邢某夏在通州区看守所供述诈骗被害人董某的事实。因邢某夏已被通州分局刑事拘留,西城分局于2017年3月3日将案件移送通州分局。由此可见,邢某夏自动投案,如实供述票据诈骗的事实,无疑对票据诈骗罪成立自首。问题在于,邢某夏自动投案之初没有如实供述诈骗董某的事实,而是在两天后如实供述该事实,且该时间点恰好在被害人董某报案之后的几个小时。

笔者认为,邢某夏可以成立自首,主要理由如下:

一是从自首的立法目的来看,《刑法》规定自首制度,一方面是为了鼓励犯罪嫌疑人主动投案、悔过自新,不再继续作案;另一方面是为了使案件及时侦破,提高司法效率、节省司法资源。在讨论自首的成立条件时,应以是否具备上述理由之一作为参考。就本案而言,邢某夏虽然未在主动投案当天供述全部犯罪事实,但在到案初期能够做到主动交代犯罪事实,根据其交代的犯罪事实和主动配合,可以更详细地搜集相关证据,推动案件证据链的形成。从该角度来看,应认定邢某夏就全案构成自首。

二是邢某夏作为被羁押的犯罪嫌疑人,所交代的事实属于司法机关尚未掌握的事实。如何判断是否已经被司法机关掌握,在这里需要明确两个问题:其一,"司法机关"是指全国所有司法机关还是仅指承办特定案件的办案机关;其二,何种程度或标准是判断犯罪事实已经被掌握的根据。笔者认为,此处的"司法机关"应当局限于承办特定案件的办案机关，不能机械地认为被害人在一处司法机关报案就等同于所有司法机关都掌握了案件事实。一般需要行为人被通缉或上网追逃，才能认定办理行为人案件的特定办案机关已经掌握的案件事实。本案中，一方面由于在案证据无法体现邢某夏被通缉或上网追逃；另一方面由于被害人的报案时间和邢某夏主动供述时间仅相差4小时，亦无公安机关内部传递案件情报的工作说明，且西城分局在时隔近3个月才将案件移送通州分局，应当认定邢某夏主动供述犯罪事实时，公安机关尚未掌握相关线索和事实。

三是就票据诈骗罪和诈骗罪的关系来看，能否认为两种罪名在法律上密切关联存在争议。一般认为对竞合犯、吸收犯、牵连犯等才是在法律上有密切关联的罪名，对于从立法角度进行较为严格区分的罪名，诸如本案涉及的票据诈骗罪和诈骗罪，笔者认为，不应当视为同种罪名。

2. 本案自首对量刑的影响

邢某夏在2016年10月至11月不到两个月的时间内，骗取中国移动通信集团北京有限公司多家营业厅共计人民币1955万元，并骗取被害人董某482.62万元，赃款基本上未能追回，且邢某夏亦无退赔能力，造成被害单位和被害人巨额财产损失。虽邢某夏在作案后主动投案，并如实供述犯罪事实，系自首，但由于其所犯票据诈骗罪、诈骗罪均系数额特别巨大，给被害单位和被害人造成巨额损失，根据《自首和立功意见》，属于犯罪后果特别严重的情形，不足以对其从宽处罚。

（撰稿人：毛乃赜　孙淼淼）

办案机关掌握的事实不构成犯罪时，供述同种罪行属于如实供述“其他罪行”

——史某利受贿案①

裁判要旨

犯罪分子没有自动投案，但如实供述司法机关还未掌握的本人其他罪行的，以自

① （2017）京03刑初23号刑事判决书、（2017）京刑终158号刑事裁定书。

首论，实务中通常将之称为准自首或余罪自首。在具体案件中，判断犯罪分子供述的罪行是否属于“其他罪行”，往往成为认定准自首的难点。根据有关司法解释的规定，办案机关所掌握线索针对的犯罪事实不成立，在此范围外犯罪分子交代同种罪行的，以自首论。此处的“犯罪事实不成立”，指的是办案机关掌握的事实不构成犯罪，此时供述同种罪行属于如实供述“其他罪行”，依法成立自首。

案情简介

1998 年至 2014 年，被告人史某利利用担任民航局体改法规企管司企管处处长、运输司执照管理处处长、政策法规司副司长、运输司副司长、运输司司长的职务便利，为有关单位和个人谋取利益，并收受贿赂款人民币 141 万元、美元 2000 元及价值 1520075 日元的旅游费用和价值人民币 5.9 万元的家具，共计折合人民币 157.37 万元。

本案的发案、破案经过：民航局纪检组因首都机场集团原党组成员、北京首都国际机场有限公司原总经理史某利在任民航局运输司司长期间涉嫌收受民营航空公司购物卡及贵重礼品问题线索，于 2015 年 9 月 14 日对其立案审查并采取“两规”措施。“两规”期间，史某利承认收受民营航空公司购物卡等违纪行为，并主动交代了组织未掌握的受贿问题犯罪线索。民航局纪检组于 2015 年 12 月 15 日向检察机关移送史某利涉嫌受贿线索。

在检察机关调查过程中，史某利积极配合调查，始终主动、如实交代其个人涉嫌收受贿赂的犯罪事实。

公诉机关认为，被告人史某利身为国家工作人员，利用职务上的便利，为他人谋取利益，非法收受他人财物共计折合人民币 157 万余元，数额巨大，应当以受贿罪追究史某利的刑事责任，提请法院依法判处。

辩护人的辩护意见主要是：史某利具有自首，主动退赃，认罪态度好，初次犯罪等从宽情节，希望法庭对史某利减轻处罚，并适用缓刑。

裁判结果

一审法院认为，被告人史某利身为国家工作人员，利用职务上的便利，为他人谋取利益，并收受他人给予的钱款，其行为已构成受贿罪，依法应予惩处。鉴于史某利在有关机关掌握其犯罪线索前主动向纪检部门交代犯罪事实，可认定为自首，案发后退缴全部犯罪所得，当庭如实供述犯罪事实，认罪、悔罪，故可依法对其从轻处罚。

一审法院根据史某利犯罪的事实、犯罪的性质、情节及对于社会的危害程度，认定被告人史某利犯受贿罪，判处有期徒刑3年，罚金人民币20万元；在案扣押款项予以没收，上缴国库；人民币20万元折抵罚金；余款发还被告人史某利。

一审宣判后，被告人史某利提出上诉。二审法院经审理，依法裁定驳回上诉，维持原判。

裁判思路

本案的焦点问题是，史某利因收受民营航空公司购物卡及贵重礼品问题线索，被民航局纪检组立案审查并采取"两规"措施，在此期间，史某利主动交代其他受贿犯罪事实的，能否认定其构成自首。

对于这一问题，主要形成了两种观点。第一种观点认为，在职务犯罪中，办案机关所掌握线索针对的犯罪事实，不限于构成犯罪的事实，应包括违纪违法事实。这种理解将"犯罪事实"理解为一般违法事实，只要办案机关掌握的事实在本质上具有违法性，即便达不到入罪标准，仍应属于已掌握的犯罪事实，犯罪分子交代同种更重的罪行，不构成自首。第二种观点认为，办案机关掌握的事实不构成犯罪时，在此范围外犯罪分子交代同种罪行的，构成自首。这种理解将"犯罪事实"理解为构成犯罪的事实，当办案机关掌握的事实尚未达到犯罪标准时，犯罪分子交代同种更重罪行的，依法成立自首。

笔者赞同第二种观点，立足现行法律和司法解释的规定，结合本案案情，具体分析如下：

我国《刑法》第六十七条第二款规定了准自首制度，即未主动投案的犯罪分子，如实供述司法机关还未掌握的本人其他罪行的，以自首论。如何从本质上理解此处的"其他罪行"，成为实务中认定准自首的难点。1998年最高人民法院发布的《自首和立功解释》、2010年最高人民法院发布的《自首和立功意见》以及2009年最高人民法院、最高人民检察院发布的《职务犯罪自首、立功意见》为"其他罪行"的判断提供了指引。

首先，《自首和立功解释》规定："根据刑法第六十七条第二款的规定，被采取强制措施的犯罪嫌疑人、被告人和已宣判的罪犯，如实供述司法机关尚未掌握的罪行，与司法机关已掌握的或者判决确定的罪行属不同种罪行的，以自首论。"由此可见，《刑法》第六十七条第二款规定的"其他罪行"，与此处"不同种罪行"含义相同。

其次，《自首和立功意见》规定："关于'司法机关还未掌握的本人其他罪行'和'不同种罪行'的具体认定……犯罪嫌疑人、被告人在被采取强制措施期间如实供述本人其他罪行，该罪行与司法机关已掌握的罪行属同种罪行还是不同种罪行，一般应以罪名区分。虽然如实供述的其他罪行的罪名与司法机关已掌握犯罪的罪名不同,但如实供述的其他犯罪与司法机关已掌握的犯罪属选择性罪名或者在法律、事实上密切关联,如因受贿被采取强制措施后,又交代因受贿为他人谋取利益行为,构成滥用职权罪的,应认定为同种罪行。”由此可见,其他罪行(不同种罪行)的判断,通常应以罪名为标准。而以罪名为标准,意味着办案机关掌握的事实也必须成立某一罪名,才可能与犯罪分子主动供述的罪行成立不同种罪行。

最后,《职务犯罪自首、立功意见》规定:“没有自动投案,但具有以下情形之一的,以自首论:(1)犯罪分子如实交代办案机关未掌握的罪行,与办案机关已掌握的罪行属不同种罪行的;(2)办案机关所掌握线索针对的犯罪事实不成立,在此范围外犯罪分子交代同种罪行的。”由此可见,当办案机关掌握的事实不构成犯罪时,在此范围外犯罪分子交代同种罪行的,构成自首。

具体到本案,民航局纪检组没有将史某利收受购物卡作为犯罪线索移送,原因是认为史某利所收购物卡系某航空公司过节所送,金额为一两千元,从数额上看,离认定犯罪的标准相差太大,最多属于违纪行为。民航局纪检组对于违纪行为和犯罪行为的区别认定,符合上述相关规定的内在精神。本院在审理过程中,遵循《自首和立功解释》《自首和立功意见》《职务犯罪自首、立功意见》的规定,认定民航局纪检组掌握的事实尚不构成犯罪,史某利在此范围外交代受贿犯罪事实的,依法成立自首。

(撰稿人:于慧雯)

仅有怀疑但缺乏相关线索的,不阻碍“余罪自首”的认定

——刘某旺故意伤害、抢劫案①

裁判要旨

对于被告人如实供述的本人其他罪行是否被司法机关实际掌握,应当从实质上判断并从严把握。具体而言,办理案件的司法机关和司法工作人员在犯罪嫌疑人或被告人如实供述“余罪”前必须已知晓该罪行可能由其所为,且该“余罪”应当有一定的客观

① (2018)京03刑初128号刑事判决书。

线索或部分确实的证据，上述两个条件缺一不可。

案情简介

1. 故意伤害部分

2006年7月6日22时许，被告人刘某旺受吴甲（已判刑）纠集，与吴乙、杜某（均已判刑）等人分别持铁管、铁锤等凶器，到北京市通州区永顺镇城辛庄村某胡同内，对被害人杨甲（男，殁年33岁）、杨乙、翟某等人进行殴打，致杨甲重度颅脑损伤死亡，杨乙轻伤。另外，被告人刘某旺赔偿了被害人亲属的经济损失，获得被害人亲属的谅解。

2. 抢劫部分

2003年3月8日0时许，被告人刘某旺伙同"姜某""五哥"（均另案处理）乘坐郝某驾驶的红色夏利牌小轿车行至北京市通州区北关小学南侧路边，后刘某旺等人持菜刀威胁并砍伤郝某，劫取其诺基亚牌手机1部及100余元。

2003年3月，北京市公安局通州分局对被害人郝某被抢劫一案立案侦查，案件未侦破。2006年7月，被告人刘某旺伙同吴乙等人故意伤害他人致死，刘某旺作案后潜逃，同年8月，刘某旺因涉嫌犯故意伤害罪被上网追逃。2006年，因涉嫌犯故意伤害罪被北京市公安局通州分局刑事拘留的吴乙揭发检举称，刘某旺于2003年春节过后伙同两名男子在北京市通州区北关小学门前以打车为名抢劫一出租车司机，抢走手机1部、人民币若干元，刘某旺作案后曾向其转述该作案过程。经侦查机关核实确有此案，但刘某旺未到案，未能查证该抢劫罪行是否为刘某旺所为。被告人刘某旺于2017年12月被北京市公安局通州分局抓获归案，刘某旺主动供称其曾于2003年春节过后伙同另外两名男子在通州区北关小学附近抢劫一出租车司机手机1部。至此，刘某旺抢劫一案被侦破。

公诉机关的意见主要是：被告人刘某旺伙同多人持械对杨甲等人实施殴打，致一人死亡，一人轻伤二级；伙同他人以非法占有为目的，持刀暴力强行劫取他人财物，应当以故意伤害罪、抢劫罪追究其刑事责任，提请本院依法判处。

辩护人的辩护意见主要是：（1）关于故意伤害罪，刘某旺系从犯；到案后如实供述犯罪事实，认罪悔罪态度好。（2）关于抢劫罪，在公安机关没有掌握确实充分证据的前提下，主动交代，构成自首，系从犯且认罪悔罪态度好。建议对其从轻、减轻处罚。

裁判结果

一审法院认为，被告人刘某旺伙同多人持械故意伤害他人身体，致一人死亡，一人轻伤,其行为已构成故意伤害罪;伙同他人以非法占有为目的,持刀以暴力手段劫取他人财物,其行为已构成抢劫罪,依法应予惩处。对被告人刘某旺所犯数罪应予并罚。对于抢劫罪,被告人刘某旺在公安机关未实际掌握该罪行的前提下主动交代,构成自首,可依法对其从轻处罚。一审法院根据刘某旺犯罪的事实、犯罪的性质、情节和对于社会的危害程度,认定被告人刘某旺犯故意伤害罪,判处有期徒刑5年;犯抢劫罪,判处有期徒刑3年,并处罚金3000元;决定执行有期徒刑7年,并处罚金3000元。

裁判思路

本案的焦点问题是被告人刘某旺因犯故意伤害罪被抓获归案后,主动如实供述其所犯抢劫罪行,根据侦查机关已调取的证据,是否可以判断侦查机关已实际掌握该抢劫罪行?被告人刘某旺所犯抢劫罪是否构成“余罪自首”?

《自首和立功意见》规定,犯罪嫌疑人、被告人在被采取强制措施期间,向司法机关主动如实供述本人的其他罪行,该罪行能否认定为司法机关已掌握,应根据不同情形区别对待。如果该罪行已录入全国公安信息网络在逃人员信息数据库,应视为已掌握。如果该罪行未被通缉,也未录入全国公安信息网络在逃人员信息数据库,应以该司法机关是否已实际掌握该罪行为标准。

在本案中,被告人刘某旺所犯抢劫罪行是否被侦查机关实际掌握,对此存在两种意见:第一种意见认为,该抢劫罪行的原侦查机关与刘某旺涉嫌故意伤害案的现侦查机关为同一机关,且侦查机关已将该抢劫罪行立案侦查并掌握了部分证据材料,包括被害人郝某的陈述、同案犯吴乙的检举揭发等,刘某旺存在重大作案嫌疑,故应当认为侦查机关已经实际掌握了该抢劫罪行。被告人刘某旺不构成“余罪自首”。第二种意见认为,侦查机关是否已经实际掌握犯罪嫌疑人如实供述的本人其他罪行,应当从实质上判断并从严把握,根据相关判断标准,本案侦查机关并未实际掌握被告人刘某旺所犯抢劫罪行。被告人刘某旺构成“余罪自首”。

笔者赞同第二种意见,理由如下:

第一,办理“余罪”与“现罪”案件的侦查机关为同一机关,并不能当然认为该侦查机关就已实际掌握了该抢劫罪行。该抢劫罪行没有被上网追逃,侦查人员只能通过物理、实体方式比对核实犯罪嫌疑人身份,而在该案原始书面卷宗中不仅未能收录犯罪嫌疑人刘某旺的DNA图谱、指纹等生物学特征,而且没有记载犯罪嫌疑人刘某旺的住址、身份号码以及明显的体貌特征,仅有姓名、照片等个人信息,通过原始卷宗锁定犯罪嫌疑人的难度可想而知。退一步讲，即使原侦查卷宗中有犯罪嫌疑人的身份材料、指纹等信息，也不意味着具体侦查人员都能实际掌握犯罪嫌疑人该罪行。司法实践中，每个案件都是由具体侦查人员承办，由于主客观的各种原因，对于此类年代久远且未上网追逃的未侦破案件，如责任心问题、业务素质问题、卷宗保管问题，即使卷宗材料中存录有相关信息，具体侦查人员在没有相关提示的情况下未必会一一查询、比对，未必能掌握犯罪嫌疑人过去的罪行。如果犯罪嫌疑人不予供述，陈年旧案仍然不能得到侦破，侦查机关就不可能对犯罪嫌疑人过去的罪行予以追究。

第二，侦查机关所掌握的刘某旺犯抢劫罪的证据不够确实充分，且缺乏客观线索。在刘某旺主动供述其抢劫罪行之前，侦查机关掌握的证据主要有被害人郝某的陈述、同案犯吴乙的揭发检举材料、现场勘验笔录等。被害人郝某与刘某旺素不相识，被害人在案发后不能准确识别出犯罪嫌疑人；同案犯吴乙所揭发检举的情况是当年刘某旺作案后向其叙述的犯罪过程，不是吴乙亲眼所见，系言词证据、传来证据；现场勘验笔录等其他证据仅系间接证据，上述证据均不能锁定刘某旺为该抢劫案的犯罪嫌疑人。受案发时侦查技术水平的限制，侦查机关未在现场提取相关检材进行 DNA、痕迹检验，导致本案无客观性证据。通过侦查机关已经调取的证据，虽然可以怀疑刘某旺有作案的可能性，但缺乏一定的客观线索或部分确实的证据，不能锁定刘某旺为犯罪嫌疑人，故不能认为侦查机关已经实际掌握了刘某旺的抢劫罪行。

第三，自首制度的价值在于节约司法资源，及时侦破案件，使已被破坏的社会秩序得到修复。从鼓励犯罪嫌疑人或被告人如实供述“余罪”的角度讲，对于未被通缉、也未录入全国公安信息网络在逃人员信息数据库的罪行是否被司法机关实际掌握，应从实质上把握并从严判断，进而认定是否构成“余罪自首”。具体而言，办理案件的司法机关和司法工作人员在犯罪嫌疑人或被告人如实供述“余罪”前必须已知晓该罪行可能由其所为，且该“余罪”应当有一定的客观线索或部分确实的证据，两个条件缺一不可。在本案中，刘某旺如实供述司法机关未实际掌握的罪行，依法构成“余罪自首”。

（撰稿人：黄　斌）

有相应犯罪线索，具有作案嫌疑的，不能认定“余罪自首”

——宋某燕受贿案①

裁判要旨

《自首和立功解释》第二条规定：“……被采取强制措施的犯罪嫌疑人、被告人和已宣判的罪犯，如实供述司法机关尚未掌握的罪行，与司法机关已掌握的或者判决确定的罪行属不同种罪行的，以自首论。”对于此处“司法机关尚未掌握的罪行”的判断标准，并不需要司法机关掌握的犯罪线索所针对的犯罪事实清楚、证据确实充分，实践中只需要相应的犯罪线索达到反映犯罪及犯罪人可能的程度即可。

案情简介

2007年至2012年11月，被告人宋某燕先后担任北京市公安局公安交通管理局车辆管理所政秘科科长和副所长等职务，职责范围包括负责接待、核实及转办有关重启号牌工作。在此期间，被告人宋某燕利用职务便利，为他人办理京A车牌照提供便利，并收受钱款13万元、燕莎商城购物卡40张（均为实名制购买，面值金额20万元）以及报销个人费用23983.61元。现上述燕莎商城购物卡，共有31张（余额148164元）被公安机关起获后移送在案。

在审理期间，被告人宋某燕家属退缴205819.61元在案。

另查明：2012年11月5日，被告人宋某燕因涉嫌犯买卖国家机关证件罪，被北京市公安局公共交通安全保卫分局在指定居所监视居住，当日至次日凌晨，侦查人员从被告人宋某燕办公室搜查出现扣押在案的31张燕莎商城购物卡。2012年11月7日，被告人宋某燕交代现公诉机关指控的部分受贿事实。2013年5月6日，被告人宋某燕因涉嫌犯受贿罪被采取刑事拘留措施。

裁判结果

一审法院认为，被告人宋某燕作为国家工作人员，利用职务便利为他人谋取利益，非

① （2013）朝刑初字第2938号刑事判决书、（2014）三中刑终字第365号刑事裁定书。

法收受他人财物价值金额共计353983.61元，其行为已触犯了《刑法》，构成受贿罪，依法应予以惩处。结合被告人宋某燕认罪态度较好、具有积极退赃表现等情节，决定对被告人宋某燕从轻处罚，在案之款物依法予以处理。故判决：（1）被告人宋某燕犯受贿罪，判处有期徒刑10年。（2）在案之燕莎商城购物卡31张及205819.61元，予以没收上缴国库。

上诉人宋某燕及其辩护人提出：宋某燕因涉嫌犯买卖国家机关证件罪被监视居住后，主动交代办案机关未掌握的受贿犯罪事实，应认定为自首；一审判决未认定其具有自首情节，导致对其量刑过重。希望二审法院予以合理判决。

二审法院经审理后认为，上诉人宋某燕作为国家工作人员，利用职务上的便利，非法收受他人财物，为他人谋取利益，其行为已构成受贿罪，依法应予以惩处。宋某燕到案后，如实供述自己的罪行，可依法从轻处罚；退缴剩余赃款，可酌情从轻处罚。一审法院根据宋某燕犯罪的事实、犯罪的性质、情节及对于社会的危害程度所作出的判决，事实清楚，证据确实、充分，定罪及适用法律正确，量刑适当，审判程序合法，应予维持。据此，裁定驳回宋某燕的上诉，维持原判。

针对上诉人及其辩护人所提宋某燕构成自首的上诉理由及辩护意见，二审法院经审理后认为，宋某燕因涉嫌犯买卖国家机关证件罪被监视居住。但在侦查人员从宋某燕的办公室搜查出大量购物卡后，即对宋某燕进行了有针对性的讯问，宋某燕只有如实交代才能说明问题，且其交代的受贿犯罪事实亦属于上述线索针对的事实，故宋某燕供述自己受贿犯罪事实缺乏主动性，不能认定为自首。一审判决适用法律正确，量刑适当。故宋某燕的相关上诉理由及其辩护人的相关辩护意见无事实及法律依据，均不予采纳。

裁判思路

宋某燕因为涉嫌其他犯罪被采取强制措施期间，供述其受贿的事实，可否成立自首，这涉及我国《刑法》规定的成立准自首中"如实供述司法机关尚未掌握的罪行"的认定问题，具体分析如下：

一是如何理解准自首中的"司法机关"？这里的司法机关是指犯罪行为发生地的司法机关还是供述地的司法机关？例如，犯罪嫌疑人在甲地故意伤害他人后，又逃窜到乙地实施盗窃，并在乙地被抓获，在公安机关因为盗窃对其刑事拘留后，如实供述其在甲地故意伤害他人的犯罪事实，在这种情况下是否成立准自首。换句话说，其供述的故意伤害的犯罪事实是否属于"如实供述司法机关尚未掌握的罪行"？这个问题在司法实践中存在分歧，第一种意见认为，甲地的公安机关已经明确掌握了犯罪嫌疑人故意伤害他人的犯罪事实，对于该罪犯不能认定为自首。第二种意见则认为，这里的司法机关仅应为抓获地的司法机关,其仅掌握犯罪嫌疑人盗窃的犯罪事实,还不掌握其实施的故意伤害的犯罪事实。根据准自首成立的条件,如果犯罪嫌疑人被采取强制措施后供述其他罪行的,这里的司法机关应当是其被采取强制措施后进行供述罪行的司法机关。笔者认为,从鼓励犯罪嫌疑人尽早如实坦白所犯所有罪行的角度,第二种意见具有合理性。但实践中也应该区分具体情况,如果犯罪嫌疑人在甲地实施的犯罪行为仅有被害人报案,尚不能根据线索确定就是犯罪嫌疑人作案,这种情况下实际的犯罪嫌疑人实施的罪行尚未被发觉,异地供述可以成立准自首;如果甲地的司法机关根据报案及其他相关证据已经能确定是犯罪嫌疑人作案,则一般会将该犯罪嫌疑人纳入上网追逃的名单,异地被抓获后,难以成立准自首。

二是如何理解"尚未完全掌握"?笔者认为,应当是指对犯罪嫌疑人进行讯问时没有完全掌握其他犯罪的证据。对于司法机关尚未掌握的主要犯罪事实的标准,应作最宽泛的理解,并不需要司法机关掌握的犯罪线索所针对的犯罪事实清楚、证据确实充分。只需要相应的犯罪线索达到反映嫌疑人可能构成犯罪的程度即可。本案中,宋某燕被羁押后,侦查机关从其办公场所搜查出燕莎商城购物卡 40 张,面值金额 20 万元。由于系从宋某燕个人使用的办公室搜出大量的购物卡,且数额已经达到入罪的标准,侦查机关已经掌握宋某燕涉嫌受贿罪的犯罪线索,这个时候,再有针对性地讯问犯罪嫌疑人,宋某燕系属于如实供述司法已经掌握的犯罪事实,属于如实供述的范畴,不具有供述的主动性,不能成立准自首。

(撰稿人:张　媛)

犯罪嫌疑人如实供述的其他犯罪与司法机关已掌握的犯罪属选择性罪名的,属于同种罪行,不以自首论

——郑某、冯某涵等人走私、贩卖毒品案①

裁判要旨

犯罪嫌疑人如实供述的其他犯罪与司法机关已掌握的犯罪属选择性罪名的,属于

① (2021)京 0105 刑初 205 号刑事判决书、(2021)京 03 刑终 335 号刑事裁定书。

同种罪行,不以自首论。

案情简介

2020 年 7 月,被告人郑某以人民币 8500 元从美国购买大麻。大麻由美国邮寄至北京市朝阳区。民警从郑某处起获大麻叶 102.26 克,经鉴定,检出大麻酚、大麻二酚、四氢大麻酚。被告人冯某涵明知大麻来源于美国,仍预先支付被告人郑某人民币 5500 元购买 55 克,并以人民币 7500 元将其中 50 克预售给被告人于某。被告人任某明知大麻源于美国,仍以人民币 600 元(未实际给付)向被告人郑某预购 4 克。2019 年 11 月,被告人郑某在北京市朝阳区住地,以人民币 2500 元价格向被告人冯某涵出售大麻 25 克。被告人冯某涵在北京市朝阳区,以人民币 2100 元价格将其中 14 克大麻出售给被告人于某。2020 年 1 月,被告人郑某在北京市朝阳区住地,以人民币 2500 元的价格向被告人冯某涵出售大麻 25 克。冯某涵在北京市朝阳区,以人民币 2000 元的价格将其中 14 克大麻出售给被告人于某。2020 年 5 月,被告人郑某在北京市朝阳区住地,以人民币 750 元的价格向任某出售大麻 5 克。2018 年至 2020 年,被告人于某在其北京市朝阳区住处,多次容留被告人冯某涵吸食毒品大麻。

2020 年 7 月 22 日,被告人郑某被查获。郑某协助民警于当日查获被告人冯某涵;冯某涵协助民警于当日查获被告人于某。于某到案后,主动交代了容留他人吸毒事实。郑某协助民警于 8 月 3 日查获任某。

民警从被告人郑某住地内起获褐色植物一罐(重 4.07 克)、绿色油状物一瓶(重 0.49 克)、绿色油状物一瓶(重 0.43 克),上述物品均检出大麻酚、大麻二酚、四氢大麻酚,均已收缴。

公安机关扣押被告人郑某、冯某涵、任某、于某手机各 1 部。

裁判结果

一审法院经审理认为,被告人郑某、冯某涵走私、贩卖毒品,情节严重,其行为已构成走私、贩卖毒品罪;被告人任某走私毒品,其行为已构成走私毒品罪;被告人于某容留他人吸毒,其行为已构成容留他人吸毒罪,依法均应予惩处。郑某、冯某涵有立功情节,如实供述部分犯罪事实;任某如实供述所犯罪行,认罪认罚;于某有自首情节,认罪认罚,对郑某、冯某涵减轻处罚,对任某从轻处罚,对于某从轻处罚并适用缓刑。在案物品,予以没收。故判决:被告人郑某犯走私、贩卖毒品罪,判处有期徒刑 2 年 6 个月,罚金人民币3万元;被告人冯某涵犯走私、贩卖毒品罪,判处有期徒刑2年6个月,罚金人民币3万元;被告人任某犯走私毒品罪,判处有期徒刑7个月,罚金人民币1万元;被告人于某犯容留他人吸毒罪,判处有期徒刑7个月,缓刑1年,罚金人民币1万元;在案手机4部,予以没收。

一审宣判后,被告人郑某、冯某涵不服提出上诉。郑某认为自己系全案如实供述,认罪认罚;其因走私毒品被采取强制措施,到案后如实供述了公安机关尚未掌握的贩卖毒品行为,应构成自首。冯某涵认为其系因走私毒品被采取强制措施,到案后如实供述了公安机关尚未掌握的贩卖毒品行为,应构成自首。

二审法院综合评判认为,上诉人郑某、冯某涵到案后供述贩卖毒品的事实不成立自首。最高人民法院《自首和立功解释》及《自首和立功意见》规定,被采取强制措施的犯罪嫌疑人,如实供述司法机关尚未掌握的罪行,与司法机关已掌握的或者判决确定的罪行属不同种罪行的,以自首论。犯罪嫌疑人、被告人在被采取强制措施期间如实供述本人其他罪行,该罪行与司法机关已掌握的罪行属同种罪行还是不同种罪行,一般应以罪名区分。虽然如实供述的其他罪行的罪名与司法机关已掌握的罪名不同,但如实供述的其他犯罪与司法机关已掌握的犯罪属选择性罪名或者在法律、事实上密切关联,应认定为同种罪行。本案中,郑某、冯某涵在侦查阶段所供述的贩卖毒品的事实属于供述同种罪行,不符合如实供述司法机关还未掌握的本人其他罪行的规定,且两上诉人在一审庭审中否认贩卖毒品的事实,二人行为不成立自首。故对上诉人郑某、冯某涵所提相关上诉理由,法院不予采纳。二审法院认为,上诉人郑某、冯某涵走私、贩卖毒品,情节严重,其行为已构成走私、贩卖毒品罪;原审被告人任某走私毒品,其行为已构成走私毒品罪;原审被告人于某容留他人吸毒,其行为已构成容留他人吸毒罪,依法均应予惩处。原审法院根据郑某、冯某涵、任某、于某犯罪的事实、性质、情节和对社会的危害程度所作出的判决定罪及适用法律正确,量刑适当,在案物品处理亦无不当,审判程序合法,应予维持。故裁定驳回上诉,维持原判。

裁判思路

自首是刑罚裁量的重要情节。我国《刑法》将自首分为两种类型,即一般自首和特殊自首(准自首)。其中,我国《刑法》第六十七条第二款对特殊自首作出了规定,"被采取强制措施的犯罪嫌疑人、被告人和正在服刑的罪犯,如实供述司法机关还未掌握的本人其他罪行的,以自首论"。由此可见,特殊自首的适用具有特殊性:适用对象上,只适用于已被采取强制措施的犯罪嫌疑人、被告人和正在服刑的罪犯;适用条件上,要求如实供述司法机关还未掌握的本人其他罪行。具体到本案中,争议的焦点在于郑某、冯某涵因涉嫌走私毒品到案后如实供述公安机关尚未掌握的贩卖毒品的犯罪事实,是否符合如实供述司法机关还未掌握的本人其他罪行,是否构成特殊自首?

对于特殊自首的认定,最高人民法院在《自首和立功解释》中作出了进一步明确,其第二条规定:“根据刑法第六十七条第二款的规定,被采取强制措施的犯罪嫌疑人、被告人和已宣判的罪犯,如实供述司法机关尚未掌握的罪行,与司法机关已掌握的或者判决确定的罪行属不同种罪行的,以自首论。”《自首和立功解释》第四条规定:“被采取强制措施的犯罪嫌疑人、被告人和已宣判的罪犯,如实供述司法机关尚未掌握的罪行,与司法机关已掌握的或者判决确定的罪行属同种罪行的,可以酌情从轻处罚。”而对于“司法机关还未掌握的本人其他罪行”和“不同种罪行”的具体认定,《自首和立功意见》第三条第二款前段明确规定:“犯罪嫌疑人、被告人在被采取强制措施期间如实供述本人其他罪行,该罪行与司法机关已掌握的罪行属同种罪行还是不同种罪行,一般应以罪名区分。”虽然如实供述的其他罪行的罪名与司法机关已掌握的罪名不同,但如实供述的其他犯罪与司法机关已掌握的犯罪属选择性罪名或者在法律、事实上密切关联,应认定为同种罪行。本案中,两上诉人因涉嫌走私毒品罪被查获归案,到案后供述所犯走私毒品和贩卖毒品的行为,都属于《刑法》第三百四十七条规定的“走私、贩卖、运输、制造毒品罪”的罪行,系选择性罪名。故两上诉人供述公安机关尚未掌握的罪行系同种罪行,不能认定为自首;但该种如实供述在司法实践中应予以鼓励,依法适当从宽处罚。

综上所述,上诉人郑某、冯某涵因涉嫌走私毒品罪到案后如实供述贩卖毒品的犯罪事实,不应认定为自首。一审法院综合全案事实和各原审被告人的犯罪情节作出的裁判正确,故二审法院依法裁定驳回上诉,维持原判。

(撰稿人:方　玉)

第四章　特殊犯罪形式中自首的认定及适用

【关键词：职务犯罪】

办案机关到国家工作人员所在单位并通过单位纪检部门转通知其到案的，不构成自动投案

——张某华受贿案①

裁判要旨

职务犯罪中自动投案的标准应从严把握。办案机关已掌握犯罪嫌疑人的受贿线索后到其单位，通过单位纪检部门转通知其到单位指定场所，其虽主动配合，但由于其主观上不明知系被调查或被采取强制措施，缺乏投案的主动性和自愿性，不能视为自动投案。

案情简介

2009年年初至11月，被告人张某华利用担任某大学教务处处长的职务便利，为冯某留在教务处工作等事宜提供帮助，先后多次收受冯某及其家人给予的好处费共计人民币110万元，其中103万元用于购买位于北京市朝阳区某小区房屋1套。2016年5月19日，被告人张某华被北京市朝阳区人民检察院反贪污贿赂局查获归案。检察机关对张某华的居住地进行搜查，起获了涉案房屋的国有土地使用权证、房屋所有权证

---

① (2016)京0105刑初1673号刑事判决书、(2017)京03刑终207号刑事裁定书。

以及招商银行开户凭证等物品，现扣押在案。涉案房屋现已被查封。审理期间，张某华在亲属的帮助下退赃人民币7万元。

公诉机关的意见主要是：被告人张某华作为国家工作人员，利用职务便利为他人谋取利益，收受他人财物，数额巨大，其行为已构成受贿罪，提请法院依法判处。

辩护人的辩护意见主要是：张某华具有自首情节，认罪悔罪态度较好，涉案房产已经被查封，其在教学科研方面贡献很大，建议法庭对其减轻处罚并宣告缓刑。

裁判结果

一审法院认为，被告人张某华法治观念淡薄，利用职务上的便利为他人谋取利益，收受他人财物，数额巨大，其行为已构成受贿罪，依法应予惩处。张某华归案后如实供述自己的罪行，当庭自愿认罪，涉案房屋已被查封在案，其余受贿款已缴纳在案，故对其所犯罪行依法予以从轻处罚。判决张某华犯受贿罪，判处有期徒刑4年，罚金20万元（罚金10万元已在案）；在案的7万元予以没收，涉案北京市朝阳区某小区的房屋予以没收；在案之国有土地使用权证、房屋所有权证予以没收，其他物品发还张某华。

一审宣判后，张某华以原判未认定其自首有误，提出上诉。

二审法院经审理认为，办案机关系在掌握了张某华受贿的线索并进行初步调查后到其学校，在学校纪检部门转通知其到学校指定场所前虽尚未对其开展调查谈话或采取调查、强制措施，但学校纪检部门通知其到指定场所时并未告知其具体事由，其主观上不明知系被调查或被采取强制措施。其到指定场所后，办案机关即对其采取了调查措施，应认定其系被抓获归案。故二审法院裁定驳回上诉，维持原判。

裁判思路

本案对认定被告人张某华如实供述受贿犯罪事实无争议，但对认定张某华是否构成自动投案存在不同意见。第一种意见认为，张某华虽经单位纪检部门转通知到案，但到案前办案机关尚未对其开展谈话、讯问或对其宣布采取调查、强制等措施，其接到单位纪检部门通知并积极配合到指定场所的行为属于主动将自己置于纪检部门控制之下，应视为自动投案。第二种意见认为，职务犯罪办理中，办案机关通过犯罪嫌疑人所在单位纪检部门协助配合系履行正常组织程序，且党员干部、国家工作人员配合单位纪检部门工作是其必须履行的义务，故办案机关到犯罪嫌疑人所在单位，并由单位纪检部门转通知其到指定场所的情形与公安机关电话通知犯罪嫌疑人到案有着本质不同。基于保密的需要，单位纪检部门通知其到单位指定场所时一般不会告知其理由，犯罪嫌疑人到案前不明知其已被调查或即将被采取调查、强制措施，主观上缺乏将自己置于办案机关控制下的意愿，不具备投案的主动性和自愿性，如将该种情形均认定为自动投案，实践中会导致自首情形的大量产生，造成职务犯罪处理上失之于宽，不符合反腐败斗争的实际需要，故不能认定本案张某华构成自动投案。

笔者赞同第二种意见。具体分析如下：

根据我国《刑法》第六十七条第一款的规定，自动投案和如实供述自己的罪行是成立自首的两个法定要件。而自动投案是自首成立的前提和首要条件。如何判断自动投案，1998 年最高人民法院发布的《自首和立功解释》第一条第一项作了明确阐述，即"自动投案，是指犯罪事实或者犯罪嫌疑人未被司法机关发觉，或者虽被发觉，但犯罪嫌疑人尚未受到讯问、未被采取强制措施时，主动、直接向公安机关、人民检察院或者人民法院投案"。针对职务犯罪的特殊性，2009 年最高人民法院、最高人民检察院发布的《职务犯罪自首、立功意见》第一条对职务犯罪中的自动投案作了如下规定："犯罪事实或者犯罪分子未被办案机关掌握，或者虽被掌握，但犯罪分子尚未受到调查谈话、讯问，或者未被宣布采取调查措施或者强制措施时，向办案机关投案的，是自动投案……犯罪分子向所在单位等办案机关以外的单位、组织或者有关负责人员投案的，应当视为自动投案。"为了准确把握自动投案，2010 年最高人民法院发布的《自首和立功意见》对实践中经常遇到的四种符合立法本意的自动投案情形，又以列举的方式进一步进行了明确。归结立法本意及司法解释或指导性文件精神，自动投案是犯罪事实或犯罪嫌疑人尚未被司法机关发觉或虽被发觉，但犯罪嫌疑人尚未受到讯问、未被采取强制措施时，自愿将自己交付给国家有权机关进行调查、侦查、起诉或审判。因此，对自动投案的判断应从投案时间、投案对象、投案意志等主客观方面进行考察。

1. 投案时间是否有效

为鼓励犯罪嫌疑人、被告人主动、及时归案，达到节约国家司法资源的目的，国家对自动投案的有效时间均作了放宽规定，可以是犯罪事实被发觉前，也可以是犯罪事实被发觉后，但必须是犯罪嫌疑人尚未归案之前。尚未归案之前，以普通刑事案件为例，便是指尚未接受讯问或尚未被采取强制措施；而以职务犯罪为例，则是尚未受到调查谈话、讯问，或未被宣布采取调查措施或强制措施。

2. 投案对象是否符合法律规定

根据法律及司法解释的规定，投案的对象既可以是负有调查、侦查、起诉、审判职能的纪检监察、公安、检察、法院等法定办案机关，也可以是犯罪嫌疑人所在单位、城乡组织和其他有关负责人。将嫌疑人所在单位、城乡组织和其他有关负责人列为投案对象,主要考虑到犯罪嫌疑人与单位、城乡组织及相关负责人之间存在人身、工作、家庭等方面的依附或管理关系,能够产生相应约束力。除此之外,向法律及司法解释规定的其他单位、个人投案的均不构成自动投案。

3. 投案意志是否出于主动自愿

自动投案与被动到案是相对的,其本质要求犯罪嫌疑人、被告人自愿将自己交付于国家控制下,接受国家的审查和裁判,换言之,投案必须具有主动性和自愿性。这是确认自动投案是否成立的关键性要件。如何判断犯罪嫌疑人具有投案的主动性、自愿性,需结合其案发后的行为表现、到案经过、到案后是否如实供述等方面的事实、证据,予以综合考察认定。此外,实践中还存在一种电话通知到案视为自动投案的情形,该情形大量存在于普通刑事案件中。公安机关掌握犯罪线索或犯罪事实后,出于节省警力的目的,电话通知犯罪嫌疑人到公安机关说明情况。考虑到此时犯罪嫌疑人人身自由尚未受到限制,具有选择到案或不到案的自主性,其在能逃而不逃的情况下到公安机关说明情况,可以认定其具有投案的主动性和自愿性。

本案中,被告人张某华经单位纪检部门转通知到案的情形不成立自动投案。理由如下:

1. 张某华不属于电话通知到案

电话通知到案的主体必须是法定办案机关,而不能是其他单位或部门。之所以将办案机关电话通知到案视为自动投案,主要考虑到办案机关在掌握相关犯罪线索、证据后应积极主动履行抓捕、查办职能,如果其以电话通知这种消极方式履行职责,那么相应利益就应归属于犯罪嫌疑人或被告人,犯罪嫌疑人或被告人因此可以获得法律的从宽处理。本案中,办案机关在掌握犯罪线索后主动到了犯罪嫌疑人所在单位,并由其单位纪检部门协助,以纪检部门名义电话通知其到单位指定场所。而单位纪检部门通知时,既未告知是哪一家办案机关通知其接受调查,亦未告知其到指定场所的具体事由,所以张某华到案情况并不符合法定办案机关电话通知到案的一般情形。实践中,对于职务犯罪,办案机关到犯罪嫌疑人或被告人单位后一般是在单位纪检部门的协助下开展工作,包括由纪检部门出面通知其到案,一方面是出于办案阶段做好保密工作的实际考虑,另一方面也是履行必要的组织程序和方便开展调查工作。因为无论是普通国家工作人员,还是党员领导干部,在接到本单位纪检部门通知后均有配合的义务,所以由单位纪检部门转通知到案,是办案机关在查办职务犯罪中的正常工作方式,不属于消极履职,犯罪嫌疑人和被告人当然不能获得相应利益的让渡。

2. 张某华不符合投案的有效时间

职务犯罪中，办案机关已掌握犯罪嫌疑人的犯罪事实并主动到其单位的，虽未正式开展调查谈话或宣布调查措施，看似符合尚未归案的时间条件，但基于反腐斗争实际需要和职务犯罪自首应从严掌握的刑事政策精神，此时不应再认定其符合自动投案的时间条件。主要有两点考虑：一是这种到案已不能达到节约司法资源的目的，并且会抹杀办案机关的工作成果；二是造成职务犯罪自首成立的标准过宽，势必导致职务犯罪自首认定的不当扩大，不仅与中央提出的全面从严治党的精神相违背，更不利于反腐败斗争的实际开展。本案中，办案机关到张某华单位前已充分掌握了张某华的受贿犯罪事实，到其单位即是正式对其进行调查谈话并采取相关调查措施，通过单位转通知是基于调查工作的保密需要，也是履行必要的组织程序，且张某华到达指定场所后，办案机关即有针对性地开展调查谈话，后其在事实和证据面前如实供述了犯罪事实，故张某华的到案情况不属于《职务犯罪自首、立功意见》中规定的犯罪事实虽被掌握，但犯罪分子尚未受到调查谈话、讯问，或者未被宣布采取调查措施或强制措施时，向办案机关投案之情形，不符合投案有效的时间条件。

3. 张某华不具有投案的主动性和自愿性

本案中，单位纪检部门通知张某华到单位指定场所时未告知其具体事由，换言之，张某华主观上不明知其因受贿行为已被办案机关调查，单位纪检部门系在配合办案机关工作。作为国有单位来说，单位纪检部门除了配合办案机关工作外，其主要职责仍是对本单位党员、国家干部违法违纪行为的调查、处理，所以，张某华接到通知时不能确定纪检部门找其谈话的目的，亦无法认定其具有将自己交付于办案机关或单位纪检部门控制，并接受审查和裁判的意愿。另根据查明的事实，张某华的受贿行为发生于 2009 年，而办案机关通过单位通知其到案发生于 2016 年，在长达 7 年的时间内，其从未向单位纪检部门主动交代收受行贿人贿赂的行为，现有证据亦无法证实其在接到单位纪检部门通知前已得知被调查的消息，其基于心理压力，已明确表露出向纪检部门投案的意思，故根据张某华受贿行为到案发的持续时间、投案前的行为表现、投案时的主观心态等，足以说明张某华不具有投案的主动性和自愿性，其接到单位纪检部门转通知到案的行为，不能视为主动投案，依法不成立自首。

（撰稿人：刘　泽）

【关键词：单位犯罪】

基于单位意志的自首行为才成立单位自首

——河南某某公司、钱某敏合同诈骗案①

裁判要旨

单位犯罪中，直接责任人员构成自首不必然构成单位自首，只有基于单位意志的自首行为才能认定为单位自首。

案情简介

2010年8月，被告单位河南某某公司与华某公司、北京中某公司签订协议，约定由河南某某公司出资对华某公司进行改制，并由华某公司层报上级主管单位中某联总机构、中某联批准。

2012年1月至2013年2月，被告人钱某敏作为河南某某公司副总经理，在明知其公司无能力支付改制费用，亦未与华某公司协商及报请中某联总机构同意引入其他单位参与华某公司改制的情况下，受河南某某公司法定代表人、总经理王某昌（另案处理）指使，采取伪造河南省交通运输厅、中某联总机构等单位文件的手段，虚构河南某某公司系河南省交通厅下属国企、中某联总机构已同意被害单位陕某公司共同参与华某公司改制等事实，以签订合作协议的方式，骗取陕某公司支付用于华某公司改制的合同款共计人民币1.05亿元，并按王某昌指示将大部分钱款用于偿还公司债务、投资股票等。

2013年7月11日，陕某公司向北京市公安局报案。公安机关立案后，河南某某公司退还陕某公司684万元。2017年9月13日，被告人钱某敏经民警电话传唤到案。

裁判结果

一审法院认为，被告单位河南某某公司以非法占有为目的，在签订、履行合同过程

① （2018）京03刑初91号刑事判决书。

中，虚构事实、隐瞒真相，骗取被害单位钱款，其行为已构成合同诈骗罪，且数额特别巨大，依法应予惩处。被告人钱某敏作为河南某某公司合同诈骗行为的直接实施者，属于直接责任人员，依法亦应予惩处。河南某某公司虽于案发后退还陕某公司部分钱款，到案后亦能如实供述基本犯罪事实，当庭认罪，但其犯罪行为给被害单位造成的损失特别巨大且无法挽回，故本院综合考虑其犯罪手段及后果，决定对其不予从轻处罚，对其辩护人所提从轻、减轻处罚的辩护意见不予采纳。被告人钱某敏系河南某某公司合同诈骗行为的直接责任人员，且对犯罪结果的发生起重要作用，依法不能认定其为从犯；其经民警电话传唤到案，到案后能如实供述主要犯罪事实，符合自首成立条件，依法可以认定其自首；其检举揭发他人犯罪的线索尚未查证属实，依法不构成立功，故本院对被告人钱某敏及其辩护人、被害单位诉讼代理人发表的相关辩解、辩护意见及代理意见中，与本院认定一致的部分予以采纳，并对被告人钱某敏依法从轻处罚。故判决：(1)被告单位河南某某公司犯合同诈骗罪，判处罚金人民币500万元；(2)被告人钱某敏犯合同诈骗罪，判处有期徒刑12年，剥夺政治权利2年，并处罚金人民币12万元；(3)责令被告单位河南某某公司退赔人民币9816万元，发还被害单位陕某公司。

一审宣判后，被告单位、被告人均未提出上诉，检察机关未提出抗诉，本案已发生法律效力。

裁判思路

单位犯罪案件中，被告单位能否构成自首以及自首的认定标准，是实践中的认定难点。本案中，对于被告单位河南某某公司是否成立自首，存在两种观点：第一种观点认为，河南某某公司的直接责任人员钱某敏构成自首，其自首效果可以及于单位，应认定为单位自首；第二种观点认为，河南某某公司是否构成自首，应以公司法定代表人、主管人员或单位集体决定委派人员是否构成自动投案、如实供述犯罪事实为准，因公司法定代表人王某昌不构成自首且单位未集体决定委派人员投案自首，故河南某某公司不成立自首。

笔者赞成第二种观点。我们认为，直接责任人员构成自首不必然构成单位自首，认定单位自首必须体现单位的意志，并由单位直接负责的主管人员或单位集体决定委派的人员具体实施。

(一)单位成立自首的法律基础

我国《刑法》第六十七条第一款规定，“犯罪以后自动投案，如实供述自己的罪行的,是自首”,自首的主体是实施犯罪的主体,而刑法中犯罪的主体既包括自然人,也包括单位。自首作为总则性规定,可以适用于犯罪单位。

对于被告单位能够成立自首的问题,在走私犯罪和职务犯罪中已经有相关司法解释予以明确。2002 年最高人民法院、最高人民检察院、海关总署发布的《关于办理走私刑事案件适用法律若干问题的意见》第二十一条对单位自首的认定提出初步意见,即“在办理单位走私犯罪案件中,对单位集体决定自首的,或者单位直接负责的主管人员自首的,应当认定单位自首。认定单位自首后,如实交代主要犯罪事实的单位负责的其他主管人员和其他直接责任人员,可视为自首,但对拒不交代主要犯罪事实或逃避法律追究的人员,不以自首论”。但实践中对于该规定是否具有普遍适用性以及具体判断标准仍有不同意见。2009 年最高人民法院、最高人民检察院发布的《职务犯罪自首、立功意见》进一步细化单位自首规定,明确“单位犯罪案件中,单位集体决定或者单位负责人决定而自动投案,如实交代单位犯罪事实的,或者单位直接负责的主管人员自动投案,如实交代单位犯罪事实的,应当认定为单位自首。单位自首的,直接负责的主管人员和直接责任人员未自动投案,但如实交代自己知道的犯罪事实的,可以视为自首;拒不交代自己知道的犯罪事实或者逃避法律追究的,不应当认定为自首。单位没有自首,直接责任人员自动投案并如实交代自己知道的犯罪事实的,对该直接责任人员应当认定为自首”。该规定不仅明确单位可以成立自首,而且指出单位自首的效果可以及于个人(以个人如实交代自己知道的犯罪事实为条件),个人(直接责任人员)自首的效果不能及于单位。

(二)单位成立自首的判断标准

判断单位是否成立自首,可从投案意志、投案和供述主体、供述内容三个方面进行判断。

其一,单位自首必须基于单位意志。单位犯罪是在单位意志支配下由单位成员实施的犯罪,同样地,单位自首也必须体现单位意志的支配。所谓单位意志,既可以是单位集体研究作出的决定,也可以是由能够代表单位意志的负责人作出的决定。换句话说,行为人投案是代表单位,而不是代表个人。本案中,河南某某公司在公安机关调查期间,未就是否投案自首形成集体合意;公司法定代表人、总经理王某昌因涉嫌其他犯罪已处于羁押状态,民警在先询问了被害单位证人吴某,讯问了同案犯罪嫌疑人钱某敏,获取本案关键书证后,才向王某昌调查核实本案情况,应认定相关线索已被公安机关掌握,王某昌不成立《刑法》第六十七条第二款规定的准自首,无法以王某昌构成自首认定单位自首;被告人钱某敏经民警电话通知后到案,其作为副总经理并非能够代表单位意志的负责人，其投案意志也并非基于单位集体决议，而是钱某敏的个人行为，故钱某敏构成自首的效果不能及于单位。

其二，单位自首的投案主体和供述主体必须是代表单位的自然人。由于犯罪单位本身无法投案、无法供述犯罪事实，必须借由自然人实现，这里的自然人可以是单位集体研究决定委派的人，也可以是能够代表单位意志的负责人。本案中，王某昌作为河南某某公司的法定代表人、总经理，是能够代表单位意志的负责人，在公司没有通过集体决定委派他人代表公司投案并供述犯罪事实的情况下，投案主体和供述主体应确定为王某昌。钱某敏虽系公司股东之一，但并不是公司集体研究决定委派的人，也不能代表公司意志。

其三，单位自首必须如实交代单位实施的全部罪行。如果仅交代部分罪行，或者个别单位成员的罪行，则不能认定为自首。本案中，被告单位的诉讼代表人虽系公司员工，但因工作内容限制，对单位所涉犯罪事实并不了解，虽当庭对指控事实及罪名均无异议，但无法代表单位供述单位犯罪意志的形成、犯罪事实的经过、单位员工的具体分工与作用等内容。如退而求其次，将诉讼代表人认定为公司集体决定委派投案的人，在诉讼代表人无法如实交代单位实施全部罪行的情况下，也无法认定为单位自首。

基于上述考虑，笔者认为，河南某某公司不构成单位自首。

（撰稿人：刘　泽　孙淼淼）

【关键词：共同犯罪】

共同犯罪中的犯罪嫌疑人如实供述主要犯罪事实，在细节上与同案犯的供述有出入的，不影响其自首的认定

——金某兴故意杀人案①

裁判要旨

对共同犯罪中自首的认定，需要满足自动投案和如实供述自己的犯罪事实这两个

① (2019)京03刑初117号刑事判决书。

条件。其中,是否构成如实供述,要注意两点:一是何为共同犯罪人自己的犯罪事实,具体应当根据该犯罪人在共同犯罪中的作用来分析判断,如实行犯需要供述出实行的全部犯罪事实,教唆犯需要供述出教唆实施的犯罪事实,帮助犯则需要供述出帮助实施的犯罪事实;二是犯罪事实的范围是什么,即犯罪嫌疑人供述到何种程度能够认定为如实供述自己的犯罪事实,此处的犯罪事实指的是主要犯罪事实,具体是指根据犯罪嫌疑人的供述,能够对其犯罪行为作出基本定性,犯罪嫌疑人对具体犯罪细节的供述与同案犯的供述或其他证据存在细微出入,但不影响对其犯罪行为定性的,应当认定为如实供述犯罪事实。

案情简介

2006年4月2日18时许,被告人金某兴伙同金某锐(已判决)与北京舒弛美德公司(以下简称美德公司)保安员常某三(已判决)预谋在该公司盗窃。当日21时许,被告人金某兴及金某锐携带放有谷维素(镇静助眠药品)的食品及砍刀、尖刀在北京市顺义区空港工业区的美德公司,诱骗被害人保安员康某某(男,殁年15岁)、苏某食用所带食品,欲在二人熟睡后实施盗窃。当日23时许,因康某某未能入睡,金某兴、金某锐分别持事先准备好的砍刀、尖刀,砍刺康某某的头部、颈部、胸部、背部、四肢等处十余下,致康某某重度开放性颅脑损伤合并血气胸、创伤性失血性休克死亡。

被告人金某兴案发后在逃,于2019年3月2日在家属陪同下主动投案。

公诉机关的意见主要是:被告人金某兴伙同他人以非法占有为目的,对公司财物的守护者当场使用暴力和其他方法企图劫取公私财物,致人死亡,情节恶劣,后果严重。其行为触犯了《刑法》第二百六十三条第五项,应当以抢劫罪追究其刑事责任。被告人金某兴在开庭前自愿签署认罪认罚协议,可以从轻处罚,建议判处被告人金某兴无期徒刑,提请法院依法判处。

辩护人的辩护意见主要是:金某兴系自首,且在共同犯罪中起次要、辅助作用,系从犯,本案附带民事部分已赔偿,获得被害人家属谅解,希望法院对其从轻、减轻处罚。

裁判结果

一审法院认为,被告人金某兴以非法占有为目的,伙同他人经预谋使用暴力手段、持刀劫取他人财物,并致一人死亡,其行为已构成抢劫罪,应依法予以惩处。鉴于被告人金某兴系自首，自愿认罪认罚且能够积极赔偿被害人家属的经济损失，获得了谅解等本案具体情况，对其予以从轻处罚。对公诉机关所提相关量刑建议及辩护人所提相关辩护意见，予以采纳。

对于辩护人关于被告人金某兴系从犯的辩护意见，《刑法》第二十六条第一款规定，“组织、领导犯罪集团进行犯罪活动的或者在共同犯罪中起主要作用的，是主犯”，而界定在共同犯罪中起主要作用，需要从犯罪起意、预谋、准备、行为实施、赃物处理等方面进行区分。本案中，“盗窃”的犯罪由金某锐和金某兴共同商议，在具体处理以及购买安眠、镇静类药物诱骗被害人食用方面，金某锐与金某兴或采取模糊化的供述，或指认对方，故结合现有证据无法查清由谁起意准备药物。尽管金某兴系后进入作案现场，但该行为是由金某兴、金某锐共同商议所决定的配合行为，不应以此来区分主从作用。作案工具系金某锐提供，可究竟谁第一个使用凶器导致犯罪行为升级，双方却各执一词。

综上所述，在抢劫致被害人康某某死亡的犯罪过程中，现有证据无法区分主从犯。因此，无法认定金某兴构成从犯。

据此，一审法院根据被告人金某兴犯罪的事实、犯罪的性质、情节和对于社会的危害程度，认定被告人金某兴犯抢劫罪，判处无期徒刑，剥夺政治权利终身，并处没收个人全部财产。

一审宣判后，被告人金某兴没有提出上诉，一审判决已发生法律效力。

裁判思路

本案的焦点问题是，被告人金某兴是否符合如实供述犯罪事实的条件从而构成自首。

本案中，被告人金某兴案发后在逃，于 2019 年 3 月 2 日在家属陪同下主动投案。金某兴在到案后向公安机关作出的供述中所反映的情况如下：一是金某兴称事先抢劫的预谋行为及犯意提起均为金某锐；二是金某兴称其到达现场时金某锐已经动手将康某某杀害；三是金某兴称与金某锐没有换过刀，被害人身上的砍刀伤均由自己造成。而同案犯金某锐所作供述与金某兴的供述在细节上存在矛盾之处：一是金某兴先动手砍了被害人头部；二是金某兴持刀朝保安脖子上划了一刀；三是金某兴主动提出处理尸体。因此，共同犯罪人在犯罪细节的供述上存在出入，应当如何认定自首，需要进一步讨论。

对于共同犯罪中的如实供述,1998 年最高人民法院《自首和立功解释》第一条第二项规定:"如实供述自己的罪行,是指犯罪嫌疑人自动投案后,如实交代自己的主要犯罪事实。犯有数罪的犯罪嫌疑人仅如实供述所犯数罪中部分犯罪的,只对如实供述部分犯罪的行为,认定为自首。共同犯罪案件中的犯罪嫌疑人,除如实供述自己的罪行,还应当供述所知的同案犯,主犯则应当供述所知其他同案犯的共同犯罪事实,才能认定为自首。"2010 年最高人民法院《自首和立功意见》第二条规定了"如实供述自己的罪行"的具体认定:"《解释》第一条第(二)项规定如实供述自己的罪行,除供述自己的主要犯罪事实外,还应包括姓名、年龄、职业、住址、前科等情况。犯罪嫌疑人供述的身份等情况与真实情况虽有差别,但不影响定罪量刑的,应认定为如实供述自己的罪行。犯罪嫌疑人自动投案后隐瞒自己的真实身份等情况,影响对其定罪量刑的,不能认定为如实供述自己的罪行。犯罪嫌疑人多次实施同种罪行的,应当综合考虑已交代的犯罪事实与未交代的犯罪事实的危害程度,决定是否认定为如实供述主要犯罪事实。虽然投案后没有交代全部犯罪事实,但如实交代的犯罪情节重于未交代的犯罪情节,或者如实交代的犯罪数额多于未交代的犯罪数额,一般应认定为如实供述自己的主要犯罪事实。无法区分已交代的与未交代的犯罪情节的严重程度,或者已交代的犯罪数额与未交代的犯罪数额相当,一般不认定为如实供述自己的主要犯罪事实。犯罪嫌疑人自动投案时虽然没有交代自己的主要犯罪事实,但在司法机关掌握其主要犯罪事实之前主动交代的,应认定为如实供述自己的罪行。"因此,如实供述指的是犯罪嫌疑人如实交代自己的罪行和问题。值得注意的是,这里的问题应当指的是事实问题而非法律问题。

具体到本案,金某兴与同案犯为共同实行犯,因此,二者供述的细微差异不影响对金某兴抢劫罪的认定,综合来看,金某兴的供述应当认定为如实供述自己的犯罪事实,结合主动投案的情况,应当认定其构成自首。

(撰稿人:任莉华)

第五章　自首与刑罚裁量

【关键词：从宽与否】

自首主动、彻底的，可以减轻处罚

——王某明受贿案[①]

裁判要旨

自首的立法设计，一方面有利于刑事案件迅速有效侦破，节约司法成本；另一方面则体现行为人的悔罪意愿，表明其人身危险性的降低。在职务犯罪案件审理中，要在全面、准确把握犯罪数额及情节的事实基础之上，充分发挥自首作为量刑情节的调节作用，实现罪责刑相适应。

案情简介

2008 年至 2011 年，被告人王某明利用其在国勘公司萨哈林公司担任副经理，受委派在联合作业公司任中方代表的职务便利，帮助天津某国际物流有限公司取得维宁项目中海洋钻井平台运输业务合同，事后先后收受天津某国际物流有限公司董事长管某给予的贿赂款人民币 20 万元、美元 2 万元、澳元 39.56 万元，折合人民币共计 237.70 万元。

2012 年至 2015 年，被告人王某明利用其在国勘公司巴西公司担任副经理，受委派

① (2017)京 03 刑初 36 号刑事判决书。

在巴西 RSB 公司担任副首席运营官的职务便利，帮助舟山某船务工程有限公司拿到 DP2 穿梭油轮建造合同，事后通过易某国际物流有限公司收受舟山某船务工程有限公司给予的贿赂款美元 50 万元，折合人民币共计 306.145 万元。其中，易某国际物流有限公司股东管某已提取美元 13 万元现金交给王某明，剩余美元 37 万元（折合人民币 228.60 万元）于案发后被依法扣押。

被告人王某明在案发前主动向国勘公司纪检监察部交代了自己收受贿赂的犯罪事实，并主动向国勘公司退回人民币 442 万元。现该赃款已被依法扣押。在法庭审理期间，王某明家属补交人民币 0.24 万元。

公诉机关以被告人王某明犯受贿罪向法院提起公诉。

被告人王某明对于公诉机关的指控不持异议。

辩护人的辩护意见主要是：王某明在组织及司法机关不掌握犯罪事实和线索的情况下，主动向组织交代受贿事实，应认定为自首。

裁判结果

一审法院认为，在第一起指控事实中，被告人王某明作为国勘公司萨哈林分公司副经理兼联合作业公司的中方代表，经单位同意，代表中方参与俄方组织的商务谈判，王某明虽然具有技术背景，但其工作内容决定了其系代表国家、单位而非个人；在第二起指控事实中，王某明作为国勘公司巴西分公司副经理，受单位委派，作为穿梭油轮项目的发包方——巴西 RSB 公司的中方高层管理人员，亦具有国家工作人员身份，其基于职务便利，为舟山某船务工程有限公司中标油轮建造项目谋取利益，收受贿赂，应认定构成受贿罪，且受贿数额特别巨大，应依法惩处。鉴于王某明在其犯罪事实未被组织掌握，且没有受到任何调查措施之前，因内心幡然悔悟，主动向组织交代全部犯罪事实，具有自首情节；积极退缴全部赃款，认罪悔罪，可对其依法减轻处罚并适用缓刑。据此，判决被告人王某明犯受贿罪，判处有期徒刑 3 年，缓刑 5 年，并处罚金人民币 127 万元。

一审宣判后，被告人王某明未提出上诉，公诉机关亦未提出抗诉，一审判决已发生法律效力。

裁判思路

本案焦点问题是：在职务犯罪中，如何结合行为人的自首情节，准确把握量刑幅度。

(一)自首从宽量刑的原则

自首,是指行为人犯罪以后自动投案,如实供述自己罪行的行为。我国《刑法》第六十七条第一款规定:“犯罪以后自动投案,如实供述自己的罪行的,是自首。对于自首的犯罪分子,可以从轻或者减轻处罚。其中,犯罪较轻的,可以免除处罚。”

我国《刑法》规定的自首采取的是相对从宽原则,即自首从宽是原则,不从宽处罚是例外。本案讨论的重点是,在自首从宽处罚的前提下,从宽的幅度如何把握?是从轻还是减轻处罚?2010年最高人民法院发布的《自首和立功意见》第八条规定:“对具有自首、立功情节的被告人是否从宽处罚、从宽处罚的幅度,应当考虑其犯罪事实、犯罪性质、犯罪情节、危害后果、社会影响、被告人的主观恶性和人身危险性等。自首的还应考虑投案的主动性、供述的及时性和稳定性等。”上述解释性规定明确了对于具有自首情节的被告人适用刑罚时,需要考虑的多项要素。因此,根据《刑法》第六十一条规定的量刑一般原则和司法实践经验,一般认为,自首量刑的一般原则应掌握以下几点:

1. 犯罪事实是量刑的基础。犯罪事实是量刑的基础和主要根据。犯罪事实并不因行为人自首而改变,行为人投案自首可以使其犯罪所造成的危害社会的持续状态结束,但是给社会造成的损害并不会因自首而消灭。行为人投案自首,仅仅表明对自己所犯罪行的态度,并不会改变其既有的犯罪事实。因此,司法机关在决定对自首的犯罪分子量刑时,必须以其犯罪事实为主要根据。实践中,可首先按照自首者罪行的轻重对照有关法律,拟定一个刑罚幅度,而后结合自首的情形,综合考量是否从宽以及从宽的幅度。

2. 自首情节是影响量刑的重要因素。实践中,自首的情形繁复多样,其中,影响量刑的要素主要包括:

(1)投案的动机。投案的动机并非认定自首的必要条件,但却是决定从宽处罚幅度的重要因素。通常在自首量刑时,对于有悔罪动机的被告人的从宽幅度比非出于悔罪动机而自首的被告人要大一些。自首从宽的目的有二:一是实现刑罚目的的需要,二是实现刑法功利目的的需要。一方面,司法资源的有限性和犯罪的多发性永远是不可调和的一组矛盾,自首在一定程度上使案件得以迅速有效侦破,节约了司法成本。另一方面,我国刑罚目的是惩罚、改造犯罪,预防和减少犯罪。考量自首从宽的根据,实现刑罚目的的需要是主要根据,刑法的功利主义要求只有在保障社会稳定的前提下,才能适度考虑,否则有可能放纵犯罪。

(2)投案的时间。行为人在被抓捕归案之前,自动到公安机关投案,如实供述自己罪行的,构成自首。投案时间的不同可以反映行为人的悔罪程度,也将影响司法机关侦办案件的成本投入。因此,实践中通常会将自首犯的投案时间作为从宽处罚幅度的重要参考因素。

(3)自首的方式。实践中,自首的方式有自行投案、电话通知到案与亲属送首等。行为人自行投案或接办案机关电话通知后主动到案,反映了行为人有主动投案意愿;而亲属送首中,被送来的自首犯或者并未真有较深的悔罪心理,二者在从宽幅度上应有所区别。对于亲属送首的,从宽幅度不宜过大。另外,影响自首从宽幅度的客观形态还有很多,如现场等待型与逃离现场后投案的自首、办案机关已经掌握犯罪事实情况下的自首与尚未掌握犯罪事实的投案自首等,在从宽幅度上也应有所区分。

(4)交代罪行的情况。行为人投案自首,仅仅表明对自己所犯罪行的态度,并不会改变其原来的犯罪事实,却能够反映行为人的悔罪程度及人身危险性的大小。因此,行为人投案后,交代罪行是否彻底、是否主动、供述是否稳定,是司法机关分析判断投案者是否真心悔悟的重要因素。

(二)本案自首量刑的适用

本案对王某明依法适用缓刑,符合罪责刑相适应原则,也能够较好地兼顾案件处理的社会效果和法律效果。

1. 从基本犯罪事实来看,王某明参与两起受贿事实,受贿数额500余万元,受贿数额特别巨大。但受贿犯罪实质上是一种权钱交易的行为,其行为的社会危害性不仅体现于数额,也体现在行受贿的次数、手段等多方面。因此,如果多次受贿或存在索贿等从重情节的,即使数额较小,其社会危害性往往大于或等于单笔受贿数额大的情形。本案中,王某明在境外所从事的工作内容,多为大标的额涉外项目,存在合同标的额高、受贿(佣金)额度高的特点。因此,在对王某明量刑时,不能仅简单评价数额,不考虑情节,应在全面掌握犯罪事实基础上,结合王某明的自首情节、投案背景、交代罪行是否彻底、是否全额退赃等罪后表现,综合分析判断其社会危害性、人身危险性和主观恶性,以确定适当的刑罚。

2. 王某明主动投案,彻底自首,人身危险性降低,依法可以适用缓刑。王某明奉调回国后不久,在参加集团公司党风建设和反腐败工作会议后,内心受到触动,主动找到国勘公司纪委负责人,主动向组织交代收受天津某国际物流有限公司贿赂款以及在巴西RSB公司任职期间,帮助舟山某船务工程有限公司中标油轮建造项目收受贿赂款的事实。王某明投案的背景是在其犯罪事实未被组织掌握,且没有受到任何调查措施之前，主动找到组织反映犯罪问题，积极退赃。其主动投案完全是基于内心不安，自发投案，悔罪动机非常明显、悔罪表现非常彻底，体现了其主观恶性的降低。因此，对其大幅度从宽，并适用缓刑，有利于实现刑罚目的。

3. 从刑事政策角度考虑，坦白从宽、抗拒从严是我们一贯遵循的刑事政策。本案中，王某明能够幡然悔悟，主动向组织交代犯罪事实，应该给予其回归社会，重新做人的机会。适用缓刑也能体现我国刑法价值导向中引人向善的一面。在目前腐败高发、反腐高压的大背景下，虽然强调对于贪腐案件从严打击，但是，对于职务犯罪的惩处，仍然需要坚持宽严相济的基本刑事政策，既要有严的威慑，也要有宽的柔情。因此，本案中对于王某明适用缓刑，不仅有利于对其改造，也能对其他涉嫌职务犯罪的违法人员起到感召作用，树立良好的政策导向，实现案件处理的法律效果和社会效果的统一。

（撰稿人：杨立军）

对于具有自首情节，但罪行极其严重的被告人，可不予从轻处罚

——孙某斌故意杀人案①

裁判要旨

被告人虽有自首情节且系初犯，但系经预谋在公众场所实施杀人行为，造成现场人员的巨大恐慌和极为恶劣的社会影响，犯罪手段特别残忍，犯罪情节特别恶劣，犯罪后果特别严重，被告人主观恶性深、人身危险性大，且无悔罪表现的，可不对被告人从轻处罚。

案情简介

被告人孙某斌之母孙某某（95 岁）因患心脏病、脑梗死后遗症等严重疾病于 2019 年 11 月住院治疗，其间，医院曾下达病危病重通知书。12 月 4 日，孙某斌及其亲属因孙某某在家中不能正常进食，通过“999”急救车将孙某某送至位于北京市朝阳区的民

---

① （2020）京 03 刑初 9 号刑事判决书。

航总医院，经急诊诊治未见好转，遂留院观察。孙某斌自以为孙某某的病情未好转与医生杨某（女，殁年51岁）的首诊诊治有关，因此对杨某怀恨在心，并多次拒绝该院对孙某某的检查和治疗，还返回暂住地家中，取尖刀并随身携带，多次扬言要报复杨某。12月24日6时许，杨某在医院急诊科抢救室内向孙某斌介绍孙某某的病情时，孙某斌突然拔出尖刀，当着众多患者及家属和医护人员的面，反复切割杨某颈部，致杨某倒地，后又不顾他人阻拦，再次对杨某进行扎刺，致杨某被锐器反复多次切割颈部，伤及颈髓、双侧颈动、静脉及神经、肌肉、甲状软骨、气管、食管，致颈髓横断合并创伤失血性休克死亡。孙某斌作案后报警投案，被公安机关抓获，作案用工具尖刀一把被当场缴获。

公诉机关的意见主要是：被告人孙某斌故意非法剥夺他人生命，致人死亡，其行为已构成故意杀人罪，且主观恶性极深，犯罪手段特别残忍，犯罪情节、后果特别严重，社会影响极其恶劣，社会危害性极大，应当依法严惩。

辩护人的辩护意见主要是：第一，孙某斌作案后即拨打"110"报警电话，并在案发现场等待，归案后对犯罪行为供认不讳，符合自首的相关规定。第二，孙某斌与其母感情深厚，其母住院期间病情反复且孙某斌认为医院未按其要求进行诊疗，以上原因造成孙某斌情绪波动，丧失理智进而实施涉案行为，属于事出有因，请求法院对其从轻处罚。

裁判结果

一审法院认为，被告人孙某斌故意非法剥夺他人生命，致人死亡，其行为已构成故意杀人罪，罪行极其严重，依法应予惩处。根据现已查明的事实，孙某斌对医生杨某首诊用药不认同，从而产生怨恨，进而产生杀害意图，预谋且事先准备工具，足见其主观恶性极深；作案时，孙某斌持尖刀反复切割杨某颈部，致杨某倒地，后在杨某无任何反抗能力的情况下，不顾他人阻拦，又对杨某扎刺，足见其人身危险性极大；孙某斌在医院急诊室面对众多患者及家属和医护人员，公然持刀行凶且手段特别残忍，给患者及家属和医护人员造成极大恐慌，足见其行为的社会危害性极大，犯罪性质极其恶劣。孙某斌虽具有自首情节，但结合其犯罪的事实、犯罪的性质、情节和对于社会的危害程度，尚不足以对其从轻处罚。扣押在案的犯罪工具及其他物品应依法处理。

一审法院根据孙某斌犯罪的事实、犯罪的性质、情节和对于社会的危害程度，认定被告人孙某斌犯故意杀人罪，判处死刑，剥夺政治权利终身。

一审宣判后，被告人孙某斌提出上诉。二审法院经审理裁定驳回上诉，维持原判并依法将孙某斌的死刑判决报请最高人民法院核准。

最高人民法院依法裁定核准孙某斌死刑。

裁判思路

根据本案查明的事实,孙某斌作案后主动拨打“110”报警电话主动投案并在现场等待,公安机关到达案发现场对被告人孙某斌进行抓捕的过程中,孙某斌始终予以配合,归案后能够如实供述所犯罪行,孙某斌构成自首情节。被告人及其辩护人均提出孙某斌构成自首,应当对其从轻处罚。

本案的焦点问题是,因孙某斌构成自首情节,根据其犯罪的事实、犯罪的性质、情节和对于社会的危害程度,是否必须对其从轻处罚?

1. 对于具有自首情节,但罪行极其严重的犯罪分子是否必须从轻处罚

关于自首,我国《刑法》第六十七条第一款规定:“犯罪以后自动投案,如实供述自己的罪行的,是自首。对于自首的犯罪分子,可以从轻或者减轻处罚……”自首情节是“可以”从宽处罚的情节,而不是“应当”从宽处罚的情节,这是理解自首从宽的关键用语。“可以”是一种灵活性的规定,意指犯罪人虽然符合自首的构成要件,但并非一律从宽,对是否给予从宽处理要由法官根据犯罪的性质、情节及社会危害程度等综合认定。同时,“可以”是一种表示肯定的意思,表明了法律适用的倾向性,在一般情况下这样做并无不妥,即若存在特殊情况也可以排除这种肯定意思,可以从宽也可以不从宽。而“应当”是刑法中的一个绝对用语,即无论在什么情况下,只要符合《刑法》规定的条件,都应该从轻或减轻处罚。2010 年最高人民法院发布的《自首和立功意见》第八条中也明确规定:“虽然具有自首或者立功情节,但犯罪情节特别恶劣、犯罪后果特别严重、被告人主观恶性深、人身危险性大,或者在犯罪前即为规避法律、逃避处罚而准备自首、立功的,可以不从宽处罚。”

对于自首从宽的理论根据,通说认为是“综合说”,即人身危险性的减轻说和国家获利说的综合。具体来讲,自首从宽的根据需要两个力量的支撑:一方面,行为人自愿将自己置于国家控制中,降低了再次实施犯罪的现实性和潜在性;另一方面,国家从行为人的行为中节省了司法成本,提高了办案效率,理应给予行为人奖励。人民法院根据被告人实施的犯罪行为的事实、犯罪的性质、情节和对社会的危害程度综合量刑,如果被告人自首所带来的人身危险性降低或节约国家司法资源的效益不足以抗衡行为的极大社会危害性或极强人身危险性时,人民法院也可以对其不予从轻处罚。

罪行极其严重的犯罪分子具有自首情节且没有其他特别从轻情节,根据司法实践

总结，如果符合以下情形的，从轻处罚必须特别慎重：(1)后果极其严重的，如杀害多人的；(2)犯罪对象为无辜的受害人或不确定大众的，或者为老弱病残孕等弱势群体的；(3)经预谋故意犯罪致人死亡，犯罪意志坚决的；(4)犯罪手段特别残忍的；(5)在公共场所故意犯罪造成恶劣社会影响的；(6)涉黑涉恶，犯爆炸、抢劫、绑架、强奸等严重危害社会治安，群众反映强烈的案件；(7)具有累犯等从重处罚情节且前罪为暴力犯罪的；(8)不是出于悔罪，而是被迫无奈或者逃避严惩等原因自首的；(9)其他表明犯罪行为人人身危险性和行为社会危害性极大的情节。

2. 本案的情形

具体到本案，孙某斌构成自首情节，但法院未对其从轻处罚，主要因其具有如下几个方面的酌情从重处罚情节：

第一，孙某斌属于预谋杀人，主观恶性极深。孙某斌拒绝接受其母孙某某系高龄危重病人的现实，系在其母仍在诊治中的情况下，仅凭个人对医生用药的无端质疑，即实施杀害医生的行为，绝非事出有因。孙某斌产生怨恨，进而形成杀人的特定意图，对如何实施杀人行为进行了精心准备，事先准备了作案工具，并长时间随身携带，对杀人行为的实施方式进行了仔细考虑和冷静选择，可见其主观恶性深，人身危险性大。

第二，孙某斌实施杀人行为的手段特别残忍。孙某斌犯罪意志坚决，人身危险性极大。作案时，孙某斌持杀伤力较大的尖刀，直接对杨某颈部这一要害部位，实施猛烈反复的切割行为，时间长达 20 余秒，在被害人倒地后且无任何反抗能力的情况下，仍然不顾他人劝阻，对倒在血泊中的被害人连续扎刺，必欲置被害人于死地，杀人故意持续、强烈，杀人手段极其残忍，严重侵犯了善良风俗，极端挑战人类恻隐心。

第三，孙某斌实施杀人行为的地点为公共场所，社会影响特别恶劣。犯罪地点在医院的急诊科抢救室，系公共场所。孙某斌当着众多患者、患者家属和医护人员的面公然藐视法律、持刀肆意杀人，手段极端，造成患者、患者家属和医护人员的极大恐慌，引起人民群众的极大愤慨，造成恶劣的社会影响。

第四，严重危害社会治安，严重扰乱和破坏了正常的医疗卫生服务秩序。孙某斌蓄谋进入急诊科抢救室医护人员工作区域，杀戮正在值班的救死扶伤的医务人员，严重扰乱了急诊科工作的正常开展，严重破坏了医疗卫生服务秩序，致使急诊抢救医疗资源本就紧张的状况进一步恶化，严重影响医疗服务的安全保障。

人民法院判决不对孙某斌从轻处罚，是法院依据本案全部事实，综合考量的结果，符合法律的规定。

（撰稿人：黄　斌）

自首主动程度较高，兼具其他从宽情节的，可以减轻处罚

——杜某平受贿案①

裁判要旨

犯罪分子在办案机关掌握犯罪线索前主动投案，如实供述全部犯罪事实，从投案意愿、投案时间、投案对象、投案方式来看，主动程度较高，同时兼具其他从宽处罚情节的，可以减轻处罚。

案情简介

被告人杜某平在担任鉴定指导中心主任期间，利用其负责鉴定指导中心全面工作的职务便利，为相关单位谋取利益，于2008年至2014年先后多次收受山东质监培训中心主任姜某某、副主任崔某某，海人学校校长李某某，湖北质监培训中心主任钟某某，河南质监培训中心培训科科长毛某某给予的现金，共计人民币1024450元。

被告人杜某平作案后于2014年5月至6月将所收款项分别退还姜某某、崔某某、李某某、钟某某、毛某某等人。2014年6月初，杜某平主动向质检总局纪检组交代了上述犯罪事实。

公诉机关认为，被告人杜某平身为国家工作人员，利用职务上的便利，为他人谋取利益，非法收受他人财物，数额巨大，应当以受贿罪追究其刑事责任，提请法院依法判处。

被告人杜某平当庭对公诉机关的指控未作辩解。

辩护人的辩护意见主要是，杜某平存在自首情节，积极退赃，认罪、悔罪，建议对杜某平减轻处罚。

裁判结果

一审法院经审理后认为，被告人杜某平身为国家工作人员，利用职务上的便利，为他人谋取利益，并收受他人给予的钱款，其行为已构成受贿罪，依法应予惩处。鉴于杜某平在有关机关掌握其犯罪线索前主动向纪检监察部门交代犯罪事实，并退还姜某

① (2016)京03刑初93号刑事判决书。

某、崔某某、李某某、钟某某、毛某某等人钱款，当庭如实供述犯罪事实，认罪、悔罪，故可依法对其减轻处罚。

一审法院根据杜某平犯罪的事实、犯罪的性质、情节及对于社会的危害程度，认定被告人杜某平犯受贿罪，判处有期徒刑2年6个月，罚金人民币10万元。

一审宣判后，被告人杜某平未提出上诉。

裁判思路

本案中，杜某平依法成立自首，如何掌握对其从宽处罚的幅度成为案件的争议焦点。根据我国《刑法》的相关规定，对于自首的犯罪分子，可以从轻或者减轻处罚。其中，犯罪较轻的，可以免除处罚。对成立自首的犯罪分子，合理确定从宽处罚的幅度，才能实现自首制度在量刑维度的价值。

刑罚的裁量，根本上以刑罚的目的及其正当化根据为价值依托。大体来说，刑罚的目的主要有两个方面：一是面向过去的报应，二是面向未来的预防。自首作为从宽处罚的量刑情节，价值追求主要有两个方面：一是促进行为人真诚悔罪，二是节约司法资源，而这两点，主要反映的是预防刑的思想。我国《刑法》第六十七条的规定主要强调的就是自首的预防刑价值，由于行为人自首能够体现出其再犯可能性和人身危险性的降低，因此可以对其从轻、减轻处罚；当犯罪较轻，报应刑必要也显著降低时，结合预防刑的必要性，可以考虑对其免除处罚。

由此可见，从量刑视角来看，对成立自首的行为人如何裁量刑罚，要重点考量行为人的再犯可能性，而这种再犯可能性，主要通过投案的主动程度来体现，主要包括投案意愿、投案时间、投案对象、投案方式等方面。同时，应结合自首以外的其他从宽处罚情节进行考量，综合地评判行为人的认罪悔罪态度，从而决定是否可以从轻、减轻或免除处罚。

从本案来看，杜某平在有关部门掌握其犯罪线索之前，主动向纪检部门交代收受他人钱款问题，且一直以来均能如实供述，当庭认罪态度较好，故可以认定其构成自首。从投案意愿、投案时间、投案对象、投案方式来看，其在有关机关掌握犯罪线索之前，主动向纪检部门投案，自首的主动程度较高，认罪悔罪态度较好。另外，杜某平在案发前将受贿款归还行贿人，虽然从严格意义上讲并不能认定为退赃，但该情节还是可以作为一个对杜某平从轻处罚的情节予以考虑。因此，综合全案情节，可以认定杜某平再犯可能性较低，依法对其减轻处罚。

（撰稿人：于慧雯）

如实供述司法机关尚不掌握的不同种罪行的，虽成立自首，但因罪行极其严重，不予从轻处罚

——郭某彬故意杀人案①

裁判要旨

犯罪嫌疑人、被告人如实供述的罪行属于司法机关尚未掌握的罪行，以及供述的该罪行属于司法机关经审判予以确认的不同种罪行方能以自首论，但在被告人所犯罪行极其严重的情况下，不予从轻处罚。

案情简介

被告人郭某彬系北京某保安服务有限公司派驻北京某公司的保安员。被害人郝某某（女，殁年17岁）系北京某快餐有限公司派驻北京某公司的服务员。2015年6月19日23时许，被告人郭某彬在北京某公司综合服务楼某室被害人郝某某的宿舍内，欲与郝某某发生性关系，因郝某某反抗，郭某彬担心事情败露，遂起意杀害郝某某。随后，郭某彬用双手掐扼郝某某颈部、用被子闷堵其头面部，并实施奸淫行为。经鉴定，郝某某符合被他人扼、压颈部和（或）闷堵口鼻部，致机械性窒息死亡。

被告人郭某彬作案后逃离现场，后于同年6月26日被公安机关抓获归案。

另查明，因被告人郭某彬的犯罪行为，使附带民事诉讼原告人郝某某、贾某某遭受了一定的经济损失。

公诉机关的意见主要是：被告人郭某彬欲强行与被害人郝某某发生性关系，遭到反抗，遂起意杀人灭口，实施剥夺他人生命的行为，其间，强行奸淫被害人，情节恶劣，犯罪事实清楚，证据确实、充分，应当以故意杀人罪、强奸罪追究其刑事责任，提请法院依法判处。

辩护人的辩护意见主要是：对强奸罪不能排除被害人遭性侵发生在死亡之后；本案系因感情问题引发；被告人系初犯、偶犯，到案后如实供述自己罪行，积极认罪悔罪，希望对被告人予以从轻处罚。

---

① （2015）三中少刑初字第00997号刑事判决书。

裁判结果

一审法院认为,被告人郭某彬故意非法剥夺他人生命,致人死亡,其行为已构成故意杀人罪,依法应予惩处;被告人郭某彬违背妇女意志,采用暴力手段强行与妇女发生性关系,其行为已构成强奸罪。对被告人郭某彬所犯故意杀人罪、强奸罪依法应予数罪并罚。被告人郭某彬到案后如实供述其故意杀人的罪行且如实供述司法机关尚未掌握的强奸罪行,其所犯强奸罪以自首论,依法可予以从轻处罚,但郭某彬进入未成年人住所、针对未成年人实施强奸,应当从重处罚。对郭某彬所犯强奸罪综合予以评判。鉴于郭某彬所犯故意杀人罪罪行极其严重,犯罪手段极其残忍,社会危害性极大,故对郭某彬所犯故意杀人罪不予从轻处罚。据此认定被告人郭某彬犯故意杀人罪,判处死刑,剥夺政治权利终身;被告人郭某彬犯强奸罪,判处有期徒刑 6 年;决定执行死刑,剥夺政治权利终身。

一审宣判后,被告人郭某彬未提起上诉。北京市高级人民法院经复核,依法核准原判并将郭某彬的死刑判决报请最高人民法院核准。

最高人民法院依法裁定核准郭某彬死刑。

裁判思路

本案中,对于郭某彬如实供述强奸被害人的罪行是否认定为自首,系其量刑情节认定的一个关键问题。控辩双方虽未聚焦该情节,郭某彬又系被抓获到案,在本案存在被害人被强奸时系生存还是死亡状态、鉴定意见分歧等事实认定存有争议,控辩双方的关注点均为罪名、行为性质认定、是否判处死刑的情况下,该情节容易被各方忽视,但法院审判时应当查明被告人犯罪事实和所具有的全部量刑情节,依法进行判处。

我国《刑法》第六十七条第一款规定:“犯罪以后自动投案,如实供述自己的罪行的,是自首。对于自首的犯罪分子,可以从轻或者减轻处罚。其中,犯罪较轻的,可以免除处罚。”该规定为一般自首。该条第二款规定,“被采取强制措施的犯罪嫌疑人、被告人和正在服刑的罪犯,如实供述司法机关还未掌握的本人其他罪行的,以自首论”,该情形被认为是余罪自首或准自首。根据 1998 年最高人民法院《自首和立功解释》第二条规定:“根据刑法第六十七条第二款的规定,被采取强制措施的犯罪嫌疑人、被告人和已宣判的罪犯,如实供述司法机关尚未掌握的罪行,与司法机关已掌握的或者判决确定的罪行属不同种罪行的,以自首论。”《自首和立功解释》进一步明确和缩小了准自首的范围。准自首与一般自首存在如下区别：一是准自首的主体必须是被采取强制措施的犯罪嫌疑人、被告人和正在服刑的罪犯，一般自首则是要求行为人具备自动投案的前提条件；二是必须如实供述司法机关还未掌握的本人其他罪行，即行为人必须按照客观事实如实供述，且行为人所供述的罪行必须尚未被司法机关掌握；三是行为人如实供述的罪行与司法机关已掌握的或者判决确定的罪行属不同种罪行。

具体到本案，被告人郭某彬在担任保安职务工作期间，夜晚到同单位员工郝某某所在单位的宿舍内，对郝某某实施了双手掐扼郝某某颈部、用被子闷堵其头面部，致被害人失去反抗能力的杀人行为以及强奸行为。郭某彬案发后凌晨换上便装逃离现场，当日，单位同事进入郝某某宿舍房间后发现郝某某死亡，脸上有淤青，故拨打“110”报警。公安人员接警后到现场，通过调取案发地点的监控录像及组织人员对监控录像及郭某彬照片进行辨认，发现该单位保安郭某彬于案发当晚多次进出被害人房间，有重大作案嫌疑，但该人已失踪，遂将郭某彬列为网上追逃人员，于6月26日在怀柔区将犯罪嫌疑人郭某彬抓获。郭某彬到案后如实供述其故意杀人的罪行，以及强奸被害人的罪行。其如实供述故意杀人的罪行因不符合自动投案的前提条件不予考虑自首情节，但其如实供述曾在过程中强奸被害人的犯罪事实则应当予以考虑。

首先，被告人郭某彬如实供述强奸郝某某的犯罪事实，是在其被公安机关采取强制措施后所作供述，郭某彬已经处于被刑事拘留的情况下在公安机关侦查人员对其讯问时作出了有罪供述，具备准自首成立的主体条件。

其次，郭某彬按照客观事实如实供述了公安机关尚未掌握的强奸罪行。郭某彬详细供述了案发当晚到次日凌晨三次进出被害人房间，欲与被害人发生性关系但遭到拒绝，后在实施杀人行为的过程中强行与被害人发生性关系的犯罪事实。其供述的作案时间、地点与监控记录一致，供述的情节与本案的鉴定意见等证据相吻合。

该强奸的犯罪事实是否为司法机关所掌握为认定准自首的重点。本案到案经过仅显示被害人死亡情况，网上追逃也以故意杀人追逃而未涉及强奸。公安机关2015年6月26日出具的破案报告涉及法医尸检情况中，作案手段有闷堵口鼻、扼压颈部及阴道黏膜有新鲜性损伤。北京市公安司法鉴定中心于2015年7月1日出具法医物证鉴定书锁定了被害人与郭某彬之间发生过性关系。经过调查了解，办案人员在抓获郭某彬之前向法医咨询后按照初步结果进行侦办，具体鉴定结论之后经一定程序出具。侦查人员根据客观证据可以判断存在故意杀人行为，但被害人是否被强奸难以判断，当时并不清楚被害人是否有男友，也不确定是否系被害人死亡后被奸淫。经向本案的现场勘查民警了解，在被害人的房间进行现场勘查时，被害人从外表看无异常，而提取女性死者体内外检材属于公安办案的常规程序，当时无法知晓被害人身上是否有精斑，只有等鉴定结果出来之后才能确定。郭某彬于6月26日到案之后很快就对其强奸的犯罪事实作了供述，其到案后次日更是完整地供述了其犯罪过程。经对破案报告、到案经过、现场勘查、鉴定意见等证据及办案人员的解释进行分析可知，公安机关在郭某彬供述其犯罪事实之前并不掌握其强奸被害人的情况。

最后，郭某彬如实供述的罪行与司法机关已掌握的或者判决确定的罪行属不同种罪行。一是公安机关在案发后初步侦破本案为故意杀人案件，强奸行为与杀人行为本身属于两种不同性质的犯罪行为。二是郭某彬实施强奸行为时，被害人是否已经死亡，是本案认定的疑点，也是能否认定强奸罪的关键。如果不认定为强奸罪，也就不存在该罪名构成自首与否的评价。公诉人和辩护人针对强奸罪是否成立具有不同意见并出示了不同证据。公诉人出示的鉴定人第二次证言显示，根据本案被害人损伤分布、瘀斑表现，符合生前性侵的损伤特点，理论上符合生前性侵形成。而辩护人出示的鉴定人第一次证言显示，嫌疑人对被害人性侵时，被害人无任何反应，不能确定被害人是否死亡，因为在濒死期也无任何反应。对于上述不同证言，法院通知鉴定人出庭当面进行了解释说明：针对体表损伤，尤其在大腿内侧接近外阴部位也发现有明显片状出血，这些片状出血的情况与尸斑是明显有区分的，片状出血是生前损伤形成，理论上这些表现符合生前损伤形成。综合尸体检验鉴定书、法医物证鉴定书、证人证言、鉴定人出庭意见等证据，与被告人相关供述相印证，能够证明被害人身体所受损伤生理反应明显，符合生前被性侵的损伤特点。因此，郭某彬实施强奸行为时，被害人尚未死亡，其行为构成强奸罪。虽然郭某彬实施故意杀人行为是在其欲强奸被害人的过程中，在本案中两种犯罪事实均是侵犯了被害人的人身权利，互相结合构成一个整体犯罪事实，但根据强奸罪和故意杀人罪的主客观要件进行分析，郭某彬一系列的行为同时触犯了上述两个罪名，故对其杀人的行为和强奸行为应分别进行认定，其所供述的强奸罪行属于公安机关尚未掌握的不同种罪行，故对郭某彬所犯强奸罪应以自首论。

本案被告人郭某彬如实供述其故意杀人的罪行，并如实供述公安机关尚未掌握的强奸罪行，其强奸罪以自首论，具有法定的从轻处罚情节。但一审综合郭某彬的犯罪事实和情节，未对其从轻处罚，主要有以下考虑：

一是郭某彬的犯罪行为及后果极其严重。被告人郭某彬三次进出被害人房间，实施了故意杀人和强奸的行为，并对犯罪现场进行了清理，且不排除其第二次离开后又返回被害人房间对被害人性侵的可能性。其作案后清洗衣物，将死者房间锁上，换上便装逃离案发现场，足见其主观恶性深，人身危险性大。鉴于郭某彬所犯故意杀人罪罪行极其严重，犯罪手段极其残忍，社会危害性极大，故对其所犯故意杀人罪不予从轻处罚。

二是郭某彬实施强奸犯罪的对象郝某某为未成年人，且是在郝某某的宿舍内实施强奸行为。2013 年最高人民法院、最高人民检察院发布的《关于依法惩治性侵害未成年人犯罪的意见》第二十五条规定："针对未成年人实施强奸、猥亵犯罪的，应当从重处罚，具有下列情形之一的，更要依法从严惩处：……(2)进入未成年人住所、学生集体宿舍实施强奸、猥亵犯罪的……"郭某彬进入未成年人住所、针对未成年人实施强奸，依法应当从重处罚。

三是郭某彬虽然能够如实供述犯罪事实，但始终未向被害人家属表达真诚的悔意，且未赔偿被害人家属经济损失，不足以对其从轻处罚。认罪悔罪态度、赔偿情况也是考量被告人刑罚的重要因素，但本案被告人在上述方面并未有任何积极的态度。

（撰稿人：李彦佳）

二审有新证据佐证的可以认定为自首，但人身危险性与社会危害性大的，不予从轻处罚

——刘某豪故意伤害、寻衅滋事案①

裁判要旨

认定案件事实，必须以证据为根据。案件事实既包括定罪事实，也包括量刑事实。自首作为一种量刑情节，也需要有证据证明。对于二审中出现的对被告人有利的证据可以在二审阶段开庭质证后予以采信，对相应事实直接认定。此外，在认定自首的基础上，对犯罪嫌疑人、被告人是否适用从轻、减轻以及免除处罚的规定，要结合犯罪性质、犯罪的社会危害性以及犯罪嫌疑人的人身危险性综合判断。

① (2019)京 03 刑初 53 号刑事判决书、(2020)京刑终 17 号刑事裁定书。

案情简介

被告人刘某豪于2018年6月4日21时,在北京市密云区新中街某国际歌厅酒后无故持刀将歌厅服务员吴某某扎伤,造成吴某某轻微伤。

被告人刘某豪于2018年7月16日2时10分,在北京市朝阳区某歌厅因结算费用问题与温某某(男,殁年17岁)发生争执并殴打温某某。在殴打过程中,刘某豪用啤酒瓶击打温某某头部,后导致其陷入昏迷。同年7月22日,温某某因抢救无效死亡。经鉴定,温某某符合头面部受钝性外力作用,致闭合性脑损伤死亡。

被告人刘某豪于2018年7月17日被抓获归案。

公诉机关的意见主要是:被告人刘某豪在公共场所持凶器随意殴打他人,情节恶劣;故意伤害他人身体,致人死亡,其行为应当以寻衅滋事罪、故意伤害罪追究被告人刘某豪的刑事责任。

辩护人的辩护意见主要是:在寻衅滋事案中,被害人吴某某接受被告人家属的赔偿,已经谅解,请法庭酌情从轻处罚;在故意伤害案中,刘某豪系激情犯罪,如实供述,且被害人温某某死亡是否与抢救方式、延误治疗、被害人特异体质等有关请求法院查清。综上所述,请求法院从轻量刑。

裁判结果

一审法院认为,被告人刘某豪在公共场所持凶器随意殴打他人,情节恶劣;故意伤害他人身体,致人死亡,其行为已构成寻衅滋事罪、故意伤害罪,依法应予惩处,并应数罪并罚。公诉机关指控被告人刘某豪犯寻衅滋事罪、故意伤害罪的事实清楚,证据确实、充分,指控的罪名成立。鉴于被告人刘某豪亲属对被害人吴某某给予经济赔偿,吴某某对刘某豪表示谅解,希望法院对其从轻处罚,故对刘某豪所犯寻衅滋事罪予以从轻处罚。被告人刘某豪关于其系自首的意见,无证据佐证,不予支持。辩护人关于被害人温某某死亡是否与抢救方式、延误治疗、被害人特异体质等有关请求法院查清的辩护意见,经查,尸体检验鉴定书证明,被害人温某某符合头面部受钝性外力作用,致闭合性脑损伤死亡。温某某系被殴打致死,与被告人的伤害行为有直接的因果关系,无证据证明因救治措施或被害人体质等因素导致因果关系的中断。故辩护人的该项辩护意见不能成立,不予采纳。其他辩护意见,酌予采纳。在案扣押物品,依法处理。综上所述,一审法院根据被告人刘某豪犯罪的事实、犯罪的性质、情节和对于社会的危害程度,判决:(1)被告人刘某豪犯寻衅滋事罪,判处有期徒刑1年;犯故意伤害罪,判处无期徒刑,剥夺政治权利终身;决定执行无期徒刑,剥夺政治权利终身。(2)在案扣押铁质刀1把予以没收。

一审宣判后,在法定期限内,被告人刘某豪不服,提出上诉。

二审法院经审理认为,上诉人刘某豪在公共场所持凶器随意伤人,情节恶劣,其行为已构成寻衅滋事罪;其还故意伤害他人身体,致人死亡,其行为亦构成故意伤害罪,依法应数罪并罚。针对刘某豪及其辩护人所提其系自首、机场医院对被害人救治不当以及量刑过重的辩解及辩护意见,经审查刘某豪的到案情况这一情节,在二审期间出现了新的证人证言,且与刘某豪本人到案后的供述互相印证,能够证明刘某豪在等待他人接其去公安机关投案期间被抓获,可以认定为“确已准备投案”,应当视为自动投案,且到案后供认了伤害被害人的主要事实,依法应认定为自首;鉴定意见证明被害人符合头面部受钝性外力作用,致闭合性脑损伤死亡,结合相关证人证言、被告人供述等证据,证明刘某豪用啤酒瓶殴打被害人头部的行为与被害人的死亡结果之间存在因果关系,现有证据材料不足以认定机场医院因救治不力导致被害人死亡,先前的因果关系并没有因此而中断,刘某豪需对被害人的死亡结果负责;刘某豪两次均系在公共场所酒后持械暴力伤人,且第二次犯罪系在第一次犯罪后被采取取保候审强制措施期间发生,反映了其动辄诉诸暴力解决纠纷的行为方式以及对法律的漠视,表明其具有较大的人身危险性。其在故意伤害犯罪后虽确已准备投案并可认定有自首情节,但案发后他人已报警,公安机关已经掌握了犯罪人和犯罪事实,并在其自行投案前即已将其控制,结合其人身危险性以及本案的社会危害性,该自首情节不足以对其从轻处罚。原判已对刘某豪所具有的在寻衅滋事案中取得他人谅解等从轻处罚情节予以充分考虑,现要求再予从轻处罚没有事实和法律依据。故对上诉人及其辩护人所提出的其有自首情节的辩解及辩护意见,予以采纳,但对其他辩解及辩护意见,不予采纳。故裁定驳回刘某豪的上诉,维持原判。

裁判思路

本案中,需要讨论的问题有两点:上诉人刘某豪是否“确已准备投案”而构成自动投案,以及认定其自首后如何适用刑罚。

1. 关于刘某豪的自动投案问题

自动投案是指犯罪嫌疑人在其犯罪行为未被司法机关发觉,或虽被发觉但司法机关尚未对其传讯、采取强制措施之前,以及正被追捕、通缉期间,主动投案的行为。对此节事实,一审、二审法院有不同的认定。

根据相关司法解释,认定案件事实,必须以证据为根据。其中案件事实,既包括定罪事实,又包括量刑事实。此外,我国《刑事诉讼法》对二审阶段出现新证据的认定、处理方法和程序等均没有作出专门规定,但理论上一般认为刑事诉讼中采取的是证据随时提出主义,控辩双方随时可以向二审法庭提交新证据。这实际上增加了刑事二审法官处理案件的难度,如果对刑事二审中的新证据处理不当,可能会导致办案质量的下降,引发信访、刑事再审等问题。根据刑事诉讼原理,对被告人有利的证据可以在二审阶段开庭质证后予以采信,对相应事实直接认定。

本案一审时,被告人刘某豪于 2018 年 7 月 17 日被抓获归案。法庭审理中,被告人刘某豪对指控的事实没有异议,但提出在故意伤害案中,其系自首。一审法院认为被告人刘某豪关于其系自首的意见,无证据佐证,因此不予支持。

二审法院针对刘某豪及其辩护人所提其系自首的辩解及辩护意见,经审查刘某豪的到案情况这一情节,在二审期间出现了新的证人证言,且与刘某豪本人到案后的供述互相印证,能够证明刘某豪在等待他人接其去公安机关投案期间被抓获,可以认定为“确已准备投案”,应当视为自动投案,且到案后供认了伤害被害人的主要事实,依法应认定为自首。

2. 在认定为自首的基础上,是否适用从宽处罚的问题

刘某豪两次均系在公共场所酒后持械暴力伤人,且第二次犯罪系在第一次犯罪后被采取取保候审强制措施期间发生,反映了其动辄诉诸暴力解决纠纷的行为方式以及对法律的漠视,表明其具有较大的人身危险性。其在故意伤害犯罪后虽确已准备投案并可认定有自首情节,但案发后他人已报警,公安机关已经掌握了犯罪人和犯罪事实,并在其自行投案前即已将其控制,结合其人身危险性以及本案的社会危害性,该自首情节不足以对其从轻处罚。原判已对刘某豪所具有的在寻衅滋事案中取得他人谅解等从轻处罚情节予以充分考虑,现要求再予从轻处罚没有事实和法律依据。

综上所述,对本案犯罪嫌疑人刘某豪认定为自首,但不适用从轻处罚的规定。

(撰稿人:任莉华)

具备逃离条件主动现场待捕的，可认定为自首，但依法不予从轻处罚

——宋某武故意杀人案①

裁判要旨

犯罪嫌疑人对他人报案具有明知，案发后具备逃离现场的条件，但采取了将自己锁在房间内的现场待捕行为，抓捕过程中无抗拒抓捕的行为且到案后如实供述的，依法可以认定为自首。

案情简介

被告人宋某武与被害人吴某甲（女，50岁）曾系男女朋友关系，后双方因感情问题协议分手。2014年6月30日7时许，宋某武来到北京市朝阳区来广营乡某小区某室被害人吴某甲、吴某乙（男，殁年23岁）的暂住地内，因言语不合，宋某武与吴某甲、吴某乙发生冲突。其间，宋某武持随身携带的尖刀连续扎刺吴某乙颈、胸部，造成吴某乙左侧颈内静脉、右肺及肝脏破裂致急性失血性休克死亡，扎刺吴某甲左侧腹部和左上臂，经鉴定吴某甲所受伤为重伤二级。被告人宋某武作案后留在现场，后被民警查获。

公诉机关的意见主要是：被告人宋某武的行为已触犯《刑法》第二百三十二条之规定，应当以故意杀人罪追究刑事责任，提请法院依法判处。

辩护人的意见主要是：被告人宋某武无杀害吴某乙的故意与动机，双方系互殴，应认定为故意伤害；互殴中吴某甲致宋某武受伤，双方均有过错，吴某乙持刀等行为是引发本案纠纷升级的主要原因，具有明显过错；被告人宋某武系自首，认罪悔罪，无前科，建议对宋某武判处10年有期徒刑。

裁判结果

一审法院认为，被告人宋某武持刀故意非法剥夺他人生命，致1人死亡，1人重伤，其行为已构成故意杀人罪，应依法惩处。

---

① （2015）三中刑初字第00175号刑事判决书。

本案发生虽存在情感因素，且被告人宋某武明知他人报案而留在现场等待，抓捕时无拒捕行为，到案后能供述主要犯罪事实，可依法认定为自首，但其所犯故意杀人罪的性质特别恶劣，情节、后果特别严重，社会危害性极大，罪行极其严重，对其依法不予从轻处罚。

关于被害人吴某甲诉讼代理人所提宋某武系预谋杀人的相关意见，经查，案发前宋某武与吴某甲虽因情感纠纷导致关系恶化，但现有证据不足以证明宋某武存在预谋。

一审法院根据宋某武犯罪的事实、犯罪的性质、情节和对于社会的危害程度，认定被告人宋某武犯故意杀人罪，判处死刑，剥夺政治权利终身。

一审宣判后，被告人宋某武提出上诉。

二审法院经审理裁定，依法驳回上诉，维持原判，同时核准以故意杀人罪判处被告人宋某武死刑，剥夺政治权利终身。最高人民法院经审查，核准以故意杀人罪判处被告人宋某武死刑，剥夺政治权利终身。

裁判思路

本案的焦点问题是，被告人宋某武是否符合自动投案的条件从而构成自首以及在本案中是否对其从轻处罚。

本案中，宋某武虽当庭称不知道谁报警，但其曾供称吴某甲让他人先跑出去报警，宋某武对他人会报警具备明知。辩护人认为，被告人宋某武系自首，认罪悔罪，无前科，故建议对宋某武判处10年有期徒刑。

针对上述辩护意见，结合本案案情，具体分析如下：

自首是我国《刑法》中重要的刑罚裁量制度。我国《刑法》第六十七条第一款、第二款规定，“犯罪以后自动投案，如实供述自己罪行的，是自首”，“被采取强制措施的犯罪嫌疑人、被告人和正在服刑的罪犯，如实供述司法机关还未掌握的本人其他罪行的，以自首论”。据此，自首可分为一般自首与准自首。

就一般自首而言，认定其成立的两个条件即为“自动投案”与“如实供述”。为便于适用，最高人民法院《自首和立功解释》与《自首和立功意见》对“自动投案”与“如实供述”的认定条件进行了细化。其中《自首和立功解释》第一条第一项对何为“自动投案”进行了原则性规定，即“自动投案，是指犯罪事实或者犯罪嫌疑人未被司法机关发觉，或者虽被发觉，但犯罪嫌疑人尚未受到讯问、未被采取强制措施时，主动、直接向公安机关、人民检察院或者人民法院投案”。由此可知,认定“自动投案”需考虑四个要素:投案时间、投案意志、投案对象与投案方式。

如何适用上述四要素,则需进一步探究自首制度的立法精神。我国《刑法》之所以将自首作为刑罚裁量时可以从轻、减轻或免除处罚的重要情节,其原因在于一方面可以促使犯罪嫌疑人主动、及时归案,达到节约司法资源的效果;另一方面可以促使犯罪嫌疑人悔过自新,放弃继续作案,降低其人身危害性。故而,基于“节约司法资源”的目的,投案时间是构成“自动投案”的前提条件,法律将此规定为“犯罪事实或者犯罪嫌疑人未被司法机关发觉,或者虽被发觉,但犯罪嫌疑人尚未受到讯问、未被采取强制措施时”;基于“降低人身危害性”的目的,投案意志是构成“自动投案”的核心标准,法律将此规定为“主动”;同时,在典型的一般自首中,投案方式应为“直接”;投案对象则应为“公安机关、人民检察院或者人民法院”。

《自首和立功解释》与《自首和立功意见》从鼓励自首与应对复杂司法实践出发,还规定了多种“应当视为自动投案”的情形,但此类情形均是对自动投案基本四要素灵活的变通与适度的放宽,且这种灵活性常体现在投案方式、投案对象此二要素上,而对投案时间(有效时间)与投案意志(主动自愿)的标准则一贯坚持。故而,认定犯罪嫌疑人是否成立“自动投案”也需始终结合自动投案的四要素来予以判断。

为进一步规范自首的认定标准,最高人民法院在《自首和立功解释》中规定了七种“应视为自动投案”的情形后,又在《自首和立功意见》中增加了四种具体情形和一个“兜底”条款,其中第二种情形规定为“明知他人报案而在现场等待,抓捕时无拒捕行为,供认犯罪事实”的也应当视为自动投案。此种情形的认定常在司法实践中产生争议,同时也是本案涉及的相关情形。

结合前文所述,投案意志即是构成“自动投案”的核心标准,则认定上述情形成立“自动投案”需重点把握的也是犯罪嫌疑人“明知他人报案而在现场等待”的主动性。这种主动性常体现为“能逃而不逃”。换言之,只有犯罪嫌疑人主动、自愿地将自己置于司法机关的控制之下,才可认定其具有投案的意志,从而进一步结合其他要素认定其成立自动投案。如果犯罪嫌疑人在明知他人报案后,是因为自杀、受伤、醉酒、群众包围或公安机关人员已经赶到等原因而未能离开现场,则这种“被动”地滞留在现场的行为不具备自动投案的意志,则不应认定为自动投案。而判断犯罪嫌疑人明知他人报案而滞留在现场是“主动”还是“被动”,则需结合犯罪现场的情况、环境,犯罪嫌疑人的认知能力、身体情况、行为表现,犯罪嫌疑人的到案供述与辩解,现场证人、报案人、出警人员的证言,公安机关出具的到案经过等,以普通人的判断视角,结合日常生活经验来审慎判断。

本案中，宋某武虽当庭称不知道谁报警，但其曾供称吴某甲让马某某先跑出去报警，与马某某所述一致，且案发时间系白天，马某某、吴某甲先后逃离房间，宋某武应对他人会报案具备明知，宋某武案发后具备逃离现场的条件，但其将自己锁在房间内，现场待捕具有主动性，抓捕过程中无抗拒抓捕的行为，当庭虽对行为性质有所辩解，对具体扎刺行为有避重就轻的情况，但始终能供认其扎刺吴某乙、吴某甲的主要犯罪事实，故合议庭认为可依法认定为自首。

被告人宋某武虽构成自首，且本案发生确实存在情感因素，但对其适用刑罚时是否予以从轻，根据《刑法》第六十七条第一款的规定，尚需具体分析相关案情。本案中，宋某武辩解当日系吴某乙攻击在先，其没有杀人的主观故意，其辩护人辩解本案系互殴，宋某武的行为属故意伤害，经查，本案被害人陈述、证人证言等证据所证事实与宋某武该辩解相悖，现有证据不足以证明吴某乙攻击在先的事实，且被告人宋某武明知持刀扎刺他人会造成死亡后果，仍持刀连续扎刺吴某乙、吴某甲要害部位，足以证明宋某武具有致人死亡的主观故意。对于辩护人所提被害人存在过错的相关辩护意见，经查，吴某甲系在宋某武持刀行凶过程中将宋咬伤，属于防卫行为。另外，宋某武所提其被吴某甲欺骗、受到吴某乙威胁等辩解，亦无相关证据证明。因此，综合本案具体案情，被告人宋某武虽可依法认定为自首，但其所犯故意杀人罪的性质特别恶劣，情节、后果特别严重，社会危害性极大，罪行极其严重，合议庭认为对其依法不予从轻处罚。

（撰稿人：池天慧）

自动投案的动机虽不影响自首成立，但影响从轻幅度

——张某华交通肇事案[①]

裁判要旨

被告人酒后驾车发生交通事故后逃逸并指使儿子顶包，后公安机关采集被告人血样与肇事车辆驾驶室位置气囊布片以及副驾驶室位置气囊布片上血迹进行比对，在鉴

① （2017）京03刑终596号刑事判决书。

定意见即将作出时,被告人迫于压力向公安机关投案,并如实供述主要犯罪事实。鉴于被告人系被采取强制措施前主动到案,依法可以成立自首。因其投案并未节约司法资源,亦未体现悔罪改过态度,在量刑时不予从轻考虑。

案情简介

被告人张某华于2016年2月1日1时许,饮酒后驾驶神行者牌小型越野客车由南向北行驶至北京朝阳区东四环外环主路某处时,与蔡某驾驶的菲亚特牌小型轿车后部接触,事故造成蔡某及乘客于某受伤。被告人张某华弃车逃离事故现场。张某华指使儿子张某于2月1日7时许到劲松大队冒充肇事司机。2月29日17时许,张某华到公安机关交通管理部门投案。2016年4月13日于某经抢救无效死亡(经鉴定属严重颅脑损伤死亡)。经鉴定,蔡某身体所受损伤程度属轻微伤。经公安机关交通管理部门认定,张某华负事故全部责任。

公诉机关的意见主要是:被告人张某华违反交通运输管理法规,发生重大交通事故,致1人死亡,负事故全部责任,并在交通肇事后逃逸,其行为应当以交通肇事罪追究其刑事责任,提请法院依法判处。

辩护人的辩护意见主要是:被告人张某华具有自首情节,认罪态度较好,请求对其从轻处罚。

裁判结果

一审法院认为,张某华违反交通运输管理法规,酒后驾车发生重大事故致1人死亡、1人受伤,且承担事故的全部责任,其行为已构成交通肇事罪,依法应予惩处,且其肇事后为逃避法律追究而逃跑,应认定为肇事后逃逸。

对于辩护人所提被告人张某华有自首情节的辩护意见,经查,被告人张某华系被采取强制措施之前主动到案,对基本案情尚能如实供述,根据法律及司法解释的规定可以认定自首。但考虑到设立自首制度一方面旨在促使犯罪者悔过自新,另一方面可以使案件得以及时侦破以节约司法资源,被告人张某华归案表现在上述两方面均贡献甚微,对此种程度的自首在量刑之时不作从轻考虑。被告人张某华在肇事后不但没有尽其积极抢救伤者、减少损失的责任,反而指使其子为其顶罪,干扰司法机关工作,应从重处罚。在量刑时对上述因素一并酌予考虑。

一审法院根据张某华犯罪的事实、犯罪的性质、情节和对于社会的危害程度,认定被告人张某华犯交通肇事罪，判处有期徒刑六年六个月。

一审宣判后，被告人张某华提出上诉，二审期间申请撤回上诉。二审法院经审理，裁定准予上诉人张某华撤回上诉。

裁判思路

自首制度作为我国一项重要的刑罚制度，虽然与犯罪行为有密切关联，但它并非以犯罪行为本身为评价对象，而主要是以犯罪后的行为为评价对象。自首作为法定的量刑情节，与其他量刑情节存在较大区别，它不属于犯罪事实中的情节，而是独立于犯罪事实的行为及量刑情节。我国《刑法》第六十七条第一款规定："犯罪以后自动投案，如实供述自己的罪行的，是自首。对于自首的犯罪分子，可以从轻或者减轻处罚。其中，犯罪较轻的，可以免除处罚。"根据1998年最高人民法院《自首和立功解释》的相关规定，自动投案是指犯罪事实或者犯罪嫌疑人未被司法机关发觉，或者虽被发觉，但犯罪嫌疑人尚未受到讯问、未被采取强制措施时，主动、直接向公安机关、人民检察院或者人民法院投案。如实供述自己的罪行，是指犯罪嫌疑人自动投案后，如实交代自己的主要犯罪事实。一般认为，犯罪之后自动投案和如实供述主要犯罪事实是典型自首的主要特征。

我国自首制度只从客观方面界定自首成立的条件，而对自首行为的主观目的、动机不作考量。有的犯罪人自首是认识到犯罪行为的错误，真诚悔改；有的犯罪人自首为了获得从轻处罚的机会，趋利避害；有的犯罪人自首是走投无路寻求自保，迫不得已。无论犯罪人出于悔罪动机或其他动机均不影响其自首行为的成立，只要主动投案并如实供述主要犯罪事实就能成立自首。

《刑法》设置自首制度鼓励犯罪分子自动投案的立法意义，一是因为犯罪行为实施完毕后，其对社会的危害性仍处于一种持续状态，直到犯罪人到案甚至受到了惩罚，这种危害社会的持续状态才能结束。此外，犯罪人及时到案，也能避免犯罪分子继续实施犯罪。二是从诉讼经济角度看，犯罪嫌疑人在其实施的犯罪尚未被司法机关发觉或者虽被发觉，但尚未受到讯问、未被采取强制措施之前，自动投案能够为国家节省追捕犯罪人的司法资源和成本，提高诉讼效率。三是犯罪分子作案后主动投案如实供述所犯罪行，表现出其犯罪后认罪、悔罪之心，体现了其准备接受惩罚、重新做人的主观基础，反映了其人身危险性以及再犯可能性降低的趋势。

自首制度通过对自首行为进行肯定性评价，并规定自首行为的法律后果，促使犯罪人及时将自己置于国家的刑事追诉下，从而实现及时有效追诉、惩罚犯罪，警示和教育其他社会成员的目的。虽然自首行为的认定与犯罪人的主观心态、动机无关，但动机在自首制度中也并非一无是处。动机对人的行动方向具有选择、稳定和加强的作用，"善"或悔改动机的自首行为无疑能带来更好的行为结果，例如，财产型、人身型犯罪，如果犯罪人从内心认识到自己错误，确系真诚悔改，通常会积极配合司法机关退赃、赔偿，有悔改动机的自首犯罪人通常比出于其他动机自首的犯罪人更易于被教育改造从而回归社会。因此，犯罪人自首的主观目的、动机反映了犯罪人不同的悔罪态度以及后续节约司法资源的程度，也必然影响量刑时对犯罪人从宽处罚的程度。

具体到本案，张某华投案系迫于压力，但因张某华并未被采取强制措施投案，其仍具备到案的主动性。

本案案发于 2016 年 2 月 1 日凌晨，张某华当晚与朋友聚会中饮酒，之后驾车回家，行驶途中与被害人驾驶的车辆发生交通事故。事故中，张某华鼻子流血，血迹遗留在汽车气囊上。发生事故后张某华下车查看情况，因饮酒开车担心受到处罚，打车逃离现场。之后张某华前往儿子张某住处，指使张某于 2 月 1 日 7 时前往交通队冒充肇事司机。警察在随后调查取证中，提取了肇事车辆气囊上的血迹送往鉴定中心进行比对，但经比对与张某血样未比中，之后警察又提取了张某华的血样送检。在此过程中，虽然警察对案发当晚肇事司机有所怀疑，但因没有目击证人，鉴定意见又尚未作出，证明张某华交通肇事的证据尚不充分，因此并未对张某华采取任何强制措施。张某华在被提取血样后，迫于压力于 2 月 29 日向公安机关投案，因张某华尚未受到讯问、未被采取强制措施，符合自动投案认定标准，其到案后如实供述主要犯罪事实，依法构成自首。

但张某华投案并未节约司法资源，在诉讼中亦未体现悔罪改过态度，在量刑时可不予从轻考虑。张某华酒后驾车发生交通肇事，未对伤者进行救助，而是指使儿子顶罪。在案发后一个多月中，警察多次与张某华谈话，其均未承认自己是肇事者。警察提取张某血样与肇事车辆驾驶室位置气囊布片以及副驾驶室位置气囊布片上血迹进行比对，结果显示未比中，此时警察已经怀疑系张某华驾车。在提取张某华血样时，张某华仍拒不交代，否认自己驾车，直到血样送检之后，鉴定意见即将作出时，张某华才迫于压力投案。张某华肇事后指使儿子作伪证，干扰司法机关工作，其迫于压力投案并未节约司法资源，对于及早侦破该案、告慰被害人家属亦无任何意义。张某华因酒后驾车逃逸，车辆保险公司对本次事故不承担理赔责任，本案被害人的损失应由张某华承担。张某华在被害人治疗期间支付了部分医疗费，但仍有部分医疗费及死亡赔偿金等需要赔偿。在诉讼过程中，法院对张某华经济能力进行了调查，张某华平时跟人做生意，有经济来源，名下有北京房产 1 套、河北房产 1 套、车辆 1 部，具备赔偿能力。但经法院多次调解，张某华及其家属均不愿赔偿被害人，无悔罪表现。综合上述情节，虽然认定张某华具有自首情节，但可不对其从轻处罚。

综上所述，张某华投案自首的动机并不影响其自首情节的认定，但考虑到其在后期迫于压力投案，未节约司法资源，有赔偿能力拒不赔偿，无悔罪之心，故不对其从轻处罚。

（撰稿人：孙 蓉）

案发后潜逃多年，犯罪性质极其恶劣的，应严格把握从轻的幅度

——刘某旺故意杀人案[①]

裁判要旨

犯罪嫌疑人案发后潜逃，在异地隐姓埋名生活多年后，在公安机关一般性排查中被民警带回派出所，盘问过程中交代真实身份，并主动供述多年前所实施罪行的，虽构成自首，但应严格把握从轻处罚的幅度。

案情简介

1997 年 12 月 16 日 7 时许，被告人刘某旺为索要装修款，进入被害人张某某（女，殁年 38 岁）位于北京市朝阳区的家中，后双方发生争执，刘某旺持刀扎刺张某某头面部、颈部、左前臂等处数刀，并用转录线勒张某某颈部，致张某某当场死亡，后刘某旺逃离现场。经鉴定，张某某系被锐器刺伤右颈部刺破右颈内静脉导致急性失血性休克死亡。

2002 年 2 月 5 日，被告人刘某旺被北京市公安局朝阳分局列为在逃人员。2018 年 8 月 27 日 16 时许，广东省佛山市顺德区公安局大良派出所民警在该区 105 国道大良

① （2019）京 03 刑初 4 号刑事判决书、（2019）京刑终 95 号刑事裁定书。

街道设卡例行盘查时,因刘某旺未携带身份证且行为可疑,民警将刘某旺带至公安机关。经盘问,刘某旺主动供述了其真实身份、化名、户籍地等信息,民警使用公安系统查询得知刘某旺为在逃人员。在民警对刘某旺进一步审查时,刘某旺主动供述其于1997年在北京杀害一女子后潜逃的犯罪事实。

裁判结果

一审法院认为,被告人刘某旺故意非法剥夺他人生命,致人死亡,其行为已构成故意杀人罪,犯罪性质极其恶劣,情节、后果极其严重,社会危害性极大,依法应予严惩。鉴于本案系民间矛盾引发,被告人刘某旺有自首、赔偿等情节以及本案的具体情节,对被告人刘某旺判处死刑,可不予立即执行。本案虽发生在2011年4月30日《刑法修正案(八)》施行以前,但考虑到被告人刘某旺犯罪的具体情节,对其判处死刑缓期执行不能体现罪刑相适应原则,故依法决定对其限制减刑。

一审法院根据被告人刘某旺犯罪的事实、犯罪的性质、情节和对于社会的危害程度,认定被告人刘某旺犯故意杀人罪,判处死刑,缓期2年执行,剥夺政治权利终身;对被告人刘某旺限制减刑。

一审宣判后,被告人刘某旺提出上诉。

二审法院经审理,依法裁定驳回上诉,维持原判,同时核准以故意杀人罪判处被告人刘某旺死刑,缓期2年执行,剥夺政治权利终身,对被告人刘某旺限制减刑。

裁判思路

本案是一起发生在多年前的故意杀人案件,被告人刘某旺案发后潜逃多年、化名生活,在公安机关例行检查中因形迹可疑被带回,后主动交代了自己的真实身份并供述了多年前的犯罪事实。判断被告人刘某旺的行为是否构成自首,首先要判断被告人刘某旺的行为是否具有投案的主动性与自愿性,是否成立自动投案。

1998年最高人民法院发布的《自首和立功解释》第一条第一款第一项规定:“自动投案,是指犯罪事实或者犯罪嫌疑人未被司法机关发觉,或者虽被发觉,但犯罪嫌疑人尚未受到讯问、未被采取强制措施时,主动、直接向公安机关、人民检察院或者人民法院投案。”

本案中,到案经过、情况说明、证人证言、被告人刘某旺的供述等证据能够证明,被告人刘某旺杀害张某某后潜逃至广东,化名“陈泽”。北京市公安局朝阳分局侦查人员经工作在案发当年即确定刘某旺有重大作案嫌疑，并于2002年2月5日将刘某旺列为在逃人员。被告人刘某旺在潜逃后隐姓埋名、化名生活，在刘某旺潜逃期间具有逃避侦查和法律追究的主观意愿。2018年8月27日，广东省佛山市顺德区公安局大良派出所民警在对公交车辆上人员例行检查时，发现刘某旺未携带身份证且形迹可疑，无法准确说出自己身份信息，后民警将刘某旺带回派出所。刘某旺在派出所内主动供述了其真实姓名、户籍地址及年龄，并称现在化名“陈泽”，大良派出所民警使用公安系统查询得知刘某旺为一名在逃人员，无具体“陈泽”身份。但卷宗材料显示，在逃人员登记表中并未提及案件的相关细节，大良派出所民警实际并不掌握刘某旺的具体犯罪事实，刘某旺本人也不知晓民警是否掌握其犯罪事实。在民警的进一步审查下，刘某旺主动供述了其于1997年杀害张某某的主要犯罪事实，后大良派出所民警为刘某旺制作了讯问笔录。因此，被告人刘某旺符合法律规定的应当视为“自动投案”的情形，即罪行虽已被发觉，但在尚未受到讯问、未被采取强制措施时主动供述了主要犯罪事实，依法应当认定其有自首情节。

我国《刑法》第六十七条第一款规定：“对于自首的犯罪分子，可以从轻或者减轻处罚。”据此，自首是“可以”从轻处罚的情节，并非“应当”从轻处罚的情节。根据《自首和立功解释》规定，“具体确定从轻、减轻还是免除处罚，应当根据犯罪轻重，并考虑自首的具体情节”，这里较为原则地规定了实践中把握是否从轻或减轻，不但考虑犯罪的情节，还要结合自首的相关情节。2010年最高人民法院发布的《自首和立功意见》第八条规定，“虽然具有自首或者立功情节，但犯罪情节特别恶劣、犯罪后果特别严重、被告人主观恶性深、人身危险性大，或者在犯罪前即为规避法律、逃避处罚而准备自首、立功的，可以不从宽处罚”，即对具有自首情节的被告人是否从宽处罚以及从宽处罚的幅度，应当从犯罪行为、主观恶性和人身危险性、自首的具体情节三方面综合考虑，一般应依法从轻、减轻处罚。如果案件同时具备自首的从轻处罚情节以及累犯等法定从重处罚情节，或者犯罪情节特别恶劣、犯罪后果特别严重、主观恶性深、人身危险性大等酌定从重处罚情节，在考察犯罪行为和主观恶性、人身危险性的基础上，要重点分析各种影响量刑的情节的性质及具体情况，如自首的主动性与自愿性、是否有预谋犯罪、作案手段是否残忍等，根据各情节所反映的社会危害性和人身危险性的程度，具体考虑每个情节对刑罚裁量的影响，最终确定对被告人是否从轻处罚以及从轻处罚的幅度。

本案中，刘某旺虽具有自首情节，但其自首的“含金量”并不高。从投案时间来看，刘某旺在案发后潜逃多年，远走他乡、隐姓埋名，为的就是逃避法律的制裁，其逃避侦查审判的行为给被害人亲属身心造成了很大伤害。从投案的方式来看，刘某旺并非出于自愿置于司法机关控制的意愿而主动向公安机关投案，刘某旺在潜逃时已经被公安机关确定为本案的犯罪嫌疑人且依法进行了网上追逃，虽然刘某旺是在民警尚未掌握其犯罪具体情况时主动供述了所犯罪行，但此时刘某旺实际上已经没有其他退路，即便不供述犯罪事实也无法脱离公安机关的控制，故刘某旺投案的主动性及自愿性程度很低。刘某旺持刀进入被害人家中，是预谋犯罪，从作案手段上来看，刘某旺持刀扎刺张某某头面部、颈部、左前臂等处数刀，并用转录线勒张某某颈部，致张某某当场死亡，犯罪手段残忍。因此，刘某旺经预谋犯罪且造成一人死亡的严重后果，犯罪手段残忍，且在案发后潜逃 20 年，在主动性和自愿性较低的情况下投案，其自首的效力已经大打折扣。虽然刘某旺的供述对认定案件主要事实起了重要作用，刘某旺具有自首情节，但从轻幅度应从严把握。

综上所述，鉴于本案系民间矛盾引发，被告人刘某旺有自首、赔偿等情节以及本案的具体情节，法院对被告人刘某旺判处死刑，不予立即执行。同时，根据犯罪的具体情节，对被告人刘某旺限制减刑。

（撰稿人：李　冕）

被告人于案发后主动投案，但罪行极其严重的，可不予从轻处罚

——徐某军故意杀人案①

裁判要旨

被告人案发后主动向公安机关投案，到案后如实供述主要犯罪事实，可依法认定为自首，但如果其所犯罪行的性质特别恶劣，情节、后果特别严重，社会危害性极大的，可依法不予从轻。

案情简介

被告人徐某军于 2014 年 8 月 2 日 2 时许，在北京市通州区某村某号楼某室被害人

① (2016)京 03 刑初 7 号刑事判决书。

张某(殁年37岁)、骆某(殁年17岁)母女二人的住处,因故与二被害人发生言语争执。徐某军遂先在卫生间内持尖刀连续扎刺张某胸腹部和四肢部,后又在东侧卧室内持尖刀连续扎刺骆某头面部、颈项部、胸腹部和四肢部,致二被害人死亡。经鉴定,张某符合被他人用单刃片刀类刺器多次刺击胸部,造成心脏及左肺破裂,致失血性休克死亡;骆某符合被他人用单刃片刀类刺器多次刺击胸部、腹部,造成左肺及肝脏破裂,致失血性休克死亡。

被告人徐某军作案后逃离现场,后于当日向河北省承德市丰宁满族自治县公安机关主动投案。作案工具已起获。

另查明,因被告人徐某军的犯罪行为,使附带民事诉讼原告人张某华、张某珍、骆某立遭受了一定的经济损失。

公诉机关的意见主要是:被告人徐某军故意非法剥夺他人生命,致2人死亡,犯罪情节恶劣、后果特别严重,主观恶性、社会危害性极大,应当以故意杀人罪追究其刑事责任。

辩护人的辩护意见主要是:徐某军系自首;被害人张某在案发前对徐某军言语、行为不当,存在过错;徐某军悔罪表现明显、认罪态度好、在公安人员抓捕过程中积极配合;徐某军属激情杀人,且系初犯、偶犯,社会危害性小,请求法院对徐某军从轻处罚。

裁判结果

一审法院认为,被告人徐某军持刀故意非法剥夺他人生命,致二人死亡,其行为已构成故意杀人罪,依法应予惩处。公诉机关指控被告人徐某军犯故意杀人罪的事实清楚,证据确实、充分,指控罪名成立。被告人徐某军在案发后主动向公安机关投案,到案后如实供述主要犯罪事实,可依法认定为自首,但其所犯故意杀人罪的性质特别恶劣,情节、后果特别严重,社会危害性极大,不足以对其从轻处罚。对于被告人徐某军的辩护人所提徐某军具有自首,认罪、悔罪,系初犯、偶犯等情节的辩护意见,法院予以认可,但对于辩护人据此请求对徐某军从轻处罚的辩护意见,法院不予采纳。在案扣押的尖刀系作案工具,依法应予以没收。因被告人徐某军的犯罪行为使附带民事诉讼原告人张某华、张某珍、骆某立遭受的经济损失,依法应予赔偿。对于附带民事诉讼原告人张某华、张某珍以及骆某立所提诉讼请求中无法律依据及要求过高部分,法院不予支持。

一审法院根据被告人徐某军犯罪的事实、犯罪的性质、情节和对于社会的危害程度，判决如下：(1)被告人徐某军犯故意杀人罪，判处死刑，剥夺政治权利终身。(2)被告人徐某军赔偿附带民事诉讼原告人张某华、张某珍丧葬费等经济损失共计人民币55000元。(3)被告人徐某军赔偿附带民事诉讼原告人骆某立丧葬费人民币38780元。(4)驳回附带民事诉讼原告人张某华、张某珍、骆某立的其他诉讼请求。(5)作案工具尖刀1把予以没收。

一审宣判后，被告人徐某军未提出上诉。一审法院依法将徐某军的死刑判决报请北京市高级人民法院复核。二审法院核准后，依法报请最高人民法院核准。最高人民法院依法裁定核准徐某军死刑。

裁判思路

本案中，被告人徐某军在北京作案后没有第一时间向当地警方报警，而是驱车数小时回到河北老家，在派出所附近见了父亲一面，后电话报警坦白其杀死二被害人的详细经过。北京警方接通报后到案发现场核实情况，确认现场情况与徐某军所述相符。笔者认为，徐某军在罪行被发觉以前就主动、如实向公安机关供述自己的罪行，系典型的一般自首。本案争议的焦点在于，徐某军构成自首情节，量刑时是否要对其从轻处罚。

我国《刑法》第六十七条第一款规定："对于自首的犯罪分子，可以从轻或者减轻处罚。其中，犯罪较轻的，可以免除处罚。"由此可知：第一，犯罪以后自首的，无论罪行轻重，均可以从轻或减轻处罚；犯罪较轻的，可以免除处罚。第二，犯罪以后自首的，只是"可以"从宽处罚，不是"应当"从宽处罚。"可以"是一种灵活性的立法规定，意指犯罪分子虽然符合自首的构成要件，但并非一律从宽。

具体到自首成立情形下如何量刑，何种情况下予以从轻或减轻处罚，何种情况下不予从轻或减轻处罚，我国有关的司法解释性文件作了原则性规定。例如，2010年最高人民法院《关于贯彻宽严相济刑事政策的若干意见》第十七条明确规定："对于自首的被告人，除了罪行极其严重、主观恶性极深、人身危险性极大，或者恶意地利用自首规避法律制裁者以外，一般均应当依法从宽处罚。"2010年最高人民法院《自首和立功意见》第八条规定："对具有自首、立功情节的被告人是否从宽处罚、从宽处罚的幅度，应当考虑其犯罪事实、犯罪性质、犯罪情节、危害后果、社会影响、被告人的主观恶性和人身危险性等。自首的还应考虑投案的主动性、供述的及时性和稳定性等……虽然具有自首或者立功情节，但犯罪情节特别恶劣、犯罪后果特别严重、被告人主观恶性深、人身危险性大，或者在犯罪前即为规避法律、逃避处罚而准备自首、立功的，可以不从宽处罚。”

具体到本案，徐某军具有自首情节，但法院并未对其从轻处罚，主要是基于以下两方面的考虑：

其一，犯罪对象涉及无辜的未成年人，显示被告人主观恶性深，人身危险性大。徐某军与张某经人介绍认识并以男女朋友关系交往数年，后张某对徐某军的感情逐渐冷淡，但徐某军希望继续与张某保持恋人关系。案发前徐某军独自来到张某和骆某的居住地，先是反复拨打二人的电话，均被挂断，继而反复按门铃，张某无奈只得开门让徐某军进入房间。经过长达一个多小时的交谈，张某仍然拒绝与徐某军保持恋人关系，并进入卫生间洗澡。最终，徐某军恼羞成怒，从张某家的厨房拿出一把剔骨刀，冲入卫生间猛刺正在洗澡的张某致张某死亡。之后徐某军并未罢手，反而迁怒于无辜的骆某。骆某系未成年人，手无寸铁，且与徐某军无任何矛盾，徐某军在骆某毫无防备的情况下将其残忍杀害，由此可见，徐某军的主观恶性之深、人身危险性之大。

其二，徐某军犯意坚决，犯罪手段极其残忍。本案作案工具剔骨刀系锐器，锋利异常，相较于镐把等钝器而言，用该锐器扎刺被害人的致命部位一两刀就足以使被害人面临死亡的威胁。然而，本案中，徐某军持该刀扎刺张某 20 余刀，扎刺骆某 30 余刀。由此可见，徐某军必欲致二被害人于死地，犯意坚决，杀人手段极其残忍。

综上所述，经综合考量，徐某军虽具有自首情节，但不足以对其从轻处罚。

（撰稿人：董肖肖）

第 二 部 分

自首认定与量刑
常用裁判经验

一、适用原则

（一）依法裁判原则

自首的认定及量刑应在现有法律法规框架下进行分析、判断，以事实为依据、以法律为准绳，结合具体案件的证据情况进行个案分析。

（二）宽严相济原则

自首的认定及量刑应贯彻宽严相济刑事政策，符合自首制度设置目的，即其意义在于鼓励犯罪分子自动投案，表明犯罪分子有改过自新的意愿、再犯罪可能性减少，同时也有利于分化瓦解犯罪分子，节约司法资源，促使案件及时侦破和审判。

二、一般自首的认定要点及裁判经验

《刑法》第六十七条第一款规定："犯罪以后自动投案，如实供述自己的罪行的，是自首。"

（一）"自动投案"的认定要点及裁判经验

根据最高人民法院《自首和立功解释》的相关规定，自动投案，是指犯罪事实或者犯罪嫌疑人未被司法机关发觉，或者虽被发觉，但犯罪嫌疑人尚未受到讯问、未被采取强制措施时，主动、直接向公安机关、人民检察院或者人民法院投案。

【要点 1】投案时间

【经验 1－1】《刑法》第六十七条第一款规定自首的时间是"犯罪以后"，应理解为犯罪实施后，而非犯罪既遂后。犯罪过程中投案，存在成立自首的可能。

【案例索引】《刑事审判参考》总第 66 集第 522 号翁某武故意杀人案。

【经验1-2】行为人在被讯问或采取强制措施前,可以自动投案。公安机关已经对犯罪嫌疑人发布强制措施命令,但尚未缉拿归案,犯罪嫌疑人仍在逃的,若在通缉、追捕过程中投案,或经查实确已准备投案,或在投案途中被公安机关捕获的,可视为自动投案。

【案例索引】北京市第三中级人民法院审理的路某杰故意伤害罪。

【要点2】投案对象

【经验2-1】行为人主动投案的对象为公安机关、人民检察院或者人民法院。

【案例索引】北京市第三中级人民法院审理的姚某波故意伤害案。

【经验2-2】犯罪分子向所在单位等办案机关以外的单位、组织或者有关负责人员投案的,应视为自动投案。

【经验2-3】行为人仅向被害人承认作案、提出私下协商、出具承诺、归还部分赃款等行为,没有接受司法机关处理意愿的,不能认定为自首。但在告诉才处理的案件中,行为人向被害人主动承认自己的犯罪事实并自愿归案的,可构成自首。

【案例索引】《刑事审判参考》总第55集第437号周某龙盗窃案。

【要点3】投案意愿

【经验3-1】犯罪嫌疑人投案应具有自动性,需有主动将自己置于司法机关控制下,接受审查和裁判的主观意愿。投案动机和目的(如为获取赏金、报复同案犯等原因投案)不影响自首的成立。

【案例索引】《刑事审判参考》总第48集第381号董某卫、李某林等盗窃、收购赃物案。

【经验3-2】犯罪嫌疑人自动投案,需有彻底性,即自愿接受控制,直至最终审判。自动投案后又逃跑的,不成立自首,但再次自动投案的可成立自首。被动归案后逃跑又投案的,不成立自首。

【案例索引】《刑事审判参考》总第103集第1081号吴某强奸、故意伤害案。

【要点 4】准备投案型

【经验 4－1】"准备去投案"表明主动、直接的投案行为尚未开始,只是在为投案做准备工作,"正在投案途中"表明投案的行为已经开始,即已经启程前往特定机关投案,只是由于时间和空间的差距而尚未完成投案即被抓获。"准备投案"不能仅是犯罪嫌疑人的一种纯心理活动,必须有一定的言语或行为表现佐证行为人已经为投案实施了一定的准备活动,客观行为已经能够清楚地反映准备投案的主观心态。如果行为人仅有投案的意思表示,却在没有正当理由的情况下无实际的投案行为或者不能证明确已准备投案,不能认定属于准备投案。

【案例索引】《刑事审判参考》总第 60 集第 476 号赵某昌故意杀人案,总第 89 集第 811 号赵某正故意杀人案,总第 103 集第 1078 号徐某故意杀人案。

【经验 4－2】犯罪嫌疑人准备投案,但由于客观原因,本人及代为投案人未能与司法机关联系上,后被抓获的也可视为自动投案。

【案例索引】《刑事审判参考》总第 27 集第 191 号薛某军等盗窃案。

【要点 5】形迹可疑型

【经验 5－1】犯罪事实或者犯罪嫌疑人未被司法机关发觉,仅因"形迹可疑"被有关组织或司法机关盘问、教育(如一般性排查询问)后,主动交代自己的罪行的,可认定自动投案。

【案例索引】《刑事审判参考》总第 12 集第 82 号杨某保等走私毒品案,北京市第三中级人民法院刘某某以危险方法危害公共安全案,刘某、陈某、李某某宣扬恐怖主义、极端主义案,刘某旺故意杀人案。

【经验 5－2】判断行为人是属于"形迹可疑"还是"犯罪嫌疑",关键在于司法机关能否依凭现有证据在行为人与具体案件之间建立起直接、明确、紧密的联系,认定行为人作案的可能性已经大大提高,达到了被确定为"犯罪嫌疑人"的程度。能建立起这种联系的属于"犯罪嫌疑";建立不起这种联系,而主要是凭经验、直觉认为行为人有作案可能的,属于"形迹可疑"。在难以确切区分判断的情况下，应当本着有利于被告人原则和鼓励自首的刑事政策精神，认定行为人属于"形迹可疑人"。

【案例索引】《刑事审判参考》总第 8 集第 59 号庄某金抢劫案，总第 59 集第 465 号刘某故意杀人案，总第 96 集第 942 号张某元故意杀人案。

【经验 5-3】有关部门、司法机关在行为人身上、随身携带的物品、驾乘的交通工具等处发现与犯罪有关的物品的，行为人已不属于"形迹可疑"，而是具有"犯罪嫌疑"的明显证据，其罪行已被司法机关发觉，不能成立自动投案。

【案例索引】《刑事审判参考》总第 80 集第 702 号张某等抢劫、盗窃案，总第 100 集第 1037 号杨某博非法持有毒品。

【经验 5-4】犯罪嫌疑人犯罪后潜逃异地，案发地与抓获地公安机关掌握案件信息的程度及时间点存在差异，即使案发地司法机关已经发觉犯罪事实或犯罪嫌疑人，但抓获地司法机关尚未发觉，仅因形迹可疑进行盘问、教育后，主动交代自己的罪行的，可认定自动投案。

【案例索引】北京市第三中级人民法院审理的董某抢劫案。

【要点 6】亲自投案型

【经验 6-1】行为人可以先以信电投案（如电话、传真、短信、邮件等），随后归案。若随后不归案，不能认定为自动投案。被告人潜逃境外，先以信件投案，在回国入境时被抓获应当认定为自首。

【案例索引】《刑事审判参考》总第 66 集第 525 号王某明故意伤害案；《最高人民法院自首、立功司法解释案例指导与理解适用》唐某国非法经营案。

【经验 6-2】行为人犯罪后到公安机关了解案情，被公安机关当场抓获并如实供述自己罪行的，不属于自动投案，不能认定为自首。

【案例索引】《刑事审判参考》总第 21 集第 134 号明某华抢劫案。

【经验 6-3】行为人犯罪后以证人身份接受侦查人员询问，非其主动到案，不具有将自己置于司法机关控制之下的意图，且不主动如实供述罪行的，不能认定为自动投案。

【案例索引】《刑事审判参考》总第 44 集第 347 号乌斯曼江、吐尔逊故意伤害案。

【经验 6 -4】行为人犯罪后以被害人身份报案，不具有主动将自己置于司法机关控制之下的意图、未如实供述其涉嫌犯罪事实的，不属于自动投案。

【案例索引】《最高人民法院自首、立功司法解释案例指导与理解适用》陶某根故意伤害案；北京市第三中级人民法院审理的王某平集资诈骗、合同诈骗，刘某清非法吸收公众存款案。

【经验 6 -5】行为人主动报案，虽未表明自己是作案人，但在司法机关询问时交代自己罪行的，可以视为自动投案，认定自首。如未主动如实供述案件发生经过，则属于报案而非投案，不构成自首。

【案例索引】《刑事审判参考》总第 66 集第 525 号王某明故意伤害案；北京市第三中级人民法院审理的杨某柱故意伤害案。

【经验 6 -6】行为人报假案，报案目的是为自己开脱罪责或者表明自己"清白"的，或逼迫被害人隐瞒真相、欺骗公安机关以逃避法律制裁的，不能认定为自动投案。

【案例索引】《刑事审判参考》总第 12 集第 80 号王某斌故意杀人案；北京市第三中级人民法院审理的段某绑架、敲诈勒索案，张某抢劫案。

【经验 6 -7】行为人犯罪后主动报警表示投案，等待抓捕期间又继续实施犯罪的，表明其主观上并未彻底放弃和终止继续犯罪的意图，缺乏自愿将自己置于司法机关的控制之下接受审查和裁判的主观意愿，不能认定为自首。

【案例索引】《刑事审判参考》总第 90 集第 831 号李某仁故意杀人案。

【经验 6 -8】主动报案的性质与法院认定的性质虽不一致，但能如实供述犯罪事实的，可以认定为自首。

【案例索引】《最高人民法院自首、立功司法解释案例指导与理解适用》翟某林故意伤害案。

【经验 6 -9】犯罪嫌疑人是否知道被害人报案以及自动投案时间距离被害人报案时间的长短均不影响其自动投案的认定。

【案例索引】北京市第三中级人民法院审理的何某诈骗案。

【经验6－10】犯罪嫌疑人犯罪后打电话主动投案，公安机关未对犯罪嫌疑人采取强制措施，犯罪嫌疑人之后未有逃避侦查的行为，公安机关又将犯罪嫌疑人抓获归案的，犯罪嫌疑人在被抓捕时无拒捕行为，则应认定为自动投案。

【案例索引】北京市第三中级人民法院审理的张某恺聚众斗殴案。

【要点7】现场待捕型

【经验7－1】行为人明知他人报案而主动留在现场等待，抓捕时无拒捕行为，属现场待捕型自动投案，一般体现为"能逃而不逃"。行为人因为受伤、醉酒、被群众包围、控制或公安人员已经赶到等客观原因而未能逃跑，或者滞留现场是为了继续作案、消除罪证而非等待抓捕，不能认定为自首。认定现场待捕型自首应具备：现场待捕的非被动性、对于他人报案的明知性、被抓捕时行为的服从性、供认犯罪事实的彻底性。

【案例索引】《刑事审判参考》总第80集第698号熊某君故意伤害案；北京市第三中级人民法院审理的于某杰故意杀人案、刘某豪诈骗案、贾某革故意杀人案、宋某武故意杀人案、徐某恒故意伤害案、卢某旺故意伤害案、陈某诈骗案。

【经验7－2】在作案现场以外的其他场合，如果犯罪嫌疑人明知他人报案，客观上犯罪嫌疑人能逃而不逃，自愿等待抓捕，且无拒捕行为，如实供述罪行的，同样体现了犯罪嫌疑人的主动性和自愿性，应当认定为自首；如果现场有人看守的情况下，客观上无法逃走，不能认定为自首。

【案例索引】《刑事审判参考》总第86集第780号尚某盗窃案。

【经验7－3】在公共场合作案后虽滞留在现场，但没有主动投案行为，亦没有证据能够证明有投案主观意愿的，不认定为主动投案。

【案例索引】北京市第三中级人民法院审理的金某生危害公共安全、故意杀人案。

【经验7－4】行为人明知已对其展开侦查，仍滞留在真实身份信息可明确查询处，因不具备投案的"主动性"，尚不能认定为"自动投案"。

【案例索引】北京市第三中级人民法院审理的李某达故意杀人案。

【经验7－5】犯罪嫌疑人作案后主动用实名注册的手机号码报警，后非为逃避法律责任离开案发现场,后被抓获的,可认定为自动投案。

【案例索引】北京市第三中级人民法院审理的王某故意杀人案。

【要点8】亲友送首型

【经验8-1】犯罪嫌疑人不主动投案,而是经亲友规劝、陪同投案的,可认定自动投案。

【案例索引】北京市第三中级人民法院审理的田某然故意杀人案。

【经验8-2】公安机关通知犯罪嫌疑人的亲友,或者亲友主动报案后,将犯罪嫌疑人送去投案的,可认定自动投案。

【案例索引】北京市第三中级人民法院审理的赵某故意杀人案。

【经验8-3】犯罪后在逃跑过程中与亲友联系,亲友劝其自首,行为人未明确表示,亲友也未将其送去投案的,不成立自首。

【案例索引】《刑事审判参考》总第30集第225号杨某等故意伤害案。

【经验8-4】犯罪嫌疑人的亲属报案后,由于客观原因没能将犯罪嫌疑人送去投案,但予以看守并带领公安人员将其抓获的,视为自动投案,构成自首。

【案例索引】《刑事审判参考》总第32集第241号张某洋故意杀人案。

【经验8-5】犯罪嫌疑人家属虽报案,但并未送犯罪嫌疑人归案,在警方到达现场后犯罪嫌疑人未自愿将自己置于司法机关控制之下的,依法不能成立自首。

【案例索引】《刑事审判参考》总第65集第511号张某杰故意杀人案;北京市第三中级人民法院审理的白某贵故意杀人案。

【经验8-6】亲友带领公安人员将犯罪嫌疑人抓获归案,与亲友将犯罪嫌疑人送去投案并无实质区别,犯罪嫌疑人归案后能如实供述犯罪事实,可视为自首。

【案例索引】《刑事审判参考》总第47集第369号孙某龙故意杀人案。

【经验8-7】犯罪嫌疑人亲属仅提供线索,由侦查机关自行侦查将犯罪嫌疑人抓获,未明显节约司法资源的,不能认定为“自动投案”。

【案例索引】《刑事审判参考》总第59集第464号田某志集资诈骗案。

【经验8-8】亲友并不明知犯罪嫌疑人实施了犯罪行为,亲友主动与司法机关联系的目的并不是让犯罪嫌疑人接受司法机关的处理，而是为了撇清犯罪嫌疑，则不应认定为自动投案。

【案例索引】《刑事审判参考》总第80集第699号吕某明故意杀人、强奸、放火案。

【经验8－9】投案后在亲属围困、阻挠抓捕的情况下，虽然没有主动劝阻亲属，但也没有脱逃，主观上并无逃跑或抗拒抓捕的意思表示，客观上也没有实施配合家人阻挠抓捕的行为，只是态度消极，不影响自动投案的成立。

【案例索引】《刑事审判参考》总第72集第598号张某生故意杀人案。

【经验8－10】被害人驾车将犯罪嫌疑人及其亲友送至派出所，虽有亲友陪同到案，但犯罪嫌疑人系在被害人的监督之下，无法认定其具有投案的意志，无法体现其投案的主动性和自愿性，亦无法认定其成立自动投案。

【案例索引】北京市第三中级人民法院审理的王某诈骗案。

【经验8－11】行为人不明知亲属已向公安机关报警或者公安机关正前来抓捕，主观上无法体现对抗性或非对抗性，即使客观上无拒捕行为，也不能认定为自动投案。

【案例索引】《刑事审判参考》总第80集第700号袁某琳故意杀人案。

【要点9】委托自首型

【经验9－1】行为人作案后通过短信方式委托他人报警，后在案发现场自杀，到案后供述主要犯罪事实，应当认定为自首。

【案例索引】北京市第三中级人民法院审理的吴某故意伤害案。

【经验9－2】犯罪嫌疑人虽委托他人报警，但在警察赶到时离开现场，缺乏投案的主动性，不应认定为自动投案。

【案例索引】北京市第三中级人民法院审理的王某故意杀人案。

【要点10】强制措施变化型

【经验10－1】因特定违法行为被采取劳动教养、行政拘留、司法拘留、强制隔离戒毒等行政、司法强制措施期间，主动向执行机关交代尚未被掌握的犯罪行为的，可认定为自动投案。

【经验 10 -2】侦查机关以侦破刑事案件为目的，掌握了一定犯罪证据并将其确定为犯罪嫌疑人的情况下，根据犯罪嫌疑人的行政违法行为将其行政拘留，犯罪嫌疑人在行政拘留期间交代自己犯罪行为的，不能认定为自首。

【案例索引】《刑事审判参考》总第 59 集第 468 号沈某潮抢劫案。

【经验 10 -3】犯罪事实和犯罪嫌疑人已在行政机关检查过程中被发觉，并已受到行政执法部门的调查，再到司法机关投案的，不能视为自动投案，不能认定为自首。

【案例索引】《刑事审判参考》总第 103 集第 1050 号台州市黄岩某金属加工有限公司、周某友污染环境案。

【经验 10 -4】因群众举报接受行政机关调查期间被公安机关传唤到案缺乏投案的主动性，不能认定为自动投案，即使到案后如实供述，亦不构成自首。

【案例索引】北京市第三中级人民法院审理的曾某榜等人销售假冒注册商标的商标罪案。

【经验 10 -5】犯罪嫌疑人犯罪后自首，因不起诉被释放，后又被抓获归案，一般仍应认定为自首。

【案例索引】北京市第三中级人民法院审理的杜某河故意伤害案。

【经验 10 -6】犯罪嫌疑人犯罪后被抓获到案，因不起诉被释放，后经电话通知到案的，应当根据最后一次到案情况判断，即认定其构成自动投案，前次无论是否可单独评价为自首不影响最后一次自动投案的认定，可在量刑中酌予考虑。

【案例索引】北京市第三中级人民法院审理的王某庆、宋某华等故意伤害、买卖身份证件案。

【经验 10 -7】侦查人员让归案被告人去协助抓获其他被告人，在公安人员对归案的被告人失去控制的情况下，被告人自动投案，应认定自动投案。

【案例索引】《刑事审判参考》总第 47 集第 373 号梁某雄、周某杰等贩卖毒品案。

【经验 10 -8】犯罪嫌疑人被司法机关控制后，经允许脱离控制，又按指令自行到案并如实供述犯罪事实的,不符合自首中“自动投案”的时间特征,不属于“自动投案”,不成立自首。

【案例索引】《刑事审判参考》总第 93 集第 880 号杨某凤、赵某等诈骗案。

【经验 10 -9】公安机关未对犯罪嫌疑人进行讯问或办理拘留、逮捕等刑事诉讼法所规定的“强制措施”手续,但已将其作为犯罪嫌疑人,并派专人在病房看守、控制,应当视为犯罪嫌疑人已被采取“强制措施”,即使被告人醒来后有自动投案的意思表示或行为,也不具备自动投案的客观条件。

【案例索引】《刑事审判参考》总第 80 集第 701 号周某军故意杀人案。

【要点 11】电话传唤型

【经验 11 -1】公安机关电话传唤犯罪嫌疑人后,犯罪嫌疑人即主动到案的,符合到案的主动性、归案的目的性、供述的主动性,可认定自动投案。公安机关以其他事由“诱骗”行为人投案,行为人基于错误的认识到案,不能如实供述犯罪事实的,不具备主动性,不能认定为自动投案。

【案例索引】《刑事审判参考》总第 45 集第 354 号王某明盗窃案;北京市第三中级人民法院审理的刘某丰抢劫案、王某诈骗案。

(二)如实供述的要点及经验

根据司法解释的规定,如实供述自己的罪行,是指犯罪嫌疑人自动投案后,如实交代自己的主要犯罪事实。

【要点 1】如实供述的标准

【经验 1 -1】如实供述自己的罪行,不仅要求行为人如实供述客观行为,还要求如实供述其犯罪时的主观心态。

【案例索引】《刑事审判参考》总第 96 集第 941 号冯某达、周某故意杀人案。

【经验 1 -2】犯罪嫌疑人供述内容和其主观记忆相符,和客观犯罪事实基本相符,可认定如实供述。即使和客观犯罪事实有些出入,也可认定自首。

【经验1-3】犯罪嫌疑人供述主要犯罪事实，可认定如实供述，不要求供述全部犯罪事实。主要犯罪事实，是指对认定行为人的行为性质有决定意义的事实、情节（定罪事实）以及对量刑有重大影响的事实、情节（重大量刑事实）。

【案例索引】北京市第三中级人民法院审理的郭某交通肇事案、杜某非法吸收公众存款案、刘某民等三人敲诈勒索案。

【经验1-4】被告人到案后，在侦查、起诉阶段如实供述犯罪事实，但在一审庭审时翻供，不应认定自首。

【案例索引】《刑事审判参考》总第86集第776号徐某抢劫案。

【经验1-5】犯罪嫌疑人在公安机关通知后到案，但未供述犯罪事实，在公安机关掌握部分证据后开始供述的，不能认定为自首。

【案例索引】《刑事审判参考》总第69集第565号闫某富故意杀人案。

【经验1-6】行为人因涉嫌某一犯罪被抓获后，供述与该涉嫌犯罪在法律、事实上密切关联的其他犯罪是履行如实供述的义务，不能认定为自首。

【案例索引】《刑事审判参考》总第84集第747号汪某故意杀人、敲诈勒索案。

【经验1-7】犯罪嫌疑人的关键供述与被害人伤情鉴定意见等客观证据不符，不宜认定其如实供述主要犯罪事实。

【案例索引】北京市第三中级人民法院审理的杨某故意伤害案。

【经验1-8】犯罪嫌疑人患有精神疾病，案发后主动到案，虽未能到案即供，但结合其精神状态，考虑其经治疗能供认主要犯罪事实，可依法认定自首。

【案例索引】北京市第三中级人民法院审理的姚某涛故意杀人案。

【经验1-9】行为人在二审期间推翻一审有罪供述，并未否认自己的行为内容，仅对自己行为性质进行无罪辩解的，不影响原判认定其构成自首。

【案例索引】北京市第三中级人民法院审理的徐某存非法采矿案。

【经验1-10】被告人多次实施同种罪行的，应当综合考虑已交代的犯罪事实和未交代的犯罪事实的危害程度，决定是否认定为如实供述主要犯罪事实，虽然没有交代全部犯罪事实，但如实交代的犯罪情节重于未交代的犯罪情节，或者如实交代的犯罪数额多于未交代的犯罪数额，一般应认定为如实供述自己的主要犯罪事实。

【案例索引】北京市第三中级人民法院审理的张某诈骗案。

【要点2】翻供型辩解

【经验2-1】否认主要犯罪事实的(犯罪构成要件和量刑情节),可认定为翻供。对行为性质、投案方式、案情细节的否认,合理辩解以及供述变化不影响案件主要事实认定的,均不视为翻供。

【案例索引】《刑事审判参考》总第27集第189号郭某林等抢劫案,总第80集第705号李某林故意杀人案,总第30集第221号姜某平非法持有枪支案、故意伤害案。

【经验2-2】犯罪后自首,一审庭审中对影响量刑升格的次要事实翻供,仍应认定为自首。

【案例索引】《最高人民法院自首、立功司法解释案例指导与理解适用》谢某勇盗窃案。

【经验2-3】主动投案后一审中翻供,二审后发回重审时才如实交代主要犯罪事实的,不认定为自首。

【案例索引】《最高人民法院自首、立功司法解释案例指导与理解适用》张某伟故意伤害案。

三、准自首的要点及经验

《刑法》第六十七条第二款规定,被采取强制措施的犯罪嫌疑人、被告人和正在服刑的罪犯,如实供述司法机关还未掌握的本人其他罪行的,以自首论。

【要点1】行为主体

【经验1-1】准自首的主体必须是依法被采取强制措施的犯罪嫌疑人、被告人和正在服刑的罪犯。

【要点2】尚未掌握的罪行

【经验2-1】如实供述的罪行必须是司法机关还未掌握的本人其他不同种罪行。

如是同种罪行,可酌情从轻处罚,但不属于自首。

【经验2-2】判断罪行属同种罪行还是异种罪行,一般应以罪名区分。若罪名不同,但属于选择性罪名或者在法律、事实上密切关联(如吸收关系、牵连关系等),仍属于同种罪行。

【案例索引】《刑事审判参考》总第71集第593号彭某升贩卖、运输毒品案;北京市第三中级人民法院审理的金某生危害公共安全、故意杀人案。

【经验2-3】交代司法机关尚未掌握的案发起因构成其他犯罪,且两个罪行在法律、事实上不具有密切关联的,应当认定为自首。

【案例索引】《刑事审判参考》总第81集第718号张某亭故意杀人、盗窃案。

【经验2-4】司法机关已掌握的罪行是指证明成立的罪行。司法机关掌握的事实不构成犯罪时,供述同种罪行属于如实供述"其他罪行"。

【案例索引】北京市第三中级人民法院审理的史某利受贿案。

【经验2-5】认定被羁押的犯罪嫌疑人、被告人所交代的事实是否被"司法机关"掌握,"司法机关"一般为直接承办案件的司法机关,具体情况应根据犯罪嫌疑人、被告人是否被通缉,通缉资料是否全面、准确,通缉令范围,司法机关是否因客观原因(如地处偏僻、路途遥远、通信不便等)难以了解犯罪事实等因素进行综合判断。

【案例索引】《刑事审判参考》总第52集第411号何某华强奸、盗窃案;北京市第三中级人民法院审理的邢某夏票据诈骗、诈骗罪。

【经验2-6】对于司法机关尚未掌握主要犯罪事实的标准,只需要相应的犯罪线索达到反映犯罪及犯罪人可能的程度,并不需要司法机关掌握的犯罪线索所针对的犯罪事实清楚、证据确实充分。

【案例索引】北京市第三中级人民法院审理的宋某燕受贿案。

【经验2-7】服刑期间如实供述未被掌握的同种余罪,刑满释放后被查实且被追究的,因行为人已是自由公民,供述在查实之前,应判定为主动供述,依法应当成立自首。

【案例索引】《人民司法·案例》2014年第4期,张某某、董某某盗窃案(一审〔2012〕普少刑初字第77号)。

四、自首的特殊问题

【要点1】共同犯罪的自首

【经验1-1】举报同案犯并如实交代自己参与共同犯罪的事实的应认定为自首。

【案例索引】《刑事审判参考》总第9集第66号姚某林、刘某培、庄某华非法制造注册商标标识案。

【经验1-2】共同犯罪案件中的犯罪嫌疑人,自动投案后没有如实供述同案犯的,不构成自首。

【案例索引】《刑事审判参考》总第33集第255号杜某斌、周某才抢劫案。

【经验1-3】仅一人作案,但被告人出于其他目的而供述有同案犯参与,即使被告人供述的案件属实,也属于公安机关还未掌握的本人其他犯罪行为,仍不构成自首。

【案例索引】《人民司法·案例》2010年第24期,蔡某盗窃案(一审〔2009〕长刑初字第184号,二审〔2009〕渝一中法刑终字268号)。

【经验1-4】犯罪嫌疑人对具体犯罪细节的供述与同案犯的供述或其他证据存在细微出入,但不影响对其犯罪行为定性的,应当认为如实供述犯罪事实。

【案例索引】北京市第三中级人民法院审理的金某兴故意杀人案。

【要点2】数罪自首

【经验2-1】在一人犯数罪且只对其中一罪有自首的情况下,自首从轻的效力仅及于自首之罪。

【案例索引】《刑事审判参考》总第13集第86号王某清等抢劫、故意伤害盗窃案。

【要点3】交通肇事罪及危险驾驶罪中的自首

【经验3-1】交通肇事后,立即报警,保护现场、抢救伤员和财产,归案后又如实供述自己罪行的，可认定为自首。

【案例索引】《刑事审判参考》总第 80 集第 696 号谭某伟交通肇事案。

【经验 3－2】交通肇事后，委托他人代为报警，自己忙于保护现场、抢救伤员和财产，归案后又如实供述自己罪行的，可认定为自首。

【经验 3－3】交通肇事后，明知他人已经报警，自己在现场等候交警部门处理，归案后又如实供述自己罪行的，可认定为自首。

【案例索引】《刑事审判参考》总第 94 集第 899 号黄某忠危险驾驶案。

【经验 3－4】交通事故肇事人“逃离现场”后没有立即投案，而是经过一段时间后“事后投案”，虽构成事后“逃逸”，但不妨碍对其自首情节的认定。

【案例索引】《刑事审判参考》总第 53 集第 415 号孙某玉交通肇事案。

【经验 3－5】交通肇事逃逸的先行为不影响自动投案、如实供述的后行为构成自首，行为人交通肇事后为逃避法律追究逃离事故现场的行为与之后自动投案、如实供述构成自首的行为应当分别予以评价。

【案例索引】北京市第三中级人民法院审理的曹某磊交通肇事案。

【经验 3－6】行为人酒后驾车发生交通事故后逃逸并指使他人顶包，后迫于压力向公安机关投案，并如实供述主要犯罪事实，可以成立自首。

【案例索引】北京市第三中级人民法院审理的张某华交通肇事案。

【要点 4】职务犯罪中的自首

【经验 4－1】职务犯罪案件中，犯罪嫌疑人须在纪律监察部门对其采取明确的调查措施前投案，方能构成自动投案。

【案例索引】《刑事审判参考》总第 80 集第 709 号吴某、李某光挪用公款案。

【经验 4－2】职务犯罪案件中“办案机关掌握的线索”，不限于直接查证犯罪事实的线索，还包括与查证犯罪事实有关联的线索，虽不能直接认定犯罪事实，但此类线索具有指向犯罪事实的作用。办案机关掌握此类线索后，能够研判行为人可能涉嫌的犯罪性质和类型。一般而言，办案机关找行为人调查谈话具有一定的针对性，行为人由此交代犯罪事实的，不能认定为自首。

【案例索引】《刑事审判参考》总第 84 集第 755 号刘某、姚某挪用公款案。

【经验4－3】犯罪嫌疑人已经受到了针对性的调查谈话，犯罪事实已经被调查机关掌握，但未采取强制措施，后经电话通知到案的，不应认定为自动投案。

【案例索引】北京市第三中级人民法院审理的万某某受贿案，朱某、何某、赵某晖贪污案。

【经验4－4】职务犯罪办案机关已掌握犯罪嫌疑人的受贿线索后到其单位，通过单位纪检部门转通知其到单位指定场所，犯罪嫌疑人主观上不明知系被调查或被采取强制措施，缺乏投案的主动性和自愿性的，不能视为自动投案。

【案例索引】北京市第三中级人民法院审理的张某华受贿案。

【要点5】单位犯罪的自首

【经验5－1】单位犯罪案件中，单位集体决定或者单位负责人决定而自动投案，如实交代单位犯罪事实的，或者单位直接负责的主管人员自动投案，如实交代单位犯罪事实的，应当认定为单位自首。只有基于单位意志的自首行为才能认定为单位自首。

【案例索引】《刑事审判参考》总第24集第151号陈某福走私普通货物案，北京市第三中级人民法院审理的河南路桥公司、钱某敏合同诈骗案。

【经验5－2】单位自首的，直接负责的主管人员和直接责任人员未自动投案，但如实交代自己指导的犯罪事实的，可以视为自首；拒不交代自己知道的犯罪事实的，不应认定为自首。

【经验5－3】单位没有自首，直接责任人员自动投案并如实交代自己知道的犯罪事实的，对该直接责任人员应当认定为自首。

五、自首的裁量

《刑法》第六十七条第一款规定，对于自首的犯罪分子，可以从轻或者减轻处罚。其中，犯罪较轻的，可以免除处罚。

【经验1－1】对于自首情节，综合考虑自首的动机、时间、方式、罪行轻重、如实供述罪行的程度以及悔罪表现等情况,可以减少基准刑的40%以下;犯罪较轻的,可以减少基准刑的40%以上或者依法免除刑罚。恶意利用自首规避法律制裁等不足以从宽处理的除外。

【经验1-2】行为人为抢救被害人而未投案便被抓获,且到案后能够如实供述本人罪行,如无证据证明其准备投案的,虽不能认定为自首,但应当作为酌定从宽量刑情节予以考虑。

【案例索引】《刑事审判参考》总第32集第243号李某英过失致人死亡案。

【经验1-3】是否因自首情节对犯罪嫌疑人从轻、减轻、免除处罚,可结合投案意愿、投案时间、投案对象、投案方式,犯罪性质、情节、后果,人身危险性,犯罪动机,犯罪前科,退赔情况,悔罪表现,是否节约司法资源等综合判断。

【案例索引】北京市第三中级人民法院审理孙某斌故意杀人案,郭某彬故意杀人案,王某诈骗案,杜某平受贿案,刘某豪故意伤害罪、寻衅滋事案。

【经验1-4】对交通肇事逃逸后自首的从宽幅度应严格把握。

【案例索引】北京市第三中级人民法院审理的曹某磊交通肇事案。

【经验1-5】犯罪嫌疑人案发后潜逃,在异地隐姓埋名生活多年后,在警察一般性排查中自首的,从宽幅度应严格把握。

【案例索引】北京市第三中级人民法院审理的刘某旺故意杀人案。

【经验1-6】自动投案的动机并不影响自首成立,但影响从轻幅度。

【案例索引】北京市第三中级人民法院审理的张某华交通肇事案。

【经验1-7】亲属的行为产生了将犯罪分子置于司法机关控制之下的实际效果,即使犯罪分子不构成自首,法院在量刑时也可将亲属的行为作为酌情从轻处罚的情节予以考虑。

【案例索引】《刑事审判参考》总第24集第153号计某欣故意杀人案,总第80集第700号袁某琳故意杀人案。

【经验1-8】不明知自己已被公安机关实际控制而投案的,不认定为自首,但可酌情从轻处罚。

【案例索引】《刑事审判参考》总第80集第701号周某军故意杀人案。

第 三 部 分

相关法律、法规及规范性文件

中华人民共和国刑法(节录)

第六十七条　【自首和坦白】犯罪以后自动投案,如实供述自己的罪行的,是自首。对于自首的犯罪分子,可以从轻或者减轻处罚。其中,犯罪较轻的,可以免除处罚。

被采取强制措施的犯罪嫌疑人、被告人和正在服刑的罪犯,如实供述司法机关还未掌握的本人其他罪行的,以自首论。

犯罪嫌疑人虽不具有前两款规定的自首情节,但是如实供述自己罪行的,可以从轻处罚;因其如实供述自己罪行,避免特别严重后果发生的,可以减轻处罚。

中华人民共和国刑事诉讼法(节录)

第一百一十条　【立案的材料来源　对立案材料的接受和处理】任何单位和个人发现有犯罪事实或者犯罪嫌疑人,有权利也有义务向公安机关、人民检察院或者人民法院报案或者举报。

被害人对侵犯其人身、财产权利的犯罪事实或者犯罪嫌疑人,有权向公安机关、人民检察院或者人民法院报案或者控告。

公安机关、人民检察院或者人民法院对于报案、控告、举报,都应当接受。对于不属于自己管辖的,应当移送主管机关处理,并且通知报案人、控告人、举报人;对于不属于自己管辖而又必须采取紧急措施的,应当先采取紧急措施,然后移送主管机关。

犯罪人向公安机关、人民检察院或者人民法院自首的,适用第三款规定。

第一百一十二条　【对立案材料的审查和处理　立案的条件】人民法院、人民检察院或者公安机关对于报案、控告、举报和自首的材料,应当按照管辖范围,迅速进行审查,认为有犯罪事实需要追究刑事责任的时候,应当立案;认为没有犯罪事实,或者犯罪事实显著轻微,不需要追究刑事责任的时候,不予立案,并且将不立案的原因通知控告人。控告人如果不服,可以申请复议。

最高人民法院关于处理自首和立功具体应用法律若干问题的解释

(法释〔1998〕8号)

为正确认定自首和立功,对具有自首或者立功表现的犯罪分子依法适用刑罚,现就具体应用法律的若干问题解释如下:

第一条 根据刑法第六十七条第一款的规定,犯罪以后自动投案,如实供述自己的罪行的,是自首。

(一)自动投案,是指犯罪事实或者犯罪嫌疑人未被司法机关发觉,或者虽被发觉,但犯罪嫌疑人尚未受到讯问、未被采取强制措施时,主动、直接向公安机关、人民检察院或者人民法院投案。

犯罪嫌疑人向其所在单位、城乡基层组织或者其他有关负责人员投案的;犯罪嫌疑人因病、伤或者为了减轻犯罪后果,委托他人先代为投案,或者先以信电投案的;罪行未被司法机关发觉,仅因形迹可疑被有关组织或者司法机关盘问、教育后,主动交代自己的罪行的;犯罪后逃跑,在被通缉、追捕过程中,主动投案的;经查实确已准备去投案,或者正在投案途中,被公安机关捕获的,应当视为自动投案。

并非出于犯罪嫌疑人主动,而是经亲友规劝、陪同投案的;公安机关通知犯罪嫌疑人的亲友,或者亲友主动报案后,将犯罪嫌疑人送去投案的,也应当视为自动投案。

犯罪嫌疑人自动投案后又逃跑的,不能认定为自首。

(二)如实供述自己的罪行,是指犯罪嫌疑人自动投案后,如实交代自己的主要犯罪事实。

犯有数罪的犯罪嫌疑人仅如实供述所犯数罪中部分犯罪的,只对如实供述部分犯罪的行为,认定为自首。

共同犯罪案件中的犯罪嫌疑人,除如实供述自己的罪行,还应当供述所知的同案犯,主犯则应当供述所知其他同案犯的共同犯罪事实,才能认定为自首。

犯罪嫌疑人自动投案并如实供述自己的罪行后又翻供的,不能认定为自首,但在一审判决前又能如实供述的,应当认定为自首。

第二条 根据刑法第六十七条第二款的规定，被采取强制措施的犯罪嫌疑人、被告人和已宣判的罪犯，如实供述司法机关尚未掌握的罪行，与司法机关已掌握的或者判决确定的罪行属不同种罪行的，以自首论。

第三条 根据刑法第六十七条第一款的规定，对于自首的犯罪分子，可以从轻或者减轻处罚；对于犯罪较轻的，可以免除处罚。具体确定从轻、减轻还是免除处罚，应当根据犯罪轻重，并考虑自首的具体情节。

第四条 被采取强制措施的犯罪嫌疑人、被告人和已宣判的罪犯，如实供述司法机关尚未掌握的罪行，与司法机关已掌握的或者判决确定的罪行属同种罪行的，可以酌情从轻处罚；如实供述的同种罪行较重的，一般应当从轻处罚。

第五条 根据刑法第六十八条第一款的规定，犯罪分子到案后有检举、揭发他人犯罪行为，包括共同犯罪案件中的犯罪分子揭发同案犯共同犯罪以外的其他犯罪，经查证属实；提供侦破其他案件的重要线索，经查证属实；阻止他人犯罪活动；协助司法机关抓捕其他犯罪嫌疑人（包括同案犯）；具有其他有利于国家和社会的突出表现的，应当认定为有立功表现。

第六条 共同犯罪案件的犯罪分子到案后，揭发同案犯共同犯罪事实的，可以酌情予以从轻处罚。

第七条 根据刑法第六十八条第一款的规定，犯罪分子有检举、揭发他人重大犯罪行为，经查证属实；提供侦破其他重大案件的重要线索，经查证属实；阻止他人重大犯罪活动；协助司法机关抓捕其他重大犯罪嫌疑人（包括同案犯）；对国家和社会有其他重大贡献等表现的，应当认定为有重大立功表现。

前款所称“重大犯罪”、“重大案件”、“重大犯罪嫌疑人”的标准，一般是指犯罪嫌疑人、被告人可能被判处无期徒刑以上刑罚或者案件在本省、自治区、直辖市或者全国范围内有较大影响等情形。

最高人民法院印发《关于处理自首和立功若干具体问题的意见》的通知

（法发〔2010〕60 号）

为规范司法实践中对自首和立功制度的运用，更好地贯彻落实宽严相济刑事政策,根据刑法、刑事诉讼法和最高人民法院《关于处理自首和立功具体应用法律若干问题的解释》(以下简称《解释》)等规定,对自首和立功若干具体问题提出如下处理意见:

一、关于"自动投案"的具体认定

《解释》第一条第(一)项规定七种应当视为自动投案的情形,体现了犯罪嫌疑人投案的主动性和自愿性。根据《解释》第一条第(一)项的规定,犯罪嫌疑人具有以下情形之一的,也应当视为自动投案:1. 犯罪后主动报案,虽未表明自己是作案人,但没有逃离现场,在司法机关询问时交代自己罪行的;2. 明知他人报案而在现场等待,抓捕时无拒捕行为,供认犯罪事实的;3. 在司法机关未确定犯罪嫌疑人,尚在一般性排查询问时主动交代自己罪行的;4. 因特定违法行为被采取劳动教养、行政拘留、司法拘留、强制隔离戒毒等行政、司法强制措施期间,主动向执行机关交代尚未被掌握的犯罪行为的;5. 其他符合立法本意,应当视为自动投案的情形。

罪行未被有关部门、司法机关发觉,仅因形迹可疑被盘问、教育后,主动交代了犯罪事实的,应当视为自动投案,但有关部门、司法机关在其身上、随身携带的物品、驾乘的交通工具等处发现与犯罪有关的物品的,不能认定为自动投案。

交通肇事后保护现场、抢救伤者,并向公安机关报告的,应认定为自动投案,构成自首的,因上述行为同时系犯罪嫌疑人的法定义务,对其是否从宽、从宽幅度要适当从严掌握。交通肇事逃逸后自动投案,如实供述自己罪行的,应认定为自首,但应依法以较重法定刑为基准,视情决定对其是否从宽处罚以及从宽处罚的幅度。

犯罪嫌疑人被亲友采用捆绑等手段送到司法机关,或者在亲友带领侦查人员前来抓捕时无拒捕行为,并如实供认犯罪事实的,虽然不能认定为自动投案,但可以参照法律对自首的有关规定酌情从轻处罚。

二、关于"如实供述自己的罪行"的具体认定

《解释》第一条第(二)项规定如实供述自己的罪行,除供述自己的主要犯罪事实外,还应包括姓名、年龄、职业、住址、前科等情况。犯罪嫌疑人供述的身份等情况与真实情况虽有差别,但不影响定罪量刑的,应认定为如实供述自己的罪行。犯罪嫌疑人自动投案后隐瞒自己的真实身份等情况,影响对其定罪量刑的,不能认定为如实供述自己的罪行。

犯罪嫌疑人多次实施同种罪行的,应当综合考虑已交代的犯罪事实与未交代的犯罪事实的危害程度,决定是否认定为如实供述主要犯罪事实。虽然投案后没有交代全部犯罪事实,但如实交代的犯罪情节重于未交代的犯罪情节,或者如实交代的犯罪数额多于未交代的犯罪数额,一般应认定为如实供述自己的主要犯罪事实。无法区分已交代的与未交代的犯罪情节的严重程度,或者已交代的犯罪数额与未交代的犯罪数额相当,一般不认定为如实供述自己的主要犯罪事实。

犯罪嫌疑人自动投案时虽然没有交代自己的主要犯罪事实,但在司法机关掌握其主要犯罪事实之前主动交代的,应认定为如实供述自己的罪行。

三、关于"司法机关还未掌握的本人其他罪行"和"不同种罪行"的具体认定

犯罪嫌疑人、被告人在被采取强制措施期间,向司法机关主动如实供述本人的其他罪行,该罪行能否认定为司法机关已掌握,应根据不同情形区别对待。如果该罪行已被通缉,一般应以该司法机关是否在通缉令发布范围内作出判断,不在通缉令发布范围内的,应认定为还未掌握,在通缉令发布范围内的,应视为已掌握;如果该罪行已录入全国公安信息网络在逃人员信息数据库,应视为已掌握。如果该罪行未被通缉、也未录入全国公安信息网络在逃人员信息数据库,应以该司法机关是否已实际掌握该罪行为标准。

犯罪嫌疑人、被告人在被采取强制措施期间如实供述本人其他罪行,该罪行与司法机关已掌握的罪行属同种罪行还是不同种罪行,一般应以罪名区分。虽然如实供述的其他罪行的罪名与司法机关已掌握犯罪的罪名不同,但如实供述的其他犯罪与司法机关已掌握的犯罪属选择性罪名或者在法律、事实上密切关联,如因受贿被采取强制措施后,又交代因受贿为他人谋取利益行为,构成滥用职权罪的,应认定为同种罪行。

四、关于立功线索来源的具体认定

犯罪分子通过贿买、暴力、胁迫等非法手段,或者被羁押后与律师、亲友会见过程中违反监管规定,获取他人犯罪线索并"检举揭发"的,不能认定为有立功表现。

犯罪分子将本人以往查办犯罪职务活动中掌握的,或者从负有查办犯罪、监管职责的国家工作人员处获取的他人犯罪线索予以检举揭发的,不能认定为有立功表现。

犯罪分子亲友为使犯罪分子"立功",向司法机关提供他人犯罪线索、协助抓捕犯罪嫌疑人的,不能认定为犯罪分子有立功表现。

五、关于"协助抓捕其他犯罪嫌疑人"的具体认定

犯罪分子具有下列行为之一,使司法机关抓获其他犯罪嫌疑人的,属于《解释》第五条规定的"协助司法机关抓捕其他犯罪嫌疑人":1. 按照司法机关的安排,以打电话、发信息等方式将其他犯罪嫌疑人(包括同案犯)约至指定地点的;2. 按照司法机关的安排,当场指认、辨认其他犯罪嫌疑人(包括同案犯)的;3. 带领侦查人员抓获其他犯罪嫌疑人(包括同案犯)的;4. 提供司法机关尚未掌握的其他案件犯罪嫌疑人的联络方式、藏匿地址的,等等。

犯罪分子提供同案犯姓名、住址、体貌特征等基本情况,或者提供犯罪前、犯罪中掌握、使用的同案犯联络方式、藏匿地址,司法机关据此抓捕同案犯的,不能认定为协助司法机关抓捕同案犯。

六、关于立功线索的查证程序和具体认定

被告人在一、二审审理期间检举揭发他人犯罪行为或者提供侦破其他案件的重要线索,人民法院经审查认为该线索内容具体、指向明确的,应及时移交有关人民检察院或者公安机关依法处理。

侦查机关出具材料,表明在三个月内还不能查证并抓获被检举揭发的人,或者不能查实的,人民法院审理案件可不再等待查证结果。

被告人检举揭发他人犯罪行为或者提供侦破其他案件的重要线索经查证不属实,又重复提供同一线索,且没有提出新的证据材料的,可以不再查证。

根据被告人检举揭发破获的他人犯罪案件,如果已有审判结果,应当依据判决确认的事实认定是否查证属实;如果被检举揭发的他人犯罪案件尚未进入审判程序,可以依据侦查机关提供的书面查证情况认定是否查证属实。检举揭发的线索经查确有犯罪发生,或者确定了犯罪嫌疑人,可能构成重大立功,只是未能将犯罪嫌疑人抓获归案的,对可能判处死刑的被告人一般要留有余地,对其他被告人原则上应酌情从轻处罚。

被告人检举揭发或者协助抓获的人的行为构成犯罪,但因法定事由不追究刑事责任、不起诉、终止审理的,不影响对被告人立功表现的认定;被告人检举揭发或者协助抓获的人的行为应判处无期徒刑以上刑罚,但因具有法定、酌定从宽情节,宣告刑为有期徒刑或者更轻刑罚的,不影响对被告人重大立功表现的认定。

七、关于自首、立功证据材料的审查

人民法院审查的自首证据材料,应当包括被告人投案经过、有罪供述以及能够证明其投案情况的其他材料。投案经过的内容一般应包括被告人投案时间、地点、方式等。证据材料应加盖接受被告人投案的单位的印章,并有接受人员签名。

人民法院审查的立功证据材料,一般应包括被告人检举揭发材料及证明其来源的材料、司法机关的调查核实材料、被检举揭发人的供述等。被检举揭发案件已立案、侦破,被检举揭发人被采取强制措施、公诉或者审判的,还应审查相关的法律文书。证据材料应加盖接收被告人检举揭发材料的单位的印章,并有接收人员签名。

人民法院经审查认为证明被告人自首、立功的材料不规范、不全面的,应当由检察机关、侦查机关予以完善或者提供补充材料。

上述证据材料在被告人被指控的犯罪一、二审审理时已形成的,应当经庭审质证。

八、关于对自首、立功的被告人的处罚

对具有自首、立功情节的被告人是否从宽处罚、从宽处罚的幅度,应当考虑其犯罪事实、犯罪性质、犯罪情节、危害后果、社会影响、被告人的主观恶性和人身危险性等。自首的还应考虑投案的主动性、供述的及时性和稳定性等。立功的还应考虑检举揭发罪行的轻重、被检举揭发的人可能或者已经被判处的刑罚、提供的线索对侦破案件或者协助抓捕其他犯罪嫌疑人所起作用的大小等。

具有自首或者立功情节的,一般应依法从轻、减轻处罚;犯罪情节较轻的,可以免除处罚。类似情况下,对具有自首情节的被告人的从宽幅度要适当宽于具有立功情节的被告人。

虽然具有自首或者立功情节,但犯罪情节特别恶劣、犯罪后果特别严重、被告人主观恶性深、人身危险性大,或者在犯罪前即为规避法律、逃避处罚而准备自首、立功的,可以不从宽处罚。

对于被告人具有自首、立功情节,同时又有累犯、毒品再犯等法定从重处罚情节的,既要考虑自首、立功的具体情节,又要考虑被告人的主观恶性、人身危险性等因素,综合分析判断,确定从宽或者从严处罚。累犯的前罪为非暴力犯罪的,一般可以从宽处罚,前罪为暴力犯罪或者前、后罪为同类犯罪的,可以不从宽处罚。

在共同犯罪案件中,对具有自首、立功情节的被告人的处罚,应注意共同犯罪人以及首要分子、主犯、从犯之间的量刑平衡。犯罪集团的首要分子、共同犯罪的主犯检举揭发或者协助司法机关抓捕同案地位、作用较次的犯罪分子的,从宽处罚与否应当从严掌握,如果从轻处罚可能导致全案量刑失衡的,一般不从轻处罚;如果检举揭发或者协助司法机关抓捕的是其他案件中罪行同样严重的犯罪分子,一般应依法从宽处罚。对于犯罪集团的一般成员、共同犯罪的从犯立功的,特别是协助抓捕首要分子、主犯的,应当充分体现政策,依法从宽处罚。

最高人民法院关于被告人对行为性质的辩解是否影响自首成立问题的批复

(法释〔2004〕2 号)

广西壮族自治区高级人民法院：

你院 2003 年 6 月 10 日《关于被告人对事实性质的辩解是否影响投案自首的成立的请示》收悉。经研究，答复如下：

根据刑法第六十七条第一款和最高人民法院《关于处理自首和立功具体应用法律若干问题的解释》第一条的规定，犯罪以后自动投案，如实供述自己的罪行的，是自首。被告人对行为性质的辩解不影响自首的成立。

此复

最高人民法院、最高人民检察院印发《关于办理职务犯罪案件认定自首、立功等量刑情节若干问题的意见》的通知

(法发〔2009〕13 号)

为依法惩处贪污贿赂、渎职等职务犯罪，根据刑法和相关司法解释的规定，结合办案工作实际，现就办理职务犯罪案件有关自首、立功等量刑情节的认定和处理问题，提出如下意见：

一、关于自首的认定和处理

根据刑法第六十七条第一款的规定，成立自首需同时具备自动投案和如实供述自己的罪行两个要件。犯罪事实或者犯罪分子未被办案机关掌握，或者虽被掌握，但犯罪分子尚未受到调查谈话、讯问，或者未被宣布采取调查措施或者强制措施时，向办案机关投案的，是自动投案。在此期间如实交代自己的主要犯罪事实的，应当认定为自首。

犯罪分子向所在单位等办案机关以外的单位、组织或者有关负责人员投案的，应当视为自动投案。

没有自动投案，在办案机关调查谈话、讯问、采取调查措施或者强制措施期间，犯罪分子如实交代办案机关掌握的线索所针对的事实的，不能认定为自首。

没有自动投案，但具有以下情形之一的，以自首论：(1)犯罪分子如实交代办案机关未掌握的罪行，与办案机关已掌握的罪行属不同种罪行的；(2)办案机关所掌握线索针对的犯罪事实不成立，在此范围外犯罪分子交代同种罪行的。

单位犯罪案件中，单位集体决定或者单位负责人决定而自动投案，如实交代单位犯罪事实的，或者单位直接负责的主管人员自动投案，如实交代单位犯罪事实的，应当认定为单位自首。单位自首的，直接负责的主管人员和直接责任人员未自动投案，但如实交代自己知道的犯罪事实的，可以视为自首；拒不交代自己知道的犯罪事实或者逃避法律追究的，不应当认定为自首。单位没有自首，直接责任人员自动投案并如实交代自己知道的犯罪事实的，对该直接责任人员应当认定为自首。

对于具有自首情节的犯罪分子，办案机关移送案件时应当予以说明并移交相关证据材料。

对于具有自首情节的犯罪分子，应当根据犯罪的事实、性质、情节和对于社会的危害程度，结合自动投案的动机、阶段、客观环境，交代犯罪事实的完整性、稳定性以及悔罪表现等具体情节，依法决定是否从轻、减轻或者免除处罚以及从轻、减轻处罚的幅度。

二、关于立功的认定和处理

立功必须是犯罪分子本人实施的行为。为使犯罪分子得到从轻处理，犯罪分子的亲友直接向有关机关揭发他人犯罪行为，提供侦破其他案件的重要线索，或者协助司法机关抓捕其他犯罪嫌疑人的，不应当认定为犯罪分子的立功表现。

据以立功的他人罪行材料应当指明具体犯罪事实；据以立功的线索或者协助行为对于侦破案件或者抓捕犯罪嫌疑人要有实际作用。犯罪分子揭发他人犯罪行为时没有指明具体犯罪事实的；揭发的犯罪事实与查实的犯罪事实不具有关联性的；提供的线索或者协助行为对于其他案件的侦破或者其他犯罪嫌疑人的抓捕不具有实际作用的，不能认定为立功表现。

犯罪分子揭发他人犯罪行为，提供侦破其他案件重要线索的，必须经查证属实，才能认定为立功。审查是否构成立功，不仅要审查办案机关的说明材料，还要审查有关事实和证据以及与案件定性处罚相关的法律文书，如立案决定书、逮捕决定书、侦查终结报告、起诉意见书、起诉书或者判决书等。

据以立功的线索、材料来源有下列情形之一的，不能认定为立功：(1)本人通过非法手段或者非法途径获取的;(2)本人因原担任的查禁犯罪等职务获取的;(3)他人违反监管规定向犯罪分子提供的;(4)负有查禁犯罪活动职责的国家机关工作人员或者其他国家工作人员利用职务便利提供的。

犯罪分子检举、揭发的他人犯罪,提供侦破其他案件的重要线索,阻止他人的犯罪活动,或者协助司法机关抓捕的其他犯罪嫌疑人,犯罪嫌疑人、被告人依法可能被判处无期徒刑以上刑罚的,应当认定为有重大立功表现。其中,可能被判处无期徒刑以上刑罚,是指根据犯罪行为的事实、情节可能判处无期徒刑以上刑罚。案件已经判决的,以实际判处的刑罚为准。但是,根据犯罪行为的事实、情节应当判处无期徒刑以上刑罚,因被判刑人有法定情节经依法从轻、减轻处罚后判处有期徒刑的,应当认定为重大立功。

对于具有立功情节的犯罪分子,应当根据犯罪的事实、性质、情节和对于社会的危害程度,结合立功表现所起作用的大小、所破获案件的罪行轻重、所抓获犯罪嫌疑人可能判处的法定刑以及立功的时机等具体情节,依法决定是否从轻、减轻或者免除处罚以及从轻、减轻处罚的幅度。

三、关于如实交代犯罪事实的认定和处理

犯罪分子依法不成立自首,但如实交代犯罪事实,有下列情形之一的,可以酌情从轻处罚:(1)办案机关掌握部分犯罪事实,犯罪分子交代了同种其他犯罪事实的;(2)办案机关掌握的证据不充分,犯罪分子如实交代有助于收集定案证据的。

犯罪分子如实交代犯罪事实,有下列情形之一的,一般应当从轻处罚:(1)办案机关仅掌握小部分犯罪事实,犯罪分子交代了大部分未被掌握的同种犯罪事实的;(2)如实交代对于定案证据的收集有重要作用的。

四、关于赃款赃物追缴等情形的处理

贪污案件中赃款赃物全部或者大部分追缴的,一般应当考虑从轻处罚。

受贿案件中赃款赃物全部或者大部分追缴的,视具体情况可以酌定从轻处罚。

犯罪分子及其亲友主动退赃或者在办案机关追缴赃款赃物过程中积极配合的,在量刑时应当与办案机关查办案件过程中依职权追缴赃款赃物的有所区别。

职务犯罪案件立案后,犯罪分子及其亲友自行挽回的经济损失,司法机关或者犯罪分子所在单位及其上级主管部门挽回的经济损失,或者因客观原因减少的经济损失,不予扣减,但可以作为酌情从轻处罚的情节。

最高人民法院印发《关于贯彻宽严相济刑事政策的若干意见》的通知（节录）

（法发〔2010〕9号）

17. 对于自首的被告人，除了罪行极其严重、主观恶性极深、人身危险性极大，或者恶意地利用自首规避法律制裁者以外，一般均应当依法从宽处罚。

对于亲属以不同形式送被告人归案或协助司法机关抓获被告人而认定为自首的，原则上都应当依法从宽处罚；有的虽然不能认定为自首，但考虑到被告人亲属支持司法机关工作，促使被告人到案、认罪、悔罪，在决定对被告人具体处罚时，也应当予以充分考虑。

26. 在对严重刑事犯罪依法从严惩处的同时，对被告人具有自首、立功、从犯等法定或酌定从宽处罚情节的，还要注意宽以济严，根据犯罪的具体情况，依法应当或可以从宽的，都应当在量刑上予以充分考虑。

最高人民法院、最高人民检察院印发《关于常见犯罪的量刑指导意见（试行）》的通知（节录）

（法发〔2021〕21号）

三、常见量刑情节的适用

量刑时应当充分考虑各种法定和酌定量刑情节，根据案件的全部犯罪事实以及量刑情节的不同情形，依法确定量刑情节的适用及其调节比例。对黑恶势力犯罪、严重暴力犯罪、毒品犯罪、性侵未成年人犯罪等危害严重的犯罪，在确定从宽的幅度时，应当从严掌握；对犯罪情节较轻的犯罪，应当充分体现从宽。具体确定各个量刑情节的调节比例时，应当综合平衡调节幅度与实际增减刑罚量的关系，确保罪责刑相适应。

……

（六）对于自首情节，综合考虑自首的动机、时间、方式、罪行轻重、如实供述罪行的程度以及悔罪表现等情况，可以减少基准刑的40%以下；犯罪较轻的，可以减少基准刑的40%以上或者依法免除处罚。恶意利用自首规避法律制裁等不足以从宽处罚的除外。

（七）对于坦白情节，综合考虑如实供述罪行的阶段、程度、罪行轻重以及悔罪表现等情况，确定从宽的幅度。

1. 如实供述自己罪行的，可以减少基准刑的 20% 以下；

2. 如实供述司法机关尚未掌握的同种较重罪行的，可以减少基准刑的 10% －30%；

3. 因如实供述自己罪行，避免特别严重后果发生的，可以减少基准刑的 30% －50%。

（八）对于当庭自愿认罪的，根据犯罪的性质、罪行的轻重、认罪程度以及悔罪表现等情况，可以减少基准刑的 10% 以下。依法认定自首、坦白的除外。

最高人民法院关于审理未成年人刑事案件具体应用法律若干问题的解释（节录）

（法释〔2006〕1 号）

第十七条 未成年罪犯根据其所犯罪行，可能被判处拘役、三年以下有期徒刑，如果悔罪表现好，并具有下列情形之一的，应当依照刑法第三十七条的规定免予刑事处罚：

（一）系又聋又哑的人或者盲人；

（二）防卫过当或者避险过当；

（三）犯罪预备、中止或者未遂；

（四）共同犯罪中从犯、胁从犯；

（五）犯罪后自首或者有立功表现；

（六）其他犯罪情节轻微不需要判处刑罚的。

最高人民法院、最高人民检察院、公安部、司法部印发《关于依法惩治拐卖妇女儿童犯罪的意见》的通知（节录）

（法发〔2010〕7 号）

32. 具有从犯、自首、立功等法定从宽处罚情节的，依法从轻、减轻或者免除处罚。

对被拐卖的妇女、儿童没有实施摧残、虐待等违法犯罪行为,或者能够协助解救被拐卖的妇女、儿童,或者具有其他酌定从宽处罚情节的,可以依法酌情从轻处罚。

最高人民法院、最高人民检察院、公安部、司法部印发《关于进一步严格依法办案确保办理死刑案件质量的意见》的通知(节录)

(法发〔2007〕11 号)

51. 在审判过程中,发现被告人可能有自首、立功等法定量刑情节,需要补充证据或者补充侦查的,人民检察院应当建议延期审理。延期审理的时间不能超过一个月。查证被告人揭发他人犯罪行为,人民检察院根据犯罪性质,可以依法自行查证,属于公安机关管辖的,可以交由公安机关查证。人民检察院应当将查证的情况在法律规定的期限内及时提交人民法院。

最高人民法院、最高人民检察院、海关总署关于印发《办理走私刑事案件适用法律若干问题的意见》的通知(节录)

(法〔2002〕139 号)

二十一、关于单位走私犯罪案件自首的认定问题

在办理单位走私犯罪案件中,对单位集体决定自首的,或者单位直接负责的主管人员自首的,应当认定单位自首。认定单位自首后,如实交代主要犯罪事实的单位负责的其他主管人员和其他直接责任人员,可视为自首,但对拒不交代主要犯罪事实或逃避法律追究的人员,不以自首论。

最高人民法院、最高人民检察院关于印发《关于办理受贿刑事案件适用法律若干问题的意见》的通知(节录)

(法发〔2007〕22 号)

十二、关于正确贯彻宽严相济刑事政策的问题

依照本意见办理受贿刑事案件,要根据刑法关于受贿罪的有关规定和受贿罪权钱交易的本质特征,准确区分罪与非罪、此罪与彼罪的界限,惩处少数,教育多数。在从严惩处受贿犯罪的同时,对于具有自首、立功等情节的,依法从轻、减轻或者免除处罚。

最高人民法院、最高人民检察院、公安部、国家安全部、司法部印发《关于办理死刑案件审查判断证据若干问题的规定》和《关于办理刑事案件排除非法证据若干问题的规定》的通知(节录)

(法发〔2010〕20 号)

关于办理死刑案件审查判断证据若干问题的规定

第三十九条 被告人及其辩护人提出有自首的事实及理由,有关机关未予认定的,应当要求有关机关提供证明材料或者要求相关人员作证,并结合其他证据判断自首是否成立。

被告人是否协助或者如何协助抓获同案犯的证明材料不全,导致无法认定被告人构成立功的,应当要求有关机关提供证明材料或者要求相关人员作证,并结合其他证据判断立功是否成立。

被告人有检举揭发他人犯罪情形的,应当审查是否已经查证属实;尚未查证的,应当及时查证。

被告人累犯的证明材料不全,应当要求有关机关提供证明材料。

最高人民法院、最高人民检察院、公安部、国家安全部、司法部印发《关于适用认罪认罚从宽制度的指导意见》的通知(节录)

(2019年10月11日印发)

9. 从宽幅度的把握。办理认罪认罚案件,应当区别认罪认罚的不同诉讼阶段、对查明案件事实的价值和意义、是否确有悔罪表现,以及罪行严重程度等,综合考量确定从宽的限度和幅度。在刑罚评价上,主动认罪优于被动认罪,早认罪优于晚认罪,彻底认罪优于不彻底认罪,稳定认罪优于不稳定认罪。

认罪认罚的从宽幅度一般应当大于仅有坦白,或者虽认罪但不认罚的从宽幅度。对犯罪嫌疑人、被告人具有自首、坦白情节,同时认罪认罚的,应当在法定刑幅度内给予相对更大的从宽幅度。认罪认罚与自首、坦白不作重复评价。

对罪行较轻、人身危险性较小的,特别是初犯、偶犯,从宽幅度可以大一些;罪行较重、人身危险性较大的,以及累犯、再犯,从宽幅度应当从严把握。

最高人民法院、最高人民检察院、公安部、司法部关于跨省异地执行刑罚的黑恶势力罪犯坦白检举构成自首立功若干问题的意见(节录)

(2019年10月21日印发)

各省、自治区、直辖市高级人民法院、人民检察院、公安厅(局)、司法厅(局),新疆维吾尔自治区高级人民法院生产建设兵团分院、新疆生产建设兵团人民检察院、公安局、司法局、监狱管理局:

为认真贯彻落实中央开展扫黑除恶专项斗争的部署要求,根据刑法、刑事诉讼法和有关司法解释、规范性文件的规定,现对办理跨省异地执行刑罚的黑恶势力罪犯坦白交代本人犯罪和检举揭发他人犯罪案件提出如下意见:

一、总体工作要求

……

2. 人民法院、人民检察院、公安机关、监狱在办理跨省异地执行刑罚的黑恶势力罪犯坦白、检举构成自首、立功案件中,应当贯彻宽严相济刑事政策,充分发挥职能作用,坚持依法办案,快办快结,保持密切配合,形成合力,实现政治效果、法律效果和社会效果的统一。

最高人民法院关于办理减刑、假释案件具体应用法律的规定(节录)

(法释〔2016〕23 号)

第三十条 依照刑法第八十六条规定被撤销假释的罪犯,一般不得再假释。但依照该条第二款被撤销假释的罪犯,如果罪犯对漏罪曾作如实供述但原判未予认定,或者漏罪系其自首,符合假释条件的,可以再假释。

被撤销假释的罪犯,收监后符合减刑条件的,可以减刑,但减刑起始时间自收监之日起计算。

最高人民法院、最高人民检察院关于办理贪污贿赂刑事案件适用法律若干问题的解释(节录)

(法释〔2016〕9 号)

第四条 贪污、受贿数额特别巨大,犯罪情节特别严重、社会影响特别恶劣、给国家和人民利益造成特别重大损失的,可以判处死刑。

符合前款规定的情形,但具有自首,立功,如实供述自己罪行、真诚悔罪、积极退赃,或者避免、减少损害结果的发生等情节,不是必须立即执行的,可以判处死刑缓期二年执行。

符合第一款规定情形的,根据犯罪情节等情况可以判处死刑缓期二年执行,同时裁判决定在其死刑缓期执行二年期满依法减为无期徒刑后,终身监禁,不得减刑、假释。

最高人民法院、最高人民检察院关于办理妨害预防、控制突发传染病疫情等灾害的刑事案件具体应用法律若干问题的解释(节录)

(法释〔2003〕8号)

第十七条 人民法院、人民检察院办理有关妨害预防、控制突发传染病疫情等灾害的刑事案件,对于有自首、立功等悔罪表现的,依法从轻、减轻、免除处罚或者依法作出不起诉决定。

最高人民法院关于适用财产刑若干问题的规定(节录)

(法释〔2000〕45号)

第四条 犯罪情节较轻,适用单处罚金不致再危害社会并具有下列情形之一的,可以依法单处罚金:

(一)偶犯或者初犯;

(二)自首或者有立功表现的;

(三)犯罪时不满十八周岁的;

(四)犯罪预备、中止或者未遂的;

(五)被胁迫参加犯罪的;

(六)全部退赃并有悔罪表现的;

(七)其他可以依法单处罚金的情形。

最高人民法院、最高人民检察院关于办理窝藏、包庇刑事案件适用法律若干问题的解释(节录)

(法释〔2021〕16号)

第四条 窝藏、包庇犯罪的人,具有下列情形之一的,应当认定为刑法第三百一十条第一款规定的“情节严重”：

（一）被窝藏、包庇的人可能被判处无期徒刑以上刑罚的；

（二）被窝藏、包庇的人犯危害国家安全犯罪、恐怖主义或者极端主义犯罪，或者系黑社会性质组织犯罪的组织者、领导者，且可能被判处十年有期徒刑以上刑罚的；

（三）被窝藏、包庇的人系犯罪集团的首要分子，且可能被判处十年有期徒刑以上刑罚的；

（四）被窝藏、包庇的人在被窝藏、包庇期间再次实施故意犯罪，且新罪可能被判处五年有期徒刑以上刑罚的；

（五）多次窝藏、包庇犯罪的人，或者窝藏、包庇多名犯罪的人的；

（六）其他情节严重的情形。

前款所称“可能被判处”刑罚，是指根据被窝藏、包庇的人所犯罪行，在不考虑自首、立功、认罪认罚等从宽处罚情节时应当依法判处的刑罚。

最高人民法院关于适用《中华人民共和国刑事诉讼法》的解释（节录）

（法释〔2021〕1 号）

第一百四十四条 证明被告人自首、坦白、立功的证据材料，没有加盖接受被告人投案、坦白、检举揭发等的单位的印章，或者接受人员没有签名的，不得作为定案的根据。

对被告人及其辩护人提出有自首、坦白、立功的事实和理由，有关机关未予认定，或者有关机关提出被告人有自首、坦白、立功表现，但证据材料不全的，人民法院应当要求有关机关提供证明材料，或者要求有关人员作证，并结合其他证据作出认定。

第二百七十七条 审判期间，合议庭发现被告人可能有自首、坦白、立功等法定量刑情节，而人民检察院移送的案卷中没有相关证据材料的，应当通知人民检察院在指定时间内移送。

审判期间，被告人提出新的立功线索的，人民法院可以建议人民检察院补充侦查。

第四百二十六条 报请复核死刑、死刑缓期执行的报告，应当写明案由、简要案情、审理过程和判决结果。

案件综合报告应当包括以下内容：

（一）被告人、被害人的基本情况。被告人有前科或者曾受过行政处罚、处分的，应当写明；

（二）案件的由来和审理经过。案件曾经发回重新审判的，应当写明发回重新审判的原因、时间、案号等；

（三）案件侦破情况。通过技术调查、侦查措施抓获被告人、侦破案件，以及与自首、立功认定有关的情况，应当写明；

（四）第一审审理情况。包括控辩双方意见，第一审认定的犯罪事实，合议庭和审判委员会意见；

（五）第二审审理或者高级人民法院复核情况。包括上诉理由、人民检察院的意见，第二审审理或者高级人民法院复核认定的事实，证据采信情况及理由，控辩双方意见及采纳情况；

（六）需要说明的问题。包括共同犯罪案件中另案处理的同案犯的处理情况，案件有无重大社会影响，以及当事人的反应等情况；

（七）处理意见。写明合议庭和审判委员会的意见。

最高人民法院关于《中华人民共和国刑法修正案（八）》时间效力问题的解释（节录）

（法释〔2011〕9号）

第四条 2011年4月30日以前犯罪，虽不具有自首情节，但是如实供述自己罪行的，适用修正后刑法第六十七条第三款的规定。

第五条 2011年4月30日以前犯罪，犯罪后自首又有重大立功表现的，适用修正前刑法第六十八条第二款的规定。